자폐스펙트럼장애의 이해 ^{3판}

이승희 지음

Understanding Autism Spectrum Disorders (3rd ed.)

학지사

어머님의 유작인 『불국사의 연꽃 I』과 『불국사의 연꽃 II』를

책표지로 꾸며 보았습니다.

어머님의 뜻을 기리며 자폐스펙트럼장애를 가진 아동들과

그 부모님들에게 이 책을 바칩니다.

제3판 머리말 🎈

이 책의 2판이 출간된 2015년에는 DSM-5(APA, 2013)가 전반적 발달장애(PDDs)를 단일범주인 자폐스펙트럼장애(ASD)로 대치하면서 다소 논쟁이 있었고 WHO가 준비하고 있던 ICD-11도 DSM-5처럼 ASD라는 단일범주를 사용할지는 미지수로 남아 있었다. 따라서 이 책의 2판에서는 1판처럼 PDDs를 유지하면서 1개 장(제3장)을 추가하여 DSM-5의 ASD를 소개하였다. 그 후 2018년에 ICD-11이 발행되었는데, ICD-11도 DSM-5처럼 PDDs를 ASD로 대치하는 것으로 나타났으나 그 내용에서는 DSM-5의 ASD와 다소 차이를 보였다. 이후 DSM-5의 수정본으로 2022년에 발행된 DSM-5-TR에서는 ASD의 진단준거가 좀 더 명료화되고 본문(text)에 다소 많은 내용이 보충되었다. 또한 지난 10여 년간 ASD의 중재에 있어서도 많은 연구와 성과가 있었다. 이와 같은 일련의 큰 변화는 이 책의 3판에서 전면개정을 하게 되는 계기가 되었다.

이번 개정판은 2판과는 달리 PDDs 대신 단일범주인 ASD를 중심으로 전개되었는데, 3판에서 개정된 내용을 개괄적으로 제시하면 다음과 같다. 첫째, 2판은 '제1부 개관'을 3개 장으로 구성하였으나 3판은 '제1부 개관'을 '제1장 자폐스펙트럼장애의 기초'와 '제2장 자폐스펙트럼장애의 관련법'의 2개 장으로 구성하였다. 특히 제1장에서는 ASD의 관련용어를 학술적 관련용어, 법적 관련용어, 기타 관련용어로 나누어 제시함으로써 관련용어들 간의 관계를 명확히 하였으며 ASD의 진단체계를 DSM-III (APA, 1980)부터 최근에 발행된 DSM-5-TR(APA, 2022)까지 살펴보았다. 둘째, 2판은 '제2부 전반적 발달장애(PDDs)의 유형'에서 PDDs의 5개 하위유형(자폐장애, 레트장애, 아동기붕괴성장애, 아스퍼거장애, 불특정 전반적 발달장애)을 한 장씩 개별적으로 다루었으나 3판은 '제3장 DSM 전반적 발달장애(PDDs)의 개념'의 한 장으로 묶어 소개하였으며 뒤이은 '제4장 자폐스펙트럼장애(ASDs)의 개념' 및 '제5장 DSM 자폐스펙트럼장애(ASD)의 개념'과 함께 '제2부 자폐스펙트럼장애의 개념'을 구성하였다. 특히 제5장에서는 DSM-5-TR을 중심으로 ASD를 소개하였고 [부록 6]을 추가하여 DSM-5-TR의 ASD 전문을 번역하여 제시하였다. 셋째, 2판은 '제3부 전반적 발달장애(PDDs)의 중재'를 2개 장으로 나누어 행동적 중재와 교육적 중재를 각각 다루었으나 3판은 '제3부 자폐스펙트럼장애의 중재'를 5개 장으로 구성하여 행동적 중재와 교육적 중재 외에 단일중재전략과 종합중재모델, 생물학적 중재, 인지적 중재를 추가하여 살펴보았다. 특히 '제6장 자폐스펙트럼장애의 단일중재전략과 종합중재모델'에서는 다양한 분야에서 관심의 초점이 되고 있는 증거기반실제의 개념을 살펴본 뒤, ASD 분야에서의 증거기반실제에 대한 정의를 세 가지(협의적 정의, 광의적 정의, 포괄적 정의)로 나누어 제안하였다. 넷째, DSM-5와 ICD-11은 ASD라는 단일범주를 도입하면서 이전에는 부수적인 관련 특성으로 기술되던 '감각적 자극에 대한 비정상적 반응(즉, 비정상적 감각반응)'을 주요 특성으로 간주하고 ASD 진단준거에 포함시켰다. 따라서 2판에 비해 3판에서는 ASD의 비정상적 감각반응에 관한 내용이 더 광범위하게 다루어졌다. 예를 들어, '제5장 DSM 자폐스펙트럼장애(ASD)의 개념'에서는 ASD의 진단준거를 설명하면서 관련내용(예: 감각통합이론, 감각조절장애 등)을 추가하였고 ASD의 평가를 설명할 때 관련 검사도구(즉, 감각처리검사)도 소개하였다. 또한 '제7장 자폐스펙트럼장애의 생물학적 중재'에서는 감각통합치료를 살펴보았고 '제10장 자폐스펙트럼장애의 교육적 중재'에서는 감각적 지원을 추가하여 설명하였다. 다섯째, 이전에는 PDDs의 하위유형 중 하나인 자폐장애를 저기능자폐증(LFA)과 고기능자폐증(HFA)으로 구분하기도 하였는데, PDDs를 ASD로 대치한 DSM-5가 발행된 이후에는 ASD를 저기능 자폐스펙트럼장애(LFASD)와 고기능 자폐스펙트럼장애(HFASD)로 구분하기도 한다. 따라서 제3장 2절 '1) 자폐장애'의 마지막 부분에서 2판에서처럼 LFA와 HFA를 비교하여 살펴보았고, 이에 더하여 3판에서는 '제5장 DSM 자폐스펙트럼장애(ASD)의 개념'의 마지막 부분에서 LFASD와 HFASD를 설명한 후 LFA/HFA와 LFASD/HFASD 간의 유사점과 차이점도 제시하였다. 여섯째, 저자가 수정 · 보완이 필요하다고 느낀 부분들도 최대한 점검하고자 노력하였다. 예를 들어, 제5장에서 ASD의 평가와 관련하여 2000년 이전에 출시된 검사도구는 삭제하고 새로 개발되거나 개정된 검사도구를 추가하였으며, 제8장에서는 행동의 기능평가에 대한 내용을 추가하여 보완하였다.

    3판의 출간을 앞두고 감회가 사뭇 다른데, 아마도 작년에 퇴임한 이후 처음 출간하는 책이기 때문일 것이다. 하고 싶은 바가 있어 조금 서둘러 퇴임했지만, 막상 퇴임을 하고 보니 '퇴임 전이 정글이라면 퇴임 후는 사막'이라는 누군가의 말이 떠올랐다. 하지만 그 사막에서 오아시스를 찾는 것은 오롯이 자신의 몫이 아닐까 싶다. 다행히 나에게는 오아시스 같은 이곳 '시카고특수교육연구소'가 있다. 앞으로 여기에서 내가 하고 싶은 바를 이루어가고자 하며 이번에 출간하는 3판이 그 초석이 되어주기를 간절히 소망해 본다.

출간을 앞두고 감사할 일이 많다. 먼저, 학지사와의 오랜 인연을 되돌아보며 김진환 사장님, 김순호 이사님, 정은혜 차장님, 윤상우 과장님 등 학지사 분들에게 감사를 드린다. 그리고 퇴임 전후에 많은 격려와 도움을 주신 모든 분에게 감사를 표한다. 또한 퇴임 후에도 한결같이 따뜻한 마음을 서로 나누는 분들에게도 한없이 고마운 마음을 전하고 싶다.

2024년 2월 29일
Schubert의 '아르페지오네와 피아노를 위한 소나타'가 흐르는
시카고특수교육연구소(Chicago RISE)에서
양정(養正) 이승희

제2판 머리말

이 책의 초판이 출간된 2009년에는 전반적 발달장애(pervasive developmental disorders: PDDs) 대신 자폐스펙트럼장애(autism spectrum disorders: ASDs)라는 용어가 널리 사용되고 있었으나 관련법이나 진단체계에 명시된 공식적 용어는 아니었다. 그런데 2013년 DSM-5에서 전반적 발달장애(PDDs)가 단일범주인 자폐스펙트럼장애(autism spectrum disorder: ASD)로 대치되면서 자폐스펙트럼장애(ASD)라는 공식적 용어가 출현하였다. 이와 관련하여 두 가지 유의할 점이 있는데 첫째, DSM-5 발행 이전부터 사용된 ASDs와 DSM-5에 명시된 ASD가 동일 개념이 아니라는 것이다. 즉, ASDs는 복수(plural)로서 하위유형을 전제로 하는 범주인 데 비해 ASD는 단수(singular)로서 하위유형이 없는 단일범주다. 둘째, ICD-10에서는 PDDs가 여전히 사용되고 있을 뿐 아니라 2017년 발행 예정인 ICD-11이 DSM-5처럼 ASD라는 단일범주를 사용할지도 미지수라는 것이다. 그러나 연구 및 임상에서 DSM-5가 차지하는 비중을 고려할 때 DSM-5의 ASD에 대한 명확한 이해가 필요하다는 것은 자명한 사실이다. 따라서 이 책의 2판에서는 ASDs와 ASD를 구분하면서 DSM-5의 ASD 관련 내용을 추가하는 데 개정의 초점을 두었다.

이와 같이 DSM-5의 ASD에 초점을 두면서 전반적인 개정작업을 하였는데, 2판에서 수정·보완된 내용을 개괄적으로 제시하면 다음과 같다. 첫째, PDDs와 ASDs를 각각 다루었던 제1장과 제2장에 이어 제3장을 추가하여 DSM-5의 ASD를 전반적으로 다루었다. 구체적으로 언급하자면, 제3장에서는 ASD의 역사적 배경, 진단기준, 출현율, 원인, 특성, 경과, 감별진단, 평가, 치료에 대해 살펴보았고 이와 더불어 마지막에 DSM-5 ASD에 대한 논쟁을 열 가지 측면에서 살펴보았다. 이와 같이 DSM-5 ASD에 대한 논쟁을 다소 심층적으로 살펴본 이유는 PDDs에서 ASD로의 변화가 DSM-5의 가장 두드러진 변화 중 하나이면서 동시에 DSM-5 발행 전후로 많은 논쟁이 지속되고 있는 부분이기 때문이다. 둘째, DSM-III, DSM-III-R, DSM-IV, DSM-IV-TR의 전반적 발달장애(PDDs) 전문을 각각 번역하여 제시했던 [부록 1], [부록 2], [부록 3], [부록 4]에 [부록 5]를 추가하여 DSM-5의 자폐스펙트럼장애(ASD) 전문을 번역하여 제시하였다. 셋째, 제9장 3절 '긍정적 행동지원의 개념'에서 긍정적 행동지원(positive behavior support: PBS)에 더하여 관련용어인 긍정적 행동중재및지원(positive behavioral interventions and supports: PBIS)과 학교차원의 긍정적 행동지원(schoolwide positive behavior support: SW-PBS)에 대한 설명을 추가하여 비교함으로써 이 책에서 사용되는 '긍정적 행동지원'의 개념을 더욱 명료화하였다. 넷째, 제10장 3절 '통합교육'에서 자폐스펙트럼장애학생 통합교육의 현황을 좀 더 구체적으로 살펴보고 관련 연구들도 추가하여 보완하였다. 다섯째, 초판에 제시된 검사도구들 중 개정판이 출간된 경우(예: K-WISC-IV, K-ABC-II) 개정판으로 대체하였다. 여섯째, 용어의 사용에서 최근 동향을 반영하고자 하였다. 예를 들어, 정신지체를 지적장애로, 정신분열증을 조현병으로, 간질을 뇌전증으로 수정하였다. 일곱째, 저자가 초판으로 강의하면서 수정·보완이 필요하다고 느낀 부분들을 최대한 점검하였다.

2판의 출간을 마주하고 보니 초판이 출간된 지 어언간 6년이란 시간이 흘렀고 그 시간 속에 나의 50대 전반이 고스란히 녹아 있음을 새삼 느낀다. 지난 6년을 돌이켜 보면 좋은 일도 많았지만 힘든 일도 많았던 시간이었다. 그러나 후회된다거나 시간을 되돌리고 싶은 마음은 없으니 그다지 헛되게 살지는 않은 것 같다는 안도감이 들면서 문득 박완서 작가님(1931~2011)의 말씀이 떠오른다. 유난히 힘들었던 2010년에 그분의 인터뷰 장면을 우연히 보았는데, 그때 "고통은 극복하는 것이 아니라 그냥 견디는 것이다."와 "모든 것은 다 지나가게 돼 있다."라는 두 말씀이 나에게 큰 울림으로 다가왔다. 그 후 힘들고 고통스러울 때 그 말씀을 떠올리곤 했었는데, 나에게 집필은 고통을 견디거나 고통이 지나가도록 내버려두는 데 큰 몫을 해 주었다. 비록 집필을 하는 동안 늘어난 책의 두께만큼 신체적인 적신호도 늘었지만 정신적인 안식과 소신을 누릴 수 있었음을 조심스레 고백해 본다.

출간에 앞서 감사를 드리고 싶은 분들이 많다. 먼저, 항상 저자의 집필을 응원해 주시는 김진환 사장님과 정승철 이사님, 저자의 의견에 세심한 배려를 해 주신 김순호 편집부장님, 정성을 담아 편집해 주신 이하나 과장님 등 학지사 분들에게 감사를 표한다. 또한 자주 보지는 못하지만 멀리서나마 서로 사랑의 끈을 놓지 않고 있는 언니·동생들에게 그리움과 고마움을 전한다. 마지막으로 고통의 긴 터널을 지날 때마

다 주위를 둘러보면 나를 끝까지 믿고 격려해 주시는 분들이 있었음에 감사하며 그분
들에게 무한한 고마움을 드린다.

2015년 6월 17일
무등산 자락이 항상 정겹게 내다보이는
운림동 보금자리에서
이승희

제1판 머리말

자폐장애는 1943년 Kanner에 의해 '조기 유아자폐증'으로 처음 소개되었고 그 후 DSM-III에서 새로 등장한 전반적 발달장애라는 범주의 하위유형 중 하나인 '유아자 폐증'으로 공식적 진단체계인 DSM에 포함되었으며 현재 DSM-IV-TR에 레트장애, 아동기붕괴성장애, 아스퍼거장애, 불특정 전반적 발달장애와 함께 전반적 발달장애 의 하위유형으로 분류되어 있다. 이와 같이 전반적 발달장애는 DSM에 명시된 공식 적 진단용어인데 근래 전반적 발달장애와 관련하여 비공식적 용어로 자폐스펙트럼 장애가 많이 사용되고 있다. 그러나 전반적 발달장애와 자폐스펙트럼장애를 상호교 환적으로 사용할 수 있는지, 즉 전반적 발달장애의 다섯 가지 하위유형(자폐장애, 레 트장애, 아동기붕괴성장애, 아스퍼거장애, 불특정 전반적 발달장애) 가운데 몇 가지가 자폐 스펙트럼장애에 포함될 수 있는지는 아직 논쟁 중에 있다. 따라서 전반적 발달장애 의 다섯 가지 하위유형을 모두 다루고 있는 이 책의 제목은 '전반적 발달장애의 이해' 가 더 적절할 수 있으나 자폐스펙트럼장애라는 용어가 독자들에게 더 친숙할 수 있음 을 고려하여 이 책의 제목을 '자폐스펙트럼장애의 이해'로 붙여 보았다.

특수교육에 있어 자폐스펙트럼장애에 대한 관심은 1990년 미국「장애인교육법」 에 '자폐증'이 독립적인 장애영역으로 명시되면서 더욱 높아졌으며, 우리나라의 경 우 2007년 제정 · 공포된「장애인 등에 대한 특수교육법」에 '자폐성장애(이와 관련된 장애를 포함한다)'가 정서 · 행동장애로부터 분리되어 특정 장애영역으로 명시되었고 2008년에는 '자폐성장애아교육'이 특수학교 교사자격증 취득을 위한 공통 기본이수 과목 중 하나로 지정되었다. 그러나 자폐스펙트럼장애와 관련된 국내저서는 찾아보 기 힘들 뿐만 아니라 출간된 관련역서들도 전반적 발달장애의 특정 유형(예: 아스퍼거 장애)이나 특정 주제(예: 중재)에 국한되어 있는 경우가 많아 자폐스펙트럼장애에 대한 사회적 관심 및 교육적 요구에 부응하는 관련저서가 매우 필요할 실정이다. 따라서 이 책은 자폐스펙트럼장애에 대한 포괄적인 내용을 다루고자 세 부분으로 구성되었다. 제1부 개관에서는 전반적 발달장애의 개념(전반적 발달장애의 역사적 배경, 진단적 체계, 및 관련법)과 자폐스펙트럼장애의 개념(자폐스펙트럼장애의 역사적 배경 및 전반적 발달장애와의 관계)을 살펴보았다. 그리고 제2부 전반적 발달장애의 유형에서는 전반적 발달장애의 다섯 가지 하위유형(자폐장애, 레트장애, 아동기붕괴성장애, 아스퍼거장애, 불특정 전반적 발달장애)별로 역사적 배경, 진단기준, 출현율, 원인, 특성, 경과, 감별진단, 평가, 및 치료에 대해 설명하였으며, 특히 자폐장애와 관련하여 저기능자폐증과 고기능자폐증의 비교를 첨가하였고 아스퍼거장애와 관련하여서는 고기능자폐증과 아스퍼거장애의 비교를 첨가하였다. 마지막으로 제3부 전반적 발달장애의 중재에서는 행동적 중재(행동수정의 개념, 응용행동분석의 개념, 긍정적 행동지원의 개념, 행동적 중재전략, 행동적 중재의 실제)와 교육적 중재(환경적 구조화, 학업적 지원, 통합교육)로 나누어 살펴보았다.

집필을 마무리하자니 자폐스펙트럼장애를 가지고 있는 조카 상원이가 다시금 떠오른다. 또한 상원이와 함께 힘든 여정을 최선을 다해 걷고 있는 작은언니도 눈앞에 아른거리고 생전에 상원이와 작은언니를 항상 애타게 바라보시던 어머님도 유난히 그리워진다. 상원이와 작은언니 그리고 어머님을 향한 사랑이 이 책의 밑거름이 되어준 것 같아 그림을 그리시면서 "그림은 그리는 것이 아니라 마음에 비친 것을 붓으로 옮기는 것이다."라고 하시던 어머님의 말씀을 빌려 "책은 쓰는 것이 아니라 마음에 비친 것을 펜으로 옮기는 것이다."라고 나직이 읊조려 본다.

출간을 앞두고 이 책이 나오기까지 힘이 되어주신 분들에게 감사를 드리고 싶다. 먼저, 이 책의 집필을 적극 지원해 주신 학지사 김진환 사장님과 정승철 차장님, 그리고 편집에 정성을 기울여 주신 이세희 과장님 등 학지사 분들에게 고마움을 전한다. 또한 관련문헌을 찾는 데 도움을 준 강정화 조교에게도 고마움을 표하고 싶다. 특히 지금도 삶의 본이 되어주시는 어머님 그리고 서로 사랑하고 우애 있게 지내라고 하시던 어머님의 유언을 잊지 않은 가족들에게 감사와 그리움을 전한다. 마지막으로 집필과정에서 힘들 때마다 버팀목이 되어주신 분들에게도 무한한 감사를 드린다.

2009년 7월 27일
무등산 자락이 항상 정겹게 내다보이는
운림동 보금자리에서
이승희

개괄 차례

차례

Part 01

개관

Chapter 01
자폐스펙트럼장애의 기초 · 31

자폐스펙트럼장애의 개념

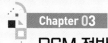

Chapter 05
DSM 자폐스펙트럼장애(ASD)의 개념 · 145

Part
03

자폐스펙트럼장애의 중재

Chapter 06
자폐스펙트럼장애의 단일중재전략과 종합중재모델 · 191

부록

표 차례

부록

그림 차례

Chapter 10

보충설명 차례

Part 1

개관

Understanding Autism Spectrum Disorders

Chapter
01

자폐스펙트럼장애의 기초

1. 자폐스펙트럼장애의 관련용어

1) 학술적 관련용어

'자폐스펙트럼장애의 이해'라는 제목에서 알 수 있듯이, 이 책은 한 마디로 자폐스펙트럼장애에 대한 이해를 높이기 위한 책이다. 이 장애의 역사는 1943년에 미국의 소아정신과 의사 Leo Kanner가 소개했던 '조기 유아자폐증(early infantile autism)'부터 시작되었다고 볼 수 있다. 그러나 '조기 유아자폐증'은 미국정신의학회(American Psychiatric Association: APA)가 정신장애 진단체계로 1952년에 처음 발행한 『정신장애의 진단 및 통계 편람(Diagnostic and Statistical Manual of Mental Disorders: DSM)』에는 포함되지 못하였으며 1968년에 발간된 DSM-II에도 포함되지 못하였다. 그 후 1980년에 발간된 DSM-III에서 '전반적 발달장애(pervasive developmental disorders: PDDs)'라는 새로운 용어가 획기적으로 도입되고 그 하위유형으로 유아자폐증이 포함되었다. 이어서 DSM-III-R(APA, 1987), DSM-IV(APA, 1994), DSM-IV-TR(APA, 2000)로 DSM이 수정 또는 개정되면서 PDDs의 하위유형에 변화가 있었는데 2000년에 발행된 DSM-IV-TR의 PDDs에는 5개 하위유형(자폐장애, 레트장애, 아동기붕괴성장애, 아스퍼거장애, 불특정 전반적 발달장애)이 포함되어 있었다. 이러한 PDDs와 관련하여

1990년대 중반부터 '자폐스펙트럼장애(autism spectrum disorders: ASDs)'라는 용어가 출현하고 비공식적으로 PDDs를 대신하여 학자들 간에 사용되기 시작하였다. 이후 2013년에 발행된 DSM-5에서는 PDDs라는 용어와 하위유형들을 삭제하고 대신 단일범주인 '자폐스펙트럼장애(autism spectrum disorder: ASD)'라는 새로운 용어를 도입하였는데, 이는 DSM-III에서 PDDs라는 용어가 도입되었던 것만큼이나 획기적이었다고 할 수 있다. 최근에 발행된 DSM-5-TR(APA, 2022)에서도 ASD라는 단일범주가 유지되고 있다.

이와 같이 이 책에서 살펴볼 자폐스펙트럼장애와 관련된 학술적 용어가 다수 있는데, 특히 pervasive developmental disorders(PDDs), autism spectrum disorders(ASDs), 및 autism spectrum disorder(ASD)는 이 책 전반에 걸쳐 사용될 중요한 용어들이다. 여기서 한 가지 유념할 사항은 용어가 영문일 때는 복수(plural)와 단수(singular)가 구별되지만 번역된 한글에서는 구별되지 않는다는 점이다. 예를 들어, 'autism spectrum disorders'와 'autism spectrum disorder'는 둘 다 '자폐스펙트럼장애'로 번역된다. 그러나 이러한 용어들이 복수 또는 단수일 때 그 의미에 차이가 있으므로 이 책에서는 pervasive developmental disorders, autism spectrum disorders, 및 autism spectrum disorder를 각각 PDDs, ASDs, ASD로 표기하여 구분하기로 한다. 그리고 이 세 가지 용어는 이 책 제3장 'DSM 전반적 발달장애(PDDs)의 개념', 제4장 '자폐스펙트럼장애(ASDs)의 개념', 제5장 'DSM 자폐스펙트럼장애(ASD)의 개념'에서 각각 구체적으로 살펴볼 것이다.

2) 법적 관련용어

자폐스펙트럼장애를 가진 아동이 특수교육이나 관련서비스 또는 필요한 지원을 보장받기 위해서는 법적 근거가 필요하다. 따라서 관련된 법들이 제정되어 있는데 현재 이러한 법들에서는 '자폐스펙트럼장애' 대신 다른 명칭을 사용하고 있다. 예를 들어, 우리나라 「장애인 등에 대한 특수교육법」과 「장애인복지법」에서는 '자폐성장애'라는 명칭을 사용하고 「발달장애인 권리보장 및 지원에 관한 법률」에서는 지적장애와 자폐성장애를 포함하는 포괄적 용어로 '발달장애'라는 명칭을 사용하고 있다. 또한 미국 「장애인교육법」은 '자폐증(autism)'이라는 명칭을 사용하고 있다. 즉, 우리나라와 미국은 자폐스펙트럼장애 관련법에서 '자폐성장애', '발달장애', '자폐증' 등의 명칭을 사용하고 있는데 이러한 법적 관련용어들은 제2장 '자폐스펙트럼장애의 관련법'에서 구체적으로 제시될 것이다.

3) 기타 관련용어

앞서 '2) 법적 관련용어'에서 언급되었듯이, 우리나라 「발달장애인 권리보장 및 지원에 관한 법률」에서는 지적장애와 자폐성장애를 포괄하는 용어로 '발달장애'라는 명칭을 사용하고 있다. 이처럼 지적장애는 자폐성장애와 더불어 자주 언급되며 자폐스펙트럼장애의 진단에서도 지적장애가 동반되는지를 판단한다. 따라서 지적장애는 관련법이나 진단체계에 포함되어 있는데, 우리나라 「장애인 등에 대한 특수교육법」과 「장애인복지법」에서는 '지적장애'라는 명칭을 사용하고 미국 「장애인교육법(IDEA)」에서도 '지적장애(intellectual disability)'라는 명칭을 사용하고 있다. 이에 비해 DSM의 경우, DSM-5(APA, 2013)에서는 지적장애(intellectual disability)와 지적발달장애(intellectual developmental disorder)라는 용어를 동시에 제시하면서 지적장애를 주로 사용하였지만 DSM-5-TR(APA, 2022)에서는 지적발달장애와 지적장애를 동시에 제시하면서도 지적발달장애를 우선으로 사용하고 있다. 참고로 2018년에 세계보건기구(World Health Organization: WHO)가 발표한 『국제질병분류(International Classification of Diseases: ICD)』의 11판도 '지적발달장애(disorder of intellectual development)'라는 용어를 사용한다(저자주: 지적발달장애의 영문 표기에서는 DSM-5-TR과 ICD-11 간에 약간의 차이가 있음). 이처럼 우리나라와 미국은 자폐스펙트럼장애 관련법에서 '지적장애'라는 용어를 사용하고 있는 데 비해 정신장애 진단체계인 DSM-5-TR(APA, 2022)이나 ICD-11(WHO, 2018)에서는 '지적발달장애'라는 용어를 사용하고 있다.

또한 이 책에서는 '아동(children)'을 18세 미만의 유아, 아동, 및 청소년을 지칭하는 용어로 사용하고자 한다. 이는 아동을 18세 미만의 사람으로 정의하고 있는 우리나라 「아동복지법」과 「유엔아동권리협약(United Nations Convention on the Child Rights of the Child: UNCRC)」에 근거를 두었다.

2. 자폐스펙트럼장애의 진단체계

앞서 1절의 '1) 학술적 관련용어'에서 살펴본 바와 같이 미국정신의학회가 발행하는 정신장애 진단체계인 DSM의 경우, DSM-III부터 자폐스펙트럼장애와 관련된 범주가 포함되었으며 이후 그 구성 및 내용에 많은 변화가 있었다. 다음에서는 DSM-III(APA, 1980), DSM-III-R(APA, 1987), DSM-IV(APA, 1994), DSM-IV-TR(APA, 2000), DSM-5(APA, 2013), DSM-5-TR(APA, 2022)의 순으로 자폐스펙트럼장애와 관련된 범주의 구성 및 내용 변화를 살펴보기로 한다. 참고로 [부록 1]부터 [부록 4]는 DSM-III, DSM-III-R, DSM-IV, DSM-IV-TR의 전반적 발달장애(PDDs)에 대한 기술을 각각 제공하고 있으며 [부록 5]와 [부록 6]은 DSM-5와 DSM-5-TR의 자폐스펙트럼장애(ASD)에 대한 기술을 각각 제공하고 있다. 〈표 1-1〉은 DSM-III부터 DSM-IV-TR까지 변화되어 온 전반적 발달장애(PDDs)의 구성, 즉 하위유형을 비교하여 제시하였다.

1) DSM-III

Autism(자폐증; 일본에서 自閉症이라 번역되면서 우리나라에서도 그대로 쓰이게 됨)은 self(자기자신)와 state(상태)에 각각 해당하는 희랍어의 aut와 ism에 어원을 두고 있는 용어로서 '자기자신만의 세계 속에 있는 상태(living in self)'를 의미하는데, 1911년에 스위스 정신과 의사인 Eugen Bleuler가 조현병 증상 가운데 자기 자신만의 세계에 빠져있는 사고특성을 묘사하기 위하여 새로 만든 용어였다. 그 후 1943년에 미국 Johns Hopkins 의과대학의 소아정신과 의사였던 Leo Kanner는 생애 초기부터 사람 또는 상황과 정상적인 방법으로 관계를 맺지 못하는 일련의 아동들을 기술하기 위하여 이 용어를 빌려 'early infantile autism(조기 유아자폐증)'이라고 명명하였다(Gupta, 2004). 이와 같이 자폐증은 1940년대에 Kanner(1943)가 처음으로 기술하였으나 1980년에 DSM-III에서 유아자폐증(infantile autism)이라는 명칭으로 소개되면서 비로소 공식적인 진단체계에 포함되었다. 여기서 DSM-III는 전반적 발달장애(pervasive developmental disorders: PDDs)라는 새로운 범주를 만들어 〈표 1-1〉에 보이듯이 다음과 같은 5개 하위유형을 포함시켰다: ① 유아자폐증, 증후가 충분한(저자주: 이 책에

〈표 1-1〉 DSM 전반적 발달장애(PDDs)의 하위유형

DSM	전반적 발달장애(PDDs)의 하위유형	비고
DSM-III (1980)	1) 유아자폐증, 증후가 충분한 (infantile autism, full syndrome present) 2) 유아자폐증, 잔류(殘留) 상태 (infantile autism, residual state) 3) 아동기출현 전반적 발달장애, 증후가 충분한 (childhood onset pervasive developmental disorder, full syndrome present) 4) 아동기출현 전반적 발달장애, 잔류(殘留) 상태 (childhood onset pervasive developmental disorder, residual state) 5) 비전형 전반적 발달장애 (atypical pervasive developmental disorder)	-
DSM-III-R (1987)	1) 자폐장애 (autistic disorder) 2) 불특정 전반적 발달장애 (pervasive developmental disorder not otherwise specified)	-
DSM-IV (1994)	1) 자폐장애 (autistic disorder) 2) 레트장애 (Rett's disorder) 3) 아동기붕괴성장애 (childhood disintegrative disorder) 4) 아스퍼거장애 (Asperger's disorder) 5) 불특정 전반적 발달장애-비전형 자폐증 포함 (pervasive developmental disorder not otherwise specified-including atypical autism)	-
DSM-IV-TR (2000)	1) 자폐장애 (autistic disorder) 2) 레트장애 (Rett's disorder) 3) 아동기붕괴성장애 (childhood disintegrative disorder) 4) 아스퍼거장애 (Asperger's disorder) 5) 불특정 전반적 발달장애-비전형 자폐증 포함 (pervasive developmental disorder not otherwise specified-including atypical autism)	DSM-IV-TR은 DSM-IV의 본문(text) 수정판으로 범주의 삭제나 추가, 명칭의 변경, 진단준거의 변경은 없었음.

서는 '유아자폐증'으로 표기함); ② 유아자폐증, 잔류(殘留) 상태(저자주: 이 책에서는 '잔류 유아자폐증'으로 표기함); ③ 아동기출현 전반적 발달장애, 증후가 충분한(저자주: 이 책에서는 'COPDD'로 표기함); ④ 아동기출현 전반적 발달장애, 잔류(殘留) 상태(저자주: 이 책에서는 '잔류 COPDD'로 표기함); ⑤ 비전형 전반적 발달장애(저자주: 이 책에서는 '비전형 PDD'로 표기함). 이 5개 하위유형의 특성 및 진단준거는 [부록 1]에 제시되어 있다.

DSM-III는 몇 가지 측면에서 획기적이었다고 할 수 있다. 첫째, 자폐증이 마침내 공식적으로 인식되는 계기를 마련하였다(Volkmar & Klin, 2005). 둘째, 자폐증을 조현병과는 별개의 독립된 범주로 분류함으로써 자폐증과 아동기 조현병의 혼동을 종식시켰다(Gupta, 2004; Volkmar & Klin, 2005). 셋째, 가족의 특정 대인요인(interpersonal factors)이 원인일 수 있다는 이전의 추정을 불식시켰다(APA, 1980).

그러나 DSM-III의 문제점들도 비교적 빨리 드러나기 시작하였다. 첫째, '유아자폐증'이라는 공식적인 명칭에서도 알 수 있듯이 어린 유아들에게 초점을 둠으로써 자폐증의 정의 자체가 다소 허술하였다(Volkmar & Klin, 2005). 둘째, 과거에는 유아자폐증의 진단준거에 맞는 증상을 보였으나 현재는 더 이상 유아자폐증의 진단준거를 충족시키지 않는 아동들을 위해 '잔류 유아자폐증'이라는 유형을 두었는데, 이는 그 아동들이 더 이상 자폐증을 가지고 있지 않다는 것을 의미하는 것처럼 보였다(Volkmar & Klin, 2005). 셋째, 출생 후 30개월 이전에 출현하는 유아자폐증과 구분하여 30개월 이후에 자폐증상을 보이는 아동들을 위해 'COPDD'라는 유형을 두었으나 이러한 사례는 거의 나타나지 않았다(Gupta, 2004).

2) DSM-III-R

DSM-III의 문제점들이 널리 인식되면서 DSM-III의 수정본인 DSM-III-R에서는 많은 수정과 변화가 있었다. 첫째, DSM-III의 유아자폐증(infantile autism)을 자폐장애(autistic disorder)로 명칭을 바꾸었는데, 이처럼 '유아'라는 용어를 삭제함으로써 자폐증이 전적으로 아동기 장애라는 암시를 배제시켰다(Mesibov, Adams, & Klinger, 1997). 둘째, 자폐증(autism)을 자폐장애(autistic disorder)로 명칭을 바꾸었는데, 이는 앞서 '1) DSM-III'에서 언급된 바와 같이 '자폐증'이라는 용어는 조현병 증상 가운데 자기자신만의 세계에 빠져있는 사고특성의 기술과 관련되어 있을 뿐 아니라 자폐증과 조현병이 별개의 장애이므로 '자폐증'이 객관적으로 적절한 용어가 아니라는 비판을 반영한 것으로 보인다. 즉, 'autism'이라는 명사적 용어 대신 형용사 형태로 수정된 'autistic disorder'라는 용어를 사용함으로써 변화의 의지를 담은 것이라 할 수 있다(양문봉, 2000). 셋째, '잔류 유아자폐증' 유형을 삭제함으로써 자폐증이 성장하면서 없어질 수 있는 것이 아니라는 점을 분명히 하였다(Volkmar & Klin, 2005). 대신 자폐증의 양상은 연령과 발달수준에 따라 다를 수 있다는 점을 추가하면서 자폐장애의 진단준거에도 반영하였다(〈표 부록 2-1〉 참조). 넷째, 'COPDD' 유형을 삭제하고 자폐장애의 출현연령을 생후 30개월 이전에서 36개월 이전으로 연장하였다(Gupta, 2004). 다섯째, '비전형 PDD' 유형을 삭제하고 전반적 발달장애의 일반적 기술에는 맞지만 자폐장애의 진단준거에 맞지 않는 경우를 위해 불특정 전반적 발달장애(pervasive developmental disorder not otherwise specified: PDD-NOS)라는 새로운 하위유형을 포함시켰다(APA, 1987).

이상과 같은 수정을 통하여 DSM-III-R에서는 DSM-III에 비해 전반적 발달장애의 하위유형이 5개에서 2개(자폐장애, 불특정 전반적 발달장애)로 감소하였다(〈표 1-1〉 참조). 그러나 자폐장애의 진단준거의 항목은 6개에서 16개로 증가하였는데(〈표 부록 1-1〉과 〈표 부록 2-1〉 참조), 이는 DSM-III의 자폐장애 정의에 비해 DSM-III-R의 자폐장애 정의가 훨씬 광범위하다는 것을 의미하며(Factor, Freeman, & Kardash, 1989; Hertzig, Snow, New, & Shapiro, 1990; Szatmari, 1992a; Volkmar, Cicchetti, Bregman, & Cohen, 1992) 그 결과 이전에는 자폐장애 진단준거를 충족시키지 못했던 많은 사람이 자폐장애 진단을 받게 되었다(Mesibov et al., 1997). 따라서 자폐장애가 과도하게 진단되는 문제가 나타났는데, 연구자들(Rutter & Schopler, 1992; Spitzer & Siegel, 1990)은 DSM-III-R의 진단준거를 사용했을 경우 위양(false-positive) 사례율이 약 49%에 달한다고 보았다.

3) DSM-IV

DSM-III-R에서 주된 문제점이 과잉진단이었기 때문에 DSM-III-R의 개정판인 DSM-IV에서는 무엇보다도 민감도(sensitivity)와 명확도(specificity)의 균형을 잡는 데 주력하였다. 즉, 위음(false-negative) 진단율의 증가 없이 위양(false-positive) 진단율을 낮추고자 하였다. 따라서 모든 진단체계를 검토하였는데, 그 결과 세계보건기구(WHO)가 1992년에 내놓은 『국제질병분류(ICD)』의 10판 초안이 대부분의 연령 및 발달수준에서 민감도와 명확도의 균형을 가장 잘 갖춘 것으로 나타났다. 이러한 이유로 DSM-IV는 ICD-10과 양립할 수 있는 진단체계로 개정되는 과정을 밟게 되는데, 이 과정에서 ICD-10의 전반적 발달장애(PDDs)에 포함되어 있던 3개의 하위유형이 DSM-IV의 전반적 발달장애의 새로운 하위유형(레트장애, 아동기붕괴성장애, 아스퍼거장애)으로 추가되었다(Mesibov et al., 1997). 이에 따라 DSM-IV에서 전반적 발달장애(PDDs)의 하위유형은 5개로 증가하였다(〈표 1-1〉 참조). 그러나 DSM-IV와 ICD-10은 전반적 발달장애(PDDs) 하위유형의 분류에서 여전히 차이를 보였는데 〈표 1-2〉는 이러한 차이를 비교하여 제시하고 있다. 또한 DSM-III-R과 비교하여 DSM-IV에서는 자폐장애 진단준거 항목이 16개에서 12개로 감소하였다(〈표 부록 2-1〉과 〈표 부록 3-1〉 참조). 그 이유는 DSM-IV의 자폐장애 진단준거도 ICD-10의 자폐장애 진단준

〈표 1-2〉 ICD-10과 DSM-IV의 전반적 발달장애(PDDs) 하위유형

ICD-10	DSM-IV
아동기 자폐증 (childhood autism)	자폐장애 (autistic disorder)
비전형 자폐증 (atypical autism)	불특정 전반적 발달장애 (PDD-NOS)
레트증후군 (Rett's syndrome)	레트장애 (Rett's disorder)
기타 아동기붕괴성장애 (other childhood disintegrative disorder)	아동기붕괴성장애 (childhood disintegrative disorder)
정신지체 및 상동적 운동과 연관된 과활동성 장애 (overactive disorder associated with mental retardation and stereotyped movements)	-
아스퍼거증후군 (Asperger's syndrome)	아스퍼거장애 (Asperger's disorder)
기타 전반적 발달장애 (other pervasive developmental disorders)	불특정 전반적 발달장애 (PDD-NOS)
불특정 전반적 발달장애 (pervasive developmental disorder, unspecified)	불특정 전반적 발달장애 (PDD-NOS)

수정발췌: Volkmar, F. R., & Klin, A. (2005). Issues in the classification of a autism and related conditions. In F. R. Volkmar, R. Paul, A. Klin, & D. Cohen (Eds.), *Handbook of autism and pervasive developmental disorders* (3rd ed., pp. 5-41). Hoboken, NJ: John Wiley & Sons, Inc. (p. 6)

거에 근거를 두면서 빈도가 낮거나 불필요한 준거를 삭제했기 때문이다(Volkmar et al., 1994).

이상과 같이 DSM-III-R과 비교하여 DSM-IV에서는 전반적 발달장애(PDDs)의 새로운 하위유형으로 3개의 장애(레트장애, 아동기붕괴성장애, 아스퍼거장애)가 추가되었으나, 그 내용이 자폐장애에 대한 내용에 비해 상대적으로 충분하지 못했다(Volkmar & Klin, 2005)([부록 3] 참조).

4) DSM-IV-TR

DSM-IV의 수정본인 DSM-IV-TR은 장애들의 관련특징, 출현율, 및 가계양상 등에 관한 최신 정보에 근거하여 진단범주들의 본문을 수정하였다. 하지만 이 과정에서 진단범주가 삭제되거나 추가된다든지 혹은 진단범주의 명칭이나 진단준거가 변경되지는 않았다(APA, 2000). 그러나 DSM-IV에서 새로 추가되면서 자폐장애에 비해 상대적으로 충분하지 못했던 레트장애, 아동기붕괴성장애, 및 아스퍼거장애에 대한 내용이 보충되었을 뿐만 아니라 자폐장애와 불특정 전반적 발달장애에 대한 내용도 보완되었다([부록 3]과 [부록 4] 참조). 첫째, 자폐장애에서는 진단적 특징 부분이 언어의 화용론적 측면에서의 문제를 부각시키도록 수정되었는데 이러한 문제는 고기능을 가진 사람들의 평가와 특히 관련이 있다. 이에 더하여 제한적이고 반복적이며 상동적인 행동, 관심, 및 활동에 대한 더 적절한 예들이 추가되었다. 또한 약 20%의 사례에서 부모들이 과거로 소급하여 생후 첫 1~2년간의 비교적 정상적인 발달기간을 보고한 사실이 반영되도록 수정되었다. 그리고 관련 인지적 결함 및 관련 일반적인 의학적 상태에 대한 내용도 개정되었으며 출현율 수치의 범위도 출현율의 증가를 제안하는 최근의 많은 연구를 반영하도록 수정되었다. 마지막으로 형제들의 장애 위험에 대한 더 구체적인 정보가 가계양상 부분에 추가되었다(APA, 2000). 둘째, 레트장애에서는 일부 사례가 특정 유전적 돌연변이와 관련되어 있다는 연구결과를 반영하는 내용이 추가되었다(APA, 2000). 셋째, 아동기붕괴성장애에서는 진단적 특징 부분에서 전형적으로 거의 모든 영역에서 습득된 기술이 상실된다는 내용이 추가되었다. 또한 출현율 부분에서는 아동기붕괴성장애가 과소진단되는 경향이 있다는 내용이 추가되었다. 넷째, [부록 3]과 [부록 4]에서 확연히 비교되듯이 아스퍼거장애에서는 특히 많은 내용이 첨가되었는데 그 이유는 DSM-IV에 아스퍼거장애가 처음으로 포함될 당시 자료가 제한되어 있었기 때문이다. 먼저 자폐장애와 아스퍼거장애를 더 잘 구별할 수 있도록 사회적 상호작용의 손상과 제한적이고 반복적인 행동 및 관심에서 나타나는 전형적인 양상에 대한 구체적인 예들이 제공되었다. 이에 더하여 언어에서 임상적으로 유의미한 지연이 없다는 필요조건이 의사소통에 문제가 없다는 것을 의미하지는 않는다는 점을 명확히 하는 내용이 추가되었다. 그리고 관련 특징, 경과, 및 감별진단 부분이 크게 확장되었으며 '특정 연령 및 성별 특징' 부분이 추가되었다(APA, 2000). 다섯째, 불특정 전반적 발달장애(PDD-NOS)에서는 그 정의가 수정되었는데 이는 한 가지 발달영역(즉, 사회적 상호작용, 의사소통기술, 또는 상동적인 행동이나 관심, 혹은 활동)에서만 전반적인 손상이 있는 사례에서도 무심코 이 진단을 내리는 오류를 교정하기 위해서였다. 결과적으로 DSM-IV-TR에서 PDD-NOS의 정의는 의사소통기술의 손상 또는 상동적인 행동, 관심, 혹은 활동에 동반한 사회적 상호작용의 손상을 필요조건으로 하였다(APA, 2000).

이상과 같이 DSM-IV-TR에서는 전반적 발달장애의 하위유형으로 5개의 장애가 제시되어 있었는데 이 유형들에 대한 자세한 내용은 이 책 제3장 'DSM 전반적 발달장애(PDDs)의 개념'에서 개별적으로 다루기로 한다. 하지만 DSM-IV-TR의 5개 하위유형과 관련된 논쟁이 지속되었는데, 특히 자폐장애, 아스퍼거장애, 불특정 전반적 발달장애(PDD-NOS)가 논쟁의 중심에 있었다. 예를 들어, 고기능자폐증과 아스퍼거장애의 구분에 관한 논쟁이 있었다. 이와 관련된 많은 연구가 수행되었고 학자들 간에 많은 이견도 있었지만 둘 간에는 차이가 거의 없는 것으로 연구결과가 정리되는 경향을 보였다(Ozonoff, Dawson, & McPartland, 2015)[저자주: 고기능자폐증과 아스퍼거장애의 관계에 대해서는 제3장 2절의 '4) 아스퍼거장애'에서 '(9) 고기능자폐증과 아스퍼거장애' 참조]. 또한 자폐장애, 아스퍼거장애, PDD-NOS의 진단명 사용에 관한 논쟁도 있었다. 미국 전역의 임상연구자 그룹이 수행한 연구(Lord et al., 2012)에 의하면, 자폐장애, 아스퍼거장애, PDD-NOS의 비율이 지역에 따라 다를 수 없음에도 불구하고 어떤 클리닉에서는 사례 대부분이 자폐장애로 진단받았고, 다른 클리닉에서는 PDD-NOS 진단이 가장 흔했으며, 또 다른 클리닉에서는 아스퍼거장애 진단이 절반을 차지하는 등 클리닉 간에 진단명 사용의 차이를 보였다.

5) DSM-5

〈표 1-1〉에 보이듯이 DSM-III, DSM-III-R, DSM-IV, DSM-IV-TR의 전반적 발달장애(pervasive developmental disorders: PDDs)에는 하위유형들이 포함되어 있었다. 그러나 앞서 언급한 새로운 연구결과 및 진단명 사용의 문제 등으로 2013년에 발행된 DSM-5에서는 전반적 발달장애(PDDs)라는 용어와 그 하위유형들이 삭제되고 대신 자폐스펙트럼장애(autism spectrum disorder: ASD)라는 새로운 단일범주가 도입되는 획기적인 변화가 있었다.

이와 같이 DSM-5에서는 자폐스펙트럼장애(ASD)라는 새로운 단일범주가 획기적으로 도입되었으나 DSM-5 발행 전후로 많은 논쟁이 있었다(이승희, 2014). 또한 2018년에 발표된 ICD-11도 전반적 발달장애(PDDs)라는 용어와 그 하위유형들을 삭제하고 자폐스펙트럼장애(ASD)라는 새로운 단일범주를 도입하였으나 그 내용에 있어서는 DSM-5의 ASD와 다소 차이를 보이고 있다. 예를 들어, 진단코드(diagnostic code)로 DSM-5에서는 단일코드를 사용하지만 ICD-11에서는 지적발달의 손상과 기능언어의 손상이라는 2개의 축에 근거한 하위코드를 사용하고 있는데 〈표 1-3〉은 이러한 차이를 비교하여 제시하고 있다. 참고로 ICD와 DSM의 관계를 간단히 소개하면 [보충설명 1-1]과 같다.

6) DSM-5-TR

DSM-5의 수정본인 DSM-5-TR(APA, 2022)에서는 자폐스펙트럼장애(ASD)라는 단일범주는 유지되었으나 진단준거(diagnostic criteria)가 좀 더 명료화되고 본문(text)에 다소 많은 내용이 보충되었다. 먼저 진단준거를 보면, DSM-5와 DSM-5-TR의 ASD 진단준거에는 2대 주요증상이 제시되어 있는데 하나는 사회적 의사소통과 사회적 상호작용의 지속적인 결함이고 다른 하나는 제한적이고 반복적인 행동, 관심, 또는 활동 패턴이다. 이 두 주요증상에는 각각 3개 그리고 4개 항목이 포함되어 있는데 ASD 진단을 내리려면 첫 번째 주요증상에서 3개 항목 모두를 그리고 두 번째 주요증상에서 4개 항목 중 2개 이상을 충족시켜야 한다. 그런데 첫 번째 주요증상에서 DSM-5는 '다음 세 가지(the following)'라고 기술하였으나 DSM-5-TR는 '다음 세 가지 모두(all of the following)'라고 기술함으로써 3개 항목 모두가 충족되어야 한다는

〈표 1-3〉 ICD-11과 DSM-5의 자폐스펙트럼장애(ASD) 진단코드

ICD-11	DSM-5
6A02 자폐스펙트럼장애 (Autism Spectrum Disorder) **6A02.0** 지적발달장애가 없고 기능언어의 손상이 경미하거나 없는 자폐스펙트럼장애 (Autism spectrum disorder without disorder of intellectual development and with mild or no impairment of functional language) **6A02.1** 지적발달장애가 있고 기능언어의 손상이 경미하거나 없는 자폐스펙트럼장애 (Autism spectrum disorder with disorder of intellectual development and with mild or no impairment of functional language) **6A02.2** 지적발달장애가 없고 기능언어의 손상이 있는 자폐스펙트럼장애 (Autism spectrum disorder without disorder of intellectual development and with impaired functional language) **6A02.3** 지적발달장애가 있고 기능언어의 손상이 있는 자폐스펙트럼장애 (Autism spectrum disorder with disorder of intellectual development and with impaired functional language) **6A02.4** 지적발달장애가 없고 기능언어가 부재한 자폐스펙트럼장애 (Autism spectrum disorder without disorder of intellectual development and with absence of functional language) **6A02.5** 지적발달장애가 있고 기능언어가 부재한 자폐스펙트럼장애 (Autism spectrum disorder with disorder of intellectual development and with absence of functional language) **6A02.Y** 달리 명시된 자폐스펙트럼장애 (Other specified autism spectrum disorder) **6A02.Z** 명시되지 않는 자폐스펙트럼장애 (Autism spectrum disorder, unspecified)	**299.00** (F84.0) 자폐스펙트럼장애 (Autism Spectrum Disorder)

[보충설명 1-1] ICD와 DSM의 관계

　　질병의 분류체계로 널리 알려진 『국제질병분류(International Classification of Diseases: ICD)』는 1900년에 초판(즉, ICD-1)이 발행되었는데, 이때 질병(disease)이란 사망에 이르게 하는 원인으로서의 신체질환을 의미하였다. 그 후 ICD는 5판(즉, ICD-5)까지 사망에 바로 이르지 않는다는 이유로 정신질환은 포함하지 않았으며 국제통계기구(International Statistical Institute: ISI)가 발행하였다. 이후 ICD-6부터는 2차 세계대전이 끝나고 UN이 창설되면서 같이 발족된 세계보건기구(World Health Organization: WHO)가 관리하게 된다. ICD-6는 1948년에 발행되었는데, 이때부터 사망에 대한 직접적인 원인 이외 생활에서 불편함을 유발하는 질환, 즉 정신장애를 처음으로 포함하였으나 널리 받아들여지지는 않았다. 이에 ICD와는 별개로 1952년에 미국정신의학회(American Psychiatric Association: APA)가 정신장애의 분류체계인 『정신장애의 진단 및 통계 편람(Diagnostic and Statistical Manual of Mental Disorders: DSM)』을 발행하였다. 따라서 ICD의 정신장애와 DSM의 정신장애 간에 조화가 이루어지지 못했지만 개정을 통해 조화를 이루려는 노력도 지속되었다. ICD의 최근 개정판인 ICD-11은 2018년 6월 18일 발표되었고 2019년 5월 25일 세계보건총회(World Health Assembly)에서 승인을 받았으며 2022년 1월 1일부터 효력이 발생하였다. 그리고 DSM의 최근 개정판인 DSM-5-TR은 2022년에 발행되었다.

점을 좀 더 명료화하였다(〈표 부록 5-1〉과 〈표 부록 6-1〉 참조). 그리고 진단준거에 뒤따르는 기록절차(recording procedures)와 명시어(specifiers)의 내용을 보완함으로써 진단기록 과정을 좀 더 명료화하였다([부록 5]와 [부록 6] 참조). 다음으로 본문을 보면, DSM-5에서는 본문이 9개 부분(section)으로 구성되어 있었으나 DSM-5-TR에서는 1개가 추가되어 10개 부분으로 증가하였고 기존의 부분들에서도 내용이 보충되었다([부록 5]와 [부록 6] 참조). 〈표 1-4〉는 DSM-5와 DSM-5-TR의 본문구성을 비교하여 제시하고 있다.

　　이상과 같이 DSM-5-TR에서는 ASD의 진단준거를 좀 더 명료화하고 본문도 다소 많이 보충하는 변화가 있었으나 DSM-5 발행 전후부터 제기되어 온 논쟁을 완전히 불식시키기에는 충분하지 못한 것으로 보인다. 또한 ICD-11과도 여전히 차이를 보이고 있는데 ICD-11의 경우 〈표 1-5〉에 제시된 바와 같이 최근에 진단코드가 업데이트되었다. 〈표 1-3〉과 비교해 보았을 때 〈표 1-5〉에서는 진단코드 '6A02.4'가 삭제된 것으로 보이는데 이는 지적발달장애가 없으면서(without disorder of intellectual

development) 기능언어가 부재(absence of functional language)한 경우가 불가능하거
나 그러한 사례가 없기 때문일 수 있다.

〈표 1-4〉 DSM-5와 DSM-5-TR의 본문구성 비교

DSM-5의 본문구성	DSM-5-TR의 본문구성	비고
(1) 진단적 특징	(1) 진단적 특징	DSM-5-TR에서 내용이 다소 추가됨.
(2) 진단을 지원하는 관련 특징	(2) 관련 특징	DSM-5-TR에서 마음이론결함, 중앙응집의 어려움, 실행기능결함이 처음으로 언급됨.
(3) 출현율	(3) 출현율	DSM-5-TR은 출현율 성비(남성:여성)를 3:1로 보고하면서 여자와 여아에서 ASD의 인지가 덜 이루어지는 것에 대한 우려를 표명함.
(4) 발달 및 경과	(4) 발달 및 경과	DSM-5-TR에서 내용이 다소 보완됨.
(5) 위험요인 및 예후요인	(5) 위험요인 및 예후요인	DSM-5-TR에서 내용이 다소 보완됨.
(6) 문화와 관련된 진단적 쟁점	(6) 문화와 관련된 진단적 쟁점	DSM-5-TR에서 내용이 다소 보완됨.
(7) 성별(gender)과 관련된 진단적 쟁점	(7) 성(sex) 및 성별(gender)과 관련된 진단적 쟁점	DSM-5-TR은 생물학적 성(性)인 'sex'와 사회적 성(性)인 'gender'를 구별함.
—	(8) 자살생각 또는 자살행동과의 연관	DSM-5-TR에서 자살과 관련된 내용이 처음으로 본문에 포함됨.
(8) 자폐스펙트럼장애의 기능적 결과	(9) 자폐스펙트럼장애의 기능적 결과	DSM-5-TR에서 내용이 다소 추가됨.
(9) 감별진단	(10) 감별진단	DSM-5-TR에서 불안장애와 강박장애가 처음으로 ASD와의 감별진단이 요구되는 장애에 포함됨.
(10) 공존장애	(11) 공존장애	DSM-5-TR에서 내용이 다소 보완됨.

〈표 1-5〉 ICD-11(version 01/2023)의 ASD 진단코드

구분	기능언어의 손상이 경미하거나 없음 (with mild or no impairment of functional language)	기능언어의 손상이 있음 (with impaired functional language)	기능언어가 완전히, 또는 거의 완전히, 부재함 (with complete, or almost complete, absence of functional language)
지적발달장애가 없음 (without disorder of intellectual development)	6A02.0	6A02.2	-
지적발달장애가 있음 (with disorder of intellectual development)	6A02.1	6A02.3	6A02.5

Understanding Autism Spectrum Disorders

Chapter 02

자폐스펙트럼장애의 관련법

1. 한국

1) 장애인 등에 대한 특수교육법

「장애인 등에 대한 특수교육법(약칭: 특수교육법)」(교육부, 2022) 제15조에는 〈표 2-1〉과 같이 특수교육대상자의 선정과 관련하여 11개의 장애영역이 명시되어 있으며 「장애인 등에 대한 특수교육법 시행령」(교육부, 2023) 제10조에는 〈표 2-2〉와 같이 특수교육대상자 선정기준이 제시되어 있다. 〈표 2-1〉과 〈표 2-2〉의 내용 중 자폐스펙트럼장애와 관련된 사항을 살펴보면, 〈표 2-1〉에는 '자폐성장애(이와 관련된 장애를 포함한다)'라고 기술되어 있는 데 비해 〈표 2-2〉에서는 '자폐성장애'로만 기술되어 있다. 따라서 자폐성장애와 관련된 장애가 무엇을 의미하는지에 대한 분명한 지침이 필요할 것으로 보인다. 또한 〈표 2-2〉의 내용 중 '두 가지 이상 중복된 장애'에서 '중도중복(重度重複)장애'도 자폐스펙트럼장애와 관련된다. 즉, 자폐스펙트럼장애로 진단된 아동의 경우 '자폐성장애' 또는 '두 가지 이상 중복된 장애'를 가진 특수교육대상자로 선정될 가능성이 있다.

〈표 2-1〉 「장애인 등에 대한 특수교육법」의 장애영역

1. 시각장애
2. 청각장애
3. 지적장애
4. 지체장애
5. 정서 · 행동장애
6. 자폐성장애(이와 관련된 장애를 포함한다)
7. 의사소통장애
8. 학습장애
9. 건강장애
10. 발달지체
11. 그 밖에 두 가지 이상의 장애가 있는 경우 등 대통령령으로 정하는 장애

〈표 2-2〉 「장애인 등에 대한 특수교육법 시행령」의 특수교육대상자 선정기준

1. 시각장애를 지닌 특수교육대상자
   시각계의 손상이 심하여 시각기능을 전혀 이용하지 못하거나 보조공학기기의 지원을 받아야
   시각적 과제를 수행할 수 있는 사람으로서 시각에 의한 학습이 곤란하여 특정의 광학기구 ·
   학습매체 등을 통하여 학습하거나 촉각 또는 청각을 학습의 주요 수단으로 사용하는 사람

2. 청각장애를 지닌 특수교육대상자
   청력 손실이 심하여 보청기를 착용해도 청각을 통한 의사소통이 불가능 또는 곤란한 상태
   이거나, 청력이 남아 있어도 보청기를 착용해야 청각을 통한 의사소통이 가능하여 청각에
   의한 교육적 성취가 어려운 사람

3. 지적장애를 지닌 특수교육대상자
   지적 기능과 적응행동상의 어려움이 함께 존재하여 교육적 성취에 어려움이 있는 사람

4. 지체장애를 지닌 특수교육대상자
   기능 · 형태상 장애를 가지고 있거나 몸통을 지탱하거나 팔다리의 움직임 등에 어려움을
   겪는 신체적 조건이나 상태로 인해 교육적 성취에 어려움이 있는 사람

5. 정서 · 행동장애를 지닌 특수교육대상자
   장기간에 걸쳐 다음 각 목의 어느 하나에 해당하여, 특별한 교육적 조치가 필요한 사람
   가. 지적 · 감각적 · 건강상의 이유로 설명할 수 없는 학습상의 어려움을 지닌 사람
   나. 또래나 교사와의 대인관계에 어려움이 있어 학습에 어려움을 겪는 사람
   다. 일반적인 상황에서 부적절한 행동이나 감정을 나타내어 학습에 어려움이 있는 사람

〈표 2-2〉 계속됨

라. 전반적인 불행감이나 우울증을 나타내어 학습에 어려움이 있는 사람

마. 학교나 개인 문제에 관련된 신체적인 통증이나 공포를 나타내어 학습에 어려움이 있는 사람

6. 자폐성장애를 지닌 특수교육대상자

사회적 상호작용과 의사소통에 결함이 있고, 제한적이고 반복적인 관심과 활동을 보임으로써 교육적 성취 및 일상생활 적응에 도움이 필요한 사람

7. 의사소통장애를 지닌 특수교육대상자

다음 각 목의 어느 하나에 해당하여 특별한 교육적 조치가 필요한 사람

가. 언어의 수용 및 표현 능력이 인지능력에 비하여 현저하게 부족한 사람

나. 조음능력이 현저히 부족하여 의사소통이 어려운 사람

다. 말 유창성이 현저히 부족하여 의사소통이 어려운 사람

라. 기능적 음성장애가 있어 의사소통이 어려운 사람

8. 학습장애를 지닌 특수교육대상자

개인의 내적 요인으로 인하여 듣기, 말하기, 주의집중, 지각(知覺), 기억, 문제해결 등의 학습기능이나 읽기, 쓰기, 수학 등 학업 성취 영역에서 현저하게 어려움이 있는 사람

9. 건강장애를 지닌 특수교육대상자

만성질환으로 인하여 3개월 이상의 장기입원 또는 통원치료 등 계속적인 의료적 지원이 필요하여 학교생활 및 학업 수행에 어려움이 있는 사람

10. 발달지체를 보이는 특수교육대상자

신체, 인지, 의사소통, 사회 · 정서, 적응행동 중 하나 이상의 발달이 또래에 비하여 현저하게 지체되어 특별한 교육적 조치가 필요한 영아 및 9세 미만의 아동

11. 두 가지 이상 중복된 장애를 지닌 특수교육대상자

다음 각 목의 구분에 따른 구분에 따른 장애를 지닌 사람으로서 제1호부터 제6호까지의 규정에 따른 특수교육대상자에 대한 각각의 교육지원만으로 교육적 성취가 어려워 특별한 교육적 조치가 필요한 사람

가. 중도중복(重度重複)장애: 다음의 구분에 따른 장애를 각각 하나 이상씩 지니면서 각각의 장애의 정도가 심한 경우. 이 경우 장애의 정도는 법 제14조 제1항에 따른 선별검사의 결과, 제9조 제4항에 따라 제출한 진단서 및 「장애인복지법 시행령」 제2조 제2항에 따른 장애의 정도 등을 고려하여 정한다.

1) 지적장애 또는 자폐성장애

2) 시각장애, 청각장애, 지체장애 또는 정서 · 행동장애

나. 시청각장애: 시각장애 및 청각장애를 모두 지니면서 시각과 청각에 의한 학습이 곤란하고 의사소통 및 정보 접근에 심각한 제한이 있는 경우

2) 장애인복지법

「장애인복지법」(보건복지부, 2021b)에서 장애인이란 신체적·정신적 장애로 오랫동안 일상생활이나 사회생활에서 상당한 제약을 받는 자를 말하는데 「장애인복지법 시행령」(보건복지부, 2023) 제2조에는 장애의 종류 및 기준이 명시되어 있으며 「장애인복지법 시행규칙」(보건복지부, 2022) 제2조에는 장애인의 장애 정도가 제시되어 있다. 「장애인 등에 대한 특수교육법 시행령」(교육부, 2023) 제10조에서도 '두 가지 이상 중복된 장애'의 '중도중복(重度重複)장애'를 보면 「장애인복지법 시행령」이 언급되고 있다(〈표 2-2〉 참조). 〈표 2-3〉과 〈표 2-4〉는 각각 「장애인복지법 시행령」(보건복지부, 2023) 제2조와 「장애인복지법 시행규칙」(보건복지부, 2022) 제2조의 자폐성장애 관련내용을 제시하고 있다. 이와 같이 자폐스펙트럼장애와 관련하여 「장애인복지법」에 기술된 내용을 살펴보면 「장애인 등에 대한 특수교육법」과 공통점과 차이점이 있는데, 공통점은 '자폐성장애'라는 명칭을 사용한다는 것이고 차이점은 「장애인복지법」이 '자폐증'뿐만 아니라 '비전형적자폐증'도 포함함으로써 「장애인 등에 대한 특수교육법」에 비해 더 포괄적이라는 것이다. 한편, 〈표 2-4〉에 보이듯이 「장애인복지법 시행규칙」(보건복지부, 2022)에서는 ICD-10(WHO, 1992)을 근거로 하여 자폐성장애인의 장애 정도를 제시하고 있다. 그러나 앞서 [보충설명 1-1]에서 언급되었듯이 ICI-11(WHO, 2018)이 발표되었으므로 ICD-11을 근거로 내용이 수정될 필요가 있어 보인다.

〈표 2-3〉 「장애인복지법 시행령」의 자폐성장애인 기준

7. 자폐성장애인(自閉性障碍人)
소아기 자폐증, 비전형적 자폐증에 따른 언어·신체표현·자기조절·사회적응 기능 및 능력의 장애로 인하여 일상생활이나 사회생활에 상당한 제약을 받아 다른 사람의 도움이 필요한 사람

〈표 2-4〉 「장애인복지법 시행규칙」의 자폐성장애인 장애 정도

7. 자폐성장애인(장애의 정도가 심한 장애인에 해당함)
제10차 국제질병사인분류(International Classification of Diseases, 10th Version)의 진단기준에 따른 전반성발달장애(자폐증)로 정상발달의 단계가 나타나지 않고, 기능 및 능력 장애로 일상생활이나 사회생활에 간헐적인 도움이 필요한 사람

3) 발달장애인 권리보장 및 지원에 관한 법률

「발달장애인 권리보장 및 지원에 관한 법률(약칭: 발달장애인법)」(보건복지부, 2021a)
은 발달장애인의 권리보장과 지원을 규정한 법으로서 2014년 5월 23일에 제정되었
으며 2015년 11월 21일에 시행되기 시작하였다. 이 법 제2조에는 〈표 2-5〉와 같이
발달장애인 정의가 제시되어 있다. 〈표 2-5〉에 보이듯이 발달장애인에는 지적장애
인과 자폐성장애인이 포함되는데, 이러한 발달장애인은 인지 및 의사소통의 제약으
로 다른 장애인에 비해 교육과 고용은 물론이고 일상생활을 하는 데도 많은 어려움을
겪는다. 따라서 이들의 생애주기에 따른 특성 및 복지 욕구에 적합한 지원과 권리옹
호 등이 체계적이고 효과적으로 제공될 수 있도록 하기 위해 발달장애인법이 제정되
었다고 볼 수 있다. 참고로 〈표 2-5〉를 보면 발달장애인에는 '그 밖에 통상적인 발달
이 나타나지 않거나 크게 지연되어 일상생활이나 사회생활에 상당한 제약을 받는 사
람'도 포함되어 있지만 명확한 규정은 제공되지 않아 향후 이에 대한 보완이 필요할
것으로 보인다.

〈표 2-5〉 「발달장애인 권리보장 및 지원에 관한 법률」의 발달장애인 정의

---

1. "발달장애인"이란 「장애인복지법」 제2조 제1항의 장애인으로서 다음 각 목의 장애인을 말
   한다.
   가. 지적장애인: 정신 발육이 항구적으로 지체되어 지적 능력의 발달이 불충분하거나 불완
       전하여 자신의 일을 처리하는 것과 사회생활에 적응하는 것이 상당이 곤란한 사람
   나. 자폐성장애인: 소아기 자폐증, 비전형적 자폐증에 따른 언어·신체표현·자기조절·
       사회적응 기능 및 능력의 장애로 인하여 일상생활이나 사회생활에 상당한 제약을 받아
       다른 사람의 도움이 필요한 사람
   다. 그 밖에 통상적인 발달이 나타나지 아니하거나 크게 지연되어 일상생활이나 사회생활
       에 상당한 제약을 받는 사람으로서 대통령령으로 정하는 사람

---

2. 미국

1) 장애인교육법

미국의 「장애인교육법(Individuals with Disabilities Education Act: IDEA)」(U.S. Department of Education, 2004)은 특수교육대상자의 선정과 관련하여 13개 장애영역을 명시하고 있으며 그 가운데 하나인 자폐증(autism)의 정의를 〈표 2–6〉과 같이 제시하고 있다. 〈표 2–6〉의 세 번째 항목에서 알 수 있듯이 「장애인교육법」의 자폐증 정의는 출현연령이 늦은 경우인 '비전형 자폐증'도 포함하고 있다.

〈표 2–6〉 미국 「장애인교육법」의 자폐증 정의

(i) 자폐증은 일반적으로 3세 이전에 나타나 구어 및 비구어 의사소통과 사회적 상호작용에 심각한 영향을 미침으로써 아동의 교육적 수행에 부정적인 영향을 미치는 발달장애를 의미한다. 자폐증과 흔히 연관되는 다른 특성들로는 반복적 활동과 상동적 동작에의 몰입, 환경적 변화나 일과의 변화에 대한 저항, 감각적 경험에 대한 비정상적 반응이 있다.
(ii) 아동의 교육적 수행에 부정적인 영향을 미치는 주된 원인이 정서장애인 경우에는 자폐증이 적용되지 않는다.
(iii) 아동이 3세 이후에 자폐증의 특성을 보이는 경우 위 (i)의 준거에 부합된다면 자폐증을 지닌 것으로 판별될 수 있다.

2) 재활법

미국의 「재활법(Rehabilitation Act)」은 장애인의 시민권과 헌법적 권리를 보호하는 법률로서 1973년에 제정되었는데, 장애가 있어도 「장애인교육법(IDEA)」의 선정기준을 충족시키지 못해 특수교육대상자로 선정되지 못한 아동들이 필요한 교육적 서비스를 받을 수 있는 법적 근거가 된다. 즉, 「장애인교육법(IDEA)」에 의해 특수교육대상자로 선정되지 못했더라도 「재활법」 제504조(Section 504 of the Rehabilitation Act)에 의해 서비스대상자로 선정되면 일반학급에서 필요한 조정이나 서비스를 받을 수 있게 된다(Shepherd, 2010). 이러한 아동들을 위해서는 '504 계획(504 Plan)'이 작성되는데, '504 계획'은 장애가 있는 아동이 정규 교육환경에서 성공하는 데 필요한 다양한 수정안이 제시된 문서이다(Ozonoff et al., 2015). 이와 같이 「재활법」 제504조는 특수교육을 받을 자격은 되지 않지만 여전히 교육적 지원이 필요한 아동에게 서비스를 보장하는데, 미국 학령기 인구의 약 1% 정도가 '504 계획'을 가지고 있을 뿐 아니라(Zirkel, 2009) 그 사용도 증가하고 있다(Ozonoff et al., 2015).

Part 2

자폐스펙트럼장애의
개념

Understanding Autism Spectrum Disorders

Chapter
03

DSM 전반적 발달장애(PDDs)의 개념

1. 전반적 발달장애(PDDs)의 역사적 배경

세계적으로 가장 널리 사용되는 정신장애 분류체계는 미국정신의학회(American Psychiatric Association: APA)가 발행하는『정신장애의 진단 및 통계 편람(Diagnostic and Statistical Manual of Mental Disorders: DSM)』이라고 할 수 있다(원호택, 권석만, 2000). 이 분류체계의 제1판인 DSM-I이 1952년에 발행된 이후 지금까지 DSM-II (APA, 1968), DSM-III(APA, 1980), DSM-III-R(APA, 1987), DSM-IV(APA, 1994), DSM-IV-TR(APA, 2000), DSM-5(APA, 2013), DSM-5-TR(APA, 2022)로 수정 또는 개정되어 왔다. 전반적 발달장애(pervasive developmental disorders: PDDs)는 DSM-I 과 DSM-II에서는 언급되지 않다가 DSM-III에서 처음으로 포함된 후 DSM-III-R과 DSM-IV를 거쳐 DSM-IV-TR까지 사용되었다.

이와 같이 전반적 발달장애(PDDs)는 DSM-III에서 새롭게 등장한 용어인데(Gupta, 2004; Volkmar & Klin, 2005), 이 용어가 사용된 이유는 여러 가지 기본적인 심리적 발달영역이 같은 시기에 심한 정도로 손상을 보이는 핵심적인 임상적 문제를 가장 정확하게 묘사한다고 보았기 때문이다(APA, 1980). 이후 이 용어의 개념적 적절성에 대한 논의가 지속되어 왔는데, 그것은 두 가지 입장으로 나누어 볼 수 있다. 우선 전반적 발달장애(PDDs)라는 용어가 적절하다고 보는 입장이 있다. 이를 대표하는 연구자인 Volkmar와 Cohen(1991)에 의하면, '전반적(pervasive)'이라는 용어는 원래 '다양한 영역의 광범위한(over a range of different domains)' 발달적 손상을 반영하기 위해 선정되었으며 따라서 인지기능이 주로 손상된 지적장애는 특정 발달장애(specific developmental disorder)다. 나머지 하나는 전반적 발달장애(PDDs)라는 용어가 부적절하다고 보는 입장이다. 이를 대표하는 연구자들(Baird et al., 1991; Happé & Frith, 1991)은 '전반적(pervasive)'이라는 용어는 손상된 영역의 다양성 외에 심각성도 내포하고 있으며 따라서 중도 및 최중도 지적장애가 가장 전반적인 발달장애라고 본다. 이들에 의하면 자폐장애(autistic disorder; DSM 분류상 전반적 발달장애의 한 유형)는 손상의 영역 및 정도가 다양하므로 여러 영역에서 심한 손상을 보이는 경우만 전반적 발달장애로 볼 수 있다. 예를 들어, 독립적인 생활과 대학교수로서의 성공적인 삶을 영위하고 있는 Temple Grandin의 경우(Grandin, 1986/1997) 전반적 발달장애라는 범주가 적절하지 않다고 본다. 이와 같은 전반적 발달장애에 대한 두 가지 입장은 '전반적(pervasive)'이라는 용어를 어떻게 해석하느냐에 따라 구분된다고 볼 수 있다. 그러나 DSM의 전반적 발달장애에 포함된 장애들은 발달적 손상이 다양한 영역에서 나타날 뿐만 아니라 그 손상이 정상과 질적으로 차이가 있다는 점에 주목할 필요가 있다. 발달적 손상은 발달적 지연(developmental delay), 발달적 퇴행(developmental regression), 또는 발달적 왜곡(developmental distortion)으로 나타날 수 있는데 정상과 질적으로 차이가 있다는 것은 발달적 왜곡에 해당하는 것으로 정상적 발달에서는 나타나지 않는 양상을 보인다는 것이다. Wicks-Nelson과 Israel(2006)에 의하면 질적인 차이가 있는 행동들(예: 특정한 비기능적인 일상활동이나 의식에 고집스럽게 매달림)은 흔히 발달에 전반적인 문제가 있다는 것을 암시한다. 따라서 전반적 발달장애가 발달적 왜곡을 보인다면 지적장애와 전반적 발달장애는 별개의 장애라고 할 수 있다. 이 책에서는 두 가지 입장 중 첫 번째 입장에 동의하면서 전반적 발달장애(PDDs)를 "여러 가지 발달영역에서 질적으로 손상된 발달적 왜곡이 나타나는 장애"로 정의한다.

2. 전반적 발달장애(PDDs)의 유형

DSM-IV-TR(APA, 2000)에서는 전반적 발달장애(PDDs)의 하위유형으로 5개(자폐장애, 레트장애, 아동기붕괴성장애, 아스퍼거장애, 불특정 전반적 발달장애)가 제시되어 있었다. 다음에서는 유형별로 (1) 역사적 배경, (2) 진단기준, (3) 출현율, (4) 원인, (5) 특성, (6) 경과, (7) 감별진단, (8) 평가에 관한 내용을 다루기로 하는데, 특히 자폐장애에서는 '(9) 저기능자폐증과 고기능자폐증'을 그리고 아스퍼거장애에서는 '(9) 고기능자폐증과 아스퍼거장애'를 추가하여 살펴보고자 한다.

1) 자폐장애

(1) 역사적 배경

자폐장애(autistic disorder)는 1943년 미국 Johns Hopkins 의과대학의 소아정신과 의사였던 Leo Kanner(1894~1981)가 '조기 유아자폐증(early infantile autism)'으로 처음 소개하였다(저자주: '조기 유아자폐증'에서 '자폐장애'로의 변천과정에 대해서는 제1장 2절 참조). 앞서 제1장 2절에서 언급된 바와 같이 autism(자폐증)은 self(자기자신)와 state(상태)에 각각 해당하는 희랍어의 aut와 ism에 어원을 두고 있는 용어로서 1911년 스위스의 정신과 의사인 Eugen Bleuler(1857~1939)가 조현병(schizophrenia) 증상 가운데 자신만의 세계에 빠져 있는 사고특성을 기술하기 위하여 사용하기 시작한 용어다. 1943년에 Kanner는 생애 초기부터 사람 또는 상황에 대해 정상적인 방법으로 관계를 맺지 못하는 일련의 아동들을 기술하기 위하여 이 용어를 빌려 'early infantile autism(조기 유아자폐증)'이라고 명명하였다(Gupta, 2004). 이와 같이 Kanner가 '자폐증'이라는 용어를 사용함으로써 자폐장애와 조현병과의 관계에 대한 혼란이 야기되기도 하였으나 이 두 장애가 별개의 장애라는 개념은 아주 점진적으로 발전하여 지금은 DSM에 서로 다른 범주로 분류되어 있으며(Wicks-Nelson & Israel, 2006) 현재 자폐증이라는 용어는 Bleuler가 사용한 개념보다는 Kanner가 사용한 개념으로 많이 받아들여지고 있다(이용승, 이정희, 2000).

1943년 Kanner는 자신이 관찰했던 11명의 유아가 선천적으로 사회적 상호작용에 대한 동기가 결여된 채 태어났다고 보았다. 주요증상으로 의사소통 결함, 인지기능의 비정형성, 강박적 행동, 반복적 행동, 상상놀이 결여 등을 들었으며(Volkmar & Klin, 2005) 이들의 근본적인 결함이 생애 초기부터 다른 사람이나 상황과 관계를 맺는 능력이 부족한 데 있음을 강조하였다(Wicks-Nelson & Israel, 2006). 당시 Kanner가 기술한 대부분의 증상들은 나중에 다른 연구자들에 의해 확인이 되었으며 자폐장애를 정의하는 데 핵심적인 역할을 하였다(Wicks-Nelson & Israel, 2006).

이상과 같이 1943년에 Kanner가 처음 소개한 이후 자폐장애는 지속적인 관심을 받았는데, 2007년 유엔(the United Nations: UN)은 4월 2일을 '세계 자폐증의 날(World Autism Day)'로 지정하였으며 2008년 4월 2일 첫 '세계 자폐증의 날'을 맞아 세계 각지에서 각종 세미나와 관련 캠페인이 진행되기도 하였다. '세계 자폐증의 날'은 '세계 자폐증 인식의 날(World Autism Awareness Day)'이라고도 한다.

(2) 진단기준

DSM-III(APA, 1980)에서 유아자폐증(infantile autism)이라는 명칭으로 공식적 진단체계인 DSM에 처음으로 소개된 후 DSM-III-R(APA, 1987), DSM-IV(APA, 1994), DSM-IV-TR(APA, 2000)에 포함되어 온 자폐장애는 사회적 상호작용의 질적 손상, 의사소통의 질적 손상, 제한적이고 반복적이며 상동적인 행동이나 관심 및 활동의 3대 주요증상을 나타낸다. 〈표 3-1〉은 DSM-IV-TR이 명시한 자폐장애의 진단준거로서, 자폐장애 진단을 내리려면 3대 주요증상에서 6개 이상의 항목이 충족되어야 하며 이러한 증상이 3세 이전에 나타나야 한다.

(3) 출현율

1960년대 중반 이후 몇몇 국가에서 출생부터 성인기 초기까지의 약 5백만 명을 대상으로 자폐장애에 대한 30개 이상의 역학연구가 수행되었는데(Fombonne, 2003; Volkmar, Lord, Bailey, Schultz, & Klin, 2004), 이 기간에 자폐장애의 출현율은 크게 증가한 것으로 나타났다. 즉, 1966년부터 1991년 사이에 발표된 연구에서는 출현율 중앙값이 10,000명당 4.4명인 데 비해 1992년부터 2001년 사이에 발표된 연구에서는 출현율 중앙값이 10,000명당 12.7명이었다(Wicks-Nelson & Israel, 2006). 비록 연구들 간에 차이가 있기는 하지만 자폐장애의 출현율은 10,000명당 10명, 즉 0.1%가 합리적인 추정치로 제안되었다(Fombonne, 2003; Tanguay, 2000; Volkmar & Klin, 2000b).

자폐장애 출현율에서의 성비는 여아 1명당 남아 4.3명 정도로 나타나 여아보다 남아의 출현율이 더 높다(Fombonne, 2005). 이와 같은 출현율 성비와 관련하여 한 가지 흥미로운 사실이 보고되었는데, 지능이 정상 범위일 때 여아에 대한 남아의 비율이 가장 높고 지능이 최중도 지적장애 범위일 때 여아에 대한 남아의 비율이 가장 낮다는 것이다(Wicks-Nelson & Israel, 2006).

〈표 3-1〉 DSM-IV-TR의 자폐장애 진단준거

A. (1), (2), (3)에서 총 6개(또는 그 이상) 항목, 적어도 (1)에서 2개 항목, 그리고 (2)와 (3)에서 각각 1개 항목이 충족되어야 한다.

  (1) 사회적 상호작용의 질적인 손상이 다음 중 적어도 2개 항목으로 나타난다.

    (a) 사회적 상호작용을 조절하기 위한 눈맞춤, 얼굴표정, 몸자세, 몸짓과 같은 다양한 비언어적 행동의 사용에 현저한 손상이 있다.

    (b) 발달수준에 적합한 또래관계를 형성하지 못한다.

    (c) 자발적으로 다른 사람들과 기쁨, 관심, 성취를 공유하지 못한다(예: 관심의 대상을 보여주거나 가져오거나 가리키지 못함).

    (d) 사회적 또는 정서적 상호성이 결여되어 있다.

  (2) 의사소통의 질적인 손상이 다음 중 적어도 1개 항목으로 나타난다.

    (a) 구어발달이 지체되거나 완전히 결여되어 있다(몸짓이나 흉내와 같은 대안적인 의사소통 방식으로 보상하려는 시도가 수반되지 않음).

    (b) 적절하게 말을 하는 경우, 다른 사람들과 대화를 시작하거나 지속하는 능력에 현저한 손상이 있다.

    (c) 언어 또는 특이한 언어를 상동적이고 반복적으로 사용한다.

    (d) 발달수준에 적합한, 다양하고 자발적인 가장놀이나 사회적 모방놀이가 결여되어 있다.

  (3) 제한적이고 반복적이며 상동적인 행동, 관심, 및 활동이 다음 중 적어도 1개 항목으로 나타난다.

    (a) 강도나 초점에서 비정상적인, 한 가지 이상의 상동적이고 제한적인 관심에 집착한다.

    (b) 특정한 비기능적인 일상활동이나 의식에 고집스럽게 매달린다.

    (c) 상동적이고 반복적인 동작성 매너리즘(예: 손이나 손가락을 퍼덕거리거나 비꼬기, 또는 복잡한 전신동작)을 보인다.

    (d) 대상의 부분에 지속적으로 집착한다.

B. 3세 이전에 다음 영영 중 적어도 한 가지 영역에서 지체 또는 비정상적인 기능을 보인다.

  (1) 사회적 상호작용

  (2) 사회적 의사소통에서 사용되는 언어

  (3) 상징적이거나 상상적인 놀이

C. 장애가 레트장애 또는 아동기붕괴성장애로 더 잘 설명되지 않는다.

---

(4) 원인

1943년 Kanner가 자폐장애를 소개한 이후 자폐장애의 원인을 밝히기 위한 지속적인 노력이 있었다. 이와 같은 노력은 크게 두 가지 입장으로 정리될 수 있는데 하나는 자폐장애의 원인을 심리사회적으로 보는 입장이고 다른 하나는 생물학적으로 보는 입장이다.

자폐장애가 심리사회적 원인으로 유발된다는 입장이 먼저 대두되었는데 이 입장에 의하면 자폐장애는 부모의 부적절한 양육방식, 즉 '냉장고'처럼 차가운 양육방식에서 비롯된다. Kanner는 초기에는 자폐장애의 생득적인 사회적 결함(innate social deficit)을 가정하기도 하였으나 시간이 지나면서 당시에 유력했던 심리사회적 입장을 반영하였다(예: Kanner & Eisenberg, 1956). 이어서 많은 연구(Bettelheim, 1967; Boatman & Szurek, 1960; Goldfarb, 1961; O'Gorman, 1970; Szurek & Berlin, 1956)도 자폐장애아동 부모들의 냉정하고 강박적인 특성을 언급하기 시작하였는데 이 가운데 가장 영향력이 큰 것은 Bettelheim(1967)의 정신분석이론이었다(Mesibov & Van Bourgondien, 1992). 그는 부모의 거부나 병리적 요소 때문에 아동이 스스로를 자폐적인 '빈 요새(empty fortress)'에 가두게 되는 것이라고 주장하였다. 그러나 이러한 주장은 실험적 증거에 기반을 두고 있지 않았으며 따라서 경험적 연구인 실험연구들 (Cantwell, Baker, & Rutter, 1979; Gardner, 1976)이 발표되기 시작하면서 그 영향력이 약화되었다. Cantwell 등(1979)에 의하면 자폐장애아동 가족들이 통제가족에 비해 정서 및 성격의 문제를 더 많이 가지고 있지 않았을 뿐만 아니라 가족 상호작용의 패턴에서도 통제가족들과 차이가 없었다. 더욱이 Gardner(1976)는 설령 자폐장애아동 가족의 상호작용에서 문제가 발견된다고 하더라도 그 원인은 부모가 아니라 아동에게 있을 가능성이 높다는 것을 밝혀냈다. 그는 자폐장애아동들과 일반아동들이 어머니와 상호작용하는 모습을 관찰한 다음 일반아동 어머니들이 자폐장애아동들과 그리고 자폐장애아동 어머니들이 일반아동들과 어떻게 상호작용하는지를 관찰하였는데, 그 결과 두 집단 어머니들이 모두 자폐장애아동과 상호작용할 때 여러 가지 이상한 행동을 하였고 일반아동과 상호작용할 때는 그러한 행동들을 나타내지 않는다는 것을 발견하였다.

이와 같이 자폐장애의 심리사회적 원인에 대한 설명이 지지를 받지 못하면서 자폐장애의 원인을 생물학적으로 보는 관점이 설득력을 얻었다. 즉, 자폐장애가 뇌기능의 생물학적 이상으로 발생한다는 주장이 일반적으로 수용되고 있다. 그러나 많은 연구에도 불구하고 자폐장애의 명확한 원인은 밝혀지지 않고 있는데 다음에서는 생물학적 원인에 대한 연구결과를 세 가지 요인(유전적 요인, 출산 전·후 요인, 특정 의학적 요인)으로 나누어 살펴보고자 한다.

① 유전적 요인

장애의 유전성을 밝히는 세 가지 주요한 연구방법으로 가족연구(family study: 장애를 가진 개인의 가족이나 친척들이 같은 장애를 보이는지 알아보는 연구), 쌍생아연구(twin study: 장애에 대한 일란성 쌍생아의 유사성과 이란성 쌍생아의 유사성을 비교하는 연구), 입양연구(adoption study: 입양아와 비입양아 그리고 그 가족들을 연구하여 장애에 대한 유전과 환경의 상대적 기여도를 평가하는 연구)가 있는데, 이 세 가지 모두 자폐장애에 유전적 요인이 작용한다는 것을 보여주고 있다. 그러나 자폐장애를 가진 사람들이 거의 자녀를 낳지 않는다는 점 등의 어려움으로 인해 자폐장애의 유전 방식이나 기제는 아직 밝혀지지 않고 있다.

먼저, 가족연구를 살펴보면 자폐장애아동의 형제나 자매 중에 자폐장애가 있는 비율은 2~7%에 이르며 친척 가운데 자폐장애가 발생하는 비율은 8% 정도로 나타나고 있다(Bailey, Phillips, & Rutter, 1996; Newsom, 1998; Rutter, Silberg, O'Connor, & Simonoff, 1999). 이와 같은 비율은 일반 모집단에서 예측되는 자폐장애 출현율(즉, 0.1%: 앞서 살펴본 출현율 참조)보다 높은 수치다. 다음으로, 쌍생아연구에서는 자폐장애가 이란성 쌍생아보다 일란성 쌍생아의 경우 출현 일치율이 훨씬 높게 나타나고 있다(Bailey et al., 1995; Steffenburg et al., 1989). 마지막으로, 입양연구에서는 자폐장애와 관련된 세 가지 주요기능(사회적 행동, 의사소통, 반복행동)에서의 장애가 입양된 가족구성원들보다 생물학적 가족구성원들 사이에서 공통적으로 나타나는 경향이 더 큰 것으로 밝혀졌다(Szatmari et al., 2000).

② 출산 전·후 요인

유전적인 요인이 아닌 환경적인 요인으로 출산 전(prenatal), 출산 전후(perinatal), 그리고 출산 후(postnatal) 요인이 자폐장애와 관련이 있을 수 있다. 출산 전 및 출산 전후 요인(즉, 임신 및 출산 합병증)이 자폐장애와 관련되는 이유는 형제들이나 일반아동들과 비교해 볼 때 자폐장애아동들의 출산 전 및 출산 전후에 문제가 많은 경향이 있기 때문이다(Mesibov et al., 1997). 그러나 자폐장애가 항상 그러한 문제들과 관련이 있는 것은 아니며(Piven et al., 1993) 출산 전 및 출산 전후 문제들이 자폐장애의 원인이라기보다 태아가 비정상적이기 때문에 그런 문제들이 발생하였을 가능성도 있다(Bailey et al., 1996; Bolton, Bolton, Murphy, & Macdonald, 1997). 그럼에도 불구하고 이러한 문제들이 일부 자폐장애의 경우에 부분적으로라도 영향을 미쳤을 가능성을 완전히 배제할 수는 없다(Wicks-Nelson & Israel, 2006). 또한 1998년경부터 출산 후 요인으로 소아기에 실시되는 MMR(홍역, 볼거리, 풍진) 백신 접종이 부모들로부터 제기되었는데 그 이유는 MMR 백신이 자녀들의 자폐장애와 관련이 있는 것으로 추측했기 때문이다(Wakefield et al., 1998). 이러한 추측은 백신접종에 사용되는 수은합성물인 티메로살(thimerosal: TMS)이 자폐장애를 일으키거나 자폐장애의 출현에 관여한다는 가설로도 제기되었다(Bernard, Enayati, Redwood, Roger, & Binstock, 2001; Rimland, 2000; Shaw, 2002). 그러나 수년간에 걸친 자폐장애 출현율을 조사한 연구들(Institute of Medicine, 2004; Taylor et al., 1999)의 결과는 앞서 제기된 추측이나 가설을 뒷받침하지 못하였다. 그럼에도 불구하고 이와 같은 연구결과가 부모들의 의심과 두려움을 완전히 해소하지는 못했으며 미국자폐협회(Autism Society of America)에서는 추가적인 조사를 요구하고 있다(Wicks-Nelson & Israel, 2006).

③ 특정 의학적 요인

뇌전증, 뇌성마비, 수막염, 청각장애, 그리고 일부 유전적 장애(예: X결함 증후군, 결절성 경화증)와 같은 다양한 의학적 상태가 자폐장애와 관련이 있다(Bailey, Hatton, Mesibov, Ament, & Skinner, 2000; Rutter et al., 1999; Volkmar & Klin, 2000b). 예를 들어, 자폐장애 사례의 약 25%에서 발작장애(seizure disorder)가 나타난다(Schultz & Klin, 2002). 이와 같은 의학적 상태와 자폐장애와의 관련성 정도는 논란의 여지가 있지만 지적장애가 있다면 그 관련성은 뚜렷해진다. 그러나 이러한 의학적 상태가 자폐장애의 원인으로 작용하는지 아니면 단순히 함께 나타나는지는 아직 알려진 바가 없다(Wicks-Nelson & Israel, 2006).

(5) 특성

① 주요 특성

자폐장애의 근본적인 특성은 사회적 상호작용과 의사소통의 발달이 질적으로 손상되어 있으며 행동이나 관심 및 활동이 제한적이고 반복적이며 상동적이라는 것이다. 이러한 특성을 자폐장애의 3대 주요증상이라고 하는데 이와 관련하여 몇 가지 주목할 점이 있다. 첫째, 이 세 가지 특성은 서로 독립적인 것이 아니라 서로 연결되어 복잡한 양상으로 나타난다(Howlin, 1998; Wicks-Nelson & Israel, 2003). 둘째, 이 세 가

2. 전반적 발달장애(PDDs)의 유형

지 특성이 나타나는 정도는 개인마다 현저히 다른데 이러한 정도의 차이에는 개인의 IQ, 연령, 언어능력이 중요하게 작용한다(APA, 2000; Howlin, 1998). 셋째, 이 세 가지 각각의 특성이 나타나는 정도가 한 개인 내에서도 다른데, 예를 들어 한 아동은 극단적으로 상동적인 행동을 하지만 사회적인 상황에서는 비교적 반응을 잘하고 상당히 말을 잘할 수 있으며 다른 아동은 가능한 한 사회적 접촉을 회피하려 하고 말을 거의 하지 않으나 상동적인 행동은 약간만 할 수 있고 또 다른 아동은 세 가지 모든 영역에서 심하게 손상되었을 수도 있다(Howlin, 1998). 다음에서는 DSM-IV-TR(APA, 2000)의 자폐장애 진단준거를 중심으로 이 세 가지 주요 특성을 각각 살펴보기로 한다.

ⓐ 사회적 상호작용의 질적인 손상

자폐장애의 사회적 상호작용의 손상은 광범위하고 지속적이다. DSM-IV-TR의 자폐장애 진단준거인 〈표 3-1〉에 제시되어 있듯이 첫째, 자폐장애는 사회적 상호작용과 의사소통을 조절하기 위하여 다양한 비언어적 행동(예: 눈맞춤, 얼굴표정, 몸자세와 몸짓 등)을 사용하는 데 현저한 손상을 보인다[A(1)(a)]. 눈맞춤을 살펴보면, 자폐장애아동들은 눈 마주치기를 회피하거나 혹은 상대방이 불편할 정도로 눈을 뚫어지게 보기도 한다. 얼굴표정의 사용과 관련하여, 자폐장애아동들은 표정이 전혀 없거나 강도와 빈도에서 부적절한 웃음이나 울음 등을 보인다. 몸자세와 몸짓에 있어서는, 머리를 끄덕이거나 어깨를 으쓱하기 등과 같은 일상적인 비구어적 행동을 적절히 사용하지 못한다(Mesibov et al., 1997).

둘째, 자폐장애는 연령에 따라 다른 형태를 취할 수 있는, 즉 발달수준에 적합한 또래관계를 형성하지 못한다[A(1)(b)]. 연령이 낮은 경우에 우정을 형성하는 데 거의 관심이 없거나 전혀 관심이 없을 수 있으며, 연령이 높은 경우에는 우정에 관심은 있을 수 있으나 어떻게 우정을 형성하는지에 대한 이해가 결여되어 있다(APA, 2000). 이 준거에서는 발달수준에 적합한 우정의 형성이 강조되고 있는데, 예를 들어 발달수준이 2~3세 정도인 지적장애아동이 다른 아동 옆에서 단순한 병행놀이(parallel play)를 하고 있다면 발달수준에 적합한 우정을 형성하는 것으로 볼 수 있으나 지적 손상이 없는 10세 아동이 가장 친한 친구의 이름을 말하지 못한다면 발달수준에 적합한 우정을 형성하는 것으로 볼 수 없다(Mesibov et al., 1997).

셋째, 자폐장애아동은 자발적으로 다른 사람들과 기쁨, 관심, 또는 성취 등을 공유하지 못한다[A(1)(c)]. 즉, 자신이 흥미롭다고 생각되는 사물을 보여주거나 가져오거나 가리키지 않는다(APA, 2000). 예를 들어, 어떤 자폐장애아동은 어머니와 길을 걷다가 이웃집에 있는 강아지를 보고 즐거워하지만 어머니에게 그것을 가리키지 못하는데 이와 같이 몸짓을 통하여 관심을 공유하는 능력의 결함은 무엇인가를 요구하기 위하여 사용하는 몸짓과는 다르다(Mesibov et al., 1997). 자신이 좋아하는 물건을 다른 사람에게 보여주는 행동은 전형적으로 생후 첫 1년 동안에 나타나며 이러한 행동이 나타나지 않는 것은 자폐장애의 초기 증상 가운데 하나다(Baron-Cohen et al., 1996; Osterling & Dawson, 1994).

넷째, 자폐장애아동은 사회적 또는 정서적 상호성이 결여되어 있다[A(1)(d)]. 이와 같은 사회적 상호작용의 문제는 매우 일찍부터 나타날 수 있는데 생후 1년 이전에 어떤 아기들은 이름을 불러도 반응이 별로 없고 다른 사람의 손길이 닿았을 때 거부반응을 보이는 경향이 있다(Baranek, 1999; Werner, Dawson, Osterling, & Dinno, 2000). 아기가 좀 더 자라면 다른 사람에게 정서적인 표현을 하거나 긍정적인 감정을 나타내지 못하고 안아주어도 좋아하는 기색을 보이지 않는다(Adrien et al., 1993; Chawarska & Volkmar, 2005). 이러한 특성은 사회적 유대감 형성을 방해하기 쉬우므로 아기와 부모 간의 애착이 결여될 것이라고 추측할 수 있으나 자폐장애아동도 일반아동과 마찬가지로 자신을 돌보아주는 사람이 자기 곁을 떠날 때 반응을 보이며 낯선 사람보다는 자신을 돌보아주는 사람에게 더 많은 사회적 행동을 나타낸다(Sigman & Mundy, 1989). 이와 같이 어느 정도의 유대감은 가능하지만 부모들은 자신의 아이에게 어떤 문제가 있다고, 즉 사회적 행동이 정상적이지 않거나 뒤떨어져 있다고 생각하게 된다(Wicks-Nelson & Israel, 2006). 아동기가 되면 자폐장애아동은 사회적 단서를 이해하지 못하고 사회적으로 부적절한 행동을 하기도 한다. 예를 들어, 상대방이 지루해하는 것을 알아채지 못하고 계속 이야기를 하거나 상대방이 이해하는지를 고려하지 않은 채 빠르게 이야기하는 경향이 있다(Mesibov et al., 1997). 또한 자폐장애아동은 다른 사람들에 대한 인식이 현저하게 손상되어 있어 다른 사람들의 욕구에 대한 개념이 없거나 다른 사람의 고통을 알아차리지 못할 수도 있다(APA, 2000).

ⓑ 의사소통의 질적인 손상

자폐장애의 의사소통의 손상도 현저하고 지속적이며 이러한 손상은 언어적 기술과 비언어적 기술 모두에 영향을 미친다. DSM-IV-TR의 자폐장애 진단준거인 〈표 3-1〉에 제시되어 있듯이 첫째, 자폐장애는 구어발달이 지체되거나 완전히 결여될 수 있다[A(2)(a)]. DSM-IV-TR에 따르면 언어발달 지체는 2세까지 단단어(single word)를 발달시키지 못하거나 3세까지 짧은 구를 사용하지 못하는 것으로 정의된다. 자폐장애아동 가운데 약 50%는 말을 전혀 하지 않거나 단어 혹은 아주 짧은 구 정도의 말만 한다(Lord & Rutter, 1994).

둘째, 말을 하는 경우 자폐장애아동은 다른 사람들과 대화를 시작하거나 지속하는 능력에 현저한 손상이 있다[A(2)(b)]. 자폐장애아동은 언어를 습득하더라도 어휘수준에 비해 언어이해 능력이 많이 떨어져 간단한 질문이나 지시를 이해하지 못할 수도 있다(APA, 2000; Lord & Paul, 1997). 또한 자신이 좋아하는 주제에 대해서는 독백처럼 계속 중얼거리며 이야기도 하지만 관심이 없는 주제에 대해서는 아주 간단한 대화에도 참여하지 못하기도 한다(Mesibov et al., 1997). 언어의 화용론에서도 농담이나 풍자 또는 함축적 의미를 이해하지 못하는 문제가 나타난다(APA, 2000; Howlin, 1998). 이와 같이, 말을 할 수 있는 자폐장애아동의 경우 가장 눈에 띄는 문제는 언어를 사회적 목적으로 사용하지 못하는 것이다(Howlin, 1998).

셋째, 자폐장애아동은 언어 또는 특이한 언어를 상동적이고 반복적으로 사용한다[A(2)(c)]. 즉, 자폐장애에서는 반향어, 대명사 전도, 신조어 등의 다양한 문제가 나타난다. 반향어(echolalia)란 상대방이 말한 것을 그대로 반복하여 따라 말하는 것을 가리키는데 즉각적 반향어(immediate echolalia)(예: '네 이름이 뭐니?'라고 질문하면 이에 답을 하지 않고 그 질문을 반복하는 것)와 지연된 반향어(delayed echolalia)(예: 전에 들었던 '과자 먹고 싶니?'와 같은 질문을 자신의 욕구를 표현하기 위해 사용하는 것)가 있다. 대부분의 경우 반향어는 맥락에 맞지 않고 상동적이며 또 아동 자신이 사용하는 말에 비해 복잡하기 때문에 반향어와 자발적인 말을 구분하는 것은 비교적 쉽지만, 보다 능력이 있는 아동의 경우는 비교적 대화의 맥락에 맞게 반향어를 사용하기 때문에 반향어를 알아내는 것이 그렇게 간단하지 않다(Howlin, 1998). 대명사 전도(pronoun reversal)(저자주: 대명사 반전 또는 대명사 역전이라고도 한다)는 다른 사람을 '나'로 표현하고 자기 자신을 '너', '그', 또는 '그녀'로 표현하는 것을 말한다(예: 자기 자신이 우유를 마시고 싶을 때 '너는 우유를 마시고 싶어요'라고 말하는 것). 또한 자폐장애아동은 자기 자신만의 새로운 단어나 구, 즉 신조어(neologism)를 만들어 사용하기도 하는데, 예를 들어 차고를 '자동차집(carhome)'이라고 한다(Howlin, 1998).

넷째, 자폐장애아동은 발달수준에 적합한 다양하고 자발적인 가장놀이나 사회적 모방놀이가 결여되어 있다[A(2)(d)]. 자폐장애아동은 가장놀이(make-believe play)를 하지 않으며 상징이나 주제도 놀이에 사용하지 않는다(Baron-Cohen, 1993). 예를 들어, '인형에게 밥을 먹이기' 같은 놀이나 '인형들이 파티에 간다고 가정하기' 같은 주제가 있는 놀이에 참여하지 못한다. 또한 자폐장애아동은 사회적 모방놀이(social imitative play), 즉 다른 사람의 행동을 모방하는 놀이(예: 어머니가 요리하는 행동 모방하기)에도 손상을 보인다. 이 준거에서는 발달수준에 적합한 가장놀이나 사회적 모방놀이가 강조되고 있는데, 위에 제시된 예들에서 '인형에게 밥을 먹이기' 같은 놀이는 발달수준이 18개월 정도인 아동에게 적합한 놀이라면 '인형들이 파티에 간다고 가정하기' 같은 주제가 있는 놀이는 발달수준이 4세 정도인 아동에게 적합한 놀이라고 할 수 있다.

ⓒ 제한적이고 반복적이며 상동적인 행동, 관심, 및 활동

자폐장애아동은 제한적이고 반복적이며 상동적인 양상의 행동, 관심, 및 활동을 나타낸다. DSM-IV-TR의 자폐장애 진단준거인 〈표 3-1〉에 제시되어 있듯이 첫째, 자폐장애아동은 강도나 초점에서 비정상적인 한 가지 이상의 상동적이고 제한적인 관심에 집착한다[A(3)(a)]. 능력이 부족한 어린 아동들은 특정 물건을 가지고 놀거나 수집하는 것에 특별히 몰두하지만 보다 능력이 있고 나이 든 아동은 더 복잡한 관심을 보인다(Howlin, 1998). 예를 들어, 운동선수·영화배우·가수·기상학·지리 등과 같은 특정 주제에 몰두하는데, 이러한 특정 주제에 대한 많은 정보를 수집하여 엄청난 양의 지식을 습득하기도 한다. 물론 아동의 연령에 적합한 주제(예: 스포츠 또는 컴퓨터)에 집착하는 경우도 있으나 그 관심의 정도가 너무 강하고 압도적이어서 다른 활동을 효율적으로 할 수 없게 된다(Howlin, 1998).

둘째, 자폐장애아동은 특정한 비기능적인 일상활동이나 의식에 고집스럽게 매달린다[A(3)(b)]. 따라서 동일성을 고집하며 사소한 환경변화에도 괴로워할 수 있다. 예를 들어, 등교할 때 매일 일정한 길로 가기를 고집하거나 가구배치 혹은 계획된 일정을 바꾸는 것과 같은 환경변화에 화를 내기도 한다.

셋째, 자폐장애아동은 상동적이고 반복적인 동작성 매너리즘을 보인다[A(3)(c)]. 자폐장애아동에게서 나타나는 단순한 상동적 매너리즘으로는 전등스위치 껐다 켰다 하기, 문 여닫기, 장난감 자동차 바퀴 돌리기 등이 있다(Howlin, 1998). 또한 몸을 앞뒤로 흔들기, 빙글빙글 돌기, 손이나 손가락 퍼덕거리기, 첨족보행 등과 같은 동작성 매너리즘도 나타난다(Mesibov et al., 1997). 이와 같은 상동적이고 반복적인 동작성

매너리즘은 나이가 어리거나 능력이 낮은 아동에게서 자주 나타난다(Mesibov et al., 1997).

넷째, 자폐장애아동은 사물의 일부분에 과도하게 집착한다[A(3)(d)]. 예를 들어, 옷의 단추, 동물의 꼬리, 문의 경첩 등에 몰입하기도 한다.

② 관련 특성

앞서 살펴본 세 가지 주요 특성과는 달리 자폐장애의 진단에 필수적이지는 않지만 자폐장애에서 나타나는 부수적인 특성들이 있는데 이것은 자폐장애를 이해하는 데 도움이 된다. 다음에서는 DSM-IV-TR(APA, 2000)에 제시된 자폐장애 관련 특성들을 중심으로 자폐장애의 부수적인 특성들을 살펴보기로 한다.

ⓐ 감각 및 지각

진단준거에는 포함되어 있지 않지만 자폐장애에서 나타나는 가장 대표적인 특성은 감각자극에 대한 반응의 비정상성이다(이용승, 이정희, 2000). 그러나 자폐장애아동의 감각기관은 정상으로 알려져 있어 자극에 대한 비정상적인 반응은 자극의 지각 과정에 문제가 있기 때문으로 보인다(Wicks-Nelson & Israel, 2006). DSM-IV-TR에서는 감각 및 지각 문제를 관련 특성으로 제시하고 있지만 일부 연구자들(예: Newsom, 1998; Rogers, Hepburn, & Wehner, 2003)은 이 문제를 자폐장애의 기본적 특성으로 생각하기도 한다.

자폐장애아동이 보이는 자극에 대한 반응의 비정상성은 크게 두 가지로 살펴볼 수 있다. 첫째, 자극에 대해 고민감도(hypersensitivity) 또는 저민감도(hyposensitivity)를 보인다(Ornitz & Ritvo, 1968). 자극에 대한 민감도가 높은 경우 아동은 부엌에서 그릇이 달그락거리는 소리나 피부에 닿는 옷감의 감촉 같은 보통의 자극에도 방해를 받는다. 자극에 대한 민감도가 낮은 경우는 다른 사람의 말이나 소리에 반응을 하지 않거나 심각한 부상에도 고통을 호소하지 않는다. 둘째, 감각의 유형에 따라 반응의 비정상성의 정도가 다르다. 대체로 시각자극이나 후각자극의 지각보다는 청각자극이나 촉각자극의 지각에서 더 심한 이상이 나타난다(이용승, 이정희, 2000).

ⓑ 인지

자폐장애아동의 지능은 평균 이상인 경우를 포함하는 폭넓은 분포를 나타내지만 약 75%는 지적장애를 보이며(APA, 1994; Joseph, Tager-Flüsberg, & Lord, 2002) 그 정도는 경도에서 최중도에 걸쳐 있다(APA, 2000). 자폐장애는 대략 IQ 70을 기준으로 저기능자폐증(low-functioning autism)과 고기능자폐증(high-functioning autism)으로 구분되기도 하는데(Howlin, 2004; Wicks-Nelson & Israel, 2006), 같은 자폐장애라도 이 두 집단 간에는 중요한 차이가 있다(저자주: 저기능자폐증과 고기능자폐증에 대해서는 '(9) 저기능자폐증과 고기능자폐증' 참조). 따라서 자폐장애아동의 약 75%가 IQ 70 이하인 저기능자폐증이라고 할 수 있다.

자폐장애아동의 인지기술 프로파일은 보통 고르지 않다(APA, 2000). 자폐장애아동의 지능검사 결과를 보면 추상적이고 개념적인 사고, 언어, 사회적 이해에서는 결함이 나타나지만 기계적 학습, 기계적 암기, 시각−공간 기술은 상대적으로 좋은 편이고(이용승, 이정희, 2000; Happé, 1994), 일반적으로 언어성검사 점수보다 동작성검사의 점수가 더 높은 경향이 있다(APA, 2000; Wicks-Nelson & Israel, 2006). 그러나 고기능자폐증의 경우 이러한 차이는 언어기술의 발달로 인해 유아기에서 청소년기로 갈수록 줄어들 수 있다(Joseph et al., 2002).

ⓒ 적응행동

스스로를 돌보고 일상적인 활동을 하는 능력은 지적 능력에 따라 달라진다. 따라서 자폐장애아동의 75% 정도가 지적장애를 동반하므로 이들의 적응행동에서 문제가 나타나는 것은 놀라운 일이 아니다. 이러한 문제들은 적응행동검사를 실시했을 때 지능이 비슷한 또래집단과 큰 차이를 보이는 것으로 확인된다(Carter et al., 1998; Kraijer, 2000). 예를 들어, 의사소통 기술은 지적 수준에 비해 더 떨어지며 사회적 기술은 지적 능력에 비추어 예상할 수 있는 수준에 훨씬 못 미친다(Wicks-Nelson & Israel, 2006).

ⓓ 기타 특성

자폐장애아동은 다양한 행동증상(과잉행동, 짧은 주의집중, 충동성, 공격성, 자해행동)을 나타낼 수 있으며 특히 어린 아동의 경우 분노발작을 일으킬 수 있다(APA, 2000). 기분 또는 감정에도 이상을 보일 수 있으며(예: 뚜렷한 이유도 없이 킬킬 웃거나 울기) 청소년기에는 우울증을 나타내기도 한다(APA, 2000). 또한 섭식에 이상이 있거나(예: 일부 음식에 국한된 식사, 이식증) 수면에 이상이 있을 수 있다(예: 몸을 흔들면서 밤에 반복적으로 깨기)(APA, 2000). 이러한 문제들이 자폐장애에서만 나타나는 것은 아니지만 아동의 일상적인 기능을 저해하므로 잘 관리할 필요가 있다(Wicks-Nelson & Israel, 2006).

(6) 경과

DSM-IV-TR에 의하면 자폐장애는 3세 이전에 출현한다. 따라서 사회적 상호작용 및 의사소통과 관련된 증상이 생후 첫 2년 동안에 나타나지만 일반적으로 진단은 다소 늦게 이루어지는데(Charman & Baird, 2002), 그 이유는 영아기에 나타나는 증상이 2세 이후에 나타나는 증상에 비해 더 미묘할 뿐 아니라 소수의 경우에는 아동이 생후 첫 1년(심지어는 2년) 동안은 정상적으로 발달하는 것처럼 보이기 때문이다(APA, 2000; Davidovitch, Glick, Holtzman, Tirosh, & Safir, 2000). 일반적으로 2~6세 사이에 자폐장애의 전형적인 특성들이 명확히 드러난다(이용승, 이정희, 2000).

아동기에는 흔히 사회적 기술, 의사소통 기술, 그리고 자조기술이 향상되기도 한다(Piven, Harper, Palmer, & Arndt, 1996; Sigman, 1998). 또한 반복적인 행동도 줄어드는 경향이 있으나 강박적인 관심은 증가한다(Klinger, Dawson, & Renner, 2003). 극단적으로 다른 사람들과의 만남을 회피하는 증상이 줄어들기도 하지만 자폐장애아동의 1/3 정도는 이 시기에도 극단적으로 혼자 있으려고 하는 경향을 보인다(이용승, 이정희, 2000).

청소년기가 되면서 증상이 뚜렷하게 호전되기도 하는데, 이 시기에 증상이 호전된 아동은 성인이 되어서도 기능이 양호하다. 그러나 자폐장애아동의 약 10~35%는 청소년기에 심각한 행동적 퇴행을 보이며, 이는 행동상의 퇴행으로 나타나기도 하고 매우 어린 시절에 나타났던 여러 증상이 다시 나타나기도 한다. 퇴행은 여아에게서 더 많이 보고되고 있으며 일단 퇴행이 나타나면 그 후에 증상이 호전되는 경우는 거의 없다(이용승, 이정희, 2000). 또한 이 시기에는 성적 일탈행동(예: 노출증, 공공장소에서의 자위행위), 공격행동, 자해행동 같은 행동문제가 나타나기도 한다(이용승, 이정희, 2000; APA, 2000; Shea & Mesibov, 2005). 자폐장애아동이 청소년기에 이르러 겪을 수 있는 또 하나의 문제는 발작 가능성이다. 자폐장애에서 발작이 나타나는 비율은 연구에 따라 다소 다양하지만(Shavelle, Strauss, & Pickett, 2001; Tuchman, 2000) 일반적으로 20~33% 정도로 보고된다(Bryson & Smith, 1998; Nordin & Gillberg, 1998). 이는 지능수준과 관계없이 나타나지만 지적장애가 있거나(Volkmar & Nelson, 1990;

Wolf & Goldberg, 1986) 현저한 발달적 퇴행이 있는 경우(Gillberg & Steffenburg, 1987; Kobayashi & Murata, 1998)에 가장 흔하게 나타난다. 이와 같은 자폐장애에서의 발작은 5세 이전 또는 청소년기 초기에 주로 나타나는데(Howlin, 2000; Tuchman, 2000; Volkmar & Nelson, 1990), 11~14세 사이에 가장 많이 나타나는 것으로 보인다(이용승, 이정희, 2000; Kobayashi, Murata, & Yoshinaga, 1992).

성인기 초기에 기능 향상이 나타날 수 있으나 약 2/3 또는 그 이상이 독립적인 생활 능력을 갖추지 못한다(APA, 2000; Wicks-Nelson & Israel, 2006). 또한 기능수준이 가장 높은 성인의 경우에도 현저하게 제한된 관심 및 활동과 더불어 사회적 상호작용과 의사소통에서의 문제가 지속적으로 나타난다(APA, 2000). 관련 연구들(Howlin, Goode, Hutton, & Rutter, 2004; Volkmar & Klin, 2000b)을 보면 IQ가 50 미만이거나 5~6세까지 의사소통적 언어가 결여된 경우 예후가 좋지 않다.

(7) 감별진단

DSM-IV-TR(APA, 2000)의 전반적 발달장애에는 자폐장애 외에 레트장애, 아동기 붕괴성장애, 아스퍼거장애, 불특정 전반적 발달장애도 포함된다. 이러한 장애들이 같은 진단범주에 포함되어 있다는 것은 유사한 특성을 가진다는 의미이므로 이 장애들 간의 차이에 대한 이해와 신중한 진단이 요구된다. 또한 자폐장애에서는 다른 다양한 임상적 특성들도 나타나므로 이와 관련된 장애들과의 차별적인 진단에도 주의해야 한다. 따라서 다음에서는 자폐장애와의 감별진단(differential diagnosis)이 요구되는 장애들을 다른 전반적 발달장애와 다른 관련 장애로 나누어 살펴보기로 한다.

① 다른 전반적 발달장애

ⓐ 레트장애

자폐장애는 출현 성비와 결함양상에 따라 레트장애(저자주: 레트장애에 대해서는 이 장 2절의 '2) 레트장애' 참조)와 구별된다. 즉, 레트장애는 여성에게서만 진단되어 온 반면 자폐장애는 남성에게서 훨씬 더 많이 진단된다. 또한 자폐장애와는 달리 레트장애는 머리성장의 감속, 이전에 습득된 의미 있는 손 기술의 상실, 협응이 서툰 걸음걸이나 몸동작이 특징적이다. 특히 유아원 시기(저자주: 3~5세)에 레트장애가 있는 유아들이 자폐장애에서 관찰되는 것과 비슷한 사회적 상호작용의 어려움을 보일 수 있으나 이는 일시적인 경향이 있다(APA, 2000).

ⓑ 아동기붕괴성장애

자폐장애는 아동기붕괴성장애(저자주: 아동기붕괴성장애에 대해서는 이 장 2절의 '3) 아동기붕괴성장애' 참조)와 구별된다. 즉, 아동기붕괴성장애에서는 적어도 출생 후 2년 동안 정상적으로 발달한 후에 여러 기능영역에서 명백한 퇴행 양상이 심하게 나타나는 데 비해 자폐장애에서는 발달적 이상이 일반적으로 출생 후 1년 이내에 나타난다 (APA, 2000).

ⓒ 아스퍼거장애

자폐장애는 초기 언어발달의 지연 또는 일탈을 보이지 않는 아스퍼거장애(저자주: 아스퍼거장애에 대해서는 이 장 2절의 '4) 아스퍼거장애' 참조)와 구별된다. 만약 자폐장애의 준거에 맞는다면 아스퍼거장애로 진단되지 않는다(APA, 2000).

ⓓ 불특정 전반적 발달장애

자폐장애는 증상이 많고 심하다는 점에서 불특정 전반적 발달장애(PDD-NOS)(저자주: PDD-NOS에 대해서는 이 장 2절의 '5) 불특정 전반적 발달장애' 참조)와 구별된다. 또한 늦은 출현시기, 비전형적인 증상, 또는 경미한 증상, 혹은 이 세 가지 모두 때문에 자폐장애의 진단준거를 충족시키지 못하는 경우(즉, 비전형 자폐증)에 PDD-NOS로 진단한다.

② 다른 관련 장애

ⓐ 지적장애

지적장애(intellectual disability)(저자주: DSM-IV-TR에서 사용되던 '정신지체'라는 명칭이 DSM-5에서 '지적장애'로 대체되었음)를 가진 아동의 경우 여러 가지 자폐장애 성향을 보이기도 한다. 그리고 앞서 기술된 바와 같이 자폐장애아동의 약 75%는 지적장애를 동반한다. 따라서 지적장애로 진단할 것인지 아니면 자폐장애 진단을 추가할 것인지에 대한 결정이 쉽지 않을 수도 있는데, 특히 중도나 최중도 지적장애가 있는 경우 더욱 그렇다. 이와 관련하여 DSM-IV-TR(APA, 2000)은 자폐장애에서 특징적으로 나타나는 사회적 기술 및 의사소통 기술의 질적인 결함과 특정 행동이 있을 경우에 자폐장애 진단이 추가된다고 명시하고 있다. 즉, 지적장애와 지적장애를 동반한 자폐장애를 구분하고 있는데 이 두 경우는 몇 가지 측면에서 차이점을 보인다. 첫째, 지능검사 결과를 보면 지적장애의 경우 모든 영역에서 고르게 기능이 저하되어 있으나 자폐장애의 경우는 일반적으로 언어성검사 점수보다 동작성검사의 점수가 더 높은 경향이 있다(이용승, 이정희, 2000; APA, 2000; Mesibov et al., 1997; Wicks-Nelson & Israel, 2006). 둘째, 일반적으로 적응행동은 지적 능력에 따라 달라지는데 지적장애아동의 경우는 의사소통 기술과 사회적 기술이 그들의 지적 능력과 같은 수준을 보이지만 자폐장애아동의 경우 지적 능력에 견주어 의사소통 기술은 더 떨어지며 사회적 기술은 예상할 수 있는 수준에 훨씬 못 미친다(Mesibov et al., 1997; Wicks-Nelson & Israel, 2006). 예를 들어, 지적장애의 경우는 다른 사람들과 의사소통을 하기 위해 언어를 구사하려 하고 반향어와 같은 언어이상을 보이는 경우가 드물 뿐 아니라 사람들과 전혀 관계를 맺지 못하는 모습도 거의 관찰되지 않는다(이용승, 이정희, 2000). 셋째, 신체발달 측면에서 지적장애아동은 지연된 발달을 보이는 경향이 있지만 자폐장애아동은 정상적인 발달을 하며 소근육 운동능력에서 다소 결함을 보이는 경우도 있으나 전반적으로 신체적 결함을 거의 보이지 않는다(Mesibov et al., 1997; Schreibman, Loos, & Stahmer, 1993). 넷째, 발작과 관련하여 중도 지적장애의 경우 발작이 영아기에 시작되지만 자폐장애에서는 5세 이전에 나타나는 경우도 있으나 주로 초기 청소년기에 나타난다(Howlin, 2000; Mesibov et al., 1997; Tuchman, 2000; Volkmar & Nelson, 1990).

ⓑ 조현병

Schizophrenia(조현병)는 '분열된' 또는 '분리된'을 뜻하는 희랍어 'schizo'와 '마음의' 또는 '정신의'를 뜻하는 희랍어 'phrenia'의 합성어로서(원호택, 이훈진, 2000), 19세기 말에 스위스의 정신과 의사인 Eugen Bleuler(1857~1939)가 실재하지 않는 것을 보거나 없는 소리를 듣는 등의 현실감 결여 증상을 보이는 장애의 명칭으로 처음 사용하였다(Wicks-Nelson & Israel, 2006). 조현병은 그동안 자폐장애와 혼란이 있어 왔지만 이 두 장애는 여러 가지 측면에서 차이가 있다. 첫째, 출현시기에서 차이를 보이는데 조현병은 아동기에 출현하는 경우도 가끔 있으나 일반적으로 청소년기나 성인기 초기에 출현하는 데 비해 자폐장애는 3세 이전에 출현한다(Howlin, 1998; Wicks-Nelson

& Israel, 2006). 보통 13세 이전에 출현하는 아동기 조현병(childhood schizophrenia)도 5세 미만에서는 발생하지 않는다(이용승, 이정희, 2000). 따라서 아동기 조현병은 일반 적으로 수년간 정상 내지 정상에 가깝게 발달한 후 나타난다(APA, 2000). 둘째, 출현 율과 관련하여 조현병의 출현율은 전 세계적으로 0.5% 내외이고 평생출현율은 1% 정도이며(원호택, 이훈진, 2000) 아동기 조현병은 확실하지는 않으나 성인기 출현율보 다는 훨씬 낮은 것으로 알려져 있다(Eggers, Bunk, & Krause, 2000). 이에 비해 자폐장 애의 출현율은 0.1%가 합리적인 추정치로 제안되고 있다(Fombonne, 2003; Tanguay, 2000; Volkmar & Klin, 2000b). 출현율의 성비는 아동기 조현병의 경우 여아보다는 남 아에게서 더 흔한 것으로 주로 보고되지만 청소년기에는 비슷해지는 경향이 있는 데 비해(Asarnow & Asarnow, 2003) 자폐장애는 여아 1명당 남아 4.3명 정도로 남아의 출 현율이 더 높다(Fombonne, 2005). 셋째, 증상의 측면에서 조현병은 망상(delusion)과 환각(hallucination)이 주요증상이지만 자폐장애는 사회적 상호작용 및 의사소통의 질 적 손상과 제한적이고 반복적이며 상동적인 행동이나 관심이 주요증상이다(Howlin, 1998). 그러나 자폐장애가 있는 개인이 적어도 1개월 동안 지속되는 현저한 망상 및 환각과 함께 조현병의 특징적 증상을 보인다면 조현병 진단이 추가될 수 있다(APA, 2000). 넷째, 가족력을 살펴보면 조현병은 자폐장애보다 가계 내에 정신병력이 더 많 다(Mesibov et al., 1997). 다섯째, 인지적 손상과 관련하여 아동기 조현병에서는 아동 의 상당수가 경계선에서 평균수준에 이르는 지능검사 점수를 보이며 지적장애를 동 반하는 경우가 드물지만(Mesibov et al., 1997; Wicks-Nelson & Israel, 2006) 자폐장애 에서는 아동의 약 75%가 지적장애를 동반하며 그 정도는 경도에서 최중도에 걸쳐 있다(APA, 2000; Joseph et al., 2002). 여섯째, 발작은 조현병에서는 그리 흔하지 않지 만(Howlin, 1998) 자폐장애에서는 사례의 20~33% 정도로 비교적 흔하다(Bryson & Smith, 1998; Nordin & Gillberg, 1998). 일곱째, 경과의 측면에서 조현병은 회복과 재발 이 반복되는 특성이 있지만 자폐장애는 지속적이다(Mesibov et al., 1997).

ⓒ 선택적 함구증

선택적 함구증(selective mutism)은 언어발달이 정상적임에도 불구하고 특정 상황에 서 말을 하지 않는 경우다(원호택, 권석만, 2000). 예를 들어, 집에서는 말을 잘하지만 학교에 가서는 전혀 말을 하지 않고 말을 시켜도 하지 않는다. 이와 같은 선택적 함구 증이 있는 아동은 보통 특정 상황에서는 적절한 의사소통 기술을 나타내며 자폐장애와 관련되는 심한 사회적 상호작용의 손상과 제한된 행동양상은 보이지 않는다(APA, 2000).

ⓓ 표현성 언어장애와 혼합형 수용-표현성 언어장애

표현성 언어장애(expressive language disorder)는 어휘가 제한되어 있으며 길고 복잡한 문장을 만들지 못하고 시제에 어긋난 언어표현을 보이는 경우이며 혼합형 수용-표현성 언어장애(mixed receptive-expressive language disorder)는 언어사용과 관련된 표현성 언어발달뿐만 아니라 언어를 이해하는 수용성 언어발달이 현저하게 저하된 경우로서 특정한 단어나 복잡한 문장을 이해하는 데에 어려움을 나타낸다(원호택, 권석만, 2000). 이처럼 표현성 언어장애와 혼합형 수용-표현성 언어장애는 언어손상은 보이지만 이것이 사회적 상호작용의 질적인 손상이나 제한적이고 반복적이며 상동적인 행동양상과 관련되어 있지는 않다는 점에서 자폐장애와 구분된다(APA, 2000).

ⓔ 상동적 운동장애

상동적 운동장애(stereotypic movement disorder)는 특정한 패턴의 행동을 아무런 목적 없이 반복적으로 지속하여 정상적인 적응에 문제를 일으키는 경우다(원호택, 권석만, 2000). 운동의 상동성은 자폐장애의 특징인데, 이것이 자폐장애의 일부로서 더 잘 설명되는 경우에는 상동적 운동장애 진단이 추가되지 않는다(APA, 2000).

ⓕ 주의력결핍과잉행동장애

주의력결핍과잉행동장애(attention deficit hyperactivity disorder: ADHD)는 주의집중이 어려워 매우 산만하고 부주의한 행동을 나타낼 뿐만 아니라 자기 행동을 적절히 통제하지 못하고 충동적인 과잉행동을 보이는 경우다(원호택, 권석만, 2000). 주의집중 문제와 과잉행동은 자폐장애에서 흔하게 나타나는데 만약 자폐장애로 진단되었다면 ADHD 진단은 내리지 않는다(APA, 2000).

(8) 평가

자폐장애의 평가는 다양한 사정방법과 다수의 정보제공자를 통하여 포괄적으로 이루어져야 하며 그 결과는 진단뿐만 아니라 치료나 중재 계획에도 도움을 줄 수 있어야 한다. 자폐장애의 평가에서는 검사, 면접, 관찰, 및 의학적 검진이 실시된다.

① 검사

자폐장애의 평가에서는 자폐장애에 초점을 두고 개발된 검사뿐만 아니라 지능검사, 적응행동검사, 언어검사 등도 실시된다. 이러한 검사와 관련하여 국내외에서 개발된 검사도구에 대해서는 이 책의 제5장 8절 '자폐스펙트럼장애(ASD)의 평가'를 참고하기 바란다.

② 면접

면접에는 피면접자에 따른 유형(아동면접, 부모면접, 교사면접 등)과 구조화정도에 따른 유형(비구조화면접, 반구조화면접, 구조화면접)이 있다(이승희, 2019b). 자폐장애의 평가에서는 다양한 유형의 면접이 실시되는데, 이러한 면접에 대해서는 이 책의 제5장 8절 '자폐스펙트럼장애(ASD)의 평가'를 참고하기 바란다.

③ 관찰

관찰에는 관찰절차의 구조화 여부에 따라 비구조적 관찰과 구조적 관찰이 있다(이승희, 2021b). 자폐장애의 평가에서는 다양한 유형의 관찰이 실시되는데, 이러한 관찰에 대해서는 이 책의 제5장 8절 '자폐스펙트럼장애(ASD)의 평가'를 참고하기 바란다.

④ 의학적 검진

앞서 '(4) 원인'에서 살펴보았듯이 자폐장애는 뇌전증, 뇌성마비, 수막염, 및 일부 유전적 장애(예: X결함 증후군, 결절성 경화증)와 같은 다양한 의학적 상태와 관련이 있다(Bailey et al., 2000). 이와 같은 의학적 상태가 같이 나타나는 자폐장애 사례가 드물기는 하지만 의심할 만한 신체적 특성이 뚜렷하게 나타나지 않는 경우라 하더라도 X결함 증후군이나 결절성 경화증과 같은 상태가 공존할 가능성을 고려해야 한다(Howlin, 1998). 특히 자폐장애 사례의 약 25%에서 발작이 나타나는 것으로 알려져 있으므로(Schultz & Klin, 2002) 이와 관련된 의학적 검진은 발작에 대처하는 데 도움이 된다.

(9) 저기능자폐증과 고기능자폐증

앞서 '(5) 특성'에서 언급되었듯이 자폐장애는 대략 IQ 70을 기준으로 저기능자폐증(low-functioning autism: LFA)과 고기능자폐증(high-functioning autism: HFA)으로 구분된다(Howlin, 2004; Wicks-Nelson & Israel, 2006). 지능 수준은 시간이 지나도 거의

변하지 않으며 고기능자폐증의 경우 저기능자폐증보다 증상의 심각성이 덜하고 교육적 요구에서 차이를 보이며 예후가 더 좋다(Howlin et al., 2004; Stevens et al., 2000). 따라서 고기능자폐증은 인지발달에 있어서 임상적으로 심각한 지연이 없는 경우인 아스퍼거장애와 구별이 어려울 수도 있다(저자주: 고기능자폐증과 아스퍼거장애에 대해서는 이 절 '4) 아스퍼거장애'의 '(9) 고기능자폐증과 아스퍼거장애' 참조). 이와 같은 저기능자폐증과 고기능자폐증은 공식적인 진단명이 아니기 때문에 그 정의나 진단준거는 없지만 그 특성을 비교해 제시해 보면 〈표 3-2〉와 같다.

〈표 3-2〉 저기능자폐증과 고기능자폐증의 특성 비교

특성	저기능자폐증	고기능자폐증
출현시기	이른	보다 늦은
비언어성 IQ(동작성 IQ)	<65	>65
머리둘레	정상~정상보다 작음	정상~정상보다 큼
신체이형적 특징	현재까지는 없음	신체이형적 특징은 없는 매력적인 외모
발작	흔함	흔하지 않음
신경학적 검사	정상~비정상	정상
발달	지연 또는 일탈	일탈
사회적 행동	무관심한(aloof)	적극적이지만 이상한(active-but odd)
예후	나쁨	더 좋음

수정발췌: Gupta, V. B. (2004). History, definition, and classification of autistic spectrum disorders. In V. B. Gupta (Ed.), *Autistic spectrum disorders in children* (pp. 1-16). New York, NY: Marcel Dekker Inc. (p. 12)

2) 레트장애

(1) 역사적 배경

레트장애(Rett's disorder)는 1966년 오스트리아 내과 의사였던 Andreas Rett (1924~1997)가 처음 소개하였다. 1954년 Rett는 진료대기실에서 손을 비트는 동작을 하는 2명의 여아를 발견한 다음 그와 유사한 증상 및 발달기록이 있는 6명의 환아 기록을 더 찾아내고, 이 발견을 기초로 1966년에 독일어로 논문을 발표하였다. 이 논문에서 Rett는 상동적 손 매너리즘(stereotyped hand mannerism), 치매(dementia), 자폐행동(autistic behavior), 얼굴표정의 결여(lack of facial expression), 실조성 보행(ataxic gait), 피질위축(cortical atrophy), 고암모니아혈증(hyperammonemia) 등의 증상을 보이는 22명의 여아에 대해 기술하였다(Hunter, 1999; Perry, 1991). 그러나 독일어로 발표된 이 논문(Rett, 1966)과 영어로 발표된 후속 논문(Rett, 1977)은 모두 세계적인 관심을 끌지는 못하였다(Hunter, 1999).

한편, Rett의 연구에 대해 알지 못한 채 스웨덴 신경과 의사였던 Bengt Hagberg (1923~2015)는 1960년 스웨덴에서 유사한 증상을 보이는 몇 명의 여아들을 발견한 후 (Hunter, 1999; Van Acker, Loncola, & Van Acker, 2005), 이를 기초로 1980년에 그가 관찰한 16명의 여아를 대상으로 한 논문(Hagberg, 1980)을 유럽 학회에서 발표하였다. 그 후 Hagberg와 Rett는 서로 같은 장애에 대해 연구하고 있다는 것을 알게 되었고, 1983년에 Hagberg는 프랑스와 포르투갈 동료 연구자들과 함께 발표한 논문(Hagberg, Aicardi, Dias, & Ramos, 1983)에서 Rett의 선구적인 공적을 인정하여 이 장애에 Rett syndrome(레트증후군)이라는 명칭을 붙였다(저자주: ICD-10에서는 Rett's syndrome으로 DSM-IV-TR에서는 Rett's disorder로 명명되고 있다. 이에 대해서는 〈표 1-2〉 참조). 35명의 여아에 대해 기술한 이 논문은 영문 학술지에 게재되어 널리 읽힘으로써 레트장애에 대한 임상가들과 연구자들의 관심을 세계적으로 일깨우는 계기가 되었으며(Van Acker et al., 2005), 1985년에는 미국 Baltimore에서 국제레트증후군협회(International Rett Syndrome Association: IRSA)가 첫 북미학회(North America conference)를 개최하여 부모와 전문가들이 참석하기도 하였다(Haas, 1988). 우리나라에서도 1999년에 레트장애아동을 자녀로 둔 부모들의 단체인 한국레트증후군협회(Korean Rett Syndrome Association: KRSA)가 창립되어 관련전문가들에게 레트장애를 알리고 부모들을 위한 교육 및 상담을 지원하는 활동을 하고 있으며(김현희, 이승희, 2003), 2008년에는 관련전문가들(의사, 간호사, 물리치료사, 특수교육전공자 등)과 함께 국내 최초로 레트장애의 학세미나를 열기도 하였다(임현주, 이승희, 2011). 레트장애는 DSM-IV(APA, 1994)부터 DSM-IV-TR(APA, 2000)까지 전반적 발달장애의 하위유형으로 분류되었는데 그 이유는 특히 유아원 시기(저자주: 3~5세)에 자폐장애와 유사한 행동특성을 나타내기 때문이다(Volkmar & Klin, 2000b).

이상과 같이 1983년을 기점으로 하여 세계적으로 널리 알려진 레트장애에 대해서 지난 20년 동안 많은 연구결과가 발표되었으나 아직도 많은 것이 밝혀지지 않은 채 남아 있다(Van Acker et al., 2005).

(2) 진단기준

레트장애는 DSM-IV(APA, 1994)에서 전반적 발달장애의 하위유형으로 처음 포함되었으며 DSM-IV-TR(APA, 2000)은 〈표 3-3〉과 같은 진단준거를 제시하고 있다. 여기서 알 수 있듯이 레트장애 진단을 내리려면 진단준거에 제시된 모든 항목이 충족되어야 한다. 레트장애 진단준거는 1994년 DSM-IV에 레트장애가 포함되기 이전인 1980년대 중반 무렵 관련연구들(Hagberg, Goutieres, Hanefeld, Rett, & Wilson, 1985; The Rett Syndrome Diagnostic Criteria Work Group, 1988)에 의해 개발되었다. 이후 Hagberg, Hanefeld, Percy, 그리고 Skjeldal(2002)이 개정안도 개발하였는데, 이 개정안의 레트장애 진단준거와 DSM-IV-TR의 레트장애 진단준거 간에는 다소 차이가 있다. 예를 들어, 필요한 진단준거 중 하나로 DSM-IV-TR은 '출생 후 첫 5개월 동안 명백하게 정상적인 정신운동성 발달'을 명시하고 있는 반면 Hagberg 등(2002)은 '출생 후 첫 6개월 동안 대체로 정상적이거나 또는 출생 시부터 지연된 정신운동성 발달'을 명시하고 있다. 또한 DSM-IV-TR은 '생후 5~48개월 사이에 머리성장의 감속'이라고 명시하고 있는 반면 Hagberg 등(2002)은 '대부분의 경우 출생 후 머리성장의 감속'이라고 명시함으로써 모든 사례에서 머리성장의 감속이 나타나는 것은 아님을 시사하고 있다.

〈표 3-3〉 DSM-IV-TR의 레트장애 진단준거

A. 다음의 모든 항목이 해당된다.
  (1) 명백하게 정상적인 출산 전 및 출산 전후 발달
  (2) 출생 후 첫 5개월 동안 명백하게 정상적인 정신운동성 발달
  (3) 출생 시 정상적인 머리둘레
B. 정상적인 발달기간이 지난 후 다음의 모든 항목이 나타난다.
  (1) 생후 5~48개월 사이에 머리성장의 감속
  (2) 생후 5~30개월 사이에 이전에 습득된 손 기술의 상실과 뒤따르는 상동적 손동작의 발달
      (예: 손 비틀기나 손 씻기)
  (3) 출현 초기 사회적 참여의 상실(후에 사회적 상호작용이 흔히 발달하지만)
  (4) 협응이 서툰 걸음걸이나 몸동작
  (5) 심한 정신운동성 지체와 함께 표현언어와 수용언어 발달의 심한 손상

(3) 출현율

레트장애의 출현율은 아직 확실하지 않은데 여아의 경우 10,000명당 1명(즉, 0.01%) 혹은 그 이하로 보고되고 있다(Kerr, 2002). 이처럼 레트장애는 자폐장애보다 훨씬 적고 여성에게서만 보고되어 왔는데(APA, 2000), 2002년 현재 국제레트증후군협회(IRSA)에는 세계적으로 약 2,329 사례(미국 1,887; 캐나다 101; 멕시코 9; 그 외 국가 332)가 등록되어 있다(김현희, 이승희, 2005). 우리나라의 경우 2011년 현재 한국레트증후군협회(KRSA)에 등록된 회원수는 104명으로 나타나 있지만(임현주, 이승희, 2011) 실제 사례수는 이보다 많을 것으로 보인다.

현재까지 레트장애의 출현율은 여성 사례를 중심으로 제시되어 왔으나 일부 연구자들(Clayton-Smith, Watson, Ramsden, & Black, 2000; Coleman, 1990; Eeg-Olofsson, Al-Zuhair, Teebi, Zaki, & Daoud, 1990; Jan, Dooley, & Gordon, 1999; Philippart, 1990; Topcu et al., 2002; Topcu, Topaloglu, Renda, Berker, & Turanli, 1991)이 레트장애와 유사한 행동적 증상과 발달력을 보이는 남성 사례들을 보고하면서 남성의 출현율에 대한 언급도 나타나고 있다. 예를 들어, Kerr(2002)는 남성의 경우 여성보다 낮은 출현율을 보인다고 하였다. 사실 2002년 현재 국제레트증후군협회(IRSA)에 6명의 남성이 등록되어 있다. 그러나 이 중 5명은 레트장애의 엄격한 진단준거를 만족시키지는 못하는 것으로 나타났다.

(4) 원인

출현율에서 언급되었듯이 레트장애의 사례가 거의 여성들이기 때문에 연구자들은 X-연관 우성 유전학적 유전(X-linked dominant genetic inheritance)을 이 장애의 근거로 보고 많은 관련 연구를 수행해 왔는데(Van Acker et al., 2005), 1999년 Amir 등이 MECP2(저자주: meck-pea-two라고 읽음) 유전자의 돌연변이가 레트장애의 원인이라고 밝힌 이후 지금까지 100개 이상의 돌연변이가 발견되었다(Wicks-Nelson & Israel, 2006). 따라서 현재까지는 레트장애의 원인을 X염색체에서 발견되는 MECP2 유전자의 돌연변이(구조적 변형이나 결함)로 보고 있다(U.S. Department of Health and Human Services, 2003). 이 돌연변이는 부모 중 어느 쪽에서나 나타날 수 있지만 아버지 쪽에 나타날 가능성이 더 크고 이것이 딸에게 유전되기 때문에 레트장애가 주로 여성들에게서 나타나는 것으로 알려져 있으나 돌연변이가 어머니로부터 유전되면 아들에게 나타날 수도 있다(Wicks-Nelson & Israel, 2006).

그러나 MECP2 유전자의 돌연변이가 레트장애의 많은 사례에서 발견되기는 하지만 모든 사례에서 발견되지는 않는다(Van Acker et al., 2005). 즉, 여성 사례의 70~80%에서만 MECP2 유전자의 돌연변이가 확인되고 있는데 관련 연구자들은 나머지 20~30%의 사례가 유전자의 부분적 삭제, 유전자의 다른 부분에서의 돌연변이, 또는 아직 밝혀지지 않은 유전자에 의한 것으로 보고 이에 대한 연구를 계속하고 있다(U.S. Department of Health and Human Services, 2003).

(5) 특성

① 주요 특성
레트장애의 근본적인 특성은 출생한 뒤 정상적인 기능을 보이는 일정한 기간이 지난 후 다양한 결함이 나타난다는 것이다. 다음에서는 DSM-IV-TR(APA, 2000)의 레트장애 진단준거를 중심으로 레트장애의 주요 특성을 살펴보기로 한다.

ⓐ 출생 후 일정 기간의 정상적인 발달
DSM-IV-TR의 레트장애 진단준거인 〈표 3-3〉에 제시되어 있듯이 레트장애가 있는 아동은 출산 전 및 출산 전후 기간에 명백하게 정상적인 발달을 보이고[A(1)], 출생 후 첫 5개월 동안에도 정신운동성 발달이 정상적으로 이루어지며[A(2)], 출생 시 머리둘레 또한 정상범위 내에 속한다[A(3)].

ⓑ 정상적인 발달기간 후의 비정상적 기능
DSM-IV-TR의 레트장애 진단준거인 〈표 3-3〉에 제시되어 있듯이 레트장애가 있는 아동은 생후 5~48개월 사이에 머리성장이 감속하고[B(1)], 생후 5~30개월 사이에는 이전에 습득된 의미 있는 손 기술이 상실되면서 뒤이어 손을 비틀거나 또는 손을 씻는 행동과 유사한 특이한 상동적 손동작이 발달한다[B(2)]. 나중에 사회적 상호작용이 종종 발달할 수는 있으나 장애가 출현한 후 몇 년 동안 사회환경에 대한 관심이 감소하면서 사회적 참여가 상실된다[B(3)]. 또한 걸음걸이나 몸동작의 협응에 문제가 나타나며[B(4)], 심한 정신운동성 지체와 함께 수용언어와 표현언어의 발달에서도 심한 손상을 보인다[B(5)].

② 관련 특성

다음 특성들은 레트장애의 진단에 필수적이지는 않지만 나타날 수 있고 어릴 때
는 관찰되지 않다가 나이가 들어감에 따라 나타날 수도 있는 부수적인 특성들로서
(Hunter, 1999), DSM-IV-TR(APA, 2000)에 제시된 레트장애 관련 특성들을 중심으로
살펴보기로 한다.

ⓐ 인지

인지능력의 평가에서는 일반적으로 동작성 반응이나 구어적 반응이 요구된다. 그
러나 앞서 레트장애의 주요 특성에서 언급되었듯이 의미 있는 손 기술이 상실되고
표현언어가 심하게 손상되기 때문에 레트장애아동의 인지능력을 평가하는 데에는
어려움이 있다. 그럼에도 불구하고 관련문헌들(APA, 2000; Perry, Sarlo-McGarvey, &
Haddad, 1991)에서는 레트장애아동들의 지능이 전형적으로 중도에서 최중도 지적장
애의 범위 내에 있는 것으로 보고 있다.

ⓑ 비정상적 뇌파

레트장애아동들은 뇌파(electroencephalogram: EEG)에서 비정상적인 양상을 보인
다. 레트장애가 있는 여아 44명의 EEG 기록에 기초한 연구(Niedermeyer, Rett, Renner,
Murphy, & Naidu, 1986)에 따르면 비정상적인 뇌파는 레트장애에서 보편적으로 나타
난다. 이와 같은 비정상적 뇌파는 보통 3~10세 사이에 가장 현저하게 나타나고 그
후 10년 동안에는 감소하는 경향이 있다(Niedermeyer et al., 1986; Rett, 1986).

ⓒ 발작

발작(seizure)도 레트장애의 부수적인 특성의 하나로 보고되고 있지만 비정상적
뇌파처럼 보편적이지는 않다. 레트장애가 있는 여아 44명을 대상으로 한 연구에서
Niedermeyer 등(1986)은 약 84%가 발작을 보였다고 보고하였다.

ⓓ 호흡상태

레트장애아동들은 호흡(breathing)에서 비정상적인 형태를 보이는데 정서적 또는
신체적 스트레스가 있을 때 더 심하게 나타나고 수면 중에는 정상적인 경향을 보인
다. 이러한 비정상적 호흡형태에는 과호흡, 호흡정지, 그리고 무호흡 등이 포함되며

그 형태와 빈도 및 강도는 아동에 따라 다를 수 있다(Hunter, 1999).

과호흡(hyperventilation)은 빠르고 깊게 숨쉬는 것을 말하는데 무호흡(apnea)으로 흔히 중단된다. 과호흡이 나타나면 손동작이 증가하고 동공이 확대되며 심장박동이 증가하고 앞뒤로 몸을 흔들며 근육긴장도가 증가하는 경향이 있다. 호흡정지(breath holding)는 숨을 들이쉰 후 그 상태를 유지함으로써 호흡이 멈추는 것을 말한다. 이 때문에 혈액 속의 산소포화도(oxygen saturation)가 떨어져서 어떤 경우에는 50%까지 낮아질 수도 있다(저자주: 정상적인 산소포화도는 97% 또는 그 이상이다). 무호흡(apnea)은 숨을 내쉰 후 이어서 숨을 들이쉬지 않음으로써 호흡이 멈추는 것을 말한다. 숨을 들이쉬지 않는 동안 산소수치가 떨어져 입술이 파래지고 잠깐 의식을 잃기도 하지만 보통 스스로 다시 숨을 쉬기 시작한다(Hunter, 1999).

ⓔ 척추측만

척추측만(scoliosis)은 척추가 한쪽으로 휘어지는 것으로 레트장애아동들에게 흔히 나타나는 증상이다(Hagberg et al., 1983; Hanks, 1986; Harrison & Webb, 1990; Loder, Lee, & Richards, 1989). 척추측만이 시작되면 보통 9~12세 사이에 굴곡이 드러나는데, 간혹 더 어릴 때 굴곡이 생길 수도 있으나 급속도로 악화되지는 않는다(Hunter,1999). 이 증상이 악화될 경우 심장이나 폐 등의 내부장기들이 압박을 받게 되어 호흡과 순환에 문제가 발생하기도 한다.

ⓕ 기타 특성

수면문제(sleep problem)는 레트장애아동들에게 비교적 흔하게 나타난다(Hunter,1999). 종종 잠이 드는 데 오랜 시간이 걸리고 밤에 여러 번 잠에서 깨기도 하는데 그 결과 총 수면시간이 줄어든다. 밤에 깰 경우 울 수도 있지만 대다수는 소리 내어 웃거나 말을 한다. 변비(constipation)도 대부분의 레트장애아동들이 경험한다(Hunter, 1987; Hunter, 1999). 이처럼 레트장애아동들에게 변비가 빈번하게 나타나는 이유로는 신체적인 활동의 부족, 근육긴장도 저하, 음식, 약(특히 항경련제), 척추측만 등을 들 수 있다(Hunter, 1999). 또한 이갈기(bruxism)가 나타나는데(Hunter, 1999; Trevathan & Naidu, 1988), 보통 영구치가 나면서 현저하게 줄어든다(Hunter, 1999).

(6) 경과

레트장애는 보통 출생 후 첫 1~2년 중에 나타나며 기술상실이 평생에 걸쳐 지속적이고 점진적으로 나타난다(APA, 2000). 아동기 후기 또는 청소년기에 접어들면서 아주 미미한 발달이 나타나거나 사회적 상호작용에 대한 관심이 관찰될 수도 있으나 대부분의 경우 회복은 매우 제한적이고 의사소통 및 행동의 어려움은 보통 평생에 걸쳐 비교적 일정하게 남으며(APA, 2000; Wicks-Nelson & Israel, 2006) 따라서 예후는 자폐장애보다 더 좋지 않다(Van Acker et al., 2005). Hagberg와 Witt-Engerstrom(1986)은 레트장애 50 사례에 대한 임상적 관찰을 근거로 영아기부터 청소년기에 걸쳐 레트장애가 진행되는 양상을 초기 출현 정체기(early onset stagnation stage), 급속한 퇴화기(rapid destructivestage), 가(假)정지기(pseudostationary stage), 후기 운동 악화기(late motor deteriorationstage)의 네 단계로 제시하였다. 이 네 단계는 일반적으로 수용되고 있으나 각 단계의 명칭에 대한 비판이 제기되어(Opitz, 1986; Trevathan & Naidu, 1988) 보통 각 단계를 숫자(1단계, 2단계, 3단계, 4단계)로 언급한다(Perry, 1991; Van Acker et al., 2005).

(7) 감별진단

DSM-IV-TR(APA, 2000)의 전반적 발달장애에는 레트장애 외에 자폐장애, 아동기 붕괴성장애, 아스퍼거장애, 불특정 전반적 발달장애도 포함된다. 이러한 장애들이 같은 진단범주에 포함되어 있다는 것은 유사한 특성을 가진다는 의미이므로 이 장애들 간의 차이에 대한 이해와 신중한 진단이 요구된다. 또한 레트장애에서는 다른 다양한 임상적 특성들도 나타나므로 이와 관련된 장애들과의 차별적인 진단에도 주의해야 한다. 따라서 다음에서는 레트장애와의 감별진단(differential diagnosis)이 요구되는 장애들을 다른 전반적 발달장애와 다른 관련 장애로 나누어 살펴보기로 한다.

① 다른 전반적 발달장애

ⓐ 자폐장애

레트장애는 출현 성비와 결함양상에 따라 자폐장애(저자주: 자폐장애에 대해서는 이장 2절의 '1) 자폐장애' 참조)와 구별된다. 즉, 자폐장애는 남성에게서 훨씬 더 많이 진단되는 반면 레트장애는 거의 여성에게서만 진단되어 왔다. 또한 자폐장애와는 달리 레트장애는 머리성장의 감속, 이전에 습득된 의미 있는 손 기술의 상실, 협응이 서툰 걸음걸이나 몸동작이 특징적이다. 특히 유아원 시기(저자주: 3~5세)에 레트장애가 있는 유아들이 자폐장애에서 관찰되는 것과 비슷한 사회적 상호작용의 어려움을 보일 수 있으나 이는 일시적인 경향이 있다(APA, 2000).

ⓑ 아동기붕괴성장애

레트장애는 아동기붕괴성장애(저자주: 아동기붕괴성장애에 대해서는 이 장 2절의 '3) 아동기붕괴성장애' 참조)와 구별된다. 즉, 아동기붕괴성장애는 남성에게서 더 흔한 반면 레트장애는 여성에게서만 진단되어 왔다. 또한 아동기붕괴성장애에서는 적어도 출생 후 2년 동안 정상적으로 발달한 후에 증상이 나타나는 데 비해 레트장애 증상의 출현은 빠르면 출생 후 5개월부터 시작될 수 있다(APA, 2000).

ⓒ 아스퍼거장애

레트장애는 아스퍼거장애(저자주: 아스퍼거장애에 대해서는 이 장 2절의 '4) 아스퍼거장애' 참조)와 구별된다. 즉, 레트장애는 여성에게서만 진단되어 온 반면 아스퍼거장애는 남성에게서 더 흔하게 나타난다. 또한 아스퍼거장애는 정의에 의하면 유의미한 인지 또는 언어 지연이 없는 반면 레트장애는 현저한 지적장애와 심한 언어손상을 보이는 것이 특징이다(APA, 2000).

ⓓ 불특정 전반적 발달장애

레트장애는 불특정 전반적 발달장애(PDD-NOS)(저자주: PDD-NOS에 대해서는 이 장 2절의 '5) 불특정 전반적 발달장애' 참조)와 구별된다. 즉, 레트장애가 출생 후 첫 5개월 동안은 명백하게 정상적인 정신운동성 발달을 보이다가 뒤이어 심한 정신운동성 지체와 함께 언어 및 사회성 발달에서도 심한 손상을 나타낸다는 점은 PDD-NOS와 구분되는 특성이다.

② 다른 관련 장애

ⓐ 안젤만증후군

이 증후군을 처음 기술한 영국의 소아과 의사 Harry Angelman(1915~1996)이 '행복한 마리오네트 증후군(happy puppet syndrome)'으로 명명하기도 했던 안젤만증후군(Angelman syndrome)은 15번 염색체의 일부가 손실되는 유전적인 특성을 모계로부터 이어받는 유전병으로 근육긴장도 저하, 실조성 보행, 가는 머리카락, 안면 중앙부 저형성증, 조절할 수 없는 웃음, 발작 등의 특성을 보인다. 이처럼 안젤만증후군은 레트장애와 유사한 특성을 보이기는 하지만 정상적인 발달기간과 뒤따르는 빠른 퇴행이 나타나지 않는다는 점에서 레트장애와 구분된다(Van Acker et al., 2005).

ⓑ 란다우-클레프너증후군

후천적 뇌전성 실어증(acquired aphasia with epilepsy) 또는 후천적 경련성 실어증(acquired aphasia with convulsive disorder)이라고도 불리는 란다우-클레프너증후군(Landau-Kleffner syndrome)은 3~7세까지 정상적인 발달을 하다가 갑자기 언어기능이 급격하게 퇴행하는 경우이며 하나 혹은 여러 유형의 발작을 동반하는데 이러한 발작은 주로 밤에 일어난다. 이와 같이 란다우-클레프너증후군은 레트장애와 유사한 특성을 보이기는 하지만 머리성장과 운동기술이 유지된다는 점에서 레트장애와 구분된다(Van Acker et al., 2005).

(8) 평가

레트장애 평가의 결과는 진단뿐만 아니라 치료나 중재 계획에도 도움을 줄 수 있어야 한다. 레트장애의 평가에서는 검사, 면접, 관찰, 및 의학적 검진이 실시된다.

① 검사

레트장애의 평가에서는 레트장애에 초점을 두고 개발된 검사뿐만 아니라 지능검사, 적응행동검사, 언어검사 등도 실시된다.

ⓐ 레트장애검사

레트장애에 초점을 두고 개발된 검사는 매우 제한적이다. 외국의 경우 「Rett Syndrome Behaviour Questionnaire: RSBQ」(Mount, Charman, Hastings, Reilly, & Cass, 2002)가 개발되어 있으나 우리나라에는 아직 소개되지 않았다. RSBQ는 레트장애의 증상 및 특성과 관련된 100개 문항으로 구성되어 있으며 부모나 주양육자와의 면담을 통해 3점 척도(0, 그렇지 않다; 1, 다소 그렇다; 2, 아주 그렇다)로 평정하게 되어 있다. 분할점수(cutoff score)는 30점으로 설정되어 있으며 민감도(sensitivity)와 명확도(specificity)는 각각 86.3%와 86.8%로 보고되어 있다.

ⓑ 지능검사

앞서 언급하였듯이, 레트장애에서는 의미 있는 손 기술이 상실되고 표현언어가 심하게 손상되기 때문에 동작성 반응이나 구어적 반응이 요구되는 일반적 지능검사를 통해 레트장애아동의 인지능력을 평가하는 데에는 어려움이 있다. 따라서 동작성 반응이나 구어적 반응이 최소한으로 요구되는 지능검사를 선정해야 한다. 지능과 관련하여 국내외에서 개발된 검사도구에 대해서는 이 책의 제5장 8절 '자폐스펙트럼장애(ASD)의 평가'를 참고하기 바란다.

ⓒ 적응행동검사

대부분의 적응행동검사는 부모나 주양육자와의 면담을 통하여 실시되므로 이 가운데 적절한 검사도구를 선정하여 실시할 수 있다. 적응행동과 관련하여 국내외에서 개발된 검사도구에 대해서는 이 책의 제5장 8절 '자폐스펙트럼장애(ASD)의 평가'를 참고하기 바란다.

ⓓ 언어검사

레트장애는 표현언어가 심하게 손상되므로 부모나 주양육자와의 면담을 통하여 아동의 수용언어뿐만 아니라 표현언어도 평가할 수 있는 도구를 선정하는 것이 바람직하다. 언어와 관련하여 국내외에서 개발된 검사도구에 대해서는 이 책의 제5장 8절 '자폐스펙트럼장애(ASD)의 평가'를 참고하기 바란다.

② 면접

면접에는 피면접자에 따른 유형(아동면접, 부모면접, 교사면접 등)과 구조화정도에 따른 유형(비구조화면접, 반구조화면접, 구조화면접)이 있는데(이승희, 2019b), 이러한 면접에 대해서는 이 책의 제5장 8절 '자폐스펙트럼장애(ASD)의 평가'를 참고하기 바란다. 레트장애의 평가에서는 일반적으로 면접자가 부모를 대상으로 반구조화면접 또는 비구조화면접을 실시하며 주로 아동의 발달력이나 현재 상황에 대한 정보를 수집한다.

③ 관찰

관찰에는 관찰절차의 구조화 여부에 따라 비구조적 관찰과 구조적 관찰이 있는데(이승희, 2021b), 이러한 관찰에 대해서는 이 책의 제5장 8절 '자폐스펙트럼장애(ASD)의 평가'를 참고하기 바란다. 레트장애와 관련하여 표준화된 관찰도구는 아직 찾아보기 힘들기 때문에 레트장애의 평가에서는 일반적으로 관찰자가 관찰자제작 관찰도구를 사용하여 비공식적 관찰을 실시한다.

④ 의학적 검진

모든 사례에 해당되는 것은 아니지만(Van Acker et al., 2005) 현재로서는 레트장애의 원인을 X염색체에서 발견되는 MECP2 유전자의 돌연변이로 보고 있으므로(U.S. Department of Health and Human Services, 2003) 이와 관련된 의학적 검진은 레트장애의 평가에서 반드시 필요하다. 또한 레트장애는 비정상적 뇌파, 발작, 비정상적 호흡형태, 척추측만 등을 흔히 보이므로 이와 관련된 의학적 검진도 필요하다.

3) 아동기붕괴성장애

(1) 역사적 배경

아동기붕괴성장애(childhood disintegrative disorder)는 1908년 오스트리아 비엔나의 교육자였던 Theodore Heller가 처음 언급하였다. Heller는 생후 2~3년 동안은 정상적인 발달을 보이다가 3~4세경에 심한 발달적 퇴행을 보이는 6명의 아동에 대해 보고하면서 이 장애를 '유아형 치매(dementia infantilis)'라고 명명하였다(Heller, 1908). 그 후 헬러증후군(Heller's syndrome) 또는 붕괴성 정신병(disintegrative psychosis)으로 불리다가 가장 최근에는 아동기붕괴성장애(childhood disintegrative disorder)로 불리고 있다(Volkmar, Koenig, & State, 2005). 아동기붕괴성장애는 DSM-IV(APA, 1994)부터 DSM-IV-TR(APA, 2000)까지 전반적 발달장애의 하위유형으로 분류되어 있는데, 그 증상이 자폐장애에서 나타나는 세 가지 주요증상과 매우 유사하지만 그중 두 가지 영역에서 손상이 있으면 아동기붕괴성장애로 진단된다(Wicks-Nelson & Israel, 2006).

이상과 같이 자폐장애보다 훨씬 앞서 100여 년 전에 처음으로 보고된 아동기붕괴성장애는 지금까지 세계적으로 100개 이상의 사례가 보고되고 있을 뿐이며 따라서 그 정보도 자폐장애에 비해 훨씬 더 제한되어 있다(Volkmar et al., 2005).

(2) 진단기준

아동기붕괴성장애는 DSM-IV(APA, 1994)에서 전반적 발달장애의 하위유형으로 처음 포함되었으며 DSM-IV-TR(APA, 2000)은 〈표 3-4〉와 같은 진단준거를 제시하고 있다. 여기서 알 수 있듯이 아동기붕괴성장애 진단을 내리려면 출생 후 적어도 2년 동안은 정상적인 발달을 보이다가 10세 이전에 증상을 나타내야 하는데 증상이 나타나면 이전에 습득한 많은 기술이 상실되며 자폐장애에서 나타나는 세 가지 주요증상과 매우 유사하지만 적어도 그중 두 가지 영역에서 기능이상이 나타나야 한다.

〈표 3-4〉 DSM-IV-TR의 아동기붕괴성장애 진단준거

A. 출생 후 적어도 2년 동안 명백한 정상발달이 이루어지는데, 이는 연령에 적절한 언어적/비언어적 의사소통, 사회적 관계, 놀이 적응행동으로 나타난다.

B. 다음 영역 중 적어도 두 가지 영역에서 이전에 습득된 기술을 임상적으로 유의미한 수준에서 상실한다(10세 이전에).
   (1) 표현언어 또는 수용언어
   (2) 사회적 기술 또는 적응행동
   (3) 대변 또는 방광 통제
   (4) 놀이
   (5) 운동기술

C. 다음 영역 중 적어도 두 가지 영역에서 기능이상이 나타난다.
   (1) 사회적 상호작용의 질적 손상(예: 비언어적 행동의 손상, 또래관계 형성의 실패, 사회적 또는 정서적 상호성의 결여)
   (2) 의사소통의 질적 손상(예: 구어의 지체 또는 결여, 대화를 시작하거나 지속하지 못함, 상동적이고 반복적인 언어사용, 발달수준에 적합한 여러 가지 가장놀이의 결여)
   (3) 동작성 상동증과 매너리즘을 포함하는 제한적이고 반복적이며 상동적인 행동, 관심, 및 활동

D. 장애가 다른 특정 전반적 발달장애 또는 조현병으로 더 잘 설명되지 않는다.

(3) 출현율

아동기붕괴성장애의 출현율에 대한 자료는 많지 않지만 50,000명당 1명(즉, 0.002%) 정도로 보고되고 있다(Volkmar et al., 2004). 이처럼 아동기붕괴성장애는 매우 드물고 자폐장애보다 훨씬 적은 것으로 보이는데 이와 관련하여 아동기붕괴성장

애가 과소진단되는 경향이 있다는 우려도 있다(APA, 2000).

아동기붕괴성장애 출현율의 성차와 관련하여 초기연구들은 동등한 성비를 제시하였으나 최근의 자료들을 보면 남아에게서 더 흔하며(APA, 2000), 지난 20여 년 동안 관찰되었던 아동기붕괴성장애의 사례에서 여아에 비해 남아의 출현율이 높은 우위를 보였다(Volkmar et al., 2005).

(4) 원인

아동기붕괴성장애의 원인과 관련된 정보는 매우 제한적이다. 즉, 비정상적 뇌파와 발작이 나타난다는 것 외에는 아동기붕괴성장애에 대한 신경학적 정보는 물론 유전학적 정보도 전반적으로 없는 실정이다(Volkmar et al., 2005). 그 이유는 앞서 출현율에서 언급되었듯이 아동기붕괴성장애의 사례가 매우 드물게 나타나기 때문일 수도 있다.

(5) 특성

① 주요 특성

아동기붕괴성장애는 출생 후 적어도 2년 동안은 정상적인 발달을 보이다가 10세 이전에 증상이 나타나며 그 증상은 자폐장애에서 나타나는 세 가지 주요증상과 유사하지만 그중 두 가지 영역에서 손상이 있으면 진단이 내려진다. 다음에서는 DSM-IV-TR(APA, 2000)의 아동기붕괴성장애 진단준거를 중심으로 그 주요 특성을 살펴보기로 한다.

ⓐ 출생 후 일정 기간의 정상적인 발달

DSM-IV-TR의 아동기붕괴성장애 진단준거인 〈표 3-4〉에 제시되어 있듯이 아동기붕괴성장애의 근본적인 특징은 출생 후 적어도 2년 동안 명백한 정상적인 발달이 이루어진 뒤 다양한 기능영역에서 현저한 퇴행이 나타나는 것이다[A]. 이 시기의 정상적인 발달은 연령에 적절한 언어적/비언어적 의사소통, 사회적 관계, 놀이, 및 적응행동으로 나타난다.

ⓑ 정상적인 발달기간 후의 비정상적 기능

DSM-IV-TR의 아동기붕괴성장애 진단준거인 〈표 3-4〉에 제시되어 있듯이 아동기붕괴성장애아동은 3세 이후 10세 이전에 표현언어 또는 수용언어, 사회적 기술 또는 적응행동, 대변 또는 방광 통제, 놀이, 운동기술 가운데 적어도 두 가지 영역에서 이전에 습득한 기술을 임상적으로 유의미하게 상실하는 퇴행을 나타낸다[B]. 이러한 퇴행은 전형적으로 거의 모든 영역에서 나타나는데(APA, 2000), 가끔 수일 또는 수주 내에 급격히 진행되기도 하지만 종종 수주에서 수개월에 걸쳐 서서히 진행된다(Volkmar et al., 2005).

ⓒ 자폐장애와 유사한 특성

DSM-IV-TR의 아동기붕괴성장애 진단준거인 〈표 3-4〉에 보이듯이 아동기붕괴성장애아동은 자폐장애에서 일반적으로 관찰되는 사회적 결함, 의사소통 결함, 및 행동특징을 보인다[C]. 즉, 사회적 상호작용의 질적 손상(예: 비언어적 행동의 손상, 또래관계 형성의 실패, 사회적 또는 정서적 상호성의 결여)을 보이거나[C(1)], 의사소통의 질적 손상(예: 구어의 지체 또는 결여, 대화를 시작하거나 지속하지 못함, 상동적이고 반복적인 언어사용, 발달수준에 적합한 여러 가지 가장놀이의 결여)을 보이며[C(2)], 또는 동작성 상동증과 매너리즘을 포함하는 제한적이고 반복적이며 상동적인 행동, 관심, 및 활동을 보인다[C(3)]. 그러나 세 가지 영역 모두에서 손상되었을 때 진단을 내릴 수 있는 자폐장애와는 달리 아동기붕괴성장애는 세 가지 영역 중 두 가지 영역만 충족하면 된다.

② 관련 특성

다음 특성들은 아동기붕괴성장애의 진단에 필수적이지는 않지만 나타날 수 있는 부수적인 특성들로서, DSM-IV-TR(APA, 2000)에 제시된 아동기붕괴성장애 관련 특성들을 중심으로 살펴보기로 한다.

ⓐ 인지

아동기붕괴성장애는 일반적으로 중도 지적장애를 동반하는 것으로 보고되고 있다(APA, 2000). 앞서 자폐장애아동의 약 75%는 지적장애를 보이며 그 정도는 경도에서 최중도에 걸쳐 있다고 하였는데, IQ가 40 미만인 아동들의 비율은 자폐장애보다 아동기붕괴성장애에서 더 높게 나타난다(Volkmar & Klin, 2000b).

ⓑ 비정상적 뇌파

아동기붕괴성장애아동들은 뇌파(electroencephalogram: EEG)에서 비정상적인 양상을 보이기도 한다. 앞서 레트장애에서는 비정상적인 뇌파가 보편적으로 나타난다고 하였는데, 아동기붕괴성장애가 있는 아동들의 EEG 자료를 검토한 연구들(Malhotra & Singh, 1993; Mouridsen, Rich, & Isager, 1998; Volkmar & Rutter, 1995)을 보면 비정상적인 뇌파가 나타나는 비율은 레트장애보다 아동기붕괴성장애에서 더 낮다.

ⓒ 발작

발작(seizure)도 아동기붕괴성장애의 부수적인 특성으로 나타나는 것으로 보고되고 있다. 예를 들어, Hill과 Rosenbloom(1986)은 9개의 사례 중 2개에서, Volkmar와 Cohen(1989)은 10개의 사례 중 2개에서, 그리고 Kurita, Osada, 및 Miyake(2004)는 10개의 사례 중 3개에서 발작이 나타났다고 보고하였다. 앞서 44명의 레트장애아동을 대상으로 한 연구(Niedermeyer et al., 1986)에서 약 84%가 발작을 보였다고 보고된 것과 비교해 볼 때 발작이 나타나는 비율도 비정상적 뇌파의 경우와 마찬가지로 레트장애보다 아동기붕괴성장애에서 더 낮다.

ⓓ 기타 특성

아동기붕괴성장애에서는 과잉행동이 전형적으로 관찰된다(Malhotra & Singh, 1993). 또한 퇴행이 시작되는 시기에 흥분하거나 불안해하거나 불쾌해하는 등의 설명하기 어려운 다양한 정서적 반응이 흔히 나타나는 경향이 있다(Volkmar et al., 2005).

(6) 경과

아동기붕괴성장애는 출생 후 적어도 2년 동안의 정상발달이 나타난 후 10세 이전에 출현하는데 출현시기는 대부분 3~4세 사이이며 서서히 또는 갑작스럽게 출현한다(APA, 2000). 이 장애를 가진 사례의 약 75%는 행동과 발달이 아주 낮은 기능수준까지 퇴행한 후 고원상태를 유지하게 되며, 비록 눈에 띄지는 않지만 고원상태에 이른 후에라도 약간의 제한적인 향상이 나타날 수 있다(Volkmar & Cohen, 1989). 소수의 사례에서는 발달적 퇴행이 고원상태에 이르지 않고 연속적으로 나타나기도 하는데 이러한 경우에는 결과적으로 사망에 이를 수도 있다(Corbett, 1987). 이처럼 아동기붕괴성장애는 평생 지속되며 사회적, 의사소통적, 그리고 행동적 어려움이 평생에 걸쳐 비교적 일정하게 남아(APA, 2000), 전반적 발달장애 가운데 가장 낮은 수준의 기능을 보이며 자폐장애보다 예후가 더 좋지 않다(Wicks-Nelson & Israel, 2006).

(7) 감별진단

DSM-IV-TR(APA, 2000)의 전반적 발달장애에는 아동기붕괴성장애 외에 자폐장애, 레트장애, 아스퍼거장애, 불특정 전반적 발달장애도 포함된다. 이러한 장애들이 같은 진단범주에 포함되어 있다는 것은 유사한 특성을 가진다는 의미이므로 이 장애들 간의 차이에 대한 이해와 신중한 진단이 요구된다. 또한 아동기붕괴성장애에서는 다른 다양한 임상적 특성도 나타나므로 이와 관련된 장애들과의 차별적인 진단에도 주의해야 한다. 따라서 다음에서는 아동기붕괴성장애와의 감별진단(differential diagnosis)이 요구되는 장애들을 다른 전반적 발달장애와 다른 관련 장애로 나누어 살펴보기로 한다.

① 다른 전반적 발달장애

ⓐ 자폐장애

아동기붕괴성장애는 자폐장애(저자주: 자폐장애에 대해서는 이 장 2절의 '1) 자폐장애' 참조)와 구별된다. 즉, 자폐장애는 발달적 이상이 일반적으로 출생 후 1년 이내에 나타나는 데 비해 아동기붕괴성장애에서는 적어도 출생 후 2년 동안 정상적인 발달이 있고 난 뒤에 여러 기능영역에서 명백한 퇴행 양상이 심하게 나타난다(APA, 2000).

ⓑ 레트장애

아동기붕괴성장애는 레트장애(저자주: 레트장애에 대해서는 이 장 2절의 '2) 레트장애' 참조)와 구별된다. 즉, 레트장애는 여성에게서만 진단되어 온 반면 아동기붕괴성장애는 남성에게서 더 흔한 것으로 보인다. 또한 레트장애 증상의 출현은 빠르면 출생 후 5개월부터 시작될 수 있는 데 비해 아동기붕괴성장애에서는 정상발달 기간이 적어도 2세까지 더 연장된다(APA, 2000).

ⓒ 아스퍼거장애

아동기붕괴성장애는 아스퍼거장애(저자주: 아스퍼거장애에 대해서는 이 장 2절의 '4) 아스퍼거장애' 참조)와 구별된다. 즉, 아스퍼거장애는 발달적 퇴행 양상을 보이지 않으며 정의에 의하면 유의미한 인지 또는 언어 지연이 없는 반면 아동기붕괴성장애는 적어도 2년간의 정상발달에 뒤따르는 발달적 퇴행을 보이며 현저한 지적장애와 언어손상을 보인다(APA, 2000).

ⓓ 불특정 전반적 발달장애

아동기붕괴성장애는 불특정 전반적 발달장애(PDD-NOS)(저자주: PDD-NOS에 대해서는 이 장 2절의 '5) 불특정 전반적 발달장애' 참조)와 구별된다. 즉, 아동기붕괴성장애가 적어도 출생 후 2년 동안의 정상발달 후에 임상적으로 유의미한 수준에서 이전에 습득한 기술이 상실된다는 점은 PDD-NOS와 구분되는 특성이다.

② 다른 관련 장애

ⓐ 조현병

아주 드문 경우에 아동기붕괴성장애는 조현병과 같은 다른 정신장애와 혼동될 수 있다(Volkmar et al., 2005). 보통 13세 이전에 출현하는 경우에 해당하는 아동기 조현병(childhood schizophrenia)은 드물게 출현하기는 하지만 그 퇴행 및 퇴화의 정도가 아동기붕괴성장애로 보일 수도 있다(Werry, 1992). 그러나 임상평가에서 나타나는 조현병의 특성적 증상으로 명확한 진단을 내릴 수 있다(Volkmar et al., 2005).

ⓑ 치매

아동기붕괴성장애는 영아기 또는 아동기에 출현하는 치매(dementia)와 구별되어야 한다. 치매는 일반적인 의학적 상태(예: 뇌외상)의 직접적인 생리적 영향으로 나타나는 반면 아동기붕괴성장애는 동반된 일반적인 의학적 상태 없이 전형적으로 나타난다(APA, 2000).

ⓒ 란다우-클레프너증후군

란다우-클레프너증후군(저자주: 란다우-클레프너증후군에 대해서는 이 장 2절의 '2) 레트장애'에서 '(7) 감별진단' 참조)은 아동기붕괴성장애와 유사한 특성을 보이기는 하지만 퇴행이 언어영역에 국한되어 있고 예후가 긍정적이라는 점에서 아동기붕괴성장애와 구분된다(Bishop, 1985; Volkmar et al., 2005).

(8) 평가

아동기붕괴성장애는 관련 전문가들(예: 소아정신과 의사, 심리학자, 말/언어 병리사, 소아신경학자, 물리치료사, 작업치료사 등)로 구성된 팀이 가장 효과적으로 평가할 수 있으며 그 결과는 진단뿐만 아니라 치료나 중재 계획에도 도움을 줄 수 있어야 한다. 아동기붕괴성장애의 평가에서는 검사, 면접, 관찰, 및 의학적 검진이 실시된다.

① 검사

아동기붕괴성장애의 평가에서는 아동기붕괴성장애와 관련된 검사뿐만 아니라 지능검사, 적응행동검사, 언어검사 등도 실시된다.

ⓐ 아동기붕괴성장애검사

앞서 살펴본 자폐장애나 레트장애와는 달리 아동기붕괴성장애에만 초점을 두고 개발된 검사는 아직 없으나 다른 전반적 발달장애와 함께 평가할 수 있도록 개발된 검사는 있다. 예를 들어, 우리나라에는 아직 소개되지 않았지만「Pervasive Developmental Disorder Behavior Inventory: PDDBI」(Cohen, Schmidt-Lackner, Romanczyk, & Sudhalter, 2003)가 개발되어 있다. PDDBI는 전반적 발달장애(자폐장애, 아동기붕괴성장애, 아스퍼거장애, 또는 PDD-NOS)를 가진 아동들(1~17세)을 대상으로 중재에 대한 반응을 평가하기 위한 검사다. 부모용과 교사용이 있는데 부모용은 10개 하위척도에 176개 문항으로, 교사용은 8개 하위척도에 144개 문항으로 구성되어 있으며 각 문항은 4점 척도(0, 전혀 그렇지 않다; 1, 거의 그렇지 않다; 2, 가끔 그렇다; 3, 종종 그렇다)로 평정하게 되어있다.

ⓑ 지능검사

아동기붕괴성장애는 일반적으로 중도 지적장애를 동반한다고 보고되고 있을 뿐만 아니라(APA, 2000) 3세 이후 10세 이전에 다양한 기능영역에서 현저한 퇴행이 나타나면서 전반적 발달장애 가운데 가장 낮은 수준의 기능을 보이기 때문에(Wicks-Nelson & Israel, 2006) 지능검사는 아동의 현재 기능수준에 따라 선정해야 한다(Volkmar et al., 2005). 지능과 관련하여 국내외에서 개발된 검사도구에 대해서는 이 책의 제5장 8절

'자폐스펙트럼장애(ASD)의 평가'를 참고하기 바란다.

ⓒ 적응행동검사

대부분의 적응행동검사는 부모나 주양육자와의 면담을 통하여 실시되므로 이 가운데 적절한 검사도구를 선정하여 실시할 수 있다. 이와 같은 적응행동검사는 진단 및 중재계획 측면에서 중요한 정보를 제공한다(Volkmar ct al., 2005). 적응·행동과 관련하여 국내외에서 개발된 검사도구에 대해서는 이 책의 제5장 8절 '자폐스펙트럼장애(ASD)의 평가'를 참고하기 바란다.

ⓓ 언어검사

아동기붕괴성장애의 평가에서는 지능검사와 마찬가지로 언어검사도 아동의 현재 기능수준에 따라 선정해야 한다(Volkmar et al., 2005). 언어와 관련하여 국내외에서 개발된 검사도구에 대해서는 이 책의 제5장 8절 '자폐스펙트럼장애(ASD)의 평가'를 참고하기 바란다.

② 면접

면접에는 피면접자에 따른 유형(아동면접, 부모면접, 교사면접 등)과 구조화정도에 따른 유형(비구조화면접, 반구조화면접, 구조화면접)이 있는데(이승희, 2019b), 이러한 면접에 대해서는 이 책의 제5장 8절 '자폐스펙트럼장애(ASD)의 평가'를 참고하기 바란다. 레트장애와 마찬가지로 아동기붕괴성장애에서는 일반적으로 면접자가 부모를 대상으로 반구조화면접 또는 비구조화면접을 실시하며 주로 아동의 발달력이나 현재 상황에 대한 정보를 수집한다. DSM-IV-TR의 아동기붕괴성장애 진단준거인 〈표 3-4〉에 제시되어 있듯이 아동기붕괴성장애의 근본적인 특징은 출생 후 적어도 2년 동안 명백한 정상적인 발달이 있고 난 뒤 다양한 기능영역에서 현저한 퇴행이 나타나는 것이므로 출현시기에 대한 정보수집은 면접에서 필수적이다.

③ 관찰

관찰에는 관찰절차의 구조화 여부에 따라 비구조적 관찰과 구조적 관찰이 있는데(이승희, 2021b), 이러한 관찰에 대해서는 이 책의 제5장 8절 '자폐스펙트럼장애(ASD)의 평가'를 참고하기 바란다. 레트장애와 마찬가지로 아동기붕괴성장애와 관련하여 표준화된 관찰도구는 아직 찾아보기 힘들기 때문에 아동기붕괴성장애의 평가에서는 일반적으로 관찰자가 관찰자제작 관찰도구를 사용하여 비공식적 관찰을 실시한다. 특히 아동의 놀이에 대한 관찰은 아동의 언어, 인지, 사회적 조직력, 및 대근육/소근육 기술 수준에 대한 정보를 수집하는 데 도움이 되는데 진단과 관련이 있거나 중재에 방해가 될 만한 행동들은 반드시 기록해야 한다(Volkmar et al., 2005).

④ 의학적 검진

아동기붕괴성장애는 출생 후 적어도 2년 동안의 정상발달이 나타난 후 10세 이전에 다양한 기능영역에서 현저한 퇴행이 나타나면서 출현하며 사례의 약 75%는 행동과 발달이 아주 낮은 기능수준까지 퇴행한 후 고원상태를 유지하게 되지만 소수의 사례에서는 발달적 퇴행이 고원상태에 이르지 않고 연속적으로 나타나기도 한다. 아동기붕괴성장애의 평가에서는 특정 신경퇴행성 장애에 대한 의학적 검진이 필요한데 출현시기가 늦거나(즉, 6세 이후) 퇴행이 고원상태에 이르지 않고 연속적으로 나타나는 경우에 특히 필요하다(Volkmar et al., 2005). 또한 레트장애보다 비율은 낮지만 아동기붕괴성장애에서는 발작과 비정상적인 뇌파가 나타나기도 하므로 이와 관련된 의학적 검진도 필요하다. 따라서 아동기붕괴성장애의 평가에서는 뇌파(electroencephalogram: EEG), 컴퓨터단층촬영(computerized tomography: CT), 또는 자기공명단층촬영(magnetic resonanceimaging: MRI) 등이 일반적으로 실시된다(Volkmar et al., 2005).

4) 아스퍼거장애

(1) 역사적 배경

아스퍼거장애(Asperger's disorder)는 Kanner(1943)가 '조기 유아자폐증(early infantile autism)'을 소개하고 한 해 뒤인 1944년에 오스트리아 소아과 의사였던 Hans Asperger(1906~1980)가 처음 소개하였다. 1944년 Asperger는 인지와 구어가 적절함에도 불구하고 사회적 상호작용에 어려움을 보이는 남아 4명(6~11세)에 대한 논문을 독일어로 발표하면서 Kanner(1943)와 마찬가지로 1911년 스위스의 정신과 의사인 Eugen Bleuler가 조현병(schizophrenia) 증상 가운데 자신만의 세계에 빠져 있는 사고특성을 기술하기 위하여 사용한 autism(자폐증)이라는 용어를 빌려 이 장애를

'자폐적 정신병질(autisticpsychopathy)'이라고 명명하였다(Klin, McPartland, & Volkmar, 2005). 당시 Kanner와 Asperger는 상대방의 논문에 대해 모르는 상태였고, 영어로 발표된 Kanner의 논문은 발표 직후부터 영어권에서 널리 읽힌 반면 독일어로 발표된 Asperger의 논문은 별로 알려지지 않았다(Howlin, 2004).

Asperger(1944)의 논문은 그가 죽은 지 1년이 지난 1981년에야 영국 정신과 의사인 Lorna Wing(1928~2014)이 요약하여 영어로 소개하면서 세계적으로 널리 알려지게 되었다(Howlin, 2004). 이 논문에서 Wing은 자신이 관찰한 34명(5~35세)의 사례를 기술하면서 이 장애를 Asperger's syndrome(아스퍼거증후군)이라고 명명하였다(저자주: ICD-10에서는 Asperger's syndrome으로 DSM-IV-TR에서는 Asperger's disorder로 명명되고 있다. 이에 대해서는 〈표 1-2〉참조). DSM-IV(APA, 1994)부터 DSM-IV-TR(APA, 2000)까지 전반적 발달장애의 하위유형으로 분류되어 있는 아스퍼거장애는 사회적 상호작용의 질적 결함과 제한적이고 반복적이며 상동적인 관심이나 행동의 특징을 가지는데 이는 자폐장애와 유사한 측면이다(Wicks-Nelson & Israel, 2006).

이상과 같이 1981년을 기점으로 하여 세계적으로 널리 알려진 아스퍼거장애는 지속적인 관심을 받았으며 Hans Asperger의 생일인 2월 18일은 Asperger Service Australia가 '국제 아스퍼거의 날(International Asperger's Day)'로 지정하였다.

(2) 진단기준

아스퍼거장애는 DSM-IV(APA, 1994)에서 전반적 발달장애의 하위유형으로 처음 포함되었으며 DSM-IV-TR(APA, 2000)은 〈표 3-5〉와 같은 진단준거를 제시하고 있다. 여기서 알 수 있듯이 아스퍼거장애 진단을 내리려면 자폐장애와 유사하게 사회적 상호작용의 질적 손상과 제한적이고 반복적이며 상동적인 행동이나 관심 및 활동을 보여야 하지만 자폐장애와는 대조적으로 언어습득에서 임상적으로 유의미한 지연이나 일탈은 보이지 않아야 하며 또한 인지발달에서도 임상적으로 유의미한 지연이 없어야 한다.

(3) 출현율

아스퍼거장애의 출현율에 대한 명확한 자료가 부족한 실정이지만(APA, 2000) 10,000명당 2.5명(즉, 0.025%) 정도로 추정되고 있다(Fombonne, 2003). 그러나 이보다 높은 출현율을 보고하는 연구들도 있는데, 예를 들어 Ehlers와 Gillberg(1993)는 1,000명

〈표 3-5〉 **DSM-IV-TR의 아스퍼거장애 진단준거**

A. 사회적 상호작용의 질적인 손상이 다음 중 적어도 2개 항목으로 나타난다.
   (1) 사회적 상호작용을 조절하기 위한 눈맞춤, 얼굴표정, 몸자세, 몸짓과 같은 다양한 비언어적 행동의 사용에 현저한 손상이 있다.
   (2) 발달수준에 적합한 또래관계를 형성하지 못한다.
   (3) 자발적으로 다른 사람들과 기쁨, 관심, 성취를 공유하지 못한다(예: 관심의 대상을 보여주거나 가져오거나 가리키지 못함).
   (4) 사회적 또는 정서적 상호성이 결여되어 있다.

B. 제한적이고 반복적이며 상동적인 행동, 관심, 및 활동이 다음 중 적어도 1개 항목으로 나타난다.
   (1) 강도나 초점에서 비정상적인, 한 가지 이상의 상동적이고 제한적인 관심에 집착한다.
   (2) 특정한 비기능적인 일상활동이나 의식에 고집스럽게 매달린다.
   (3) 상동적이고 반복적인 동작성 매너리즘(예: 손이나 손가락을 퍼덕거리거나 비꼬기, 또는 복잡한 전신동작)을 보인다.
   (4) 대상의 부분에 지속적으로 집착한다.

C. 장애가 사회적, 직업적, 또는 다른 중요한 기능영역에서 임상적으로 유의미한 손상을 초래한다.

D. 임상적으로 유의미한 일반적 언어지연은 없다(예: 2세까지 단단어가 사용되고 3세까지는 의사소통적인 구가 사용된다).

E. 인지적 발달 또는 연령에 적절한 자조기술, 적응행동(사회적 상호작용과는 다른), 및 환경에 대한 호기심의 발달에 임상적으로 유의미한 지연은 없다.

F. 다른 특정 전반적 발달장애나 조현병의 준거에 맞지 않는다.

당 3~7명(즉, 0.3~0.7%)으로 보고하면서 자폐장애 출현율보다 높을 것이라고 하였다. 이처럼 아스퍼거장애 출현율에 대한 명확한 정보는 부족하지만 한 가지 분명한 사실은 아스퍼거장애의 출현율이 증가하고 있다는 점이다(Klin et al., 2005).

아스퍼거장애 출현율의 성비에 대한 자료도 다양하게 나타나고 있는데 남아 대 여아의 비율을 Wing(1981)은 4.7:1, Gillberg(1991)는 10:1, Howlin과 Moore(1997)는 10.3:1로 보고하였다. 따라서 아스퍼거장애 출현율의 정확한 성비를 추정하기 위해서는 더 많은 연구가 필요할 것으로 보이지만 여아에 비해 남아의 비율이 훨씬 높은 것은 분명해 보인다.

(4) 원인

아스퍼거장애의 정확한 원인은 아직 밝혀지지 않고 있으나 유전요인, 신진대사요인, 감염요인, 말초신경요인들이 제시되어 왔다(Gillberg & de Souza, 2002). 아스퍼거장애의 가족연구 결과는 아스퍼거장애를 가진 사람들의 가족구성원들에서 이 장애의 빈도가 높아지는 경향을 보였다(Szatmari, Bremner, & Nagy, 1989). 또한 대뇌 우반구 기능 이상, 비정상적 뇌구조, 도파민과 세로토닌 관련 신경화학계 이상, 변연계 이상 등도 아스퍼거장애의 가능한 원인에 포함되어 왔다(Berthier, Bayes, & Tolosa, 1993; Gillberg, 1989; McKelvey, Lambert, Mottron, & Shevell, 1995).

(5) 특성

① 주요 특성

아스퍼거장애의 근본적인 특징은 사회적 상호작용의 심하고 지속적인 손상과 제한적이고 반복적인 행동, 관심, 및 활동 패턴의 발달이다. 또한 이 장애는 사회적, 직업적, 또는 다른 중요한 기능영역에서 임상적으로 유의미한 손상을 보인다. 비록 사회적 의사소통의 미묘한 측면이 손상될 수는 있지만 자폐장애와는 대조적으로 언어습득에서 임상적으로 유의미한 지연이나 일탈은 없다. 이에 더하여, 출생 후 첫 3년 동안 인지발달에서도 임상적으로 유의미한 지연이 없으므로 환경에 대한 정상적인 관심을 표현하거나 연령에 적절한 학습기술과 적응행동(사회적 상호작용은 제외)을 습득하기도 한다. 이와 같은 아스퍼거장애의 주요 특성을 DSM-IV-TR(APA, 2000)의 아스퍼거장애 진단준거를 중심으로 살펴보면 다음과 같다.

ⓐ 사회적 상호작용의 질적인 손상

아스퍼거장애에서 나타나는 사회적 상호작용의 손상은 광범위하고 지속적인데 DSM-IV-TR의 아스퍼거장애 진단준거인 〈표 3-5〉에 제시되어 있듯이 첫째, 아스퍼거장애아동은 사회적 상호작용과 의사소통을 조절하기 위한 눈맞춤, 얼굴표정, 몸자세와 몸짓과 같은 다양한 비언어적 행동을 사용하는 데 현저한 손상을 보인다 [A(1)]. 즉, 아스퍼거장애아동들의 사회적 상호작용 결함은 눈맞춤의 부족, 특이하고 경직된 응시, 제한적인 얼굴표정, 몸짓의 제한적인 사용, 서툰 신체언어로 나타나기도 한다(Gillberg & Gillberg, 1989). 눈맞춤의 경우, 아스퍼거장애아동은 대화를 할 때 종종 중요한 부분에서 '구두점'을 찍는 기능을 하는 눈맞춤을 제대로 사용하지 못한다. 예를 들어, 칭찬이나 관심에 감사한다는, 구체적인 설명을 원한다는, 또는 말을 끝내겠다는 등의 의미를 담은 눈맞춤을 하지 못한다(Attwood, 1998). 또한 아스퍼거장애아동은 대화할 때나 다른 아이들과 놀 때 표정이 거의 없다. 몸짓 면에 있어서도, 물건을 가지고 무엇을 하려는지 설명하기 위하여 혹은 분노나 좌절감을 표현하기 위하여 손을 움직이기는 하지만 당황, 위안, 긍지와 같은 다른 사람의 생각이나 느낌을 이해했다는 의미의 몸짓이나 신체언어는 극히 적거나 결여되어 있다(Capps, Yirmiya, & Sigman, 1992).

둘째, 아스퍼거장애아동은 발달수준에 적합한 또래관계의 형성에 실패할 가능성이 있다[A(2)]. 어린 아동의 경우 우정을 형성하는 데 거의 관심이 없거나 전혀 관심이 없을 수 있다(APA, 2000). 나이가 들면서는 우정에 관심을 보이기도 하지만 친구의 의미가 무엇인지 모르는 경우가 많다. 예를 들어, 학교에 친구가 있다고 말하는 아동을 관찰하거나 아동의 교사를 면담해 보면 그것은 단지 아동의 희망사항이거나 진정한 친구라기보다는 일상적으로 아는 사이를 친구로 잘못 알고 있다는 것을 알 수 있다(Attwood, 1998).

셋째, 아스퍼거장애아동은 자발적으로 다른 사람들과 기쁨, 관심, 또는 성취 등을 공유하거나 공감하는 데 어려움을 보인다[A(3)]. 예를 들어, 자신이 관심 있는 사물을 다른 사람들에게 보여주거나 가져오지 않는다(APA, 2000).

넷째, 아스퍼거장애아동은 사회적 또는 정서적 상호성이 결여되어 있을 수 있다 [A(4)]. 예를 들어, 간단한 사회적 놀이나 게임에 적극적으로 참여하지 않거나, 단독놀이를 선호하거나, 단지 도구나 기계적인 보조수단으로 다른 사람들을 활동에 참여시키기도 한다(APA, 2000). 따라서 아스퍼거장애아동은 다른 아동들과 함께 놀이에 참여했을 때 그 놀이를 마음대로 하려 하거나 자신의 의견을 강요하는 경향이 있어 다른 아동들이 자신의 규칙에 따라 할 때까지만 놀이참여가 유지된다(Attwood, 1998). 이와 같은 사회적 또는 정서적 상호성의 결여는 자폐장애 진단준거에서도 같은 방식으로 기술되고 있지만 아스퍼거장애의 사회적 또는 정서적 상호성의 결여는 사회적이고 정서적인 무관심보다는 다른 사람에 대한 기이하고 일방적인 사회적 접근으로 나타나는 경향이 있다(APA, 2000). 예를 들어, 다른 사람의 반응에 상관없이 자신에게 흥미로운 주제를 끊임없이 이야기하고자 한다. 그러므로 아스퍼거장애아동에게 사회적 또는 정서적 상호성이 결여되었다는 것은 아스퍼거장애아동이 상호작용을 독점할 수도 있다는 것이다(Attwood, 1998).

ⓑ 제한적이고 반복적이며 상동적인 행동, 관심, 및 활동

자폐장애와 마찬가지로 아스퍼거장애에서는 제한적이고 반복적이며 상동적인 행동, 관심, 및 활동 패턴이 나타난다. DSM-IV-TR의 아스퍼거장애 진단준거인 〈표 3-5〉에 제시되어 있듯이 첫째, 아스퍼거장애아동은 한 가지 이상의 상동적이고 제한적인 관심에 비정상적인 강도로 집착한다[B(1)]. 이러한 패턴은 자신이 많은 정보를 수집할 수 있는 한정된 주제나 관심에 대한 집착으로 나타난다. 많은 사람이 관심거리를 가지고 있지만 아스퍼거장애에서 나타나는 관심이 일반 사람들의 관심과 다른 점은 대부분 혼자서 즐기고 종류가 기이하며 다른 활동을 배제할 만큼 몰입의 정도가 강하다는 것이다(Attwood, 1998).

둘째, 아스퍼거장애아동은 특정한 비기능적인 일상활동이나 의식에 고집스럽게 매달린다[B(2)]. 따라서 아스퍼거장애아동은 일상생활의 변화에 적응하고 대처하는 데 어려움을 겪는다. 예를 들어, 휴일이나 선생님의 결근으로 인해 수업을 못하게 되거나 자주 가는 상점의 주인이 바뀌면 괴로워할 수 있다.

셋째, 자폐장애와 마찬가지로 아스퍼거장애에서는 상동적이고 반복적인 동작성 매너리즘이 나타날 수 있다[B(3)]. 그러나 이러한 동작성 매너리즘은 자폐장애에 비해 아스퍼거장애에서 덜 흔하게 나타난다(World Health Organization, 1993). 앞서 언급되었듯이, 자폐장애에서도 동작성 매너리즘은 나이가 어리거나 능력이 낮은 아동에게 자주 나타나는 경향이 있다(Mesibov et al., 1997).

넷째, 자폐장애와 마찬가지로 아스퍼거장애에서는 대상의 일부분에 대한 지속적인 집착이 나타날 수 있다[B(4)]. 그러나 자폐장애에 비해 아스퍼거장애에서 덜 흔하게 나타난다(WHO, 1993).

ⓒ 사회적응의 손상

아스퍼거장애는 〈표 3-5〉에 제시되어 있듯이 사회적, 직업적, 또는 다른 중요한 기능영역에서 임상적으로 유의미한 손상을 초래한다[C]. 이러한 손상은 앞서 살펴본 사회적 결함과 제한된 행동, 관심, 및 활동에 기인할 수도 있다(APA, 2000).

ⓓ 지연되지 않은 언어

〈표 3-5〉에 보이듯이 아스퍼거장애는 자폐장애와는 대조적으로 초기 언어에서 임상적으로 유의미한 지연을 보이지 않는다(2세까지 단단어가 사용되고 3세까지는 의사소통적 구가 사용된다)[D]. 그러나 그 이후의 언어는 특정 주제에 대한 집착과 다변의 측면에서 문제가 나타날 수 있다. 이는 관례적인 대화규칙을 이해하고 활용하거나 비언어적 단서를 감지하는 능력이 부족하기 때문일 수 있다(APA, 2000).

ⓔ 지연되지 않은 인지, 자조기술, 및 적응행동

아스퍼거장애아동은 〈표 3-5〉에 나타나 있듯이 인지적 발달 또는 연령에 적절한 자조기술, 적응행동(사회적 상호작용은 제외), 및 환경에 대한 호기심의 발달에서 임상적으로 유의미한 지연을 보이지 않는다[E]. 출생 후 첫 3년 동안 초기 언어 및 인지 기술이 정상범위 내에 있기 때문에 이 시기에 부모들은 보통 아동의 발달에 대해 염려하지 않는다. 미묘한 사회적 문제가 있을 수 있으나 흔히 아동이 유아원(저자주: 3~5세 아동을 위한 교육기관)에 다니기 시작하거나 같은 연령의 아동들에게 노출되고 나서야 비로소 부모들이 걱정하게 되는데 그 이유는 또래들과의 사회적 어려움이 명백해질 수 있기 때문이다(APA, 2000).

② 관련 특성

앞서 살펴본 다섯 가지 주요 특성과는 달리 진단에 필수적이지는 않지만 아스퍼거장애에서 나타나는 부수적인 특성들이 있는데 이것은 아스퍼거장애를 이해하는 데 도움이 된다. 다음에서는 DSM-IV-TR(APA, 2000)에 제시된 아스퍼거장애 관련 특성들을 중심으로 아스퍼거장애의 부수적인 특성들을 살펴보기로 한다.

ⓐ 인지

아스퍼거장애는 일반적으로 지적장애를 동반하지 않는다. 그러나 경도 지적장애가 나타나는 사례도 가끔 있는데 이는 출생 후 몇 년 동안은 인지 및 언어 지연이 나타나지 않다가 학령기에 지적장애가 명백해지는 경우다(APA, 2000). 이와 같은 경우가 나타나는 이유 중 하나는 아동의 지적 능력을 그 아동이 구사하는 단어나 지식으로 판단하는 경향이 있는데 아스퍼거장애아동들이 이러한 영역에서 상대적으로 능숙하기 때문일 수 있다. 따라서 아스퍼거장애아동이 공식적인 지능검사를 받게 되면 IQ가 예상보다 낮게 나올 수도 있다(Attwood, 1998). Wechsler 지능검사(Wechsler, 1989, 1991)를 이용하여 아스퍼거장애아동 37명의 지적 능력을 평가한 연구(Barnhill, Hagiwara, Myles, & Simpson, 2000)에 따르면 아스퍼거장애아동의 IQ는 지적 결함 수준에서부터 매우 우수한 수준에 이르기까지 다양하게 나타났다. 또한 아스퍼거장애아동은 지능검사에서 일반적으로 언어영역(예: 어휘력, 기계적인 청각적 기억)에서는 강세를 보이고 비언어영역(예: 시각−운동기술, 시각−공간기술)에서는 약세를 보이는 경향이 있다(APA, 2000).

ⓑ 언어

아스퍼거장애아동의 초기 언어는 임상적으로 유의미한 지연을 보이지 않다가 그 이후의 언어는 특정 주제에 대한 집착과 다변의 측면에서 문제가 나타날 수 있다 (APA, 2000). Eisenmajer 등(1996)은 아스퍼거장애아동들 중 50% 정도가 말의 발달이 늦지만 보통 5세까지는 유창하게 말을 할 수 있다고 하였다. 그러나 자연스러운 대화 능력은 떨어져 눈에 띌 만큼 이상하게 보이는데, 비록 음운론(phonology)과 구문론 (syntax)에서는 일반아동들과 차이가 없으나 의미론(semantics), 화용론(pragmatics), 그리고 운율론(prosody)에서 차이를 보인다(Attwood, 1998). 이와 같은 아스퍼거장애 아동의 언어문제는 다음의 연구자들이 제시한 아스퍼거장애 진단준거에도 하나의 준거로 포함되어 있다. Gillberg와 Gillberg(1989)는 아스퍼거장애의 진단준거로 여섯 가지를 제시하였는데 그중 하나가 '말과 언어의 특이성'이며 이 준거에는 5개의 항목 (지체된 발달, 외관상 완벽한 표현언어, 형식적인 현학적 언어, 기이한 운율 및 특이한 음성, 문자상의/내포된 의미를 오인하는 등의 이해력 손상)이 있고 이 가운데 적어도 3개 이상 해당되어야 한다고 하였다. 또한 Szatmari 등(1989)은 아스퍼거장애 진단준거로 다섯 가지를 제시하였는데 그중 하나가 '기이한 말'이며 이 준거에는 6개의 항목(비정상적 억양, 지나치게 많은 말, 지나치게 적은 말, 대화의 일관성 부족, 특유의 단어구사, 반복적인 말 패턴)이 있고 이 가운데 적어도 2개 이상 해당되어야 한다고 하였다.

ⓒ 감각

자폐장애와 마찬가지로 아스퍼거장애에서는 감각자극에 대한 독특한 반응이 나타난다(저자주: 감각자극에 대한 반응의 비정상성에 대해서는 이 장 2절의 '1) 자폐장애'에서 '(5) 특성' 참조). 아스퍼거장애아동이 나타내는 감각문제는 자폐장애아동이 나타내는 것과 유사하지만 감각과 관련된 반응은 좀 더 부정적인 것으로 보이는데, 그 이유는 과다한 감각자극이 주어졌을 때 아스퍼거장애아동이 자폐장애아동보다 더 쉽게 성질을 부리거나 기타 방해행동을 보이기 때문이다(Myles et al., 2004).

ⓓ 운동기능

아스퍼거장애에서는 협응 및 균형 문제와 함께 빈약한 운동기능이 나타나는 것으로 알려져 있다(Dunn, Myles, & Orr, 2002; Myles, Cook, Miller, Rinner, & Robbins, 2000). 아스퍼거장애의 빈약한 운동기능을 보여주는 첫 지표 중 하나는 일부 아스퍼거장애아동들이 기대되는 시기보다 몇 개월 늦게 걸음마를 배운다는 것이다(Manjiviona & Prior, 1995). 또한 학령기 전에는 공놀이를 잘 못하고 신발끈을 잘 매지 못하며 걸음걸이나 달리는 모습이 이상할 수 있고 학령기에는 글씨쓰기가 서툴고 체육수업에 흥미를 보이지 않을 수도 있다(Attwood, 1998). 물론 빈약한 운동기능이 아스퍼거장애에서만 나타나는 것은 아니지만 아스퍼거장애를 가지고 있는 아동 및 성인의 약 50~90%가 운동협응에 문제를 보이는 것으로 보고되고 있다(Ehlers & Gillberg, 1993; Ghaziuddin, Butler, Tsai, & Ghaziuddin, 1994; Gillberg, 1989; Szatmari, Tuff, Finlayson, & Bartolucci, 1990; Tantam, 1991). Gillberg와 Gillberg(1989)는 아스퍼거장애의 여섯 가지 진단준거에 '서투른 동작(motor clumsiness)'을 포함시키면서 신경발달검사에서 낮은 수행을 보인다고 하였다. 그러나 DSM-IV-TR은 〈표 3-5〉에서 알 수 있듯이 운동기능을 아스퍼거장애 진단준거에 포함시키지 않고 있으며 다만 관련 특징에서 '서툴고 어색한 동작이 나타날 수 있으나 보통 상대적으로 경미하다'라고 기술하였다.

ⓔ 기타 특성

아스퍼거장애에서는 과잉행동과 부주의 증상이 흔하게 나타나며(APA, 2000) 불복종, 부정적 태도, 공격성 같은 행동문제도 나타날 수 있다(Miller & Ozonoff, 2000; Volkmar & Klin, 2000b). 공격성은 소수의 사례에서 나타나는데 짧고 강렬하며 뚜렷한 이유없이 불시에 발생하는 특징이 있다(Baron-Cohen, 1988).

(6) 경과

아스퍼거장애는 지속적이며 평생에 걸친 장애지만(APA, 2000), 경과에 대한 체계적인 연구는 별로 없다(Frith, 2004). 제한된 문헌에 의하면 아스퍼거장애는 자폐장애에 비해 좀 더 늦게 출현하거나 또는 다소 늦게 발견되는데(Wing, 1981; Wing & Gould, 1979), 서투른 동작과 운동지체가 유아원 시기(저자주: 3~5세)에 처음으로 관찰될 수도 있다(Volkmar, 1996). 학령기에는 사회적 상호작용, 특히 또래관계에서 어려움을 보이며 특이하고 상동적이며 제한된 관심이 명백하게 드러난다(Asperger, 1944; Wing, 1981; Wing & Gould, 1979). 사회적 관계에 대한 관심은 자신들의 어려움에 더 적응적으로 반응하는 방식을 배우면서 청소년기에 증가할 수 있다(APA, 2000). 추적연구 결과, 성인기에 많은 개인이 독립적인 생활능력, 취업능력, 가정을 꾸리는 능력을 갖추는 것으로 나타나 예후는 자폐장애보다 일반적으로 좋은 것으로 보인다(APA, 2000; Volkmar, 1996). 그러나 사회적 상호작용에서의 어려움은 지속적으로 남는다(Wicks-Nelson & Israel, 2006).

(7) 감별진단

DSM-IV-TR(APA, 2000)의 전반적 발달장애에는 아스퍼거장애 외에 자폐장애, 레트장애, 아동기붕괴성장애, 불특정 전반적 발달장애도 포함된다. 이러한 장애들이 같은 진단범주에 포함되어 있다는 것은 유사한 특성을 가진다는 의미이므로 이 장애들 간의 차이에 대한 이해와 신중한 진단이 요구된다. 또한 아스퍼거장애에서는 다른 다양한 임상적 특성들도 나타나므로 이와 관련된 장애들과의 차별적인 진단에도 주의해야 한다. 따라서 다음에서는 아스퍼거장애와의 감별진단(differential diagnosis)이 요구되는 장애들을 다른 전반적 발달장애와 다른 관련 장애로 나누어 살펴보기로 한다.

① 다른 전반적 발달장애

ⓐ 자폐장애

아스퍼거장애는 여러 가지 면에서 자폐장애(저자주: 자폐장애에 대해서는 이 장 2절의 '1) 자폐장애' 참조)와 구별된다. 정의에 따르면 자폐장애는 사회적 상호작용, 언어, 및 놀이의 영역에서 유의미한 이상을 보이지만 아스퍼거장애에서는 초기 인지 및 언어 기술이 유의미하게 지연되지 않는다. 더욱이 자폐장애는 제한적이고 반복적이며 상동적인 관심과 활동이 흔히 동작성 매너리즘, 대상의 부분과 의식에 대한 집착, 변화에 대한 두드러진 괴로움 등으로 특징지어지는 데 비해 아스퍼거장애에서는 제한적이고 반복적이며 상동적인 관심과 활동이 정보와 사실을 모으기 위하여 자신이 과도한 양의 시간을 들이는 주제와 관련한 한정된 관심을 추구하는 데서 주로 관찰된다. 또한 자폐장애는 전형적인 사회적 상호작용 양상이 자기고립 또는 현저하게 경직된 사회적 접근으로 특징지어지는 반면 아스퍼거장애에서는 아주 기이하고 일방적이며 장황하고 둔감한 태도이기는 하지만 다른 사람들에게 접근하려는 동기가 있는 것처럼 보일 수 있다(APA, 2000). 만약 자폐장애의 준거에 맞는다면 아스퍼거장애로 진단되지 않는다(APA, 2000).

ⓑ 레트장애

아스퍼거장애는 특유한 성비와 결함양상에서 레트장애(저자주: 레트장애에 대해서는 이 장 2절의 '2) 레트장애' 참조)와 구별된다. 레트장애는 여성에게서만 진단되어 온 반면 아스퍼거장애는 남성에게서 더 흔하게 출현한다. 아스퍼거장애와는 달리 레트장애에서는 머리성장의 감속이나 이전에 습득된 의미 있는 손 기술의 상실 등의 특유한 양상이 나타나며 현저한 지적장애와 광범위한 언어 및 의사소통 손상을 동반한다(APA, 2000).

ⓒ 아동기붕괴성장애

아스퍼거장애는 아동기붕괴성장애(저자주: 아동기붕괴성장애에 대해서는 이 장 2절의 '3) 아동기붕괴성장애' 참조)와 구별된다. 즉, 아동기붕괴성장애는 적어도 2년간의 정상발달에 뒤따르는 발달적 퇴행을 보이며 현저한 지적장애와 언어손상을 보이는 반면 아스퍼거장애는 발달적 퇴행 양상을 보이지 않으며 유의미한 인지 또는 언어 지연이 없다(APA, 2000).

ⓓ 불특정 전반적 발달장애

DSM-IV-TR에는 아스퍼거장애와 불특정 전반적 발달장애(PDD-NOS)(저자주: PDD-NOS에 대해서는 이 장 2절의 '5) 불특정 전반적 발달장애' 참조)를 구별할 수 있는 지침이 거의 제시되어 있지 않다(Towbin, 2005). 그러나 아스퍼거장애에서 보이는 언어발달과 운동협응으로 두 장애가 구분될 가능성을 제시하는 문헌이 있다(예: Klin & Shepard, 1994). 즉, PDD-NOS에서는 언어발달의 지연이 나타날 수도 있고 그렇지 않을 수도 있으며(Walker et al., 2004) 빈약한 운동기능이 나타날 수도 있고 그렇지 않을 수도 있다는 것이다(Towbin, 2005). 그러나 앞서 살펴본 바와 같이 아스퍼거장애는 언어지연이 없고 사례의 약 50~90%가 운동협응에 문제를 보이므로 언어발달과 운동협응 모두에서 문제를 보이지 않는 사례가 있을 수 있다. 또한 PDD-NOS에서는 사회적 상호작용의 결함은 반드시 나타나며 이와 더불어 의사소통의 결함 또는 상동적인 행동이나 관심이 나타나고 아스퍼거장애보다 적고 경미한 증상이 나타나므로 언어발달과 운동협응 모두에서 문제를 보이지 않는 사례도 있을 수 있다. 즉, 아스퍼거장애와 PDD-NOS 둘 다 언어발달 및 운동협응 문제를 보이지 않는 사례가 있을 수 있다는 것이다. 따라서 언어발달과 운동협응으로 두 장애를 구분하는 것은 한계가 있다. 이처럼 DSM-IV-TR의 진단준거로는 두 장애에 대한 감별진단에 어려움이 있다.

② 다른 관련 장애

ⓐ 조현병

아동기 조현병(childhood schizophrenia)은 일반적으로 수년간 정상 또는 정상에 가깝게 발달한 후에 나타나며 망상, 환각, 언어와해 등을 포함하는 조현병의 특징적 증상을 보인다는 점에서 아스퍼거장애와 구분될 수 있다(APA, 2000). 만약 조현병의 준거에 맞는다면 아스퍼거장애로 진단되지 않는다(APA, 2000; Volkmar, Klin, Schultz, Rubin, & Bronen, 2000).

ⓑ 선택적 함구증

선택적 함구증(저자주: 선택적 함구증에 대해서는 이 장 2절의 '1) 자폐장애'에서 '(7) 감별진단' 참조)이 있는 아동은 보통 특정 상황에서는 적절한 의사소통기술을 나타내며 아스퍼거장애와 관련되는 심한 사회적 상호작용의 손상과 제한된 행동 패턴은 보이지 않는 데 비해 아스퍼거장애아동은 전형적으로 말이 많다(APA, 2000).

ⓒ 표현성 언어장애와 혼합형 수용-표현성 언어장애

표현성 언어장애와 혼합형 수용-표현성 언어장애(저자주: 표현성 언어장애와 혼합형 수용-표현성 언어장애에 대해서는 이 장 2절의 '1) 자폐장애'에서 '(7) 감별진단' 참조)에서는 아스퍼거장애와는 달리 언어손상은 있으나 이와 관련된 사회적 상호작용의 질적인 손상과 제한적이고 반복적이며 상동적인 행동 패턴은 없다(APA, 2000).

ⓓ 강박장애

강박장애(obsessive-compulsive disorder)는 불안을 유발하는 부적절한 생각이 반복되는 강박(obsession)과 불안을 완화시키기 위하여 부적절한 행동을 반복하는 충동(compulsion)을 나타내는 장애다(원호택, 권석만, 2000). 이러한 강박장애의 강박 및 충동과 아스퍼거장애의 집착 및 반복적 활동 간의 구별에 특별한 임상적 주의를 기울여야 하는데, 강박장애의 강박 및 충동은 불안의 근원이며 아스퍼거장애의 집착 및 반복적 활동은 즐거움이나 안락의 근원이다(APA, 2000). 또한 강박장애는 아스퍼거장애에서 나타나는 사회적 상호작용 및 사회적 의사소통의 손상을 보이지 않는다(APA, 2000; Gillberg, 1989).

ⓔ 조현성 성격장애

조현성 성격장애(schizoid personality disorder)는 감정표현이 없고 대인관계를 기피하여 고립된 생활을 하는 경우다(원호택, 권석만, 2000). 이러한 조현성 성격장애와 아스퍼거장애의 관계는 분명하지 않지만(APA, 2000), 아스퍼거장애는 사회적 상호작용을 심하게 저해하는 상동적 행동과 관심이 주된 특성이라는 점에서 조현성 성격장애와 구별된다(Siegel, 1996; Wing & Gould, 1979). 또한 조현성 성격장애보다 아스퍼거장애에서 사회적 어려움이 더 심하고 일찍 출현한다는 차이점도 있다(APA, 2000).

(8) 평가

아스퍼거장애의 평가는 다른 전반적 발달장애의 평가와 마찬가지로 다양한 사정방법과 다수의 정보제공자를 통하여 포괄적으로 이루어져야 하며 그 결과는 진단뿐만 아니라 치료나 중재 계획에도 도움을 줄 수 있어야 한다. 특히 아스퍼거장애는 고기능자폐증과 구별이 어려울 수 있으므로 이 점에 주의를 기울여 평가를 실시해야 한다. 아스퍼거장애의 평가에서는 검사, 면접, 관찰, 및 의학적 검진이 실시된다.

① 검사

아스퍼거장애의 평가에서는 아스퍼거장애에 초점을 두고 개발된 검사뿐만 아니라 지능검사, 적응행동검사, 언어검사 등도 실시된다.

ⓐ 아스퍼거장애검사

아스퍼거장애에 초점을 두고 외국에서 개발된 검사로는 「Asperger Syndrome Diagnostic Scale: ASDS」(Myles, Jones-Bock, & Simpson, 2000), 「Gilliam Asperger's Disorder Scale: GADS」(Gilliam, 2001), 「Childhood Asperger Syndrome Test: CAST」 (Scott, Baron-Cohen, Bolton, & Brayne, 2002), 「Krug Asperger's Disorder Index: KADI」(Krug & Arick, 2003) 등이 있으나 우리나라에서 표준화되어 소개된 검사는 아직 없다(김은실, 이승희, 2011). 이상의 네 가지 검사를 각각 살펴보면 다음과 같다.

- Asperger Syndrome Diagnostic Scale(ASDS): ASDS는 5~18세의 아동 및 청소년을 대상으로 아스퍼거장애를 판별하기 위한 검사로서 5개의 하위척도(언어, 사회성, 부적응, 인지, 감각운동)에 걸쳐 50개의 이분문항(예/아니요)으로 구성되어 있다. 각 문항의 점수를 합하여 평균이 100이고 표준편차가 15인 아스퍼거증후군지수(Asperger syndrome quotient: ASQ)를 제공한다.
- Gilliam Asperger's Disorder Scale(GADS): GADS는 2~22세의 개인을 대상으로 아스퍼거장애를 판별하기 위한 검사로서 4개의 하위척도(사회적 상호작용, 제한된 행동패턴, 인지적 패턴, 화용적 기술)에 걸쳐 32개의 문항으로 구성되어 있다. 하위척도별로 평균이 10이고 표준편차가 3인 척도점수(scaled scores)를 제공하며 전체적으로는 평균이 100이고 표준편차가 15인 아스퍼거장애지수(Asperger's disorder quotient: ADQ)를 제공한다.
- Childhood Asperger Syndrome Test(CAST): CAST는 4~11세의 아동들을 대상으로 아스퍼거장애를 선별하기 위한 검사로서 37개의 이분문항(출현/부재)으로 구성되어 있다. 일반적인 발달과 관련된 6개 문항을 제외한 31개 문항의 총점이 15점 이상이면 추가적인 평가가 필요한 것으로 해석된다.
- Krug Asperger's Disorder Index(KADI): KADI는 6~22세의 개인을 대상으로 아스퍼거장애를 판별하기 위한 검사로서 32개의 문항이 두 부분으로 나누어져 있다. 첫 번째 부분은 11개 문항으로 구성되어 있으며 아스퍼거장애의 유무를 판별한다. 첫 번째 부분의 점수가 18점 이상이면 21개 문항으로 구성된 두 번째 부분을 실시하는데 여기서는 아스퍼거장애와 고기능자폐증을 구별한다.

이상과 같은 검사들과 더불어 아스퍼거장애의 평가에서는 자폐장애검사도 실시해야 한다. 왜냐하면 앞서 '(7) 감별진단'에서 언급되었듯이 만약 자폐장애 준거에 맞는다면 아스퍼거장애 준거를 충족시킨다고 하더라도 아스퍼거장애로 진단되지 않기 때문이다.

ⓑ 지능검사

레트장애나 아동기붕괴성장애와는 달리 아스퍼거장애가 있는 것으로 의심되는 아동은 일반적으로 인지적 발달이나 언어발달에서 임상적으로 유의미한 지연을 보이지 않으므로 적절한 검사도구를 선정하여 실시할 수 있다. 지능과 관련하여 국내외에서 개발된 검사도구에 대해서는 이 책의 제5장 8절 '자폐스펙트럼장애(ASD)의 평가'를 참고하기 바란다.

ⓒ 적응행동검사

〈표 3-5〉에 제시되어 있는 아스퍼거장애 진단준거에 보이듯이 아스퍼거장애는 연령에 적절할 자조기술 및 적응행동(사회적 상호작용은 제외)의 발달에서 임상적으로 유의미한 지연을 나타내지 않지만 사회적, 직업적, 또는 다른 중요한 기능영역에서 임상적으로 유의미한 손상을 초래하므로 적절한 검사도구를 선정하여 실시할 수 있다. 적응행동과 관련하여 국내외에서 개발된 검사도구에 대해서는 이 책의 제5장 8절 '자폐스펙트럼장애(ASD)의 평가'를 참고하기 바란다.

ⓓ 언어검사

아스퍼거장애아동은 초기 언어에서 임상적으로 유의미한 지연을 보이지 않으므로 적절한 검사도구를 선정하여 실시할 수 있다. 그러나 초기 언어는 임상적으로 유의미한 지연을 보이지 않는다고 하더라도 그 이후의 언어는 특정 주제에 대한 집착과 다변의 측면에서 문제가 나타날 수 있을 뿐만 아니라(APA, 2000) 음운론과 구문론에서는 일반아동들과 차이가 없으나 의미론, 화용론, 그리고 운율론에서 차이를 보이기도 하므로(Attwood, 1998) 이러한 측면들과 관련된 검사도 실시해야 한다. 언어와 관련하여 국내외에서 개발된 검사도구에 대해서는 이 책의 제5장 8절 '자폐스펙트럼장애(ASD)의 평가'를 참고하기 바란다.

② 면접

면접에는 피면접자에 따른 유형(아동면접, 부모면접, 교사면접 등)과 구조화정도에 따른 유형(비구조화면접, 반구조화면접, 구조화면접)이 있는데(이승희, 2019b), 이러한 면접에 대해서는 이 책의 제5장 8절 '자폐스펙트럼장애(ASD)의 평가'를 참고하기 바란다. 앞서 언급되었듯이 만약 자폐장애 준거에 맞는다면 아스퍼거장애 준거를 충족시킨다고 하더라도 아스퍼거장애로 진단되지 않으므로 아스퍼거장애의 평가에서는 자폐장애의 평가에서처럼 다양한 유형의 면접을 실시할 수 있다.

③ 관찰

관찰에는 관찰절차의 구조화 여부에 따라 비구조적 관찰과 구조적 관찰이 있는데(이승희, 2021b), 이러한 관찰에 대해서는 이 책의 제5장 8절 '자폐스펙트럼장애(ASD)의 평가'를 참고하기 바란다. 면접과 마찬가지로 아스퍼거장애의 평가에서는 자폐장애의 평가에서처럼 다양한 유형의 관찰을 실시할 수 있다.

④ 의학적 검진

자폐장애는 사례의 약 25%에서 발작이 나타나는 것으로 알려져 있는데 아스퍼거장애에서는 자폐장애보다는 훨씬 적지만 일반인구보다는 좀 더 흔하게 발작이 나타난다(이주현, 2007). 따라서 임상적으로 의심이 될 경우 자기공명단층촬영과 같은 의학적 검진을 한다.

(9) 고기능자폐증과 아스퍼거장애

앞서 '(1) 역사적 배경'에서 언급되었듯이 1981년 Wing은 Asperger(1944)의 논문을 요약하여 영어로 소개하고 자신이 관찰한 34명의 사례를 기술하면서 이 장애를 Asperger's syndrome(아스퍼거증후군)이라고 명명하였다(저자주: 〈표 1-2〉에 제시되어 있듯이 ICD-10에서는 Asperger's syndrome으로 DSM-IV에서는 Asperger's disorder로 명명되어 있으므로 여기에서는 아스퍼거증후군과 아스퍼거장애를 동의어로 사용한다). 그리고 Wing(1981)은 이 논문에서 자신이 관찰한 34명의 사례를 근거로 몇 가지 수정을 제안하기도 하였는데, 3세 이전에는 증상을 인지할 수 없다고 생각했던 Asperger와는 달리 Wing은 생후 첫 2년 동안에 타인과의 상호작용 및 기쁨의 결여, 양적 및 질적으로 제한된 옹알이, 흥미 및 활동의 공유 감소, 언어적 및 비언어적으로 타인과 의사소통하려는 강한 욕구의 결핍, 지체된 습득 또는 주로 상동적인 발화로 이루어지는 빈약한 내용 등의 비정상적인 말, 상상적 가장놀이를 위한 풍부한 레퍼토리 발달의 실패 등의 어려움이 나타난다고 하였다(Klin et al., 2005). 또한 이 논문에서 Wing은 처음으로 "아스퍼거증후군과 자폐증은 동일한 장애인가 아니면 별개의 장애인가?"라는 의문을 제기하였는데, 이 의문은 오랫동안 지속되었다(Ozonoff, Dawson, & McPartland, 2002)(저자주: 〈표 1-2〉에 제시되어 있듯이 ICD-10에서는 autism으로 DSM-IV에서는 autistic disorder로 명명되어 있으므로 여기에서는 자폐증과 자폐장애를 동의어로 사용한다).

Wing의 1981년 논문은 많은 관심을 불러일으켰고 이후 아스퍼거장애에 대한 연구논문과 임상연구들이 꾸준히 증가하였는데(Klin, Volkmar, & Sparrow, 2000), 이 중 상당수가 고기능자폐증과 아스퍼거장애 간의 구분을 정의하려는 시도였다(Klin et al., 2005). 고기능자폐증(high-functioning autism: HFA)이란 IQ가 70보다 높은 자폐장애의 경우를 말하는데(Howlin, 2004; Wicks-Nelson & Israel, 2006), ICD-10(WHO, 1992)과 DSM-IV-TR(APA, 2000)에 자폐장애와 아스퍼거장애는 공식적으로 분류되어 각각의 정의와 진단준거가 제시되어 있지만 고기능자폐증은 공식적인 진단명이 아니기 때문에 그 정의나 진단준거가 없다(Sitlington, Clark, & Kolstoe, 1999/2006).

1981년 Wing의 논문이 발표된 이후 지속된 고기능자폐증과 아스퍼거장애와의 관계에 대한 연구들의 결과는 1998년 Schopler, Mesibov, 그리고 Kunce가 『Asperger Syndrome or High-Functioning Autism?』이라는 책으로도 출간하였다. 이 책의 마지막 부분에서는 "고기능자폐증과 아스퍼거증후군은 구분되는가?"라는 질문에 대한 공동집필자인 22명 연구자의 응답결과를 제시하고 있는데, 7명은 '구분되지 않는다', 12명은 '구분이 모호하다', 그리고 나머지 3명은 '구분된다'로 응답하였다. 즉, 절반 이상의 연구자들이 '모호하다'라는 입장을 취하고는 있었지만 나머지 연구자들 가운데 '구분된다'보다는 '구분되지 않는다'로 보는 연구자들이 더 많아 전반적으로 고기능자폐증과 아스퍼거장애가 구분되지 않는다는 입장이 좀 더 설득력이 있어 보였다. 하지만 이후에도 고기능자폐증과 아스퍼거장애의 구분에 관한 논쟁은 한동안 계속되었다.

우리나라에서도 고기능자폐증과 아스퍼거장애의 관계에 대한 관심이 소수의 문헌(예: 박명희, 이승희, 2008; 이승희 2007)에서 나타났다. 이승희(2007)는 자폐장애와 아스퍼거장애가 DSM(즉, DSM-IV)에 모두 포함된 1994년 이후에 발표된 문헌들을 고찰하면서 고기능자폐증과 아스퍼거장애를 비교하였는데, 다음에서는 이승희(2007)의 연구를 근거로 ① 진단, ② 출현율, ③ 출현시기, ④ 원인, ⑤ 특성, 및 ⑥ 예후의 측면에서 고기능자폐증과 아스퍼거장애를 비교해 보기로 한다.

① 진단

자폐장애와 아스퍼거장애는 DSM-IV(APA, 1994)부터 DSM-IV-TR(APA, 2000)까지 전반적 발달장애의 공식적인 하위유형으로 분류되어 있으며 〈표 3-1〉과 〈표 3-5〉와 같이 각각 그 진단준거도 제시되어 있다. 그러나 앞서 언급되었듯이 고기능자폐증은 공식적인 진단명이 아니며 자폐장애 진단을 받은 아동 중 IQ가 70보다 높은 경우를 말한다(Howlin, 2004; Wicks-Nelson & Israel, 2006). 자폐장애 진단은 아스퍼거장애 진단보다 항상 우선적으로 실시되는데 이는 아동이 자폐장애 진단준거를 충족시키면 아스퍼거장애 진단준거의 충족 여부와 상관없이 자폐장애 진단을 받게 된다는 것을 의미한다(Ozonoff et al., 2002). 따라서 고기능자폐증 아동은 아스퍼거장애 진단준거를 충족시킨다고 하더라도 아스퍼거장애 진단을 받을 수가 없다.

② 출현율

공식적인 진단명인 아스퍼거장애의 출현율은 쉽게 찾아볼 수 있으나 고기능자폐증에 대한 직접적인 출현율을 찾아보기는 쉽지 않다. 그러나 보고된 바에 의하면 자폐장애아동의 약 25%가 고기능자폐증인 것으로 알려져 있으므로(Joseph et al., 2002) 이러한 자폐장애에 대한 고기능자폐증의 비율을 이용하여 간접적으로 추정해 볼 수는 있다. 앞서 '1) 자폐장애'와 '4) 아스퍼거장애'의 '(3) 출현율'에서 언급되었듯이 자폐장애와 아스퍼거장애의 출현율은 각각 0.1%(Fombonne, 2003; Tanguay, 2000; Volkmar & Klin, 2000b)와 0.025%(Fombonne, 2003)로 보고되고 있으므로, 자폐장애에 대한 고기능자폐증의 비율이 25%라고 했을 때 고기능자폐증의 출현율은 0.025%(0.1%÷4)로 추정될 수 있다. 따라서 고기능자폐증과 아스퍼거장애의 출현율은 모두 0.025%라고 할 수 있다.

출현율에서의 성비를 살펴보면, 자폐장애는 남아 대 여아의 비율이 4.3:1(Fombonne, 2005) 정도로 알려져 있으나 고기능자폐증의 구체적인 성비는 알려지지 않았다. 그러나 지능이 정상범위일 때(즉, 고기능자폐증 집단의 경우에) 여아에 대한 남아의 비율이 가장 높이 나타난다는 보고(Wicks-Nelson & Israel, 2006)를 감안하면 여아에 대한 남아의 비율은 자폐장애보다 고기능자폐증에서 더 높을 것으로 추정된다. 아스퍼거장애는 남아 대 여아의 비율이 4.7:1(Wing, 1981), 10:1(Gillberg, 1991), 10.3:1(Howlin & Moore, 1997) 등으로 보고되고 있어 정확한 성비를 추정하기 위해서는 더 많은 연구가 필요하지만 고기능자폐증과 마찬가지로 여아보다 남아의 비율이 더 높은 것은 분명해 보인다.

③ 출현시기

〈표 3-1〉 및 〈표 3-5〉에 제시된 바와 같이 DSM-IV-TR에 따라 자폐장애 진단을 받으려면 세 가지 영역(사회적 상호작용, 사회적 의사소통에서 사용되는 언어, 상징적이거나 상상적인 놀이) 가운데 적어도 한 가지 영역에서 기능의 지체나 비정상성이 반드시 3세 이전에 시작되어야 하지만 아스퍼거장애와 관련해서는 그러한 준거가 없다. 관련연구들(예: Howlin, 2003; Klin et al., 2000)에서는 아스퍼거장애가 고기능자폐증보다 좀 더 늦게 출현하는 경향이 있는 것으로 보고되는데, Howlin(2003)은 부모가 자녀에 대해 걱정하기 시작하는 평균연령은 고기능자폐증(M=15개월)이 아스퍼거장애(M=21개월)보다 더 이르다고 보았고, Eisenmajer 등(1996)은 진단 시 평균연령도 고기능자폐증(M=6세)이 아스퍼거장애(M=8.9세)보다 더 이른 것으로 보고하였다.

④ 원인

어떤 두 장애가 별개의 것으로 인정받을 수 있는 가장 확실한 근거는 원인이 서로 다르다는 것을 밝히는 것이다. 그러나 고기능자폐증과 아스퍼거장애의 원인은 아직 밝혀지지 않고 있으며 따라서 두 장애의 원인이 같은지 아니면 다른지도 알려진 바가 별로 없다. 다만 알려지지 않은 원인에 의한 신경학적 기능장애(neurological dysfunction)라는 사실에는 일반적으로 동의하고 있다(Heflin & Alaimo, 2007). 또한 신경학적 기능장애의 원인으로 유전적 요인이 작용한다는 사실도 일반적인 동의를 얻고 있다. 그러나 고기능자폐증과 아스퍼거장애를 비교할 때 유전적 요인이 서로 다른지(저자주: 유전적 요인이 서로 다르다는 것은 원인이 다르다는 것을 뜻하며 따라서 두 장애가 별개의 장애라는 것을 의미함), 그리고 어느 장애의 유전가능성이 더 높은지는 분명하지 않다. 왜냐하면 고기능자폐증과 아스퍼거장애에 관련된 인자들이 유전적으로 서로 다를 뿐 아니라 유전가능성의 정도도 서로 다르다(즉, 고기능자폐증보다 아스퍼거장애의 유전가능성이 더 높다)고 보고하는 연구들(예: Klin et al., 2005; Klin et al., 2000)이 소수 있기 때문이다.

⑤ 특성

고기능자폐증과 아스퍼거장애의 특성을 아홉 가지 측면(ⓐ 사회적 상호작용, ⓑ 의사소통, ⓒ 제한적이고 반복적이며 상동적인 행동, 관심, 및 활동, ⓓ 감각민감도, ⓔ 지능, ⓕ 뇌기능, ⓖ 마음이론, ⓗ 운동기능, ⓘ 공존장애)에서 비교하여 살펴보면 다음과 같다.

ⓐ 사회적 상호작용

〈표 3-1〉과 〈표 3-5〉에 보이듯이 사회적 상호작용의 질적 손상은 DSM-IV-TR의 자폐장애와 아스퍼거장애 진단준거 모두에 포함되어 있을 뿐만 아니라 그 세부준거들도 거의 유사하다. 이처럼 고기능자폐증과 아스퍼거장애에서는 상호작용의 질적 손상이 공통적으로 나타나지만 그 손상이 나타나는 정도의 차이에 대해서는 두 부류의 상충되는 연구결과가 보고되고 있다. 첫 번째 부류는 아스퍼거장애에 비해 고기능자폐증에서 상호작용의 질적 손상이 더 심하게 나타난다는 것이다(예: Eisenmajer et al., 1996; Klin et al., 2000; Szatmari, Archer, Fisman, Streiner, & Wilson, 1995). 이에 비해 두 번째 부류는 상호작용의 질적 손상이 두 장애 간에 유의미한 차이가 없다는 입장이다(예: Saulnier & Klin, 2007). 한편, 이러한 상충되는 두 부류 외에 또 다른 부류의 연구결과도 보고되고 있다(예: Gilchrist et al., 2001; South, Ozonoff, & McMahon, 2005). 이 입장에 따르면 어릴 때는 고기능자폐증이 아스퍼거장애보다 상호작용의 질적 손상을 더 심하게 나타내지만 연령이 증가할수록 두 장애 간 사회적 능력의 차이는 줄어드는데, 이는 시간이 흐를수록 두 장애의 사회적 능력이 점점 비슷해진다는 것을 의미한다. 이와 같이 고기능자폐증과 아스퍼거장애의 사회적 상호작용 능력에 대한 연구결과는 다양하게 나타나고 있지만, 관련 선행연구들을 분석한 Verté, Geurts, Roeyers, Oosterlaan, 그리고 Sergeant(2006)는 고기능자폐증과 아스퍼거장애 간의 사회적 상호작용 능력에서 유의미한 차이가 나타나지 않은 경우도 있으나 보다 다수의 연구에서 아스퍼거장애가 고기능자폐증보다 더 양호한 사회적 상호작용 능력을 보였다고 보고하였다.

ⓑ 의사소통

〈표 3-1〉 및 〈표 3-5〉에 보이듯이, DSM-IV-TR의 자폐장애 진단준거에는 의사소통의 질적 손상이 3대 주요증상 중 하나로 포함되어 있으나 아스퍼거장애 진단준거에는 의사소통의 질적 손상이 진단준거에 포함되어 있지 않을 뿐 아니라 3세 이전

에 임상적으로 유의미한 전반적인 언어발달의 지연이 없다고 되어 있다. 따라서 언어문제의 유무가 고기능자폐증과 아스퍼거장애를 구별할 수 있을 것으로 보이나 아스퍼거장애에서도 고기능자폐증만큼 정도가 심하지는 않지만 의사소통의 질적인 손상이 나타나는 것으로 알려져 있다(Klin et al., 2000; Szatmari et al., 1995). 이러한 전반적인 정도의 차이 외에도 고기능자폐증과 아스퍼거장애에서 의사소통 손상이 나타나는 양상의 차이도 보고되고 있다. 예를 들어, 고기능자폐증은 아스퍼거장애에 비해 반향어(echolalia)나 대명사 전도(pronoun reversal)가 더 심하게 나타나는 반면, 아스퍼거장애는 고기능자폐증에 비해 이상한 음조, 기이한 단어나 구의 사용, 장황하고 현학적인 담화패턴 등의 특성이 더 많이 나타났다(Eisenmajer et al., 1996; Ghaziuddin & Gerstein, 1996; Gilchrist et al., 2001; Klin et al., 2000). 그러나 사회적 상호작용의 질적 손상에서와 마찬가지로, 연령이 증가함에 따라 고기능자폐증이 의사소통의 질적 손상에서 아스퍼거장애와 유사해지는 경향을 보임으로써 두 장애 간 의사소통의 질적 손상에서의 차이가 점점 줄어든다는 보고도 있다(예: Eisenmajer et al., 1996). 이는 의사소통의 질적 손상으로 두 장애를 구별할 수 있는 정도는 연령에 따라 달라질 수도 있다는 것을 시사한다.

◎ 제한적이고 반복적이며 상동적인 행동, 관심 및 활동

자폐장애와 아스퍼거장애는 행동과 관심 및 활동이 제한적이고 반복적이며 상동적인 특성을 가진다. 이는 〈표 3-1〉과 〈표 3-5〉에 보이듯이 사회적 상호작용의 질적 손상과 마찬가지로 DSM-IV-TR의 자폐장애와 아스퍼거장애 진단준거 모두에 포함되어 있을 뿐만 아니라 그 세부준거에도 차이가 거의 없다. 그러나 의사소통의 질적 손상에서 나타난 것처럼 이 증상에서도 전반적으로 고기능자폐증이 아스퍼거장애보다 더 심한 손상을 보이지만 손상이 나타나는 양상에서도 차이가 있는 것으로 보고되고 있다(Szatmari et al., 1995). 즉, 고기능자폐증은 아스퍼거장애에 비해 상동적인 행동이 더 많이 나타나는(Klin et al., 2000; South et al., 2005) 반면에 아스퍼거장애는 고기능자폐증에 비해 제한된 관심이 더 두드러지게 나타난다(Klin et al., 2000). 의사소통의 질적 손상과 유사한 또 한 가지 측면은 연령이 증가할수록 두 장애 간 증상의 차이가 점점 줄어든다는 것이다. 예를 들어, Gilchrist 등(2001)과 South 등(2005)은 어릴 때는 아스퍼거장애에 비해 고기능자폐증에서 행동의 상동성이 더 심하게 나타나지만 성장하면서 그 차이는 줄어들 수 있다고 보았다.

ⓓ 감각민감도

〈표 3-1〉 및 〈표 3-5〉에 보이듯이 감각자극에 대한 비정상적인 반응은 DSM-IV-TR의 자폐장애와 아스퍼거장애 진단준거에 포함되어 있지 않음에도 불구하고 많은 연구자가 이 문제를 자폐장애와 아스퍼거장애의 기본적인 특성이라고 생각한다(Rogers et al., 2003). 즉, 자폐장애 또는 아스퍼거장애 아동들 중 적지 않은 수가 감각적 자극에 지나치게 높은 민감도(고민감도: hypersensitivity)나 지나치게 낮은 민감도(저민감도: hyposensitivity)를 보인다(Kunce & Mesibov, 1998). 예를 들어, 고기능자폐증 또는 아스퍼거장애 아동들은 어떤 소리(예: 화재훈련경보)나 감촉(예: 누가 만지거나 안는 것, 특정 옷을 입는 것)을 혐오적 자극으로 느끼고 폭발적인 행동을 나타낼 수도 있다(Kunce & Mesibov, 1998). 이러한 비정상적인 감각민감도는 자폐장애아동들의 40% 정도가 보이는 것으로 알려져 있으며(McKean, 1998), Garnett와 Attwood(1995)는 아스퍼거장애아동들도 자폐장애아동들과 같은 비율(즉, 약 40%)로 이러한 문제를 보인다는 증거를 제시하였다(Attwood, 1998에서 재인용). 이처럼 고기능자폐증 또는 아스퍼거장애 아동들이 감각자극에 대한 비정상적인 반응을 보인다는 것은 알려져 있으나 감각의 유형이나 반응의 정도 등에서 나타나는 두 장애 간 차이에 대해서는 알려진 바가 별로 없다. 그러나 1944년 논문에서 Asperger는 아스퍼거장애의 특성 중 하나를 '소리에 대한 과민감성을 포함한 감각적 자극에 대한 기이한 반응(odd responses to sensory stimuli, including oversensitivity to sound)'으로 기술하고 있으므로 아스퍼거장애에서는 저민감도보다는 고민감도가 주로 나타날 가능성이 있어 보인다.

ⓔ 지능

앞서 언급된 바와 같이 고기능자폐증은 지적장애를 수반하지 않는(IQ>70) 자폐장애를 말하며 아스퍼거장애는 〈표 3-5〉에 보이듯이 인지발달에서 임상적으로 유의미한 지연이 없는 경우다. 따라서 고기능자폐증과 아스퍼거장애는 지적장애를 수반하지 않는다는 공통점이 있다. 그럼에도 불구하고 지능에서의 두 장애 간 차이에 대한 연구들(예: Ghaziuddin, 2005; Manjiviona & Prior, 1995; Saulnier & Klin, 2007)을 보면 전체 지능, 언어성 지능, 동작성 지능 모두 고기능자폐증보다 아스퍼거장애에서 유의미하게 높게 나타났다. 예를 들어, Ghaziuddin(2005)의 연구에서 고기능자폐증 집단(39명)과 아스퍼거장애 집단(58명)의 지능을 집단평균으로 비교한 결과 두 집단별로 전체 지능, 언어성 지능, 동작성 지능이 각각 89.8, 86.8, 87.4 그리고 104.8,

107.0, 100.2로 나타났다. 또한 이 결과에서 볼 수 있듯이 고기능자폐증은 동작성 지능이 언어성 지능보다 높게 나타나는 반면 아스퍼거장애는 언어성 지능이 동작성 지능보다 높게 나타나는 경향이 있다(Ghaziuddin, 2005; Klin, Volkmar, Sparrow, Cicchetti, & Rourke, 1995; Lincoln, Courchesne, Allen, Hanson, & Ene, 1998). 그러나 아스퍼거장애에서 언어성 지능이 동작성 지능보다 높게 나타나는 경향은 자폐장애와는 달리 아스퍼거장애 진단준거에서는 '임상적으로 유의미한 일반적 언어지연은 없다'라는 항목이 있으므로 이 항목 때문에 나타난 차이일 수도 있다(Wing, 1998). 즉, 이 항목의 유무가 지능에서의 고기능자폐증과 아스퍼거장애 간 차이를 나타낼 수도 있다는 것이다.

⑧ 뇌기능

뇌기능의 편재화(lateralization of brain function)(저자주: 두 대뇌반구 기능의 비대칭성을 말하는데 대부분의 오른손잡이에서는 좌반구가 언어기능을 그리고 우반구가 시각적 과제나 공간적 과제를 담당한다)에 대한 차이점을 보고하면서 고기능자폐증과 아스퍼거장애를 비교한 연구들도 있다. 예를 들어, Rinehart, Bradshaw, Brereton, 그리고 Tonge(2002)의 연구에서는 고기능자폐증은 좌반구의 기능장애와 관련된 반면 아스퍼거장애는 우반구의 기능장애와 관련이 있는 것으로 나타났는데, 아스퍼거장애의 경우 우반구에 문제가 있다는 것은 다른 연구들(예: Gunter, Ghaziuddin, & Ellis, 2002; McKelvey et al., 1995)을 통해서도 뒷받침되고 있다.

⑨ 마음이론

마음이론(theory of mind: ToM)이란 자기 자신과 다른 사람들의 마음상태에 대해 추론하는 능력을 말한다(Perner, Frith, Leslie, & Leekam, 1989). Wellman(1993)에 의하면 이 능력은 서서히 발달하는 것으로 알려져 있는데 3~4세의 아동은 일차적인 능력(first-order ability)을 가지고 있어서 다른 사람들의 속마음 상태를 이해할 수 있고 6세가 되면 이차적인 능력(second-order ability)을 획득하여 다른 사람이 또 다른 사람에 대해 어떻게 생각하는가를 생각할 수 있다(Wicks-Nelson & Israel, 2006에서 재인용). 이와 같은 마음이론의 결함이 아스퍼거장애보다 고기능자폐증에서 더 심하게 나타난다는 연구결과가 있다(Ziatas, Durkin, & Pratt, 1998). 그러나 마음이론과 언어능력 간에 정적 상관관계가 있다는 보고도 나오고 있으므로(Prior et al., 1998), 아스퍼거장애에서 나타나는 더 나은 마음이론은 진단준거에서부터 나와 있는 아스퍼거장애의 더 높은 언어능력을 반영하고 있는 것인지도 모른다(Ozonoff & McMahon Griffith, 2000; Volkmar & Klin, 2000a; Wing, 1998).

ⓗ 운동기능

〈표 3-5〉에 제시된 바와 같이 DSM-IV-TR의 아스퍼거장애 진단준거에는 운동기능의 문제점이 포함되어 있지는 않지만, 서툰 운동기능은 아스퍼거장애의 특성으로 종종 보고되고 있다. 따라서 서툰 운동기능이 아스퍼거장애의 진단준거가 될 수 있는지 그리고 아스퍼거장애와 고기능자폐증을 구별할 수 있는 준거가 될 수 있는지에 대한 의문이 제기되어 왔다. Manjiviona와 Prior(1995)는 서툰 운동기능이 아스퍼거장애아동들에게 일관되게 나타나지 않기 때문에 아스퍼거장애의 진단준거가 되지는 못한다고 하였다. 그러나 서툰 운동기능으로 아스퍼거장애와 고기능자폐증을 구별할 수 있는지는 명확하지 않은데(Smith, 2000), 그 이유는 고기능자폐증보다 아스퍼거장애의 운동기능 결함이 더 심하다고 보고하는 연구(예: Klin et al., 2000; Klin et al., 1995)와 두 장애 간에 운동기능 결함의 차이가 없다고 보고하는 연구(Manjiviona & Prior, 1995)가 상충하고 있기 때문이다. 이처럼 고기능자폐증과 아스퍼거장애의 운동기능 비교연구에서는 일관된 결과가 나오지는 않고 있지만 보다 다수의 연구가 고기능자폐증보다 아스퍼거장애의 운동기능이 더 떨어지는 것으로 보고하고 있다.

ⓘ 공존장애

공존장애(comorbidity)란 한 개인이 2개 이상의 장애 진단준거를 만족시키는 상황을 말하는데(Wicks-Nelson & Israel, 2006), 고기능자폐증에 비해 아스퍼거장애에서 정신병리적 공존장애가 더 많이 보인다는 연구결과들이 나오고 있다. 예를 들어, Eisenmajer 등(1996)은 아스퍼거장애가 고기능자폐증에 비해 주의력결핍과잉행동장애(ADHD)를 나타내는 비율이 더 높다고 보고하였으며 Ghaziuddin, Leininger, 그리고 Tsai(1995)는 사고장애(thought disorder)에서 고기능자폐증과 아스퍼거장애를 비교한 결과 아스퍼거장애의 사고과정이 더 혼란스럽다고 보고함으로써 정신병리적 위험이 고기능자폐증에 비해 아스퍼거장애에서 더 높을 수 있다는 가능성을 제시하였다. 임상적 관점에서 볼 때 아스퍼거장애를 가진 개인에게 가장 일반적인 공존장애 조건은 불안장애(anxiety disorder)와 우울장애(depressive disorder)로 간주되고 있으며(Klin & Volkmar, 1997), 그 밖에 뚜렛장애(Tourette's disorder)와 강박장애

(obsessive-compulsive disorder)도 언급되고 있다(Klin et al., 2005). 그러나 이러한 공존장애 조건들(즉, 불안장애, 우울장애, 뚜렛장애, 강박장애 등)에서 나타나는 고기능자폐증과 아스퍼거장애 간 차이에 대해서는 아직 알려진 바가 별로 없다. 하지만 고기능자폐증에 비해 아스퍼거장애에서 정신병리적 공존장애가 더 많이 보인다는 연구결과들을 고려하면 유사한 결과가 나올 가능성도 배제할 수 없을 것으로 보인다.

⑥ 예후

일반적으로 고기능자폐증보다 아스퍼거장애의 예후가 더 긍정적인 것으로 보고되고 있다(Klin et al., 2000; Szatmari et al., 1995). 그러나 좋지 않은 예후를 가장 잘 예언할 수 있는 요인이 낮은 IQ라는 사실을 고려하면(Gillberg & Ehlers, 1998) 아스퍼거장애의 예후가 더 긍정적인 것은 당연한 결과라고 할 수 있다. 왜냐하면 앞서 살펴보았듯이 아스퍼거장애가 고기능자폐증보다 전체, 언어성, 동작성 모두에서 더 높은 IQ를 보이는 경향이 있기 때문이다. 따라서 지능수준이 유사한 고기능자폐증과 아스퍼거장애 간에 예후의 차이가 있는지가 더 중요한 관심사로 부각되고 있다(Volkmar & Klin, 2000a).

5) 불특정 전반적 발달장애

(1) 역사적 배경

불특정 전반적 발달장애(pervasive developmental disorder not otherwise specified: PDD-NOS)는 1987년 DSM-III-R에서 전반적 발달장애의 하위유형이 두 가지(자폐장애, PDD-NOS)로 분류되면서 DSM에 새로 등장한 포괄적인 용어(umbrella term)였는데(Towbin, 2005), 그 당시 전반적 발달장애의 일반적 기술에는 맞지만 자폐장애의 진단준거에 맞지 않는 사례의 경우 PDD-NOS 진단이 내려졌다(APA, 1987). 1994년 DSM-IV는 DSM-III-R에서 PDD-NOS로 진단되던 세 가지 유형(레트장애, 아동기붕괴성장애, 아스퍼거장애)을 독립적인 하위유형으로 추가하여 전반적 발달장애의 하위유형을 다섯 가지(자폐장애, 레트장애, 아동기붕괴성장애, 아스퍼거장애, PDD-NOS)로 분류하면서 PDD-NOS에는 비전형 자폐증(atypical autism)이 포함된다고 명시하였다(Towbin, 2005). 그러나 DSM-IV에 제시된 PDD-NOS의 정의가 사회적 상호작용의 결함을 보이지 않는 경우에도 PDD-NOS 진단을 내리는 오류를 유발함에 따라

DSM-IV-TR에서는 그 정의가 수정되었다. 따라서 DSM-IV-TR에 따르면 PDD-NOS는 자폐장애와 유사한 사회적 상호작용의 결함을 나타내고 이와 더불어 의사소통의 결함 또는 상동적인 행동이나 관심을 보이지만 그 정도나 증상이 다른 전반적 발달장애(즉, 자폐장애, 레트장애, 아동기붕괴성장애, 아스퍼거장애)의 진단준거를 충족시키지 못하는 경우이며, 소위 비전형 자폐증(atypical autism)으로 불리는 사례들도 PDD-NOS에 해당된다. 여기서 비전형 자폐증이란 늦은 출현연령, 비전형적인 증상, 또는 역치하(閾値下) 증상, 혹은 이 세 가지 모두 때문에 자폐장애의 진단준거를 충족시키지 못하는 경우를 말한다.

이와 같은 PDD-NOS 개념의 다소 복잡한 변천 때문에 DSM-IV-TR에서 그 정의를 수정하였음에도 불구하고 여전히 모호하여 명확한 조작적 준거(operational criteria)로 해석되는 데 문제가 있다는 지적이 끊이지 않고 있다(Towbin, 2005). 즉, DSM-IV-TR 정의에 의하면 PDD-NOS는 자폐장애 또는 아스퍼거장애보다 증상이 적고 경미하며 레트장애 또는 아동기붕괴성장애의 진단준거를 충족시키지 않는 경우라고 할 수 있다. 따라서 Buitelaar와 van der Gaag(1998)가 PDD-NOS에 대한 조작화된 정의(operationalized definition)를 제안하기도 하였는데 이에 따르면 PDD-NOS는 자폐장애나 아스퍼거장애와 유사하게 제한된 관심, 비기능적인 의식에의 몰두, 한정된 상상놀이, 상동적 행동을 보이지만 자폐장애나 아스퍼거장애와는 달리 이러한 특징들이 경미하거나 보이지 않을 수도 있고 자폐장애와 비교하여 표현언어나 수용언어에서 결함을 보일 수도 또는 보이지 않을 수도 있다. 그러나 이 정의는 임상이나 연구 차원에서 일반적으로 받아들여지지는 않고 있다(Towbin, 2005).

이상과 같이 1987년 DSM-III-R에서 처음 등장한 PDD-NOS는 개념적 변천을 거치면서 DSM-IV-TR(APA, 2000)까지 전반적 발달장애의 하위유형으로 분류되어 있으나 그 정의에 대한 논쟁은 계속되었다.

(2) 진단기준

PDD-NOS는 DSM-III-R(APA, 1987)에서 전반적 발달장애의 하위유형으로 처음 포함되었는데, 전반적 발달장애의 다른 하위유형과는 달리 DSM-IV-TR(APA, 2000)에 〈표 3-6〉과 같은 정의만 제시되어 있을 뿐 명확한 진단준거가 제시되지 않았다. 여기서 알 수 있듯이 PDD-NOS 진단을 내리려면 증상이 전반적 발달장애 범주에 관련되는 것으로 보이지만 특정 진단준거에는 충족되지 않아야 하는데 이때 사회적 상

〈표 3-6〉 DSM-IV-TR의 불특정 전반적 발달장애 정의

• 불특정 전반적 발달장애-비전형 자폐증 포함

이 범주는 언어적 또는 비언어적 의사소통기술의 손상이나 상동적인 행동, 관심, 및 활동에 동반하여 사회적 상호작용의 발달에 심하고 전반적인 손상이 있을 때 사용되어야 하지만 특정 전반적 발달장애, 조현병, 조현형 성격장애, 또는 회피성 성격장애의 준거에 맞지 않을 때 사용된다. 예를 들어, 이 범주는 늦은 출현연령, 비전형적인 증상, 또는 역치하(閾值下) 증상, 혹은 이 세 가지 모두 때문에 자폐장애의 준거에 맞지 않는 경우인 '비전형 자폐증'을 포함한다.

호작용의 결함은 반드시 나타나야 하며 이와 더불어 의사소통의 결함 또는 상동적인 행동이나 관심을 보여야 한다. 또한 비전형 자폐증(atypical autism)으로 불리는 사례들도 PDD-NOS에 해당된다.

(3) 출현율

PDD-NOS의 출현율은 진단준거의 변화에 의해 크게 영향을 받아 왔는데(Towbin, 2005), Fombonne(2003)의 메타분석(meta-analysis)에 따르면 10,000명당 15명(즉, 0.15%)으로 추정된다. 이러한 수치는 앞서 소개된 자폐장애의 출현율(0.1%)(Fombonne, 2003)의 1.5배 그리고 아스퍼거장애 출현율(0.025%)(Fombonne, 2003)의 6배에 해당하는 수치다. 그러나 PDD-NOS는 전반적 발달장애의 다른 하위유형과는 달리 DSM-IV-TR에서 정의만 제시되어 있을 뿐 여전히 명확한 진단준거가 제시되어 있지 않아 정확한 출현율 추정을 위해서는 아직 더 많은 시간과 노력이 필요할 것으로 보인다.

PDD-NOS 출현율 성비에 대한 자료는 거의 제시된 바가 없으나 레트장애를 제외한 나머지 다른 전반적 발달장애의 하위유형(자폐장애, 아동기붕괴성장애, 아스퍼거장애)에서 여아에 비해 남아의 비율이 높게 보고되고 있음을 볼 때 PDD-NOS에서도 여아보다 남아의 출현율이 더 높을 가능성이 있다.

(4) 원인

PDD-NOS의 원인에 대한 자료는 매우 제한적이다. 다만 자폐장애의 원인으로 제시된 것과 동일한 유전적 · 신경화학적 · 인지적 이상이 PDD-NOS의 원인이 될 수도 있다고 보고 있다(Towbin, 2005). 원인에 대한 정보가 제한되어 있는 이유는 DSM-

IV-TR 정의에서 알 수 있듯이 PDD-NOS가 자폐장애 또는 아스퍼거장애보다 증상이 적고 경미하며 레트장애 또는 아동기붕괴성장애의 진단준거를 충족시키지 않는 경우이므로 PDD-NOS 자체의 원인을 밝힐 필요성이 덜 부각되었기 때문일 수도 있다.

(5) 특성

DSM-IV-TR(APA, 2000)에 따르면 PDD-NOS는 자폐장애와 유사한 사회적 상호작용의 결함을 나타내고 이와 더불어 의사소통의 결함 또는 상동적인 행동이나 관심을 보이지만 그 정도나 증상이 다른 전반적 발달장애(즉, 자폐장애, 레트장애, 아동기붕괴성장애, 아스퍼거장애)의 진단준거를 충족시키지 못하는 경우이며 또한 늦은 출현연령, 비전형적인 증상, 또는 역치하(閾値下) 증상, 혹은 이 세 가지 모두 때문에 자폐장애의 진단준거를 충족시키지 못하는 경우인 비전형 자폐증을 포함한다. 즉, PDD-NOS는 자폐장애 또는 아스퍼거장애보다 증상이 적고 경미하며 레트장애 또는 아동기붕괴성장애의 진단준거를 충족시키지 않는 경우라고 할 수 있다. 따라서 다른 전반적 발달장애와 구별되는 PDD-NOS 고유의 뚜렷한 특성이 있다고는 볼 수 없다.

(6) 경과

PDD-NOS의 경과에 대한 자료는 거의 없다(Towbin, 2005). 그러나 PDD-NOS가 자폐장애 또는 아스퍼거장애보다 증상이 적고 경미하며 레트장애 또는 아동기붕괴성장애의 진단준거를 충족시키지 않는 경우이므로 그 예후는 다른 전반적 발달장애에 비하여 양호할 것으로 추측된다.

(7) 감별진단

DSM-IV-TR(APA, 2000)의 전반적 발달장애에는 PDD-NOS 외에 자폐장애, 레트장애, 아동기붕괴성장애, 아스퍼거장애도 포함된다. 이러한 장애들이 같은 진단범주에 포함되어 있다는 것은 유사한 특성을 가진다는 의미이므로 이 장애들 간의 차이에 대한 이해와 신중한 진단이 요구된다. 또한 PDD-NOS에서는 다른 다양한 임상적 특성들도 나타나므로 이와 관련된 장애들과의 차별적인 진단에도 주의해야 한다. 따라서 다음에서는 PDD-NOS와의 감별진단(differential diagnosis)이 요구되는 장애들을 다른 전반적 발달장애와 다른 관련 장애로 나누어 살펴보기로 한다.

① 다른 전반적 발달장애

ⓐ 자폐장애

PDD-NOS는 자폐장애(저자주: 자폐장애에 대해서는 이 장 2절의 '1) 자폐장애' 참조)보다 증상이 적고 경미하다는 점에서 자폐장애와 구별될 수 있다. 또한 늦은 출현연령, 비전형적인 증상, 또는 역치하(閾値下) 증상, 혹은 이 세 가지 모두 때문에 자폐장애의 진단준거를 충족시키지 못하는 경우(즉, 비전형 자폐증)에 PDD-NOS로 진단한다.

ⓑ 레트장애

PDD-NOS는 레트장애(저자주: 레트장애에 대해서는 이 장 2절의 '2) 레트장애' 참조)와 구별된다. 즉, PDD-NOS와는 달리 레트장애에서는 출생 후 첫 5개월 동안은 명백하게 정상적인 정신운동성 발달을 보이다가 뒤이어 심한 정신운동성 지체와 함께 언어 및 사회성 발달에서도 심한 손상이 나타난다.

ⓒ 아동기붕괴성장애

PDD-NOS는 아동기붕괴성장애(저자주: 아동기붕괴성장애에 대해서는 이 장 2절의 '3) 아동기붕괴성장애' 참조)와 구별된다. 즉, PDD-NOS와는 달리 아동기붕괴성장애에서는 적어도 출생 후 2년 동안의 정상발달 후에 임상적으로 유의미한 수준에서 이전에 습득한 기술이 상실된다.

ⓓ 아스퍼거장애

DSM-IV-TR에는 PDD-NOS와 아스퍼거장애(저자주: 아스퍼거장애에 대해서는 이 장 2절의 '4) 아스퍼거장애' 참조)를 구별할 수 있는 지침이 거의 제시되어 있지 않다(Towbin, 2005). 그러나 아스퍼거장애에서 보이는 언어발달과 운동협응으로 두 장애가 구분될 가능성을 제시하는 문헌도 있다(예: Klin & Shepard, 1994). 즉, PDD-NOS에서는 언어발달의 지연이 나타날 수도 있고 그렇지 않을 수도 있으며(Walker et al., 2004) 빈약한 운동기능이 나타날 수도 있고 그렇지 않을 수도 있다는 것이다(Towbin, 2005). 그러나 앞서 살펴본 바와 같이 PDD-NOS에서는 사회적 상호작용의 결함은 반드시 나타나며 이와 더불어 의사소통의 결함 또는 상동적인 행동이나 관심이 나타나고 아스퍼거장애보다 적고 경미한 증상이 나타나므로 언어발달과 운동협응 모두에서 문제를 보이지 않는 사례가 있을 수 있다. 또한 이 장 2절의 '4) 아스퍼거장애'에 기술되어 있듯이 아스퍼거장애는 언어지연이 없고 사례의 약 50~90%가 운동협응에 문제를 보이므로 언어발달과 운동협응 모두에서 문제를 보이지 않는 사례도 있을 수 있다. 즉, PDD-NOS와 아스퍼거장애 둘 다에서 언어발달 문제와 운동협응 문제 모두를 보이지 않는 사례가 있을 수 있다는 것이다. 따라서 언어발달과 운동협응으로 두 장애를 구분하는 것은 한계가 있을 것으로 보인다. 이처럼 DSM-IV-TR의 진단준거로는 두 장애에 대한 감별진단에 어려움이 있다.

② 다른 관련 장애

ⓐ 지적장애

지적장애(intellectual disability) 아동들이 사회적 기술의 결함, 언어지연, 상동적 매너리즘을 보인다는 것은 일반적으로 받아들여지고 있다(Bregman, 1991; Fraser & Rao, 1991). 또한 PDD-NOS를 가진 아동들 중에 지적장애를 동반한 경우도 있다(Towbin, 2005). 따라서 지적장애로 진단할 것인지 아니면 PDD-NOS 진단을 추가할 것인지에 대한 결정이 어려울 수도 있는데, 특히 경도 지적장애가 있는 경우 더욱 그렇다. 그러나 DSM-IV-TR과 관련연구들이 이러한 결정에 도움이 될 수 있는 지침을 제공하지 못하고 있는 실정이다.

ⓑ 조현병

DSM-IV-TR에 따르면 자폐장애가 있는 개인이 적어도 1개월 동안 지속되는 현저한 망상 및 환각과 함께 조현병(schizophrenia)의 특징적 증상을 보인다면 조현병 진단이 추가될 수 있으나 아스퍼거장애의 경우에는 조현병 준거에 맞는다면 아스퍼거장애로 진단되지 않는다. PDD-NOS의 경우에도 조현병 준거에 맞는다면 PDD-NOS로 진단되지 않고 조현병 진단을 내린다(APA, 2000). 즉, 자폐장애는 조현병과 중복 진단이 가능하나 아스퍼거장애와 PDD-NOS의 경우에는 조현병 진단이 우선시된다. 그러나 DSM-IV-TR에 이러한 지침에 대한 이론적 근거는 제시되어 있지 않다(Towbin, 2005).

ⓒ 주의력결핍과잉행동장애

주의력결핍과잉행동장애(ADHD)는 주의집중이 어려워 매우 산만하고 부주의한 행동을 나타낼 뿐만 아니라 자신의 행동을 적절히 통제하지 못하고 충동적인 과잉행동을 보이는 경우다(원호택, 권석만, 2000). 이러한 ADHD는 PDD-NOS와는 달리 다른 사람들과의 관계에서 광범위한 문제를 보이지 않는다는 점에서 PDD-NOS와 구분될 수 있다(Jensen, Larrieu, & Mack, 1997).

ⓓ 반응성 애착장애

반응성 애착장애(reactive attachment disorder)는 5세 이전에 나타나는 부적절한 대인관계 패턴을 말하며 사회성 발달에 어려움을 보인다. 이런 아동은 타인과의 접촉을 두려워하고 회피하는 양상을 나타내거나 낯선 사람을 포함하여 누구에게나 부적절하게 친밀함을 나타낸다(원호택, 권석만, 2000). DSM-IV-TR에 따르면 반응성 애착장애는 안락함, 자극, 애정 등에 대한 아동의 기본적인 정서적 요구를 지속적으로 방치하거나, 아동의 기본적인 신체적 요구를 지속적으로 방치하거나, 또는 주양육자가 반복적으로 바뀜으로써 안정된 애착형성을 저해하는 등의 병인성 보살핌(pathogenic care)이 원인이다. PDD-NOS에서도 선택적인 애착관계가 형성되지 못하거나 정상에서 매우 벗어나는 경우가 있지만 이러한 양상이 적절한 심리사회적 환경에서 흔히 나타난다는 점에서 병인성 보살핌이 초래하는 반응성 애착장애와는 구분된다. 또한 PDD-NOS는 반응성 애착장애와는 달리 의사소통의 질적인 손상이나 상동적인 행동, 관심, 및 활동을 보인다. 만약 PDD-NOS 준거에 맞는다면 반응성 애착장애 진단은 내리지 않는다(APA, 2000).

ⓔ 범불안장애

범불안장애(generalized anxiety disorder)는 생활 속의 많은 일에 대해서 지나친 불안을 느끼고 과도한 걱정을 하는 경우다. 이러한 걱정은 조절이 되지 않으며, 늘 불안하고 초조하여 주의집중이 되지 않고, 긴장되며, 쉽게 피곤해지고, 수면곤란이 나타나기도 한다(원호택, 권석만, 2000). 이러한 양상은 PDD-NOS에서도 나타날 수 있으나 범불안장애는 의사소통의 질적인 손상이나 상동적인 행동, 관심, 및 활동을 나타내지 않는다는 점에서 PDD-NOS와 구분된다(Towbin, 2005).

ⓕ 강박장애

강박장애(obsessive-compulsive disorder)는 불안을 유발하는 부적절한 생각이 반복되는 강박(obsession)과 불안을 완화시키기 위해 부적절한 행동을 반복하는 충동(compulsion)을 나타내는 장애다(원호택, 권석만, 2000). 이와 같은 강박과 충동을 제한된 관심과 상동적 행동으로부터 어떻게 구별할 것인지는 다소 모호하다(Towbin, 2005). 따라서 강박과 충동을 보이는 강박장애와 제한된 관심과 상동적 행동을 나타내는 PDD-NOS를 구분하는 데에도 어려움이 있다. 그러나 강박장애는 사회적 상호작용 및 사회적 의사소통의 손상을 나타내지 않는다는 점에서 PDD-NOS와 구분될 수 있다.

ⓖ 조현형 성격장애

조현형 성격장애(schizotypal personality disorder)는 친밀한 인간관계를 불편해하고 인지적 또는 지각적 왜곡이 나타나며 기괴한 행동을 나타내는 경우다. 이들은 심한 사회적 불안을 느끼며 기이한 신념에 집착하고 말이 상당히 비논리적·비현실적이며 기괴한 외모나 행동을 나타내는 경향이 있다(원호택, 권석만, 2000). PDD-NOS 아동이 무관한 또는 정황적인 말들을 늘어놓는 화용론적 언어문제를 보인다면 조현형 성격장애로 잘못 판단될 수도 있으며 제한된 관심과 집착이 두드러진 경우에는 특히 그렇다(Rumsey, Andreasen, & Rapoport, 1986). 만약 조현형 성격장애 준거에 맞는다면 PDD-NOS로 진단되지 않는다(APA, 2000).

ⓗ 회피성 성격장애

회피성 성격장애(avoidant personality disorder)는 타인으로부터 부정적인 평가를 받는 것에 대해 과도하게 예민하며, 사회적 상황에서 지나치게 감정을 억제하고 부적절감을 많이 느끼게 되어 대인관계를 회피하는 성격 특성이다(원호택, 권석만, 2000). PDD-NOS 아동이 사회적 접촉은 피하지만 그에 비해 언어기술은 발달되어 있다면 회피성 성격장애를 가진 것으로 보일 수도 있다(Towbin, 2005). 만약 회피성 성격장애 준거에 맞는다면 PDD-NOS로 진단되지 않는다(APA, 2000).

(8) 평가

앞서 언급된 바와 같이, DSM-IV-TR에 따르면 PDD-NOS는 자폐장애와 유사한 사회적 상호작용의 결함을 나타내고 이와 더불어 의사소통의 결함 또는 상동적인 행동이나 관심을 보이지만 그 정도나 증상이 다른 전반적 발달장애(즉, 자폐장애, 레트장애, 아동기붕괴성장애, 아스퍼거장애)의 진단준거를 충족시키지 못하는 경우이며 소위 비전형 자폐증(atypical autism)으로 불리는 사례들도 PDD-NOS에 해당되는데 비전형 자폐증이란 늦은 출현연령, 비전형적인 증상, 또는 역치하(閾値下) 증상, 혹은 이 세 가지 모두 때문에 자폐장애의 진단준거를 충족시키지 못하는 경우를 말한다. 따라서 PDD-NOS와 관련된 특정 평가과정이 있다기보다는 다른 전반적 발달장애에 대한 평가를 통해서 PDD-NOS에 대한 평가가 이루어진다고 볼 수 있다. 그러므로 PDD-NOS의 평가와 관련해서는 앞서 각각 살펴본 다른 전반적 발달장애의 '(8) 평가'를 참고하기 바란다.

Understanding Autism Spectrum Disorders

자폐스펙트럼장애(ASDs)의 개념

1. 자폐스펙트럼장애(ASDs)의 역사적 배경

　제3장에서 다룬 전반적 발달장애(PDDs)는 DSM-III가 발행된 1980년부터 DSM-III-R, DSM-IV, DSM-IV-TR에 걸쳐 DSM-5가 발행된 2013년 이전까지 DSM에 명시된 공식적인 진단용어였다. 그런데 1990년대 중반부터 PDDs와 관련하여 공식적인 용어는 아니지만(Neisworth & Wolfe, 2005) 자폐스펙트럼장애(autistic spectrum disorders 또는 autism spectrum disorders: ASDs)라는 용어가 많이 사용되기 시작하였는데(저자주: 영국에서는 autistic spectrum disorders를 사용하고 미국에서는 autism spectrum disorders를 사용하는 경향이 있음), 이 용어가 도입된 배경을 살펴보면 다음과 같다.

　1943년 Kanner가 '조기 유아자폐증(early infantile autism)'을 소개한 후, 임상가들은 Kanner가 기술한 특성과 유사한 특성들은 나타내지만 자폐장애로 진단하기에는 부적절하게 보이는 많은 아동이 있다는 것을 인식하게 되었다(Siegel, 1996). 이러한 인식을 근거로 1970년대에 Wing과 Gould(1979)는 영국 런던 근교의 한 지역에서 자폐장애에서 나타나는 어떤 특징이라도 보이는 15세 이하의 아동들을 찾아내어 이러한 특징들의 양상과 관련성을 밝히고자 역학연구를 수행하였는데, 그 결과는 다음과 같았다. 첫째, 사회적 상호작용의 손상(impairment of social interaction), 의사소통의 손상(impairment of communication), 상상력의 손상(impairment of imagination)이 함께 나타나고 이 손상들은 제한된 반복적인 활동 그리고/또는 관심을 동반하는 경향이 매우 높은 것으로 나타났다. 그리고 이러한 세 가지 손상(사회적 상호작용의 손상, 의사소통의 손상, 상상력의 손상)은 '3대 주요손상(the triad of impairments)'으로 명명되었다(저자주: 의학에서는 세 가지 증상을 동시에 나타내는 질환일 때 triad이라고도 한다). 둘째, 이 '3대 주요손상'은 각각 넓은 범위에 걸쳐 나타나며 Kanner가 소개한 '조기 유아자폐증'은 그 범위의 일부에 국한되어 있었다. 셋째, 사회적 상호작용의 손상은 사회적 무관심(social aloofness), 수동적 상호작용(passive interaction), 그리고 적극적이지만 이상한 상호작용(active-but-odd interaction)의 세 가지 형태로 나타날 수 있다. 이러한 연구결과를 바탕으로 Wing과 Gould(1979)는 '연속체(continuum)'라는 개념을 제시하였는데, 이것이 '스펙트럼(spectrum)'이라는 용어로 대치되면서 '자폐스펙트럼장애(autistic spectrum disorders: ASDs)'라는 개념이 형성되는 근거가 되었다. 이처럼 연속체보다 스펙트럼이라는 개념이 선호된 이유는 연속체와는 달리 스펙트럼은 한쪽 끝에서 다른 한쪽 끝으로의 원활한 변화를 암시하지 않으며 서로 다르지만 근본적으로는 단일체인 다양한 임상상(臨床像)을 반영하기 때문이다(Wing, 2005). 자폐스펙트럼장애(ASDs)의 개념은 햇빛이 프리즘을 통과할 때 변화과정이 미묘한 여러 가지 색의 빛으로 나누어지면서 나타나는 스펙트럼을 연상하면 좀 더 쉽게 이해할 수 있다. 즉, 근본적으로 자폐스펙트럼장애(ASDs)라는 단일체로 묶인 아동들이 평가라는 프리즘을 거치면 3대 주요손상과 관련하여 다양한 증상과 수준을 보인다는 것이다. 따라서 자폐스펙트럼장애(ASDs)에서는 세 가지 영역에서의 손상이 항상 연결되어 문제가 나타나지만 이러한 문제의 정도는 개인 간에 현저한 차이가 있으며 또한 각 영역에서 손상이 나타나는 정도는 한 개인 내에서도 차이가 있다(Howlin, 1998).

2. 자폐스펙트럼장애(ASDs)의 유형

Wing과 Gould(1979)는 영국 런던 근교의 한 지역에서 사회적 상호작용에서 손상을 보이는 74명(남아 73%, 여아 27%)의 15세 이하 아동들(10세 미만 43%, 10세 이상 57%)을 연구하여 사회적 상호작용의 손상을 근거로 다음과 같은 세 가지 하위유형을 제시하였다.

1) 무관심한 집단

　무관심한 집단(aloof group)의 아동들은 실제로 혼자 남겨졌을 때 가장 행복해 보인다. 일부 아동들은 종종 거친 놀이를 꽤 즐기기도 하지만 대개는 눈길을 회피하며 신체접촉을 싫어한다. 사람을 물건처럼 취급하고 다른 사람의 느낌이나 감정에 대해서 관심도 없고 이해하지도 못한다. 부모들은 자신의 아이에 대해 '자신만의 세계 속에 있다'고 묘사한다. 다쳤을 때 위안을 받으려고 부모에게 가지도 않으며 실제로 고통에 대해 거의 반응을 보이지 않는다. 어린 시절에는 부모와 떨어지는 것에 대해 불편해하지 않으며 일부 아동은 시간이 지나면서 친숙한 성인에게 애착을 형성하기는 하나 일반적으로 다른 아동에 대해서는 계속 관심을 보이지 않는다. 이 아동들은 성인이 되어서도 여전히 고립되고 반응을 잘하지 않는다(Howlin, 1998).

2) 수동적인 집단

　무관심한 집단과는 달리, 수동적인 집단(passive group)의 아동들은 적극적으로 접촉을 피하지는 않으나 접촉을 시작하기 위해서 아무것도 하지 못한다. 다른 사람에게 자신이 관심을 가지고 있는 물건을 손가락으로 가리켜서 알리는 일이 결코 없으며 원하는 것이 있으면 그 사람이나 물건 옆에 가까이 서 있기만 하면서 다른 사람이 자신의 관심사를 알아내기를 기다린다. 이 아동들은 지시에 따라 눈을 맞출 수는 있으며 또래들은 이 아동들을 놀이상황에서 수동적이고 말 잘 듣는 놀이상대로 생각한다(Howlin, 1998).

3) 적극적이지만 이상한 집단

　적극적이지만 이상한 집단(active-but-odd group)의 아동들은 지적 능력이 비교적 높은 경향이 있다. 사회적 장벽에 대한 감이 없어서 아무에게나 이야기를 하며 전혀 모르는 사람들에게도 기꺼이 다가간다. 강박적인 관심사를 가지고 있을 경우 누구에게든 다가가서 자신의 관심사를 확인하려고 한다. 이 아동들은 눈맞춤을 회피하지 않고 사람들을 오래 뚫어지게 보아서 사람들을 상당히 당황하게 만들기도 한다. 또 신체적인 표현을 매우 잘하나 사회적 관례에 대한 이해가 부족하여 맥락에 아주 부적절한 경우가 흔하다. 몸짓과 얼굴표정 또한 과장되고 부적합하다. 사귀고 싶은 다른 아동을 피하지 않고 그 친구들 집단에 끼어 들어가서 활동을 방해하거나 장난감을 뺏기도 한다. 다른 아동이 자신이 원하는 대로 반응하지 않으면 더 방해하고 때로는 공격적으로 되기도 한다. 이러한 문제로 이 아동들은 위축된 아동에 비해 부모에게는 더 걱정거리가 된다(Howlin, 1998).

   1996년에 Wing은 15세 이하의 아동들을 대상으로 분류한 위의 세 가지 유형에 청소년기나 성인기에 나타날 수 있는 다음과 같은 네 번째 유형을 추가하였다(저자주: 일반적으로 관련문헌에서는 사회적 상호작용의 손상에 따른 유형을 이상의 세 가지 집단으로 제시하고 있다).

4) 척하고 지나치게 형식적인 집단

   척하고 지나치게 형식적인 집단(stilted and overformal group)은 후기 청소년기 또는 초기 성인기에 나타나는 경향이 있으며 IQ가 높고 표현언어 능력이 상당히 좋은 사람에게서 더 전형적으로 나타난다. 적극적이지만 이상한 집단의 아동들이 만나는 모든 사람을 가까운 가족구성원인 것처럼 대하는 데 비해, 이 아동들은 가족을 마치 낯선 사람처럼 대한다. 이들의 행동은 항상 지나치게 공손하고 형식적이어서 친구들의 놀림감이 되기 쉽다. 이들은 규칙을 지키는 데 있어서 지나치게 철저하며 누군가 규칙을 위반하면 몹시 화를 내고 무례하게 행동한다(Howlin, 1998).

3. 전반적 발달장애(PDDs)와 자폐스펙트럼장애(ASDs)의 관계

   공식적인 용어는 아니지만 자폐스펙트럼장애(ASDs)라는 용어가 영국에서는 1990년대 중반부터 그리고 미국에서는 2000년대에 접어들면서 학자들 간에 보편적으로 사용되었으나 전반적 발달장애(PDDs)와의 관계에 대해서는 많은 논쟁이 있었다. 다음에서는 이승희(2008)의 연구를 근거로 전반적 발달장애(PDDs)와 자폐스펙트럼장애(ASDs)의 관계를 세 가지 측면(분류방법, 포함범위, 활용방법)에서 살펴보기로 한다.

1) 분류방법에 따른 관계

정신장애를 분류하는 방법으로는 크게 두 가지가 있는데 하나는 임상적으로 접근하는 방법이고 다른 하나는 통계적으로 접근하는 방법이다(Wicks-Nelson & Israel, 2006). 분류에 대한 임상적 접근(clinical approaches to classification)은 어떤 특징들이 함께 나타나는지에 대한 임상가들의 합의에 기초를 두는 방법으로서 앞서 살펴본 DSM이 대표적인 예라고 할 수 있으며 Wing과 Gould(1979)가 사회적 상호작용의 손상을 근거로 제시한 세 가지 유형(무관심한 집단, 수동적인 집단, 적극적이지만 이상한 집단)도 이에 해당된다(Volkmar & Klin, 2005; Wicks-Nelson & Israel, 2006). 분류에 대한 통계적 접근(statistical approaches to classification)은 임상적 접근에 대한 하나의 대안인데 이 접근에서는 하위유형을 도출하기 위하여 요인분석 또는 군집분석 등의 통계적 기법에 의존한다(Volkmar & Klin, 2005; Wicks-Nelson & Israel, 2006). 다음에서는 전반적 발달장애(PDDs) 또는 자폐스펙트럼장애(ASDs)의 하위유형과 관련하여 이 두 가지 접근에 대해 각각 좀 더 구체적으로 살펴보기로 한다.

(1) 분류에 대한 임상적 접근

이 방법의 대표적인 예는 DSM이다. 따라서 DSM-IV-TR에 제시된 전반적 발달장애(PDDs)의 다섯 가지 하위유형(자폐장애, 레트장애, 아동기붕괴성장애, 아스퍼거장애, 불특정 전반적 발달장애)은 임상적 접근으로 도출한 하위유형이다. DSM은 정신장애의 분류에 대한 범주적(categorical) 접근으로 각 범주마다 진단준거를 제시하는데 진단을 받은 사람은 특정 진단을 위한 준거를 충족시키거나 충족시키지 않는다.

다소 통계에 근거를 두기는 했으나 임상적 접근으로 분류한 다른 예로는 Wing과 Gould(1979)가 도출한 세 가지 하위유형(무관심한 집단, 수동적인 집단, 적극적이지만 이상한 집단)이 있다. 이 세 가지 하위유형은 한 가지 추가적 유형(착하고 지나치게 형식적인 집단)과 더불어 앞서 2절 '자폐스펙트럼장애(ASDs)의 유형'에서 소개하였다.

최근에 Wing(2005)은 1979년에 제시한 세 가지 하위유형과 DSM-IV-TR의 하위유형들과의 관련성에 대해 다음과 같이 언급하고 있다. 첫째, 무관심한 집단에 속하는 아동들은 DSM-IV-TR의 자폐장애, 아동기붕괴성장애, 또는 불특정 전반적 발달장애의 진단준거에 맞을 수 있으나 아스퍼거장애로 진단될 가능성은 낮다. 둘째, 수동적인 집단에 속하는 아동들은 DSM-IV-TR의 자폐장애, 아스퍼거장애, 또는 불특정 전반적 발달장애의 진단준거에 맞을 수 있으나 아동기붕괴성장애로 진단될 가능성은 낮다. 셋째, 적극적이지만 이상한 집단에 속하는 아동들은 DSM−IV−TR의 아스퍼거장애 또는 불특정 전반적 발달장애의 진단준거에 맞을 수 있으며 일부는 자폐장애의 진단준거를 만족시킬 수도 있다.

이와 같은 사회적 상호작용의 손상에 따른 분류는 앞서 언급한 바와 같이 '자폐스펙트럼장애(ASDs)'라는 개념이 형성되는 근거가 되었다. 자폐스펙트럼장애(ASDs)는 DSM의 범주적(categorical) 접근과는 달리 차원적(dimensional) 접근이라고 할 수 있다(Gupta, 2004). 범주적 접근에서는 유형을 범주(category)로 분류하고 각 범주의 진단준거 충족 여부에 따라 유형을 결정한다면, 차원적 접근에서는 유형을 차원(dimension)으로 분류하고 각 차원의 관련특징 충족 정도에 따라 유형을 결정한다. 즉, 분류에 대한 임상적 접근에서는 일반적으로 임상적 합의에 의해 유형을 범주로 분류하는 데 비해 Wing과 Gould(1979)는 임상적 합의에 의해 유형을 차원으로 분류했다고 할 수 있다. 이와 관련하여 Wing(2005)은 자폐스펙트럼장애(ASDs)에서 나타나는 사회적 상호작용의 손상의 분류는 엄격해서는 안 되며 유연할 필요가 있다고 강조한다. 그 이유는 한 개인이 연령에 따라 다른 유형에 속하는 특징을 보일 수 있기 때문이다. 예를 들어, 자폐스펙트럼장애 아동들 가운데 유아기에는 무관심한 집단에 속했으나 아동기 후기나 청소년기에는 수동적인 집단 또는 적극적이지만 이상한 집단에 속하게 되는 경우가 있는가 하면, 유아기에는 수동적인 집단 또는 적극적이지만 이상한 집단에 속했으나 나이가 들면서 무관심한 집단에 속하게 되는 경우도 있다(Wing, 1988). 이와는 대조적으로, DSM의 범주적 접근에 의하면 유아기에는 자폐장애로 진단받았으나 나이가 들면서 아스퍼거장애로 진단되는 등의 경우는 없다. 그러므로 한 아동이 DSM에 의해 전반적 발달장애(PDDs)의 다섯 가지 하위유형 중 자폐장애로 진단받은 경우 그 진단은 시간이 지나도 바뀌지 않으나 이 아동이 자폐스펙트럼장애(ASDs)의 세 가지 하위유형 중 어느 유형에 속하는지는 시간이 지나면서 바뀔 수 있다는 것이다.

(2) 분류에 대한 통계적 접근

이 방법으로 하위유형을 분류하고자 한 많은 연구(예: Dahl, Cohen, & Provence, 1986; Eaves, Eaves, & Ho, 1994; Prior, Boulton, Gajzago, & Perry, 1975; Siegel, Anders, Ciaranello, Bienenstock, & Kraemer, 1986)가 있으나 가장 대표적인 예는 Siegel 등

(1986)의 연구다. 이 연구에서는 46명(남아 35명, 여아 11명)의 전반적 발달장애 아동(평균 연령: 10세 7개월)을 대상으로 통계적 기법을 이용해 다음과 같은 네 가지 하위유형(하위유형 I, II, III, IV)을 도출하였다.

첫째, '하위유형 I'은 반향어의 양상으로 의미 없는 말을 반복하는 유형이다. 이러한 매너리즘은 언어적 성향에만 국한되지 않고 무의미한 신체적 동작의 반복도 동반하는 경향이 있다. 이와 같은 반향어나 행동적 매너리즘을 보일 때는 다른 세계에 빠져 있는 듯한 특징을 보인다.

둘째, '하위유형 II'는 지적 능력이 크게 뒤떨어지며 자발어가 거의 나오지 않는 유형이다. 전적으로 외부에 반응하지 않고 끊임없이 자기자극 행동을 보이며 감각적 자극에 대해서도 대체로 부적절한 반응을 보인다. 다른 유형의 아동들보다 주의를 끌기가 더 어려우며 기능적인 상호작용이 가장 어려운 유형이다.

셋째, '하위유형 III'은 언어를 사용하거나 다른 사람들과 교제를 하는 데 크게 뒤떨어지지는 않지만 약간의 특이성을 보이는 유형이다. 자신의 특이한 언어적 습관이나 사교적 특성으로 대인관계를 맺는 것을 다소 기피하는 경우도 있다. 때로는 친숙한 사람들과는 교제를 가지려 하나 사회적 관례에 대한 이해 혹은 인식이 부족하여 타인에게 불편함을 주거나 거부감을 주는 경우가 많다.

넷째, '하위유형 IV'는 사회적 접촉을 적극적으로 거부하는 유형이다. 대인관계에 소극적이거나 무관심하기보다는 다른 사람들의 접근을 거부하는 특징을 보이는데, 장소를 이탈할 정도로 대인관계를 거부한다.

(3) 분류방법에 따른 PDDs와 ASDs의 비교

이상과 같이 분류방법에 따른 전반적 발달장애(PDDs)와 자폐스펙트럼장애(ASDs)의 관계를 살펴보면 다음과 같은 공통점과 차이점이 있다. 먼저, 전반적 발달장애(PDDs)의 하위유형(자폐장애, 레트장애, 아동기붕괴성장애, 아스퍼거장애, 불특정 전반적 발달장애)과 자폐스펙트럼장애(ASDs)의 하위유형(무관심한 집단, 수동적인 집단, 적극적이지만 이상한 집단)은 모두 임상적 접근으로 분류되었다는 공통점이 있다. 그러나 전반적 발달장애(PDDs)의 하위유형은 범주적(categorical)인 데 비해 자폐스펙트럼장애(ASDs)의 하위유형은 차원적(dimensional)이며, 따라서 한 아동에게 진단되는 전반적 발달장애(PDDs)의 유형은 시간이 지나도 변할 수 없으나 자폐스펙트럼장애(ASDs)의 유형은 시간이 지나면서 변할 수도 있다는 차이점이 있다.

2) 포함범위에 따른 관계

DSM-IV-TR의 전반적 발달장애(PDDs)는 다섯 가지 하위유형(자폐장애, 레트장애, 아동기붕괴성장애, 아스퍼거장애, 불특정 전반적 발달장애)을 포함하고 있는데, 자폐스펙트럼장애(ASDs)에 이 다섯 가지 유형이 어느 정도 포함되는지에 대해서는 크게 두 가지 다른 관점이 있다. 첫 번째 관점은 전반적 발달장애(PDDs)와 자폐스펙트럼장애(ASDs)를 서로 교환하여 사용할 수 있는 용어로 보고 자폐스펙트럼장애(ASDs)에 전반적 발달장애(PDDs)의 다섯 가지 하위유형을 모두 포함시킨다(예: Filipek et al., 1999; Heward, 2009; Nebel-Schwalm & Matson, 2008; Siegel, 1996; Wetherby & Prizant, 2000). 이에 비해 두 번째 관점은 전반적 발달장애(PDDs)를 자폐스펙트럼장애(ASDs)보다 더 포괄적인 개념으로 보고 자폐스펙트럼장애(ASDs)에 전반적 발달장애(PDDs)의 하위유형 중 일부를 포함시킨다(예: Karapurkar, Lee, Curran, Newschaffer, & Yeargin-Allsopp, 2004; Klin et al., 2005; Sousa, 2007; Szatmari, 1992b; Towbin, 2005; Wing, 2005). 다음에서는 이 두 가지 관점에 대해 좀 더 구체적으로 살펴보기로 한다.

(1) PDDs와 ASDs의 범위를 동일하게 보는 관점

Neisworth와 Wolfe(2005)에 의하면, 전반적 발달장애(PDDs)라는 용어가 혼란스럽고 종종 잘못 해석되기 때문에 교육계와 일부 관련분야에서는 그 대용어로 자폐스펙트럼장애(ASDs)라는 용어를 채택하였다. 따라서 관련전문가들 중에는 전반적 발달장애(PDDs)와 자폐스펙트럼장애(ASDs)를 동의어로 보는 경우도 있다. 예를 들어, Siegel(1996)은 자폐스펙트럼장애(ASDs)를 전반적 발달장애(PDDs)와 동의어로 보면서 자폐스펙트럼장애(ASDs)에 자폐장애, 레트장애, 아동기붕괴성장애, 아스퍼거장애, 불특정 전반적 발달장애가 포함된다고 하였다. 또한 Filipek 등(1999)은 동의어인 자폐스펙트럼장애(ASDs)와 전반적 발달장애(PDDs)는 인지 및 신경행동적 관련장애들의 광범한 연속체(wide continuum)를 지칭한다고 하였다. 이와 유사하게, Wetherby와 Prizant(2000)는 자폐스펙트럼장애(ASDs)와 전반적 발달장애(PDDs)가 세 가지 핵심특징(three core features)을 보이는 신경발달적 장애의 광범한 스펙트럼(wide spectrum)을 지칭하기 위하여 동의어로 사용되고 있으며 세 가지 핵심특징이란 사회적 상호작용의 손상, 언어적/비언어적 의사소통의 손상, 그리고 제한적이고 반복적인 행동 패턴이라고 하였다. Nebel-Schwalm과 Matson(2008)도 자폐스펙트럼장애(ASDs)를 손상된 사회적 기능, 반복적이거나 제한된 관심과 상동적 행동, 언어 손상과 같은 특징을 공유하는 다섯 가지 장애(자폐장애, 레트장애, 아동기붕괴성장애, 아스퍼거장애, 불특정 전반적 발달장애)의 집합체이며 DSM-IV-TR에서는 이 다섯 가지 장애가 전반적 발달장애(PDDs)로 분류되고 있다고 하였다. Heward(2009) 또한 전반적 발달장애(PDDs) 대신 자폐스펙트럼장애(ASDs)라는 용어가 더 보편적으로 사용되고 있는데 자폐스펙트럼장애(ASDs)에는 자폐장애, 레트장애, 아동기붕괴성장애, 아스퍼거장애, 불특정 전반적 발달장애의 다섯 가지 하위유형이 있으며 이러한 관련장애들은 주로 출현연령과 다양한 증상의 정도에 따라 구별된다고 함으로써 전반적 발달장애(PDDs)와 자폐스펙트럼장애(ASDs)를 동의어로 보고 있다.

(2) PDDs와 ASDs의 범위를 다르게 보는 관점

전반적 발달장애(PDDs)와 자폐스펙트럼장애(ASDs)의 범위를 다르게 보는 관점은 전반적 발달장애(PDDs)를 자폐스펙트럼장애(ASDs)보다 더 포괄적으로 보는데, 이 관점에도 세 가지 다른 입장이 있다. 첫 번째 입장은 자폐스펙트럼장애(ASDs)에 자폐장애를 제외한 나머지 전반적 발달장애(PDDs)의 하위유형들이 포함된다고 본다. 즉, 자폐스펙트럼장애(ASDs)에는 레트장애, 아동기붕괴성장애, 아스퍼거장애, 그리고 불특정 전반적 발달장애가 포함된다는 것이다(Szatmari, 1992b).

두 번째 입장은 자폐스펙트럼장애(ASDs)에 자폐장애, 아스퍼거장애, 불특정 전반적 발달장애가 포함된다고 본다. 예를 들어, Karapurkar 등(2004)과 Towbin(2005), 그리고 Sousa(2007)는 자폐스펙트럼장애(ASDs)를 전반적 발달장애(PDDs)의 하위유형 중 자폐장애, 아스퍼거장애, 그리고 불특정 전반적 발달장애를 지칭하는 용어로 사용하였다. 또한 Klin 등(2005)은 자폐장애, 아스퍼거장애, 및 불특정 전반적 발달장애의 세 가지 장애가 자폐스펙트럼장애(ASDs)라는 연속체를 구성한다고 하였다.

마지막 세 번째 입장은 Wing(2005)의 문헌에서 간접적으로 도출한 것으로서, 자폐스펙트럼장애(ASDs)에는 레트장애를 제외한 나머지 전반적 발달장애(PDDs)의 하위유형인 자폐장애, 아동기붕괴성장애, 아스퍼거장애, 불특정 전반적 발달장애가 포함된다. 앞서 분류방법에 따른 전반적 발달장애(PDDs)와 자폐스펙트럼장애(ASDs)의 관계에서 살펴보았듯이, Wing(2005)은 자폐스펙트럼장애(ASDs)의 유형이라고 할 수 있는 사회적 상호작용의 손상에 따른 하위유형과 전반적 발달장애(PDDs)의 하위유형과의 관련성을 언급하면서 무관심한 집단에 속하는 아동들은 자폐장애, 아동기붕괴성장애, 또는 불특정 전반적 발달장애의 진단준거에 맞을 수 있으나 아스퍼거장애로 진단될 가능성은 낮고, 수동적인 집단에 속하는 아동들은 자폐장애, 아스퍼거장애, 또는 불특정 전반적 발달장애의 진단준거에 맞을 수 있으나 아동기붕괴성장애로 진단될 가능성은 낮으며, 적극적이지만 이상한 집단에 속하는 아동들은 아스퍼거장애 또는 불특정 전반적 발달장애의 진단준거에 맞을 수 있으며 일부는 자폐장애의 진단준거를 만족시킬 수도 있다고 하였다. 즉, 자폐스펙트럼장애 아동들은 자폐장애, 아동기붕괴성장애, 아스퍼거장애, 또는 불특정 전반적 발달장애로 진단받을 수 있다는 것이며 이는 자폐스펙트럼장애에 레트장애를 제외한 나머지 전반적 발달장애의 하위유형인 자폐장애, 아동기붕괴성장애, 아스퍼거장애, 불특정 전반적 발달장애를 포함시킨 것으로 해석할 수 있다.

이와 같이 세 가지 다른 입장이 관련문헌들에 나타나고 있으나 각 입장을 취하는 근거는 그 문헌들에 뚜렷이 제시되어 있지 않다.

(3) 포함범위에 따른 PDDs와 ASDs의 비교

이상과 같이 포함범위에 따른 전반적 발달장애(PDDs)와 자폐스펙트럼장애(ASDs)의 관계를 살펴본 결과를 요약하여 제시하면 〈표 4-1〉과 같다.

3) 활용방법에 따른 관계

이상에서 살펴본 바와 같이, 전반적 발달장애(PDDs)는 1980년 DSM-III에서 처음 도입된 이후 DSM-III-R(1987), DSM-IV(1994), DSM-IV-TR(2000)에 걸쳐 DSM-5가 발행된 2013년 이전까지 사용된 공식적인 진단용어로서 DSM-IV-TR에 의하면 질적으로 서로 구별되는 다섯 가지 하위유형으로 구성되어 있으며 한 아동에게 진단되는 전반적 발달장애(PDDs)의 하위유형은 시간이 지나도 변할 수 없다. 이에 비해 자폐스펙트럼장애(ASDs)는 1990년대 중반 이후 학자들 간에 사용된 비공식적인 용어로서 주로 사회적 상호작용의 질적 손상에 의한 세 가지 하위유형으로 분류되며 한 아동이 보이는 자폐스펙트럼장애(ASDs)의 유형은 시간이 지나면서 변할 수도 있다. 또한 전반적 발달장애(PDDs)와 자폐스펙트럼장애(ASDs)를 동의어로 보는 관점과 그렇지 않은 관점이 공존하고 있다. 따라서 전반적 발달장애(PDDs)와 자폐스펙트럼장애(ASDs)의 개념은 그 활용면에서도 차이를 보일 수 있는데 다음에서는 이 두 가지 개

〈표 4-1〉 포함범위에 따른 PDDs와 ASDs의 관계

구분	문헌	PDDs에 포함되는 장애	ASDs에 포함되는 장애
PDDs와 ASDs의 범위를 동일하게 보는 관점	• Siegel(1996) • Filipek(1999) • Wetherby & Prizant(2000) • Nebel-Schwalm & Matson(2008) • Heward(2009)	• 자폐장애 • 레트장애 • 아동기붕괴성장애 • 아스퍼거장애 • 불특정 전반적 발달장애	• 자폐장애 • 레트장애 • 아동기붕괴성장애 • 아스퍼거장애 • 불특정 전반적 발달장애
PDDs와 ASDs의 범위를 다르게 보는 관점	• Szatmari(1992b)	• 자폐장애 • 레트장애 • 아동기붕괴성장애 • 아스퍼거장애 • 불특정 전반적 발달장애	• 레트장애 • 아동기붕괴성장애 • 아스퍼거장애 • 불특정 전반적 발달장애
	• Karapurkar 등(2004) • Klin 등(2005) • Towbin(2005) • Sousa(2007)	• 자폐장애 • 레트장애 • 아동기붕괴성장애 • 아스퍼거장애 • 불특정 전반적 발달장애	• 자폐장애 • 아스퍼거장애 • 불특정 전반적 발달장애
	• Wing(2005)	• 자폐장애 • 레트장애 • 아동기붕괴성장애 • 아스퍼거장애 • 불특정 전반적 발달장애	• 자폐장애 • 아동기붕괴성장애 • 아스퍼거장애 • 불특정 전반적 발달장애

넘별로 활용적 측면에 대해 살펴보기로 한다.

(1) 전반적 발달장애(PDDs) 개념의 활용

제3장 1절에서 언급했듯이, 전반적 발달장애(PDDs)라는 용어는 DSM−III(1980)에서 처음으로 포함된 이후 그 개념적 적절성에 대한 논의가 지속되어 왔음에도 불구하고 DSM−5가 발행된 2013년 이전까지 사용되었다. 이는 전반적 발달장애(PDDs)가 다섯 가지 하위유형(자폐장애, 레트장애, 아동기붕괴성장애, 아스퍼거장애, 불특정 전반적 발달장애)을 가진 공식적인 진단범주로서 그 적절성을 인정받았으며 공식적인 진단범주로서의 타당성(validity)에 대한 임상가 및 연구자들의 동의를 얻은 것으로 볼 수

있다. 따라서 공식적으로 가장 널리 사용되고 있는 정신장애의 분류체계인 DSM에 명시된 전반적 발달장애(PDDs)는 공식적인 평가에서 유용하다고 할 수 있다. 이승희 (2019b)에 의하면 장애를 가진 아동에 대한 평가는 선별평가, 진단평가, 적부성평가, 프로그램계획 및 배치 평가, 형성평가, 및 총괄평가의 여섯 단계에 걸쳐 연속적이고 점진적인 과정을 통해 이루어지며 이러한 평가에는 공식적인 평가와 비공식적인 평가가 있는데, DSM의 전반적 발달장애(PDDs)는 공식적인 평가에 속하는 진단평가에서 유용하게 사용될 수 있다. 이는 전반적 발달장애(PDDs)의 하위유형인 관련장애들을 진단할 때 임상가들이 DSM을 근거로 하고 있다는 사실에서도 알 수 있다.

(2) 자폐스펙트럼장애(ASDs) 개념의 활용

공식적 용어인 전반적 발달장애(PDDs)가 관련장애들의 공식적인 평가에서 특히 유용하다면 비공식적 용어인 자폐스펙트럼장애(ASDs)는 비공식적인 평가에서 유용하다고 할 수 있다. 즉, 자폐스펙트럼장애(ASDs)는 비공식적 평가에 속하는 프로그램계획 및 배치 평가나 형성평가 등에서 특히 유용하다. Wing(2005)에 의하면, 사회적 상호작용의 질적 손상에 의한 자폐스펙트럼장애(ASDs)의 세 가지 하위유형(무관심한 집단, 수동적인 집단, 적극적이지만 이상한 집단)은 신경병리학적 견지에서 타당성(validity)이 있다고 할 수는 없으나 교육과 서비스 제공을 계획하는 데 유용한 것으로 밝혀지고 있다. Szatmari(1992b)도 자폐스펙트럼장애(ASDs)의 분류는 어떤 절대적인 타당성 개념보다는 교육과 연구를 위해 가치가 있을 수 있다고 지적하였다. 이는 프로그램계획 및 배치 평가나 형성평가가 주기적으로 실시된다는 특성과 한 아동의 자폐스펙트럼장애(ASDs) 하위유형이 시간이 지나면서 변할 수도 있다는 특성이 서로 부합된다는 점에서 볼 때 설득력이 있는 것으로 보인다. 왜냐하면 하위유형이 변함에 따라 아동의 요구도 변할 수 있으므로 프로그램계획 및 배치 평가나 형성평가를 통해 그러한 요구를 적절하게 충족시킬 수 있기 때문이다.

또한 사회적 상호작용의 손상에 따라 하위유형을 분류하고 있는 자폐스펙트럼장애(ASDs)의 개념은 마음이론의 결함을 설명하는 데도 유용하다. 그 이유는 마음이론 및 마음이론과 사회적 상호작용의 관계에 대한 연구들(Bowler, 1992; Happé, 1999)이 자폐스펙트럼장애(ASDs)의 사회적 상호작용 손상의 중요성을 강조하고 있기 때문이다. 마음이론(theory of mind: ToM)이란 자기 자신과 다른 사람들의 마음상태에 대해 추론하는 능력을 말하는데(Perner et al., 1989), 다른 사람의 마음을 읽는 능력(ability to mind-read)이라고 할 수 있으며 따라서 다른 사람들과 상호작용할 때 길잡이가 된다. 예를 들어, 어떤 사람이 정말 슬퍼하고 있다는 것을 이해한다면 그 사람에게 친절하게 대하겠지만 슬픈 척하고 있다는 것을 이해한다면 별로 친절하게 대하지 않을 것이다. 자폐스펙트럼장애(ASDs)에서 가장 광범위하게 문제가 되는 것은 마음이론의 결함, 즉 마음을 읽는 능력의 부족이다(Baron-Cohen, 1997/2005). 마음을 읽는 능력이 부족하다는 것은 다른 사람의 감정, 믿음, 정서를 이해하지 못하는 것과 그 결과 다른 사람의 감정, 믿음, 정서에 대해 적절하게 반응하지 못하는 것을 의미한다. 이러한 마음맹(mindblindness)은 모든 사회적 상호작용에 작용하므로 자폐스펙트럼장애(ASDs)의 세 가지 하위유형 모두에서 나타날 수 있다.

(3) 활용방법에 따른 PDDs와 ASDs의 비교

이상과 같이 활용방법에 따른 전반적 발달장애(PDDs)와 자폐스펙트럼장애(ASDs)의 관계를 살펴보았을 때, 관련장애들의 공식적인 평가에서 유용한 전반적 발달장애(PDDs)와 비공식적인 평가에서 유용한 자폐스펙트럼장애(ASDs)는 활용면에서 서로 상호보완적 관계에 있는 것으로 보인다. 그 이유는 장애를 가진 아동에 대한 평가는 연속적이고 점진적인 과정을 통해 이루어지는데 그 과정에서 공식적 평가와 비공식적 평가가 모두 필요하며 상호보완적 역할을 하기 때문이다(이승희, 2019b). 또한 마음이론에 대한 연구들이 자폐스펙트럼장애(ASDs)의 사회적 상호작용의 손상의 중요성을 강조함으로써 그에 따라 하위유형을 분류하고 있는 자폐스펙트럼장애(ASDs)의 개념이 마음이론의 결함을 이해하는 데 유용하게 사용되고 있는데, 이와 같은 마음이론의 결함에 대한 이해는 전반적 발달장애(PDDs) 하위유형들의 특성을 이해하는 데도 도움이 될 수 있을 것으로 보인다. 이는 Klin, Jones, Schultz, Volkmar, 그리고 Cohen(2002)이 사회적 상호작용의 손상을 자폐장애의 핵심증상으로 보고 이에 대한 더 정확한 특성적 기술 및 양화(量化)의 필요성을 지적하고 있다는 점에서도 알 수 있다.

Understanding Autism Spectrum Disorders

Chapter 05

DSM 자폐스펙트럼장애(ASD)의 개념

1. 자폐스펙트럼장애(ASD)의 역사적 배경

앞서 제1장에서 살펴보았듯이, 전반적 발달장애(pervasive developmental disorders: PDDs)라는 용어가 DSM-III(APA, 1980)에서 처음으로 도입된 이후 DSM-IV-TR(APA, 2000)까지 사용되었으며 5개의 하위유형을 포함하고 있었다. 그러나 2013년에 발행된 DSM-5(APA, 2013)는 전반적 발달장애(PDDs)라는 용어와 하위유형들을 삭제하고 대신 자폐스펙트럼장애(autism spectrum disorder: ASD)라는 새로운 단일범주(single category)를 도입하였다. 즉, 5개의 하위유형을 가진 전반적 발달장애(PDDs)가 단일범주인 자폐스펙트럼장애(ASD)로 대치되었는데 이는 DSM-5의 가장 두드러진 변화 중 하나로 간주된다(APA, 2013).

이와 같이 DSM-5에서 새롭게 도입된 자폐스펙트럼장애(autism spectrum disorder: ASD)라는 용어는 앞서 제4장에서 살펴본 자폐스펙트럼장애(autism spectrum disorders: ASDs)와는 다음과 같은 측면에서 구분된다. 첫째, 전자(ASD)는 2013년에 처음으로 DSM에 명시된 공식 용어인 데 비해 후자(ASDs)는 1990년대 중반부터 학자들 간에 보편적으로 사용된 비공식 용어다. 둘째, 전자(ASD)는 단수(singular)이지만 후자(ASDs)는 복수(plural)다. 이는 ASDs에 하위유형이 있다는 것을 시사하는데, 앞서 제4장 2절 '자폐스펙트럼장애(ASDs)의 유형'에서 네 가지 하위유형(무관심한 집단,

수동적인 집단, 적극적이지만 이상한 집단, 척하고 지나치게 형식적인 집단)이 제시되었다. 또한 제4장 3절 '전반적 발달장애(PDDs)와 자폐스펙트럼장애(ASDs)의 관계'에서 살펴보았듯이, PDDs와 ASDs를 서로 교환할 수 있는 용어로 보고 ASDs에 PDDs의 다섯 가지 하위유형(자폐장애, 레트장애, 아동기붕괴성장애, 아스퍼거장애, 불특정 전반적 발달장애)을 모두 포함시키거나 PDDs를 ASDs보다 더 포괄적인 개념으로 보고 ASDs에 PDDs의 하위유형 중 일부를 포함시키기도 한다(〈표 4-1〉 참조).

자폐스펙트럼장애(ASD)라는 단일범주를 새로 도입한 DSM-5(2013)에 의하면 ASD의 양상(징후: manifestation)은 자폐상태의 심각도, 발달수준, 및 생활연령에 따라 매우 다양하며 이 때문에 '스펙트럼(spectrum)'이라는 용어가 사용되었다(DSM-5, p. 53 참조). 최근에 발행된 DSM-5-TR(2022)도 ASD라는 단일범주를 유지하고 있는데 ASD의 양상이 성별에 따라서도 다양할 수 있다는 점을 추가하였다. 즉, DSM-5-TR(2022)에 의하면 ASD의 양상은 자폐장애의 심각도, 발달수준, 생활연령, 및 아마도 성별(possibly gender)에 따라 매우 다양하다(DSM-5-TR, p. 60 참조). 이때 성별에서 'gender'라는 영어가 사용되었는데, DSM-5-TR은 생물학적 성(性)인 'sex'와 사회적 성(性)인 'gender'를 구별하면서 생물학적 성별에서는 '남성(male)과 여성(female)'을 사용하고 사회적 성별에서는 '남자(man)와 여자(woman)' 또는 '남아(boy)와 여아(girl)'를 사용한다(DSM-5-TR, p. 19 참조). 여기서 한 가지 유념할 사항은 'sex'와 'gender'가 한글에서는 둘 다 성(性) 또는 성별(性別)로 번역되어 구별되지 않는다는 점이다. 따라서 이 책에서는 DSM-5-TR의 내용을 기술할 때 'sex'와 'gender'를 성 또는 성별로 번역하되 괄호 안에 영어를 병기하여 구분하기로 한다[예: 성(sex), 성별(gender) 등].

이상과 같이 DSM-5(2013)의 수정본인 DSM-5-TR(2022)은 ASD라는 단일범주를 유지하였다. 하지만 DSM-5-TR에서는 진단준거가 좀 더 명료화되고 제1장의 〈표 1-4〉에 보이듯이 본문(text)에 다소 많은 내용이 보충되었다([부록 5]와 [부록 6] 참조). 다음에서는 DSM 자폐스펙트럼장애(ASD)의 진단기준, 출현율, 원인, 특성, 경과, 감별진단, 평가에 대해서 살펴보고 뒤이어 '저기능 자폐스펙트럼장애와 고기능 자폐스펙트럼장애'를 추가하여 살펴보기로 한다.

2. 자폐스펙트럼장애(ASD)의 진단기준

DSM의 자폐스펙트럼장애(autism spectrum disorder: ASD)는 2대 주요증상을 보이는데 하나는 사회적 의사소통과 사회적 상호작용의 지속적인 결함이고 다른 하나는 제한적이고 반복적인 행동, 관심, 또는 활동 패턴이다. 〈표 5-1〉과 〈표 5-2〉는 DSM-5-TR에 제시된 자폐스펙트럼장애(ASD)의 진단준거로서 ASD 진단을 내리려면 A에서 3개 항목 모두 그리고 B에서 4개 항목 중 2개 이상을 충족시켜야 하며 이러한 증상들이 발달기 초기에 나타나야 한다. 또한 DSM-5-TR의 ASD 진단준거에 의하면, 2대 주요증상별로 〈표 5-2〉에 따른 심각도 단계를 명시하도록 되어 있고, 지적 손상 및 언어 손상의 동반 여부도 명시하도록 되어 있다. 만약 알려진 유전적 또는 다른 의학적 조건이나 환경적 요인과 연관되어 있거나 혹은 신경발달적, 정신적, 또는 행동적 문제와 연관된 경우에는 그러한 조건, 요인, 문제가 명시되어야 한다.

DSM-5-TR의 진단준거에 제시된 2대 주요증상에서와 같이, 자폐스펙트럼장애(ASD)를 가진 아동은 사회적 의사소통과 상호작용에 어려움이 있고 제한적이고 반복적인 행동을 보이는 공통점이 있다. 그러나 '스펙트럼'이라는 용어에서 알 수 있듯이 이 두 가지 주요증상이 나타나는 양상은 아동마다 다르며, 이는 유전적으로 동일한 일란성 쌍생아조차도 둘 다 ASD로 진단되었을 때 그 양상이 같지 않다는 것을 의미한다(Castelbaum, Sylvester, Zhang, Yu, & Constantino, 2020).

〈표 5-1〉 DSM-5-TR의 자폐스펙트럼장애(ASD) 진단준거

A. 다양한 맥락에서의 사회적 의사소통과 사회적 상호작용의 지속적인 결함

다음 세 가지 모두가 현재 나타나고 있거나 나타낸 내력이 있다(예들은 예시적일 뿐 총망라한 것은 아니다; 본문 참조):

1. 사회적-정서적 상호성에서의 결함

   (예: 비정상적인 사회적 접근과 정상적인 주고받기식 대화의 실패에서부터 관심, 정서, 또는 감정의 제한된 공유와 사회적 상호작용의 시작 또는 반응에서는 실패에 이르기까지 나타난다.)

2. 사회적 상호작용을 위해 사용되는 비언어적 의사소통 행동에서의 결함

   (예: 언어적 의사소통과 비언어적 의사소통의 서툰 통합에서부터 눈맞춤과 신체언어의 비정상성, 몸짓의 이해 및 사용에서의 결함, 얼굴표정과 비언어적 의사소통의 완전한 결여에 이르기까지 나타난다.)

3. 관계의 형성, 유지, 이해에서의 결함

　(예: 다양한 사회적 맥락에 맞는 행동조절의 어려움에서부터 상상놀이 공유하기나 친구 사귀기의 어려움, 또래에 대한 관심의 결여에 이르기까지 나타난다.)

B. 제한적이고 반복적인 행동, 관심, 또는 활동 패턴

다음 중 적어도 두 가지가 현재 나타나고 있거나 나타난 내력이 있다(예들은 예시적일 뿐 총망라한 것은 아니다; 본문 참조):

1. 상동적이거나 반복적인 동작성 움직임, 물건 사용, 또는 말

　(예: 단순한 동작성 상동증, 장난감 일렬로 세우기 혹은 물건 돌리기, 반향어, 특이한 문구)

2. 동일성 고집, 판에 박힌 일상에 대한 완고한 집착, 의례적인 언어적 혹은 비언어적 행동 패턴

　(예: 사소한 변화에 대한 극도의 고통, 전환의 어려움, 경직된 사고 패턴, 인사 의례, 매일 동일한 길로 가거나 동일한 음식을 먹으려는 요구)

3. 강도나 초점이 비정상적인 매우 제한적이고 고착된 관심

　(예: 이례적인 물건에 대한 강한 애착 혹은 집착, 지나치게 한정되거나 집요하게 반복되는 관심)

4. 감각적 입력에 대한 과대반응 혹은 과소반응, 또는 환경의 감각적 측면에 대한 이례적인 관심

　(예: 통증/온도에 대한 명백한 무관심, 특정 소리나 감촉에 대한 혐오 반응, 물건에 대한 지나친 냄새맡거나 만지기, 빛이나 움직임에 대한 시각적 매료)

C. 증상들은 발달기 초기에 나타나야 한다(그러나 증상들은 사회적 요구가 제한된 능력을 초과하고 나서야 비로소 완전히 뚜렷해지거나 또는 나중에 학습된 전략으로 인해 가려질 수도 있다).

D. 증상들은 현재 기능의 사회적, 직업적, 또는 기타 중요한 영역에 임상적으로 유의미한 손상을 야기한다.

E. 이러한 교란은 지적발달장애(지적장애) 또는 전반적 발달지체로 더 잘 설명되지 않는다. 지적발달장애와 자폐스펙트럼장애는 흔히 동시에 발생한다. 자폐스펙트럼장애와 지적발달장애의 공존 진단을 내리려면 사회적 의사소통이 일반적 발달수준에서 기대되는 바에 미치지 못해야 한다.

주의사항: DSM-IV에 의해 자폐장애, 아스퍼거장애, 또는 불특정 전반적 발달장애로 확진된 개인들에게는 자폐스펙트럼장애 진단을 내려야 한다. 사회적 의사소통에 현저한 결함은 가지고 있으나 자폐스펙트럼장애의 준거를 만족시키지 못하는 개인은 사회적(실용적) 의사소통 장애에 대한 평가를 받아야 한다.

〈표 5-1〉 **계속됨**

▶ 사회적 의사소통의 손상과 제한적이고 반복적인 행동 패턴에 근거하여 현재의 심각도를 명시할 것(〈표 2〉 참조)[1]:
  –아주 상당한 지원이 필요함
  –상당한 지원이 필요함
  –지원이 필요함

▶ 다음을 명시할 것:
  –지적 손상을 동반하는 경우 또는 동반하지 않는 경우
  –언어 손상을 동반하는 경우 또는 동반하지 않는 경우

▶ 다음을 명시할 것:
  –알려진 유전적 또는 다른 의학적 조건이나 환경적 요인과 연관된 경우
  (**부호화 주의사항**: 연관된 유전적 또는 다른 의학적 조건을 확인하기 위해서는 추가적인 부호를 사용하시오.)
  –신경발달적, 정신적, 또는 행동적 문제와 연관된 경우

▶ 다음을 명시할 것:
  –긴장증 동반(정의에 대해서는 다른 정신장애와 연관된 긴장증의 준거를 참조)
  (**부호화 주의사항**: 공존 긴장증을 확인하기 위해서는 자폐스펙트럼장애와 연관된 긴장 증에 대한 추가적인 부호 F06.1을 사용하시오.)

---

[1] 이 책에서는 〈표 5-2〉임.

3. 자폐스펙트럼장애(ASD)의 출현율

DSM-5(APA, 2013)는 미국 등 여러 국가에서 보고된 자폐스펙트럼장애(ASD)의 출현율이 모집단의 1%에 근접하는데 이는 아동표본과 성인표본에서 유사하게 나타나며 여성보다 남성에게서 4배 정도 더 흔하다고 보고하였다. 이에 비해 최근에 발행된 DSM-5-TR(2022)에 따르면 미국에서 ASD의 출현율은 모집단의 1%와 2% 사이로 보고되고 있는데 이는 아동표본과 성인표본에서 유사하게 추정되며 전세계적으로 잘 확인된 역학적 표본들에서 남성:여성 비율은 3:1로 나타나고 있다. 이러한 DSM-5와 DSM-5-TR의 출현율 내용을 보면 출현율은 약 1%에서 1~2%로 증가하고 성비(남성:여성)는 4:1에서 3:1로 감소하였다.

〈표 5-2〉 DSM-5-TR의 자폐스펙트럼장애(ASD) 심각도 수준(지원요구 수준의 예)

심각도 수준	사회적 의사소통	제한적이고 반복적인 행동
수준 3 아주 상당한 지원이 필요함	언어적 그리고 비언어적인 사회적 의사소통 기술의 심각한 결함은 심한 기능 손상, 매우 제한적인 사회적 상호작용 시작하기, 그리고 타인의 사회적 제의에 대한 최소한의 반응을 야기한다. 예) 명료한 발화가 거의 없고, 상호작용을 시작하는 경우가 거의 없으며 시작하더라도 요구를 채우기 위해서만 비정상적으로 접근하고, 매우 직접적인 사회적 접근에만 반응하는 사람.	행동의 경직성, 변화에 대처하는 데 있어서의 극단적 어려움, 또는 기타 제한적/반복적 행동들이 모든 활동 범위에서 기능에 현저하게 지장을 준다. 초점이나 활동을 변경하는 데 있어서의 큰 고통/어려움.
수준 2 상당한 지원이 필요함	언어적 그리고 비언어적인 사회적 의사소통 기술의 현저한 결함; 지원이 갖춰져 있어도 명백하게 나타나는 사회적 손상; 제한된 사회적 상호작용 시작하기; 타인의 사회적 제의에 대한 축소된 혹은 비정상적인 반응. 예) 단문으로 말하고, 상호작용이 편협한 특정 관심사에 제한되어 있으며, 두드러지게 기이한 비언어적 의사소통을 하는 사람.	행동의 경직성, 변화에 대처하는 데 있어서의 극단적 어려움, 또는 기타 제한적/반복적 행동들이 무관심한 관찰자에게 명백할 만큼 충분히 자주 나타나고 다양한 맥락에서 기능에 지장을 준다. 초점이나 활동을 변경하는 데 있어서의 고통 그리고/또는 어려움.
수준 1 지원이 필요함	지원이 갖춰져 있지 않으면 사회적 의사소통의 결함이 주목할 만한 손상을 야기한다. 사회적 상호작용을 시작하는 데 어려움을 보이고, 타인의 사회적 제의에 대한 비전형적이거나 비성공적인 반응들을 명백히 나타낸다. 사회적 상호작용에 대한 관심이 저하된 것처럼 보일 수 있다. 예) 완전문으로 말하고 의사소통에 참여할 수 있으나 타인과 주고받기식 대화에는 실패하며, 친구를 사귀려는 시도가 기이하고 대체로 성공적이지 못한 사람.	행동의 경직성이 한 가지 또는 그 이상의 맥락에서 기능에 유의미한 지장을 야기한다. 활동을 바꾸는 데 있어서의 어려움. 조직하고 계획하는 데 있어서의 문제들이 독립성을 방해한다.

ASD 출현율 추세는 다른 문헌에서도 찾아볼 수 있다. 미국의 경우 질병통제예방센터(Centers for Disease Control and Prevention: CDC)에서 주기적으로 미국 8세 아동의 ASD 출현율을 보고하고 있는데 지난 10여 년 동안에는 2010년(CDC, 2014), 2012년(CDC, 2018a), 2014년(CDC, 2018b), 2016년(CDC, 2020), 2018년(CDC, 2021), 2020년(CDC, 2023) 출현율을 발표하였다. 우리나라의 경우에는 최근에 Yoo 등(2022)이 국민건강보험공단 데이터베이스를 이용하여 2010년부터 2020년까지 연도별로 우리나라 8세 아동의 ASD 출현율을 추정한 바 있다. 이러한 미국과 우리나라의 ASD 출현율을 정리하여 비교해 보면 〈표 5-3〉과 같다. 〈표 5-3〉에 보이듯이 수치에서는 차이가 있으나 미국과 우리나라 모두에서 ASD 출현율이 지속적으로 증가하고 있고 여아보다 남아에게서 ASD가 더 흔하게 나타나고 있다.

한편, ASD 출현율의 증가에 대한 우려의 목소리도 나오고 있다. 예를 들어, DSM-III, DSM-III-R, DSM-IV의 수정 및 개정에 참여했던 Allen Frances 박사는 『Saving Normal』(Frances, 2013)을 통해 정신장애의 급증과 이에 기여한 DSM를 향해 경종을 울렸다. 특히 ASD의 출현율 증가에 대한 깊은 우려를 표명하였는데 참고로 이를 소개하면 [보충설명 5-1]과 같다.

〈표 5-3〉 미국과 한국의 8세 아동 ASD 출현율 비교

해당 연도	미국		한국	
	출현율	성비(남:여)	출현율	성비
2010	68명당 1명	4.50:1	192명당 1명	2.64:1
2011	–	–	192명당 1명	2.78:1
2012	69명당 1명	4.50:1	182명당 1명	2.82:1
2013	–	–	172명당 1명	2.71:1
2014	59명당 1명	4.00:1	161명당 1명	2.49:1
2015	–	–	139명당 1명	2.49:1
2016	54명당 1명	4.30:1	137명당 1명	2.45:1
2017	–	–	124명당 1명	2.64:1
2018	44명당 1명	4.20:1	111명당 1명	2.69:1
2019	–	–	106명당 1명	2.80:1
2020	36명당 1명	3.80:1	106명당 1명	2.70:1

[보충설명 5-1] 자폐스펙트럼장애(ASD) 출현율 증가에 대한 비판적 시각

• 자폐증이 유행이 되다

지난 20년 동안 자폐증 진단은 폭발적으로 늘었다. DSM-IV 이전에는 극히 드물어, 아동 2,000명당 1명이 자폐증 진단을 받았다. 지금은 그 비율이 미국에서는 80명당 1명으로 뛰었고, 더 놀랍게도 한국에서는 38명당 1명으로 뛰었다.[1), 2), 3)] 최초의 계기는 부모들이 느낀 공포였다. 부모들은 자녀가 완벽하게 보통인 것 같지 않다는 신호가 조금이라도 있으면 자폐증을 의심했다. 그러다가 예방접종이 자폐증을 야기한다고 제안한 논문이 『The Lancet』에 게재되면서 사태가 악화되었다. 두 현상의 동시발생은 단순한 시기적 우연에 지나지 않는다. 자폐증이 시작되는 전형적인 연령이 하필이면 통상적으로 예방접종을 받는 연령과 비슷할 뿐이다. 후속연구들은 둘 사이에 어떤 인과관계도 없다고 최종적으로 결론 내렸고, 최초의 논문은 과학적 기만으로 밝혀져 『The Lancet』이 게재를 철회했다.[4)] 이렇듯 반증하는 증거가 많은데도, 부모들은 어째서인지 계속 이유 없이 두려워하고 있다. 만연한 자폐증을 피하기 위해 예방접종을 꺼리는 바람에 많은 아동이 홍역을 비롯한 각종 소아기 전염병의 위험에 빠진다. 때에 따라 위험할 수도 있는 이런 질병들은 한때 완전히 정복되었던 것인데 말이다. 이 현상은 사람들이 정신장애 진단의 원리를 잘 모른다는 사실을 반영한다. 사람들은 출현율이 진단의 정의에 극도로 민감하다는 사실을 모르는 것이다. 불과 20년 만에 출현율이 20배로 뛴 것은 진단관행이 급변했기 때문이지, 아동들이 갑자기 더 자폐적으로 변했기 때문이 아니다.[5)]

자폐증 유행에는 세 가지 원인이 있다. 우선 의사, 교사, 가족, 환자 자신이 예전보다 더 꼼꼼하게 주시하고 판별하기 때문이라는 것은 부정할 수 없는 사실이다. 어떤 문제든 스포트라이트를 비추어 조명하면 낙인을 줄일 수 있고 사례 발굴에 도움이 된다. 또 한편으로는 DSM-IV가 아스퍼거장애라는 새 진단명을 도입함으로써 자폐증 개념의 폭을 넓힌 탓이다. 그러나 "유행병" 사례의 절반쯤은 아마도 관련서비스를 받으려는 마음에서 이뤄졌을 것이다. 아동이 진단을 받으면 학교에서 좀 더 관심을 받을 수 있고 좀 더 집중적인 정신건강 치료를 받을 수 있다는 생각에서 정확하지 않은 진단을 내리는 것이다.

사실 사람을 무력화하는 전형적인 자폐증 증상을 겪는 경우는 극소수이며 판별하기도 매우 쉽다. 반면에 아스퍼거장애는 전형적인 자폐증을 가진 사람만큼 심한 손상(의사소통능력의 부재와 낮은 IQ도 포함됨)을 보이지는 않지만 어떤 면에서든 약간 이상한(정형화된 관심, 이례적인 행동, 대인관계 문제를 보이는) 사람에게 해당된다. 그런데 정상적인 사람들 중에 괴짜이거나 사회적으로 서투른 사람이 많기 때문에 그런 상태와 아스퍼거장애를 분리하는 경계선은 뚜렷하지 않다. 우리는 아스퍼거장애가 전형적이고 극심한 자폐증보다 약 3배 더 많으리라고 추

[보충설명 5-1] 계속됨

정했다. 그러나 그 수치는 나중에 인위적으로 부풀려졌다. 정상적인 가변성 범위에 속하는 사람들(혹은 다른 정신장애를 가진 사람들)이 대거 자폐적으로 잘못 판별되었기 때문이다. 특히 1차 진료기관이나 학교에서 혹은 부모나 환자가 진단할 경우 더욱 심했다.

자폐증 유행을 개시한 장본인은 DSM-IV일지라도, 다른 강력한 엔진들이 예상을 훌쩍 넘어서까지 그 움직임을 추진했다. 가장 중요한 요인은 활발한 환자 단체들, 그리고 진단이 있어야만 교육이나 치료 면에서 서비스를 제공하도록 규정한 제도가 서로 긍정적인 피드백 순환을 구축한 점이다. '자폐성(autistic)' 환자와 가족의 수가 늘자 추가 서비스를 요구하는 목소리가 커졌고, 그들이 소송을 걸어 이기기까지 했다. 그래서 더 많은 사람이 진단을 받고, 그러면 더 많은 관련자가 생겨나서 더 많은 서비스를 요구하게 된다.[6), 7)]

자폐증에 수반되었던 낙인도 옅어졌다. 인터넷은 의사소통, 사회적 지지, 동지애를 편리하고 편안하게 주고받는 통로가 되어 주었다. 언론은 자폐증을 심층적이고 우호적으로 다루었으며 영화와 다큐멘터리도 동정적으로 묘사했다. 성공한 사람들 중에서 자신이 아스퍼거장애의 정의에 부합한다고 말하는 사람이 나타났고, 일부는 심지어 그것을 훈장처럼 자랑스레 내보였다. 아스퍼거장애는 색다른 매력으로까지 여겨질 지경이다. 첨단 기술에 능통한 사람들 사이에서 특히 그렇다. 이런 홍보는 진단받은 사람들의 고통을 줄이는 긍정적 효과가 있었지만, 여느 유행처럼 도를 넘은 부분도 있었다. 아스퍼거장애는 난데없이 나타나서 '오늘의 진단'이 되었고, 온갖 개인적 차이를 설명하는 만능 진단이 되었다. 현재 진단받은 아동들 중 절반가량은 준거를 세심하게 적용할 경우 충족되지 않고, 역시 절반가량은 평가를 반복하는 과정에서 훌쩍 성장하여 그 준거를 벗어날 것이다.[8), 9), 10), 11)]

유행은 득도 있고 실도 있었다. 정확하게 판별된 환자들은 진단을 받음으로써 학교와 치료 시설에서 더 나은 서비스를 누리고, 낙인을 덜고, 가족을 이해시키고, 고립감을 줄이고, 인터넷에서 지지를 얻는다. 반면에 잘못 꼬리표를 단 환자들은 개인적으로 그로 인한 낙인을 감수해야 하고, 자신과 가족의 기대가 낮아지는 대가를 치른다. 사회도 지극히 귀하고 소중한 자원을 잘못 할당하는 대가를 치른다. 학교에서 결정을 내릴 때는 정신장애 진단에 지나치게 의존하지 않는 편이 낫다. 정신장애 진단은 임상용으로 개발된 것이지, 교육용으로 개발된 것이 아니다. 자폐증으로 오진된 아동들 중에는 다른 심각한 문제가 있어서 따로 특수한 관심을 받아야 하는 경우도 많다. 그런 아동들이 부정확한 자폐증 진단까지 받아서 추가로 낙인을 감수해서는 안 된다. 학교서비스는 학교의 필요에 따라야지 정신장애 진단에 의존해서는 안 된다.

나는 DSM-IV 작성팀을 이끌었던 사람으로서 아스퍼거장애의 과잉진단 열풍을 예견하지 못한 데 대해 비난받아 마땅하다. 우리가 진단율 변화를 앞서 내다보고 원인을 설명했다면 좋

[보충설명 5-1] 계속됨

았을 것이다. 진단이 무엇을 뜻하고 무엇을 뜻하지 않는지를 대중과 언론에게 사전에 교육하는 단계도 거쳐야 했다. 아동들이 변한 게 아니고 진단방식이 바뀐 것뿐임을 가르쳐야 했다. 유행을 일으키기는 쉬워도 끝내기는 훨씬 어렵다.

1)~11): 참고문헌임. 이 책에서는 제시하지 않았음.
수정발췌: Frances, A. (2014). 정신병을 만드는 사람들 (김명남 역). 서울: 사이언스북스. (원저 2013 출판) (pp. 223-226)

4. 자폐스펙트럼장애(ASD)의 원인

1) 유전적 요인

자폐스펙트럼장애(ASD)에 유전적 요인이 작용하는 것으로 보인다. 자폐스펙트럼장애의 유전가능성 추정치는 쌍생아 일치율을 근거로 했을 때 37%부터 90% 이상까지 나타나고 있다. 현재 자폐스펙트럼장애 사례의 15% 정도는 알려진 유전적 돌연변이와 관련된 것으로 보이는데, 이러한 유전적 돌연변이에는 다양한 신규 복제수변이(de novo copy number variant) 또는 특정 유전자의 신규 돌연변이(de novo mutation)가 있다. 하지만 알려진 유전적 돌연변이가 ASD와 관련된 경우에도 그 유전적 돌연변이가 완전히 침투한(fully penetrant) 것으로는 보이지 않는다(즉, 동일한 유전적 이상을 가진 모든 사람이 ASD를 발달시키는 것은 아님). 대부분의 사례와 관련된 위험은 다인자적(polygenic)으로 보이는데, 아마도 상대적으로 작은 기여를 하는 수백 개의 유전자 좌위(genetic loci)가 관여하는 경향이 있다(APA, 2022).

2) 출산 전·후 요인

신경발달장애를 위한 다양한 요인이 ASD의 위험에 광범위하게 기여할 수 있는데 이러한 요인으로는 부모의 고령, 극심한 조산(저자주: 재태연령 28주 미만), 또는 어떤 약물이나 기형유발물질(예: 발프로산)에 대한 자궁 내 노출 등이 있다(APA, 2022). 예를 들어, 부모의 나이가 많은 경우에 유전적 요인인 신규 돌연변이(de novo mutation)

의 가능성이 높아지는 경향이 있다(Robinson et al., 2014).

5. 자폐스펙트럼장애(ASD)의 특성

1) 주요 특성

자폐스펙트럼장애(ASD)의 근본적인 특성은 사회적 의사소통과 사회적 상호작용의 지속적인 결함(persistent deficits in social communication and social interaction)과 제한적이고 반복적인 행동, 관심, 또는 활동 패턴(restricted, repetitive patterns of behavior, interests, or activities)이다. 이를 ASD의 2대 주요증상이라고 하는데 흔히 'social communication and interaction(SCI)'과 'restricted, repetitive behavior(RRB)'로 표기하기도 한다(Frazier et al., 2012). 이 증상들은 발달기 초기부터 존재하며 일반적인 기능을 제한하거나 손상시킨다. 또한 이 장애의 징후는 자폐장애의 심각도, 발달수준, 생활연령, 및 아마도 성별(possibly gender)에 따라 매우 다양하게 나타난다(APA, 2022). 다음에서는 DSM-5-TR의 ASD 진단준거를 중심으로 이 두 가지 주요 특성을 각각 살펴보기로 한다.

(1) 사회적 의사소통과 사회적 상호작용의 지속적인 결함
자폐스펙트럼장애(ASD)의 사회적 의사소통과 사회적 상호작용의 결함은 광범위하고 지속적으로 나타난다.

① 사회적-정서적 상호성의 결함
ASD는 사회적-정서적 상호성(즉, 다른 사람들과 어울리고 생각과 감정을 공유하는 능력)의 결함을 보인다(진단준거 A1). 이 장애를 가진 아동들은 타인의 행동에 대한 모방을 적게 하거나 하지 않을 뿐 아니라 사회적 상호작용을 거의 또는 전혀 시작하지 않고 정서를 공유하지 않는다. 그리고 구사하는 언어가 있어도 흔히 일방적이며 발언하거나 감정을 공유하거나 또는 대화를 하기 위해 언어를 사용하기보다는 요청을 하거나 명명을 하기 위해 사용한다. 지적 손상이나 언어지연이 없는 나이 든 아동과 성인의 경우에는 사회적-정서적 상호성의 결함이 복잡한 사회적 단서(예: 대화에 참여하는 때와 방법)를 처리하거나 그에 반응하는 데 있어서의 어려움으로 가장 잘 나타날 수 있다(APA, 2022).

② 비언어적 의사소통 행동의 결함

ASD는 사회적 상호작용을 위해 사용되는 비언어적 의사소통 행동에서 결함을 나타낸다(진단준거 A2). 이러한 결함은 눈맞춤(문화적 규준에 비교하여), 몸짓, 얼굴표정, 신체정위, 말의 억양을 보이지 않거나 적게 보이거나 또는 비전형적으로 사용하는 것으로 나타난다. ASD의 초기 특징은 손상된 주의공유인데 이로 인해 타인들과 관심을 공유하기 위해 사물을 가리키거나 보여주거나 가져오지 못하고 또는 어떤 사람이 가리키거나 눈으로 응시하는 것을 따라가지 못한다. 이 장애를 가진 사람들은 약간의 기능적 몸짓을 배울 수 있으나 레퍼토리가 다른 사람들에 비해 적고 의사소통 중에 표현적 몸짓을 자발적으로 잘 사용하지 못한다. 언어가 유창한 젊은이들과 성인들 중에서도 비언어적 의사소통과 말의 협응에 어려움이 나타나며 이로 인해 신체언어가 기이하거나 경직되었거나 과장되었다는 인상을 주기도 한다. 이와 같은 결함은 상대적으로 미묘할 수도 있으나(예: 어떤 사람은 이야기할 때 비교적 양호한 눈맞춤을 보일 수 있음) 사회적 의사소통을 위한 눈맞춤, 몸짓, 몸자세, 운율, 얼굴표정의 통합이 빈약하고 유지가 어렵다(APA, 2022).

③ 관계 형성, 유지, 및 이해의 결함

ASD는 관계를 형성하고 유지하고 이해하는 데 있어서 결함을 보인다(진단준거 A3). 이 결함은 연령, 성별(gender), 문화의 규준을 고려하여 판단되어야 한다. 사회적 관심이 없거나 적거나 또는 비전형적이며 이는 타인거부, 수동성, 또는 공격적이고 파괴적인 듯한 부적절한 접근으로 나타난다. 이러한 특징은 특히 어린 아동들이 뚜렷이 보이는데, 흔히 공유된 사회적 놀이나 상상력(예: 연령에 적합한 융통성 있는 가장 놀이)이 결여되어 있고 나중에는 매우 고정된 규칙에 의한 놀이를 고집한다. 나이가 더 들면, 한 상황에서는 적절하지만 다른 상황에서는 적절하지 않은 행동을 이해하거나 의사소통에서 언어가 사용되는 다양한 방식(예: 반어, 선의의 거짓말)을 이해하는 데 어려움을 겪기도 한다. 단독활동 또는 훨씬 더 어리거나 나이 든 사람들과의 상호작용을 선호할 수도 있다. 우정이 필요로 하는 것에 대한 완전하거나 실제적인 개념도 없이 우정을 형성하길 원하기도 한다(예: 일방적 우정 또는 특정 관심의 공유에만 근거한 우정)(APA, 2022).

(2) 제한적이고 반복적인 행동, 관심, 또는 활동 패턴

자폐스펙트럼장애(ASD)는 제한적이고 반복적인 행동, 관심, 또는 활동 패턴을 나타내는데 이러한 패턴은 연령과 능력, 중재, 현재의 지원에 따라 일련의 징후를 보인다.

① 상동성과 반복성

ASD는 상동적이거나 반복적으로 동작을 하거나 물건을 사용하거나 말을 하는 특징을 보인다(진단준거 B1). 즉, 상동적이거나 반복적인 행동에는 단순한 동작성 상동증(예: 손 퍼덕거리기, 손가락 튀기기), 물건의 반복적인 사용(예: 동전 돌리기, 장난감 일렬로 세우기), 그리고 반복적인 말(예: 반향어, 자신을 지칭할 때 '너' 사용, 단어·구·운율적 패턴의 상동적 사용)이 포함된다(APA, 2022). 이처럼 ASD에 있어서 상동성과 반복성은 세 가지 형태(신체의 반복적 사용, 물건의 반복적 사용, 언어의 반복적 사용)로 나타난다.

② 동일성 고집 및 의식화된 행동

ASD는 동일성 고집, 판에 박힌 일상에 대한 완고한 집착, 의례적인 언어적 혹은 비언어적 행동 패턴을 보인다(진단준거 B2). 판에 박힌 일상에 대한 과도한 집착과 제한된 행동 패턴은 변화에 대한 저항으로 나타나는데, 예를 들어 학교나 직장으로 가는 우회로 이용하기와 같은 외관상의 사소한 변화에 대해 고통을 느끼거나, 규칙에 집착하여 고집을 부리거나, 사고가 경직되어 있다. 또한 의례적인 언어적 혹은 비언어적 행동 패턴은 반복적으로 질문하기나 주변을 서성거리기 등으로 나타날 수 있다(APA, 2022).

③ 제한적이고 고착된 관심

ASD는 강도나 초점이 비정상적인 매우 제한적이고 고착된 관심을 보인다(진단준거 B3). 즉, ASD에서 보이는 고도로 제한적이고 고착된 관심은 강도나 초점에서 비정상적인 경향이 있다. 예를 들어, 유아가 냄비 또는 끈조각에 강한 애착을 보이거나, 아동이 진공청소기에 몰두하거나, 성인이 일정표를 상세히 쓰는 데 몇 시간을 보내기도 한다(APA, 2022).

④ 감각적 자극에 대한 비정상적 반응

ASD는 감각적 입력에 대해 과대반응 혹은 과소반응을 나타내거나 또는 환경의 감각적 측면에 대해서 이례적인 관심을 보인다(진단준거 B4). 감각적 입력에 대한 과대반응(hyperreactivity to sensory input)은 특정 소리나 감촉에 대한 혐오 반응으로 나타날 수 있고, 감각적 입력에 대한 과소반응(hyporeactivity to sensory input)은 통증, 더위, 혹은 추위에 대한 명백한 무관심을 통해 나타날 수 있다. 그리고 환경의 감각적 측면에 대한 이례적인 관심(unusual interest in sensory aspects of the environment)은 물건에 대한 지나친 냄새맡기나 만지기 또는 빛이나 회전물체에 대한 매료 등으로 나타나기도 한다(APA, 2022). 이처럼 ASD에 있어서 감각적 자극에 대한 비정상적 반응은 세 가지 형태(감각적 자극에 대한 과대반응, 감각적 자극에 대한 과소반응, 감각적 자극에 대한 이례적인 관심)로 나타난다.

이와 같은 감각적 자극에 대한 비정상적 반응은 DSM-III부터 DSM-IV-TR까지 진단준거에 포함되는 주요 특성이 아니라 부수적인 관련 특성으로 기술되었으나 DSM-5에서는 주요 특성으로서 새롭게 진단준거에 포함되는 변화가 있었다([부록] 참조). 하지만 관련내용에서는 다소 미흡한 측면이 있었는데(이승희, 2017b) DSM-5-TR에서도 그 내용에 별다른 보완이 이루어지지 않았다. 참고로 ICD-11(WHO, 2018)노 ASD의 주요 특성 중 하나노 삼각적 자극에 대한 비성상적 반응을 언급하면서 감각적 자극에 대한 고민감도(hypersensitivity to sensory stimulus), 감각적 자극에 대한 저민감도(hyposensitivity to sensory stimulus), 또는 감각적 자극에 대한 이례적인 관심(unusual interest in sensory stimulus)이 지나치고 지속적으로 나타난다고 하였다. 이처럼 감각적 자극에 대한 비정상적 반응이 DSM-5와 DSM-5-TR에 ASD의 주요 특성으로 진단준거에 포함되었으나 그 내용은 다소 미흡한 것으로 보인다. 참고로 [보충설명 5-2]는 ASD의 감각적 자극에 대한 비정상적 반응(즉, ASD의 비정상적 감각반응)과 관련된 추가적인 내용을 제시하고 있다.

[보충설명 5-2] 자페스펙트럼장애(ASD)의 비정상적 감각반응

DSM-5(APA, 2013)와 DSM-5-TR(APA, 2022)의 자폐스펙트럼장애(ASD) 진단준거에는 2대 주요증상별로 각각 3개 항목과 4개 항목이 포함되어 있는데, 두 번째 주요증상의 네 번째 항목(B4)은 감각적 자극에 대한 비정상적 반응과 관련된 항목이다. 이 항목은 다른 항목들과

는 달리 DSM-5부터 진단준거에 새로 포함된 내용이며 따라서 ASD 진단준거의 다른 항목들에 비해 특히 주목을 받고 있다. 이승희(2017b)는 이 항목을 '비정상적 감각반응'이라 지칭하고 'DSM-5 ASD 진단준거의 B4(비정상적 감각반응)에 대한 쟁점과 과제'라는 논문을 발표한 바 있는데, 이 논문의 일부를 참고하여 ASD의 비정상적 감각반응과 관련된 추가적인 내용을 제시하면 다음과 같다.

　　사실 비정상적 감각반응과 관련된 내용은 자폐장애가 DSM에 처음 소개된 DSM-III(APA, 1980)부터 DSM-III-R(APA, 1987)과 DSM-IV(APA, 1994)에 이어 DSM-IV-TR(APA, 2000)까지 언급되었다. 구체적으로 살펴보면, DSM-III는 자폐장애(저자주: DSM-III에서는 '유아자폐증'으로 불렀음)가 있을 경우 감각자극(예: 빛, 통증, 소리)에 대한 과소반응(underresponsiveness) 또는 과다반응(overresponsiveness)이 흔히 나타난다고 기술하였다. 그리고 DSM-III-R은 어떤 감각(예: 통증, 더위, 추위)은 무시하고 특정 자극에 대해서는 과민감성을 보이며(예: 어떤 소리를 막기 위하여 귀 덮기, 접촉되는 것 싫어하기) 어떤 감각에는 매료되는(예: 빛이나 향기에 대한 과장된 반응) 등의 감각적 입력에 대한 기이한 반응을 나타낸다고 하였다. 또한 DSM-IV와 DSM-IV-TR은 감각자극에 대한 기이한 반응(예: 통증에 대한 높은 역치, 소리 또는 접촉에 대한 과민감성, 빛 또는 냄새에 대한 과장된 반응, 특정 자극에의 매료)을 보일 수도 있다고 하였다. 그러나 이러한 내용들은 진단준거에 포함되는 주요 특성이 아니라 부수적인 관련 특성으로 기술되었다(저자주: [부록 1]에 보이듯이, 유아자폐증 진단준거의 'E. 환경의 다양한 측면에 대한 별난 반응'에는 선풍기를 응시하거나 회전하는 사물에 과도한 관심을 보이는 특성, 즉 움직임에 대한 매료가 포함되어 있다. 따라서 DSM-III는 감각적 입력에 대한 과대반응이나 과소반응은 관련 특성으로 보았지만 환경의 감각적 측면에 대한 이례적인 관심은 주요 특성으로 간주하였다고 할 수 있다). 하지만 비정상적 감각반응은 일부 연구자들(예: Newsom, 1998; Rogers et al., 2003)에 의해 자폐장애의 기본적 특성으로 간주되었을 뿐만 아니라 일부 관련저서(예: Boutot & Myles, 2011; Heflin & Alaimo, 2007; Simpson & Myles, 2008)에서는 1개의 장(chapter)을 차지할 정도로 자폐장애와 관련하여 높은 관심을 받아 왔다.

　　한편, ASD에서 나타나는 비정상적 감각반응에 대해 1개의 장(chapter)을 할애할 정도로 다소 심도있게 다루는 관련저서(예: Boutot & Myles, 2011; Heflin & Alaimo, 2007; Simpson & Myles, 2008)에서 공통적으로 언급되는 사항 중 하나로 '감각통합이론'이 있다. 감각통합이론(sensory integration theory)은 말 그대로 감각통합에 대한 이론으로서 1970년대에 Jean Ayres가 개발하였다. Ayres(1979)에 따르면 감각통합(sensory integration)이란 자신의 신체와 환경으로부터 주어지는 감각정보들을 조직화하고 그 환경 속에서 신체를 효과적으로 사용할

[보충설명 5-2] **계속됨**

수 있도록 하는 신경학적 과정이며 이 과정에 문제가 있는 것을 감각통합기능장애(sensory integration dysfunction)라고 한다. 그리고 신경학적 지식을 바탕으로 구성된 활동프로그램을 통해 감각통합기능을 향상시키고자 하는 중재가 감각통합치료(sensory integration therapy)다. 2000년대에 Miller, Anzalone, Lane, Cermak, 그리고 Osten(2007)은 '감각통합'이 감각적 입력에 대한 행동적 반응보다는 신경생리학적 세포 과정(neurophysiologic cellular process)에 자주 적용되는 용어라는 이유로 '감각통합기능장애'를 '감각처리장애(sensory processing disorder: SPD)'로 개칭하였으며 따라서 현재는 '감각통합기능장애'보다는 '감각처리장애'라는 용어가 주로 사용되고 있다(저자주: 감각통합과 관련하여 이론에서는 '감각통합이론'이라는 용어가, 진단에서는 '감각처리장애'라는 용어가, 그리고 중재에서는 '감각통합치료'라는 용어가 사용되는 경향이 있다).

이와 같은 감각처리장애(SPD)는 자폐스펙트럼장애(ASD)와는 달리 미국정신의학회가 발행하는 DSM이나 세계보건기구가 발행하는 ICD에 포함된 장애가 아니며 주로 감각통합과 관련된 훈련을 받은 작업치료사에 의해 진단된다(The CFY Diaries, 2014). Miller 등(2007)에 따르면 감각처리장애(SPD)는 다음 표(※ **감각처리장애의 분류**)와 같이 분류된다. 이 표에서 알 수 있듯이 감각처리장애(SPD)는 크게 감각조절장애(SMD), 감각기반 운동장애(SBMD), 감각구별장애(SDD)의 세 가지로 분류되는데, 자폐스펙트럼장애(ASD) 진단준거의 B4(비정상적 감각반응)는 감각 과다반응(SOR), 감각 과소반응(SUR), 감각추구(SS)가 포함된 감각조절장애와 특히 관련된 것으로 보인다.

※ 감각처리장애의 분류

감각처리장애(SPD) (sensory processing disorder)		
감각조절장애(SMD) (sensory modulation disorder)	감각기반 운동장애(SBMD) (sensory-based motor disorder)	감각구별장애(SDD) (sensory discrimination disorder)
• 감각 과다반응(SOR) (sensory overresponsivity) • 감각 과소반응(SUR) (sensory underresponsivity) • 감각추구(SS) (sensory seeking/craving)	• 통합운동장애 (dyspraxia) • 자세장애 (postural disorder)	• 시각(visual) • 청각(auditory) • 촉각(tactile) • 전정계(vestibular) • 고유수용계(proprioception) • 미각/후각(taste/smell)

이처럼 ASD 진단준거의 B4(비정상적 감각반응)가 감각처리장애 중 감각조절장애와 특히 관련되어 있다고 했을 때, B4(비정상적 감각반응)에 도움이 되는 모델로서 Dunn(1997)이 제안한 감각처리 모델(model of sensory processing)이 있다. 이 모델은 신경학적 역치(neurological threshold)와 자기조절(self-regulation)이라는 두 가지 감각처리 연속체를 사용하는데, 신경학적 역치란 신경계가 반응하는 데 필요한 자극의 양을 의미하고 자기조절이란 자신의 필요를 다루기 위해 행동하는 방식을 의미한다. 이 모델에서 Dunn은 신경학적 역치 연속체(neurological-threshold continuum)와 자기조절 연속체(self-regulation continuum)를 교차시켜 사분면(quadrant)을 다음 그림(**※ Dunn의 감각처리 모델**)과 같이 제시하였다. 이 그림에 보이듯이 신경학적 역치 연속체의 맨 위와 맨 아래는 각각 '높은(high)'과 '낮은(low)'을 반영하고 자기조절 연속체의 한쪽 끝과 반대쪽 끝은 각각 '수동적(passive)'과 '능동적(active)'을 반영한다. 또한 이 그림에 따르면 다소 극단적인 네 가지 감각처리패턴을 각각 낮은 등록, 감각 추구, 감각 민감, 감각 회피라고 부른다. 첫 번째, 낮은 등록(low registration)은 높은 신경학적 역치와 수동적인 자기조절을 나타낸다. 이 경우에 아동은 각성수준이 낮지만 이를 높이는 데 수동적이어서 결과적으로 둔하거나 관심이 없거나 자기 생각에 몰두하는 것같이 보이기도 한다. 두 번째, 감각 추구(sensation seeking)는 높은 신경학적 역치와 능동적인 자기조절을 나타낸다. 이 경우에 아동은 낮은 각성수준을 높이기 위해 능동적으로 감각자극을 추구한다(예: 소리를 내거나 자리에 앉아 무엇인가를 만지작거림). 세 번째, 감각 민감(sensory sensitivity)은 낮은 신경학적 역치와 수동적인 자기조절을 나타낸다. 이 경우에 아동은 감각자극에 노출되면 불편해하지만 능동적으로 감각자극을 제한하거나 감각자극에의 노출을 피하지는 않는다. 따라서 다른 사람보다 더 많은 것에 주의를 기울이기 때문에 산만하거나 과잉행동을 보이는 경향이 있다. 네 번째, 감각 회피(sensation avoiding)는 낮은 신경학적 역치와 능동적인 자기조절을 나타낸다. 이 경우에 아동은 자극을 감소시키기 위해 감각자극에의 노출을 능동적으로 제한한다(예: 활동에 참여하기를 거부함).

이와 같은 Dunn의 감각처리 모델을 자폐스펙트럼장애(ASD)와 관련지어 살펴볼 때는 몇 가지 사항을 유념할 필요가 있다. 첫째, Dunn의 감각처리 모델은 모든 아동에게 적용되는데 ASD 아동의 경우 다소 극단적인 감각처리패턴(낮은 등록, 감각 추구, 감각 민감, 그리고/또는 감각 회피)을 보일 가능성이 있다. 둘째, 모든 ASD아동이 다소 극단적인 감각처리패턴을 보이는 것은 아니다. 왜냐하면 ASD 진단준거에 따르면 B4(비정상적 감각반응)가 진단을 위한 필수항목은 아니기 때문이다. 셋째, 다소 극단적인 감각처리패턴을 보이는 ASD아동의 경우에는 한 가지 또는 그 이상의 감각처리패턴이 나타날 수도 있다. 즉, 감각계에 따라 다른 감각처리패턴이

[보충설명 5-2] 계속됨

나타날 수 있다는 것이다. 예를 들어, 청각에서는 '감각 민감'을 보이지만 촉각에서는 '낮은 등록'을 보일 수도 있다.

※ Dunn의 감각처리 모델

자기조절 연속체 신경학적 역치 연속체	수동적 ←	→ 능동적
높은 ↑	낮은 등록	감각 추구
↓ 낮은	감각 민감	감각 회피

2) 관련 특성

다음 특성들은 자폐스펙트럼장애(ASD)의 진단에 필수적이지는 않지만 나타날 수 있는 부수적인 특성들로서 DSM-5-TR에 제시된 ASD 관련 특성들을 중심으로 살펴보기로 한다.

(1) 인지

자폐스펙트럼장애(ASD)를 가진 다수의 아동은 지적 손상을 가지고 있으며 이들의 지적 프로파일은 일반적으로 고르지 않다. 평균 지능이나 높은 지능을 가진 아동들도 있으나 이들조차 지적 프로파일을 고르게 나타내지 않는다(APA, 2022). 미국 질병통제예방센터(CDC)에 따르면 ASD를 가진 미국 8세 아동들 중 IQ 70 이하인 비율이 2014년(CDC, 2018b), 2016년(CDC, 2020), 2018년(CDC, 2021)에 각각 31%, 33%, 35.2%로 나타났다. ASD는 대략 IQ 70을 기준으로 저기능 자폐스펙트럼장애(low-functioning autism spectrum disorder)와 고기능 자폐스펙트럼장애(high-functioning autism spectrum disorder)로 구분하기도 한다(Ozonoff et al., 2015). 따라서 ASD를 가진 아동들 중 약 1/3이 IQ 70 이하인 저기능 자폐스펙트럼장애라고 할 수 있다.

이와 같이 전반적으로 지적 프로파일이 고르지 않고 약 1/3이 지적 손상을 동반하고 있지만 ASD를 가진 아동들 중 극소수는 정상적으로 발달하는 아동들보다 훨씬 탁월한 능력을 나타내는데, 이를 서번트 증후군(savant syndrome)이라고 한다. [보충설명 5-3]은 ASD에서 나타나는 서번트 증후군에 대해 좀 더 구체적인 설명을 제시하고 있다.

[보충설명 5-3] **자폐스펙트럼장애와 서번트 증후군**

서번트 증후군(savant syndrome)이란 정신적 장애(예: 자폐스펙트럼장애, 지적장애 등)가 있음에도 불구하고 매우 뛰어난 능력이나 기술을 보이는 현상을 말하며, 이러한 능력과 기술을 각각 서번트 능력(savant ability)과 서번트 기술(savant skill)이라고 한다. 또한 서번트 증후군을 보이는 사람을 서번트(savant)라고 부르는데, 여성보다 남성에서 4~7배 더 빈번히 나타나는 것으로 알려져 있다(Treffert, 2014). 서번트 기술은 다음과 같은 여러 영역에서 나타난다.

- 기억(예: 기차와 버스 시간표 기억하기, 지하철 노선도 기억하기 등)
- 수학(예: 굉장히 빠르게 일정 기간을 초 단위로 환산하기 등)
- 달력계산(예: 굉장히 빠르게 달력의 날짜 계산하기 등)
- 음악(예: 절대음감, 연주, 작곡 등)
- 미술(예: 뛰어난 색감 표현, 높은 수준의 기교 등)
- 시공간 기술(예: 복잡한 퍼즐 맞추기, 복잡한 길 찾아가기 등)
- 언어(예: 외국어 습득하기 등)

이처럼 여러 영역에서 나타나는 서번트 기술은 스펙트럼처럼 다양한 양상을 보인다. 따라서 지니고 있는 서번트 기술에 따라 서번트는 다음과 같은 세 가지 유형으로 구분될 수 있다 (Treffert, 2014).

- 단순 기술을 지닌 서번트(splinter skill savant): 개인의 전반적 능력에 비해 뛰어난 능력을 보이지만 단편적 기술에 제한된 서번트 기술(예: 기차와 버스 시간표 기억하기)을 지닌 서번트이며 가장 흔한 유형이다.

[보충설명 5–3] 계속됨

- 재능을 지닌 서번트(talented savant): 개인의 전반적 능력의 제한뿐만 아니라 또래집단과 비교하더라도 두드러질 만큼 음악, 미술, 혹은 특정 영역에서 뛰어난 기술을 보이는 서번트다.
- 비범한 서번트(prodigious savant): 영재 혹은 천재라 불리는 사람에게서 나타나는 정도로 특정 영역에서 특별한 기술을 지닌 서번트이며 가장 드문 유형이다.

이와 같은 서번트 증후군이 자폐스펙트럼장애(ASD)와 어떻게 관련되어 있는지 살펴보면 다음과 같다.

- 모든 서번트가 ASD를 가지고 있는 것은 아니다. 서번트의 50% 정도가 ASD를 가지고 있으며 나머지 50%는 다른 장애(예: 지적장애 등)를 가지고 있다(Treffert, 2014).
- ASD를 가진 모든 사람이 서번트 증후군을 보이는 것은 아니다. ASD를 가진 사람들 중 10% 정도가 서번트 증후군을 보인다(Treffert, 2014).
- 서번트 증후군을 보이는 ASD 사람은 IQ가 70 이하일 수도 있고 70 초과일 수도 있다 (Heaton & Wallace, 2004; Treffert, 2014). 즉, 서번트 증후군은 저기능 자폐스펙트럼장애와 고기능 자폐스펙트럼장애 둘 다에서 나타날 수 있다.
- 서번트 증후군을 보이는 ASD 사람들이 지닌 서번트 기술의 양상은 다양하다. 따라서 세 가지 유형의 서번트 중 어느 유형에 해당하는지는 개인마다 다를 수 있다.

---

(2) 언어

자폐스펙트럼장애(ASD)를 가진 다수의 아동에게서 언어 손상도 나타난다. 이들은 말이 늦거나 언어이해가 언어산출보다 뒤떨어지는(즉, 수용언어 발달이 표현언어 발달보다 뒤떨어지는) 특성을 보이기도 한다(APA, 2022).

(3) 적응행동

자폐스펙트럼장애(ASD)를 가진 아동들의 적응행동은 측정된 지능에 일반적으로 미치지 못한다. 즉, ASD에서는 흔히 지적 기술과 적응기술 간에 격차가 크게 나타난다(APA, 2022).

(4) 운동기능

자폐스펙트럼장애(ASD)에서는 기이한 걸음걸이, 서투름, 그리고 다른 비정상적인 운동 징후(예: 첨족보행)를 포함하는 운동결함이 나타나기도 한다(APA, 2022).

(5) 기타 특성

자폐스펙트럼장애(ASD)를 가진 아동과 청소년들에게 자해(예: 머리찧기, 손목물기)나 파괴적 행동이 나타나기도 한다. 정신의학적 공존장애 또한 ASD에서 동시에 발생하는데, 약 70%가 한 가지 공존 정신장애를 그리고 40% 정도는 두 가지 이상의 공존 정신장애를 가지고 있을 수 있다. 이러한 공존 정신장애로는 불안장애, 우울증, 주의력결핍과잉행동장애가 특히 흔하다(APA, 2022).

3) 관련 인지적 결함

지금까지 자폐스펙트럼장애(ASD)의 주요 특성과 관련 특성을 살펴보았다. 한편, 1990년대에는 ASD의 주요 특성을 설명하고자 하는 노력의 일환으로 인지적 결함(cognitive deficits)에 대한 관심이 높았는데 이때 마음이론(theory of mind), 중앙응집(central coherence), 실행기능(executive functions)이라는 세 가지 인지적 영역이 강조되었다(Volkmar et al., 2004). 즉, ASD의 주요 특성이 이러한 인지적 영역에서의 결함과 관련이 있는지를 알고자 하였다. 현재는 이와 같은 인지적 결함이 중요하기는 하지만 ASD의 근본적인 문제는 아니라고 보는데, 그 이유는 이러한 결함이 ASD를 가진 모든 사람에게 나타나는지도 의문일 뿐 아니라 ASD에서만 그 결함들이 나타나는 것도 아니기 때문이다(Peterson, 2004; Plaisted, Swettenham, & Rees, 1999). 따라서 이 세 가지 인지적 영역보다는 주의공유(joint attention), 모방(imitation), 안면지각(face perception) 같은 발달 초기(생후 첫 1~2년)에 나타나는 행동을 집중적으로 탐구하는 경향이 있다(Berger, 2006; Volkmar et al., 2004). 이와 같은 행동들은 생애 초기에 나타나며 문제가 있을 경우 마음이론, 중앙응집, 실행기능 같은 인지적 영역에서의 결함으로 이어질 가능성이 있는 것으로 간주된다(Volkmar et al., 2004). 이는 세 가지 인지적 영역(마음이론, 중앙응집, 실행기능)의 결함이 ASD의 일차적 증상이 아니라 이차적 증상임을 시사한다. 이러한 결함을 세 가지 인지적 영역별로 간략하게 살펴보면 다음과 같다. 참고로, DSM-5-TR(APA, 2022)은 처음으로 이 세 가지 인지적 영역을

ASD의 관련 특성에서 아래와 같이 간략하게 언급하고 있다.

- 마음이론결함(theory-of-mind deficits)(즉, 다른 사람의 관점에서 세상을 보는 데 어려움이 있음)이 자폐스펙트럼장애를 가진 사람들에게 흔히 보이지만 모든 사례에서 반드시 나타나는 것은 아니다. 실행기능결함(executive function deficits) 또한 흔하지만 중앙응집의 어려움(difficulties with central coherence)(즉, 맥락을 이해하거나 "큰 그림을 보는" 능력이 없고 따라서 세부사항에 과도하게 초점을 맞추는 경향이 있음)에서처럼 구체적이지는 않다(APA, 2022, p. 62).

(1) 마음이론

마음이론(Theory of Mind: ToM)이란 자기 자신과 다른 사람들의 마음상태에 대해 추론하는 능력, 즉 다른 사람의 마음을 읽는 능력을 말하는데 인간의 지성은 다른 동물들의 지성과 다르다는 것을 말하기 위해 심리학자들이 세운 가설이다. 사람이 자신이나 타인의 마음에 관한 이론을 세운다는 의미에서 '마음이론'(theory of mind)'이라고 부르는 것이며 Premack과 Woodruff(1978)가 붙인 명칭이다. 마음이론은 서서히 발달하는데, 3~4세 아동은 다른 사람의 마음상태에 대한 이해가 어느 정도 가능하고 6세 부렵의 아동은 다른 사람이 또 다른 사람의 생각에 대해 어떻게 생각하는지를 이해할 수 있게 된다. 그러나 자폐스펙트럼장애(ASD)에서는 마음이론의 결함, 즉 마음맹(mindblindness)이라는 인지적 결함으로 사회적 상호작용과 의사소통에 문제가 나타나기도 한다(Baron-Cohen, 1995; Baron-Cohen, Leslie, & Frith, 1985). '마음맹(mindblindness)'은 영국의 심리학자 Baron-Cohen이 자폐스펙트럼장애를 가진 사람들이 다른 사람의 감정과 정신상태를 이해하는 데 큰 어려움을 겪는 것을 묘사하기 위해 만든 용어다. [보충설명 5-4]에는 마음이론에 대한 좀 더 구체적인 설명이 제시되어 있다.

(2) 중앙응집

중앙응집(central coherence)이란 세부적인 정보들을 함께 엮어서 전체적인 의미를 이끌어 내는 능력을 말한다. 자폐스펙트럼장애(ASD)에서는 중앙응집의 결함, 즉 빈약한 중앙응집(weak central coherence: WCC)이라는 인지적 결함으로 전체보다는 특정 부분에 초점을 맞추는 경향이 나타난다(Happé & Frith, 1996). 따라서 사물을 볼 때

마음이론은 전형적으로 서서히 발달한다. 3~4세가 되면 아동은 보통 일차적인 능력(first-order ability)을 가지게 되어 다른 사람들의 속마음 상태를 이해할 수 있다(Wellman, 1993). 6세 정도의 아동은 이차적인 능력(second-order ability)을 획득하여 다른 사람이 또 다른 사람의 생각에 대해 어떻게 생각하는가를 이해할 수 있게 된다.

이러한 마음이론은 여러 가지 과제를 사용하여 평가되어 왔는데, 다른 사람이 잘못된 믿음을 가질 수 있다는 사실을 이해하는지를 평가하는 Sally-Anne 검사가 널리 사용된다(Baron-Cohen, 1989). 이 검사에서는 'Sally가 바구니에 구슬을 넣어 둔 다음 밖으로 나가고, Sally가 나간 다음 Anne이 들어와서 구슬을 다른 상자로 옮겨 담았으며, 그 뒤에 Sally가 돌아왔다'라는 이야기를 아동에게 들려준다. 이 이야기를 들은 아동에게 "Sally가 어디에서 구슬을 찾아볼까?"라고 질문한다. 이 질문에 옳은 대답을 하기 위해서 아동은 Sally가 자신이 넣어 둔 바구니 안에 구슬이 들어 있을 것이라고 잘못 믿고 있으며 그 잘못된 믿음에 따라 행동을 하게 된다는 것을 이해해야만 한다. 이것이 일차 과제(first-order task)인데, 이를 일부 수정하면 이차적인 능력(second-order ability)을 평가하는 이차 과제(first-order task)가 된다. 이차 과제에서는 'Sally가 바구니에 구슬을 넣어 둔 다음 밖으로 나가고, Sally가 나간 다음 Anne이 구슬을 다른 상자로 옮겨 담는 것을 Sally가 몰래 들여다보았으며, 그 뒤에 Sally가 돌아왔다'라는 이야기를 아동에게 들려준다. 이 이야기를 들은 아동에게 "Anne은 Sally가 어디에서 구슬을 찾을 것으로 생각할까?"라고 질문한다. 이 질문에 옳은 대답을 하기 위해서 아동은 Anne이 Sally가 어떻게 생각할 것으로 생각하는가를 제대로 읽어야만 한다.

대부분의 자폐스펙트럼장애 아동은 일차 과제를 제대로 수행하지 못하며 이차 과제에서 실패하는 아동은 더 많다(Baron-Cohen & Swettenham, 1997).

수정발췌: Wicks-Nelson, R., & Israel, A. C. (2006). *Behavior disorders of childhood* (6th ed.). Upper Saddle River, NJ: Pearson Education, Inc. (pp. 342-343)

전체를 보기보다는 부분에 집착하며 이는 마치 나무는 보고 숲은 보지 못하는 것과 같다.

(3) 실행기능

실행기능(executive functions)이란 두뇌의 전두엽이 조정하는 것으로 보이는 일련의 기능으로서 계획, 충동통제, 행동과 사고의 유연성, 조직화된 탐색 등을 포함한다(Mesibov et al., 1997). 자폐스펙트럼장애(ASD)에서는 실행기능의 결함, 즉 실행기능장애(executive dysfunction: ED)라는 인지적 결함이 나타나기도 한다(Ozonoff, 1997). 특히 행동과 사고의 유연성에서의 결함으로 ASD를 가진 사람들은 행동이 유연하지 못하고 환경 내의 작은 변화에도 많은 어려움을 겪는다(Mesibov et al., 1997). 실행기 능의 결함은 ASD뿐 아니라 전두엽손상과 주의력결핍과잉행동장애(ADHD)에서도 나 타나는 것으로 알려져 있다(Reid & Johnson, 2012).

6. 자폐스펙트럼장애(ASD)의 경과

자폐스펙트럼장애(ASD)의 증상은 전형적으로 생후 2년 차(12~24개월)에 인지되 는데, 증상이 심한 경우에는 12개월 이전에 나타날 수 있고 증상이 미묘한 경우에는 24개월 이후에 인지되기도 한다. 이후 아동기 초기와 학령기 초기에 증상이 가장 현 저해지다가 대체로 아동기 후반부에는 최소한 몇몇 영역에서 발달적 진전이 나타난 다(예: 사회적 상호작용에 대한 관심의 증가). ASD를 가진 대부분의 사람은 청소년기에 행동적으로 개선되는 데 반해, 적은 비율의 사람들은 퇴화하기도 한다. 한때는 성인 기에 소수만이 독립적으로 생활하고 일을 했지만 ASD 진단이 우수한 언어 및 지적 능력을 갖추고 있는 사람들에게 더 빈번하게 내려짐에 따라 더 많은 사람이 자신의 특별한 관심과 기술에 맞는 적소를 찾아 생산적으로 고용되고 있다. 그러나 이들조 차도 도움 없이 현실적 요구를 조직화하는 데 어려움을 보이기도 한다. 노년기에 대 해서는 상대적으로 알려진 바가 거의 없으나 동시에 발생하는 의학적 조건들의 비율 이 더 높아졌다는 보고가 있다(APA, 2022).

7. 자폐스펙트럼장애(ASD)의 감별진단

DSM-5-TR(APA, 2022)은 자폐스펙트럼장애(ASD)와의 감별진단(differential diagnosis)이 요구되는 장애들을 다음과 같이 소개하고 있다. 그러나 감별진단이 요 구되는 장애라도 진단준거가 충족되면 ASD와 동시에 진단을 내릴 수 있는 경우가 있 다. 예를 들어, 주의력결핍과잉행동장애와 조현병은 ASD와 동시진단이 가능하다.

1) 주의력결핍과잉행동장애

주의력 이상(과도하게 집중하는, 쉽게 산만해지는)과 과잉행동은 자페스펙트럼장애(ASD)를 가진 사람들에게서 흔히 나타난다. 더욱이 주의력결핍과잉행동장애(attention deficit hyperactivity disorder: ADHD)를 가진 일부 사람들은 타인을 방해하고, 너무 크게 말하고, 사적인 공간을 존중하지 않는 것과 같은 사회적 의사소통 결함을 보이기도 한다. ADHD를 ASD와 구별하는 것이 어려울 가능성이 있다고 하더라도, 발달경과와 ADHD에 있어서 제한적이고 반복적인 행동 및 이례적인 관심의 부재는 두 조건을 구별하는 데 도움이 될 수 있다. ADHD의 동시진단은 주의력 문제와 과잉행동이 동일한 정신연령대에서 전형적으로 나타나는 정도를 초월할 때 고려되어야만 하며, ADHD는 ASD에서 가장 흔한 공존장애의 하나다(APA, 2022).

2) 자페스펙트럼장애를 동반하지 않는 지적발달장애(지적장애)

매우 어린 아동들의 경우, 자페스펙트럼장애(ASD)를 동반하지 않는 지적발달장애(intellectual developmental disorder)와 자페스펙트럼장애(ASD)를 구별하는 데 어려움이 있다. 언어 혹은 상징적 기술이 발달되지 않은 지적발달장애인 또한 감별진단을 어렵게 하는데 그 이유는 그들에게도 반복적 행동이 흔히 나타나기 때문이다. 지적발달장애인에게 ASD 진단이 적절한 경우는 본인의 비언어적 기술(예: 소근육 기술, 비언어적 문제해결)의 발달수준에 비해 사회적 의사소통과 상호작용이 유의미하게 손상되어 있을 때다. 반면, 사회적-의사소통적 기술의 수준과 다른 지적 기술의 수준 사이에 명백한 차이가 없을 때는 지적발달장애가 적절한 진단이다(APA, 2022).

3) 언어장애 및 사회적(실용적) 의사소통장애

언어장애의 어떤 형태에서는 의사소통문제와 이차적인 사회적 어려움이 있을 수 있다. 그러나 특정언어장애(단순언어장애: specific language disorder)에서는 보통 비정상적인 비언어적 의사소통이 나타나지 않을 뿐 아니라 제한적이고 반복적인 행동, 관심, 또는 활동 패턴도 나타나지 않는다(APA, 2022).

사회적 의사소통과 사회적 상호작용의 손상은 보이지만 제한적이고 반복적인 행동이나 관심은 보이지 않을 경우, 자폐스펙트럼장애(ASD) 대신 사회적(실용적 또는 화용적) 의사소통장애[social(pragmatic) communication disorder: SPCD]의 진단준거를 충족시킬 수 있다. ASD 진단준거가 충족될 때 ASD 진단이 SPCD 진단을 우선한다 (APA, 2022).

참고로, SPCD는 DSM-5(APA, 2013)에서부터 새롭게 포함된 이후 다소 논쟁의 대상이 되고 있는데, 이에 대해서는 [보충설명 5-5]를 참고하기 바란다.

[보충설명 5-5] 사회적(실용적) 의사소통장애에 대한 논쟁

사회적(실용적) 의사소통장애[social(pragmatic) communication disorder: SPCD]는 DSM-5 (APA, 2013)에서 의사소통장애(communication disorders)의 하위유형 중 하나로 새롭게 포함되었다. SPCD는 자폐스펙트럼장애(ASD)와 특히 관련이 있는데, DSM-5(APA, 2013)와 DSM-5-TR(APA, 2022)의 자폐스펙트럼장애(ASD) 진단준거에는 "DSM-IV에 의해 자폐장애, 아스퍼거장애, 또는 불특정 전반적 발달장애로 확진된 개인들에게는 자폐스펙트럼장애 진단을 내려야 한다. 사회적 의사소통에 현저한 결함은 가지고 있으나 자폐스펙트럼장애의 준거를 만족시키지 못하는 개인은 사회적(실용적) 의사소통장애에 대한 평가를 받아야 한다." 라는 주의사항이 있다. 즉, ASD의 진단준거 A(사회적 의사소통과 사회적 상호작용의 지속적인 결함)는 충족시키지만 진단준거 B(제한적이고 반복적인 행동, 관심, 또는 활동 패턴)는 충족시키지 못하면 SPCD 평가가 필요하다는 것이다. 이 주의사항에 따르면 DSM-5 이전에 자폐장애, 아스퍼거장애, 불특정 전반적 발달장애(PDD-NOS)로 확진된 아동들은 재진단 없이 ASD를 가진 것으로 간주된다. 그러나 희망할 경우에는 재진단이 가능한데, 이때 PDD-NOS 로 진단받았던 아동들 일부는 DSM-5(APA, 2013)부터 SPCD로 진단될 가능성이 있다. 왜냐하면 DSM-IV-TR(APA, 2000)의 PDD-NOS 정의를 보면, 사회적 상호작용의 손상은 진단준거를 충족시키지만 의사소통기술의 손상 또는 제한적이고 반복적인 행동이 진단준거를 충족시키지 못하는 경우도 포함되기 때문이다. 이는 PDD-NOS로 진단받았던 아동들 일부는 제한적이고 반복적인 행동을 전혀 보이지 않았다는 것이 아니라 진단준거를 충족시킬 정도로는 보이지 않았다는 것을 의미한다. 마찬가지로 SPCD로 진단된 아동들도 ASD의 진단준거 A(사회적 의사소통과 사회적 상호작용의 지속적인 결함)는 충족시키고 진단준거 B(제한적이고 반복적인 행동, 관심, 또는 활동 패턴)는 충족시키지 못하지만 이것이 제한적이고 반복적인 행동을 전혀 보이지 않는다는 것을 의미하지는 않는다.

이와 같은 SPCD는 DSM-5(APA, 2013)에 포함된 이후 몇 가지 측면에서 논쟁의 대상이 되

고 있다. 첫째, 이 범주의 타당성에 대한 비판이 제기되어 왔다. 예를 들어, Lord와 Jones(2012)는 SPCD의 타당성에 대한 자료가 부족하다고 주장하였으며 Mandy, Wang, Lee, 그리고 Skuse(2017)는 SPCD가 ASD와 질적으로 구별된다는 증거를 찾지 못했다고 보고한 바 있다. 둘째, 이 범주의 출현율도 논쟁의 대상이다. 왜냐하면 DSM-5(APA, 2013)와 DSM-5-TR(APA, 2022) 둘 다 SPCD의 출현율을 보고하지 않고 있다. 만약 사례가 드물어서 출현율 추정에 어려움이 있는 것이라면 범주의 타당성과도 관련될 수 있는 문제다. 셋째, ICD-11(WHO, 2018)과의 조화에도 문제가 있다. DSM-5(APA, 2013)와 DSM-5-TR(APA, 2022)의 의사소통장애(communication disorders)에 해당되는 ICD-11(WHO, 2018)의 발달적 말 또는 언어 장애(developmental speech or language disorders)의 하위유형에는 SPCD 또는 유사한 범주가 없다.

이상과 같이 DSM-5(APA, 2013)에 이어 DSM-5-TR(APA, 2022)에도 포함되어 SPCD는 독립적인 범주로서의 타당성에 대한 비판을 받고 있고 아직 출현율이 제시되지 않아 얼마나 많은 사람이 이 진단을 받는지도 분명하지 않을 뿐 아니라, ICD-11(WHO, 2018)에는 SPCD 또는 유사한 범주가 없다. 또한 SPCD가 ASD와 질적으로 다르다는 증거를 찾지 못했다고 보고하는 연구가 있는가 하면 ICD-11(WHO, 2018)은 ASD에 '달리 명시된 자폐스펙트럼장애(other specified autism spectrum disorder)'와 '명시되지 않는 자폐스펙트럼장애(autism spectrum disorder, unspecified)'를 포함하고 있다(⟨표 1-3⟩ 참조). 따라서 DSM-5-TR(APA, 2022)의 의사소통장애에서 SPCD를 삭제하고 대신 ASD에 '달리 명시된 자폐스펙트럼장애(other specified autism spectrum disorder)' 그리고/또는 '명시되지 않는 자폐스펙트럼장애(unspecified autism spectrum disorder)'를 포함하는 것도 한 가지 방안이 될 수 있을 것으로 보인다. 물론 SPCD가 ASD와 증상, 원인, 중재에서 정말 다른지를 확실히 알려면 향후 더 많은 연구가 필요한 것은 자명한 사실이다.

4) 선택적 함구증

선택적 함구증(selective mutism)은 보통 어떤 상황이나 환경에서는 적절한 의사소통기술을 보인다. 또한 함구하는 환경에서조차도 사회적 상호성이 손상되지 않으며 제한적이거나 반복적인 행동패턴도 나타나지 않는다(APA, 2022).

5) 상동적 운동장애

동작성 상동증은 자폐스펙트럼장애(ASD)의 진단적 특성에 포함되어 있으므로 반복적 행동이 자폐스펙트럼장애로 더 잘 설명된다면 상동적 운동장애(stereotypic movement disorder)라는 추가진단은 내리지 않는다. 그러나 상동증이 자해를 야기하고 치료의 초점이 될 때는 두 가지 진단을 모두 내리는 동시진단이 적절할 수도 있다 (APA, 2022).

6) 레트증후군

레트증후군(Rett syndrome)의 퇴행단계(일반적으로 1세에서 4세 사이)에서 사회적 상호작용의 파괴가 나타나기 때문에 레트증후군을 가진 어린 여아들의 상당수가 자폐스펙트럼장애(ASD)의 진단준거를 충족시키는 것처럼 보일 수 있다. 그러나 이 기간이 지나면 레트증후군을 가진 대부분의 아동은 사회적 의사소통기술에서 개선을 보이고 자폐적 특징이 주된 관심사를 벗어나게 된다. 따라서 ASD는 모든 진단준거가 충족될 경우에만 고려해야 한다(APA, 2022).

7) 불안장애

불안 증상들은 자폐스펙트럼장애(ASD)의 핵심적 증상들과 겹치기 때문에 ASD에서 보이는 불안 증상들의 분류를 힘들게 하기도 한다. 예를 들어, 사회적 위축과 반복적인 행동은 ASD의 핵심적 특징이지만 불안의 표현일 수도 있다. ASD에서 가장 흔한 불안장애(anxiety disorders)는 특정공포증(사례의 약 30%), 그리고 사회적 불안과 광장공포증(사례의 약 17%)이다(APA, 2022).

8) 강박장애

반복적인 행동은 강박장애(obsessive-compulsive disorder)와 자폐스펙트럼장애(ASD) 둘 다의 핵심적 증상이며 둘 다에서 반복적인 행동은 부적절하거나 기이한 것으로 간주된다. 강박장애에서 침투적 사고는 흔히 오염, 정리, 또는 성적 혹은 종교적 주제와 관련되어 있는데, 강박행동은 이러한 침투적 사고에 반응하여 불안을 없애려는 시도로 수행된다. ASD에서 반복적인 행동은 더 정형화된 동작 행동(예: 손 퍼덕거리기, 손가락 흔들기) 또는 더 복잡한 행동(예: 판에 박힌 일상에 대한 고집 또는 물건 일렬로 세우기)을 전형적으로 포함한다. 강박장애에 반해, ASD에서 반복적인 행동은 즐거운 것으로 인식될 수 있다(APA, 2022).

9) 조현병

아동기출현 조현병(schizophrenia)은 정상적으로 또는 거의 정상적으로 발달하는 기간 후에 보통 출현한다. 전구기에 발생하는 사회적 손상과 비전형적 관심 및 믿음은 자폐스펙트럼장애(ASD)에서 나타나는 사회적 결함 및 제한적이고 고정된 관심과 혼동될 수도 있다. 또한 환각과 망상은 조현병의 결정적 특징이지만 ASD의 특징은 아니다. 그러나 ASD를 가진 아동이 조현병의 주요 특징에 대한 질문의 해석에서 사실에 의거할 가능성을 반드시 고려해야 한다(예: "아무도 없을 때 목소리가 들립니까?" "예[라디오에서]"). ASD와 조현병은 동시에 발생할 수 있으며, 준거가 충족될 때는 둘 다 진단을 내린다(APA, 2022).

8. 자폐스펙트럼장애(ASD)의 평가

사실 자폐스펙트럼장애(ASD)는 일반적으로 소아정신과 의사(child psychiatrist)인 전문가가 적절하게 훈련받았다면 유용한 질문으로 부모를 면접하고 직접 아동을 관찰하는 것만으로도 진단이 가능하다(Ozonoff et al., 2015). 그러나 ASD의 평가는 다양한 사정방법과 다수의 정보제공자를 통하여 포괄적으로 이루어져야 하는데 그 이유는 두 가지로 요약할 수 있다. 첫째, 평가의 결과는 진단뿐만 아니라 치료나 중재 계획에도 도움을 줄 수 있어야 한다. 따라서 아동의 강점과 약점, 치료적 요구 등을 이해하는 데 도움을 주는 검사나 검진 등이 필요하다. 둘째, DSM-5-TR의 ASD 진단준거에 의하면, 2대 주요증상별로 심각도 단계를 명시하게 되어 있고, 지적 손상 및 언어 손상의 동반 여부도 명시하게 되어 있으며, 만약 알려진 유전적 또는 다른 의학적 조건이나 환경적 요인과 연관되어 있거나 혹은 신경발달적, 정신적, 또는 행동적 문제와 연관된 경우에는 그러한 조건, 요인, 문제를 명시하게 되어 있다. 따라서 이러한 사항들에 대한 정보가 수집될 수 있도록 평가를 실시해야 한다. 다음에서는 ASD의 평가에서 실시되는 검사, 면접, 관찰, 의학적 검진 등에 대하여 살펴보기로 한다.

1) 검사

자폐스펙트럼장애(ASD)의 평가에서는 ASD에 초점을 두고 개발된 검사뿐만 아니라 다른 추가 검사들(예: 지능검사, 적응행동검사, 언어검사, 감각처리검사)도 실시될 수 있다.

(1) 자폐스펙트럼장애(ASD) 검사

DSM-5(APA, 2013)부터 전반적 발달장애(PDDs)라는 용어와 하위유형들을 삭제하고 대신 자폐스펙트럼장애(ASD)라는 새로운 단일범주(single category)를 도입함에 따라 대두되는 필요성 중의 하나가 적절한 검사도구의 개발이다. 왜냐하면 정신장애와 관련된 검사도구들이 DSM의 진단준거를 근거로 하고 있기 때문이다. 예를 들어, ASD 선별도구로 국내에서 출시된「걸음마기 아동 행동 발달 선별 척도」(유희정 외, 2022)는 DSM-5의 진단준거를 바탕으로 개발되었다. 그러나 현재까지는 DSM의 ASD에 초점을 두고 개발된 검사는 다소 찾아보기 힘들며 따라서 기존의 자폐상애에 초점을 두고 개발된 검사에 의존할 수밖에 없는 상황으로 보인다. 〈표 5-4〉는 자폐장애 또는 ASD의 평가를 위하여 국외에서 개발되어 우리나라에 공식적으로 소개된 검사와 국내에서 개발된 검사를 연도순으로 정리하여 제시하고 있다(단, 2000년 이전에 출시된 검사도구는 제외하였다).

(2) 지능검사

DSM-5-TR의 자폐스펙트럼장애(ASD) 진단준거에 의하면 지적 손상의 동반 여부를 명시하게 되어 있으므로 ASD의 평가에서는 지능검사를 실시하는 것이 바람직하다. 이때 ASD의 특성상 언어적 기술과 비언어적 기술을 분리하여 평가하는 것도 고려할 필요가 있다(예: 한정된 언어를 가진 개인의 잠재적 강점을 사정하기 위해 시간제한 없는 비언어적 검사 사용하기)(APA, 2022). 〈표 5-5〉에는 국외에서 개발되어 우리나라에 공식적으로 소개되었거나 국내에서 개발된 지능 검사도구가 연도순으로 제시되어 있다(단, 2000년 이전에 출시된 검사도구는 제외하였다).

〈표 5-4〉 자폐스펙트럼장애(ASD) 검사도구

검사도구명	개요	목적 및 대상
한국 자폐증 진단검사 (강위영, 윤치연, 2004)	한국 자폐증 진단검사(Korean Autism Diagnostic Scale: K-ADS)는 DSM-IV-TR(APA, 2000)의 자폐장애 진단준거와 Gilliam Autism Rating Scale(GARS)(Gilliam, 1995)을 기초로 하여 강위영과 윤치연(2004)이 우리나라의 실정에 맞도록 제작한 자폐증 진단검사다. 현재 미국에서는 GARS-2(Gilliam, 2006)가 사용되고 있다.	자폐장애로 의심되는 3세부터 21세까지의 아동 및 청소년을 대상으로 자폐장애를 진단하기 위한 검사다.
심리교육 프로파일 (김태련, 박랑규, 2005)	심리교육 프로파일(Psychoeducational Profile-Revised: PEP-R)은 김태련과 박랑규(2005)가 미국의 Psychoeducational Profile-Revised(PEP-R)(Schopler, Reichler, Bashford, Lansing, & Marcus, 1990)를 한국의 아동들을 대상으로 표준화한 것이다. 현재 미국에서는 PEP-3(Schopler, Lansing, Reichler, & Marcus, 2005)가 사용되고 있다.	자폐장애아동과 유사 발달장애아동의 발달 수준과 특이한 학습 및 행동 패턴을 평가하여 개별 치료프로그램에 활용하기 위해 제작된 검사다.
사회적 의사소통 설문지 (유희정, 2008)	사회적 의사소통 설문지(Social Communication Questionnaire: SCQ)는 유희정(2008)이 미국의 Social Communication Questionnaire(SCQ)(Rutter, Bailey, Berument, Lord, & Pickles, 2003)를 번역한 것이다.	2세 이상의 아동 및 성인을 대상으로 자폐스펙트럼장애를 선별하기 위한 검사다.
덴버모델 발달 체크리스트 (정경미, 2017)	덴버모델 발달 체크리스트는 정경미(2017)가 미국의 Early Start Denver Model Curriculum Checklist for Young Children with Autism(ESDM Curriculum Checklist)(Rogers & Dawson, 2010a)을 번역한 것이다. ESDM(Early Start Denver Model)은 자폐스펙트럼장애(ASD) 영유아를 대상으로 하는 조기중재모델인데, 이 모델에서 ASD 영유아의 평가와 중재를 위해 개발된 도구가 ESDM Curriculum Checklist다.	12개월부터 48개월까지의 자폐스펙트럼장애 영유아를 평가하기 위한 도구다.

〈표 5-4〉 계속됨

검사도구명	개요	목적 및 대상
한국판 아동기 자폐 평정 척도-2 (이소현 외, 2019)	한국판 아동기 자폐 평정 척도-2(Korean Childhood Autism Rating Scale-2: K-CARS-2)는 이소현, 윤선아, 그리고 신민섭(2019)이 미국의 Childhood Autism Rating Scale-Second Edition(CARS-2)(Schopler, Van Bourgondien, Wellman, & Love, 2010)을 한국에서 표준화한 것이다.	일반 인구를 대상으로 개발된 것이 아니라 2세부터 36세까지의 자폐스펙트럼장애를 지닌 아동, 청소년, 및 성인을 판별하고 다른 장애로부터 구별하기 위해 개발된 도구다.
걸음마기 아동 행동 발달 선별 척도 (유희정 외, 2022)	걸음마기 아동 행동 발달 선별 척도(Behavior Development Screening for Toddlers: BeDevel)는 유희정 등(2022)이 DSM-5에 제시된 ASD 진단준거를 바탕으로 개발한 조기 선별 도구다.	42개월 미만의 어린 아동들을 대상으로 자폐스펙트럼장애를 조기에 선별하기 위한 검사다.

〈표 5-5〉 지능 검사도구

검사도구명	개요	목적 및 대상
KISE 한국형 개인지능 검사 (박경숙 외, 2002)	KISE 한국형 개인지능검사(Korea Institute for Special Education-Korea Intelligence Test for Children: KISE-KIT)는 박경숙, 정동영, 그리고 정인숙(2002)이 한국 최초로 한국의 문화적·사회적 배경에 적합하게 개발한 지능검사다[저자주: 우리나라 국립특수교육원의 영문명인 KISE(Korea Institute for Special Education)는 2016년 1월 1일부터 NISE(National Institute for Special Education)로 변경되었음].	5세부터 17세까지의 아동과 청소년을 대상으로 지능을 측정하기 위한 검사인데, 쉬운 문항도 포함시킴으로써 장애(예: 지적장애, 자폐성장애)로 인해 지적 발달이 지체된 아동이나 청소년들의 지능도 측정이 가능하도록 개발되었다.
한국판 KABC-II (문수백, 2014)	한국판 KABC-II(Kaufman Assessment Battery for Children-II)는 문수백(2014)이 미국의 Kaufman Assessment Battery for Children-Second Edition(KABC-II)(Kaufman & Kaufman, 2004)을 한국의 아동들을 대상으로 표준화한 것이다.	3세부터 18세까지의 아동 및 청소년을 대상으로 인지능력을 측정하기 위한 지능검사다.

〈표 5-5〉 **계속됨**

검사도구명	개요	목적 및 대상
한국 비언어 지능검사 -2판 (박혜원, 2014)	한국 비언어 지능검사-2판(Korean Comprehensive Test of Nonverbal Intelligence-Second Edition: K-CTONI-2)은 박혜원(2014)이 미국의 Comprehensive Test of Nonverbal Intelligence-Second Edition(CTONI-2)(Hammill, Pearson, & Wiederholt, 2009)을 한국의 아동과 성인들을 대상으로 표준화한 것이다. 비언어 검사란 비언어적 지시, 내용, 응답을 사용하는 검사라고 할 수 있다.	5세 0개월부터 59세 11개월까지의 연령집단을 대상으로 성인뿐만 아니라 의사소통장애, 청각장애, 뇌손상 등의 장애를 가진 아동 및 성인의 지적 능력을 측정할 때 유용하다.
한국 웩슬러 유아지능검사-4판 (박혜원 외, 2016)	한국 웩슬러 유아지능검사-4판(Korean Wechsler Preschool and Primary Scale of Intelligence-Fourth Edition: K-WPPSI-IV)은 박혜원, 이경옥, 그리고 안동현(2016)이 미국의 Wechsler Preschool and Primary Scale of Intelligence-Fourth Edition(WPPSI-IV)(Wechsler, 2012)을 한국의 아동들을 대상으로 표준화한 것이다.	2세 6개월부터 7세 7개월까지의 유아를 대상으로 인지능력을 평가하기 위한 지능검사다.
한국 웩슬러 아동지능검사-5판 (곽금주, 장승민, 2019)	한국 웩슬러 아동지능검사-5판(Korean Wechsler Intelligence Scale for Children-Fifth Edition: K-WISC-V)은 곽금주와 장승민(2019)이 미국의 Wechsler Intelligence Scale for Children-Fifth Edition(WISC-V)(Wechsler, 2015)을 한국의 아동들을 대상으로 표준화한 것이다.	6세 0개월부터 16세 11개월까지의 아동을 대상으로 지능을 평가하기 위한 종합적인 임상도구다.

(3) 적응행동검사

DSM-5-TR의 자폐스펙트럼장애(ASD) 진단준거에 의하면 지적 손상의 동반 여부를 명시하게 되어 있을 뿐 아니라 ASD를 동반하지 않는 지적발달장애(지적장애)와의 감별진단도 요구되고 있다. 따라서 적응행동검사는 지적장애를 판별하기 위해 필요할 뿐 아니라 지적장애가 ASD를 동반하지 않는 지적장애인지를 판별하기 위해서도 필요하다. 일반적으로 ASD를 가진 사람들의 적응행동은 측정된 지능에 미치지 못하여 적응적인 기능적 기술과 지적 기술 간에 명백한 차이가 있다(APA, 2022). 〈표 5-6〉에는 국외에서 개발되어 우리나라에 공식적으로 소개되었거나 국내에서 개발된 적응행동 검사도구가 연도순으로 제시되어 있다(단, 2000년 이전에 출시된 검사도구는 제외하였다).

〈표 5-6〉 적응행동 검사도구

검사도구명	개요	목적 및 대상
KISE 적응행동검사 (정인숙 외, 2003)	KISE 적응행동검사(Korea Institute for Special Education-Scales of Adaptive Behavior: KISE-SAB)는 정인숙, 강영택, 김계옥, 박경숙, 그리고 정동영(2003)이 한국의 사회적·문화적 맥락과 생활양식에 적합하게 개발한 적응행동검사다[저자주: 우리나라 국립특수교육원의 영문명인 KISE(Korea Institute for Special Education)는 2016년 1월 1일부터 NISE(National Institute for Special Education)로 변경되었음].	지적장애아동의 경우 5세부터 17세까지를 대상으로 그리고 일반아동의 경우 21개월부터 17세까지를 대상으로 적응행동을 측정하기 위한 검사다.
한국판 적응행동검사 (백은희 외, 2007)	한국판 적응행동검사(Korean-Scales of Independent Behavior-Revised: K-SIB-R)는 백은희, 이병인, 그리고 조수제(2007)가 미국의 Scales of Independent Behavior-Revised(SIB-R)(Bruininks, Woodcock, Weatherman, & Hill, 1996)를 한국의 아동과 청소년을 대상으로 표준화한 것이다.	적응행동을 측정하기 위한 검사로서 검사대상의 연령범위는 0세부터 18세까지다.
지역사회적응검사-2판 (김동일 외, 2017)	지역사회적응검사-2판(Community Integration Skills Assessment-2: CISA-2)은 김동일, 박희찬, 그리고 김정일(2017)이 그림을 이용하여 적응기술을 평가하도록 개발한 비언어성 적응행동검사다. CISA-2와 더불어 지역사회적응교육과정(Community Integration Skills Curriculum-2: CISC-2)도 개발되어 있어 CISA-2를 통해 피검자의 지역사회적응수준을 평가하고 CISC-2를 토대로 체계적인 교육훈련을 실시할 수 있다.	5세 이상의 지적장애인과 자폐성장애인을 포함한 발달장애인을 대상으로 지역사회에 통합되는 데 필수적인 적응기술을 포괄적으로 평가하기 위한 검사다.

〈표 5-6〉 **계속됨**

검사도구명	개요	목적 및 대상
한국판 바인랜드 적응 행동척도-2판 (황순택 외, 2018)	한국판 바인랜드 적응행동척도-2판(Korean Vineland Adaptive Behavior Scales-Second Edition: K-Vineland-II)은 황순택, 김지혜, 그리고 홍상황(2018)이 미국의 Vineland Adaptive Behavior Scales-Second Edition(Vineland-II)(Sparrow, Cicchetti, & Balla, 2005)을 한국에서 표준화한 것이다.	0세부터 90세 11개월까지의 개인을 대상으로 지적장애 진단에 필요한 적응행동을 평가하거나 개인의 일상생활 기능을 평가하기 위한 검사다.

(4) 언어검사

DSM-5-TR의 자폐스펙트럼장애(ASD) 진단준거에 의하면 언어 손상의 동반 여부를 명시하게 되어 있을 뿐 아니라 언어적 기능의 현재 수준도 기술하도록 되어 있다. 또한 특정언어장애(또는 단순언어장애)나 사회적(실용적) 의사소통장애와의 감별진단도 요구되고 있다. 특히 ASD의 경우 수용언어 발달이 표현언어 발달보다 뒤떨어질 수 있으므로 수용언어 기술과 표현언어 기술을 분리하여 평가하는 것도 필요할 수 있다(APA, 2022). 〈표 5-7〉에는 국외에서 개발되어 우리나라에 공식적으로 소개되었거나 국내에서 개발된 언어 검사도구가 연도순으로 제시되어 있다(단, 2000년 이전에 출시된 검사도구는 제외하였다).

〈표 5-7〉 **언어 검사도구**

검사도구명	개요	목적 및 대상
언어문제 해결력 검사 (배소영 외, 2000)	언어문제 해결력 검사는 배소영, 임선숙, 그리고 이지희(2000)가 아동들의 논리적인 사고과정을 언어화하는 상위언어기술을 측정하기 위하여 개발하였다.	5세부터 12세까지의 아동들을 대상으로 특정 상황에서 대답하는 능력을 평가함으로써 언어를 통한 문제해결능력을 측정하기 위한 검사다. 이 검사는 일반아동은 물론 언어적 추리력과 조직기술이 부족한 아동, 학습장애가 의심되는 아동, 단순언어장애가 의심되는 아동, 기타 의사소통장애를 가진 아동들의 언어사용능력을 평가하는 데 사용할 수 있다.

〈표 5-7〉 계속됨

검사도구명	개요	목적 및 대상
영·유아 언어발달 검사 (김영태 외, 2003)	영·유아 언어발달 검사(Sequenced Language Scale for Infants: SELSI)는 김영태, 김경희, 윤혜련, 그리고 김화수(2003)가 영·유아의 수용언어 및 표현언어 능력을 조기에 평가하기 위하여 개발하였다.	4개월부터 35개월까지의 영·유아를 대상으로 의사소통장애의 선별뿐 아니라 의사소통장애의 정도를 진단하기 위한 검사다.
취학전 아동의 수용언어 및 표현언어 발달척도 (김영태 외, 2003)	취학전 아동의 수용언어 및 표현언어 발달척도(Preschool Receptive-Expressive Language Scale: PRES)는 김영태, 성태제, 그리고 이윤경(2003)이 취학전 아동의 수용언어 및 표현언어 능력을 평가하기 위하여 개발하였다.	2세 0개월부터 6세 5개월까지의 아동을 대상으로 언어발달이 정상적으로 이루어지고 있는지 혹은 언어발달에 지체가 있는지의 여부를 판별하기 위한 검사다. 따라서 일반아동뿐 아니라 언어발달 지체나 장애를 나타낼 가능성이 있는 아동들의 언어능력을 평가하는 데 사용할 수 있다. 즉, 단순언어장애, 지적장애, 자폐성장애, 청각장애, 뇌성마비 또는 구개파열 등으로 인하여 언어발달에 결함을 나타낼 가능성이 있는 아동들의 언어능력을 평가하는 데 활용할 수 있다.
구문의미 이해력 검사 (배소영 외, 2004)	구문의미 이해력 검사는 배소영, 임선숙, 이지희, 그리고 장혜성(2004)인 아동들의 구문의미 이해력을 측정하기 위하여 제작한 검사인데 기존의 「문장이해력검사」(장혜성, 임선숙, 백현정, 1994)를 수정·보완한 것이다.	4세에서 9세(또는 초등학교 3학년) 수준의 구문의미 이해력을 측정하기 위한 검사로서 언어이해력에 어려움을 보일 가능성이 있는 아동들로 4세에서 초등학교 3학년 정도의 구문이해력 범주에 있는 아동들이면 검사의 대상이 될 수 있다. 따라서 장애아동의 경우 생활연령이 9세 이상이더라도 구문이해력이 초등학교 3학년보다 지체를 보이면 사용할 수 있다. 또한 이 검사는 검사자가 읽어 준 문장을 듣고 그에 해당하는 그림을 지적하면 되기 때문에 일반아동은 물론 장애(예: 지적장애, 자폐성장애, 청각장애, 의사소통장애, 지체장애 등)를 가진 아동들에게도 실시할 수 있다.

〈표 5-7〉 **계속됨**

검사도구명	개요	목적 및 대상
수용·표현 어휘력 검사 (김영태 외, 2009)	수용·표현 어휘력 검사(Receptive and Expressive Vocabulary Test: REVT)는 김영태, 홍경훈, 김경희, 장혜성, 그리고 이주연(2009)이 어휘능력을 측정하기 위해 개발한 검사다.	2세 6개월부터 16세 이상 성인 연령을 대상으로 수용언어능력과 표현언어능력을 측정하기 위한 검사다. 즉, 일반 아동이나 성인뿐만 아니라 환경적 요인(예: 다문화가정, 저소득가정 등), 유전적·발달적 요인(예: 미숙아, 저체중아 등), 장애(예: 단순언어장애, 자폐성장애, 청각장애, 지체장애 등)로 인해 수용어휘력과 표현어휘력 발달에 지체가 예상되는 장애 아동 및 성인의 어휘발달 정도를 측정하는 데 활용할 수 있다.
한국판 맥아더- 베이츠 의사소통 발달 평가 (배소영, 곽금주, 2011)	한국판 맥아더-베이츠 의사소통발달 평가(Korean MacArthur-Bates Communicative Development Inventories: K M-B CDI)는 배소영과 곽금주(2011)가 미국의 MacArthur-Bates Communicative Development Inventories-Second Edition(M-B CDI-2)(Fenson et al., 2007)을 한국의 영유아들을 대상으로 표준화한 것이다.	8개월부터 36개월까지의 영유아를 대상으로 어휘, 제스처와 놀이, 및 문법 수준을 살펴보기 위한 검사다.
한국 아동 토큰검사-2판 (신문자 외, 2011)	한국 아동 토큰검사-2판(Korean-Token Test for Children-Second Edition: K-TTFC-2)은 신문자, 김영태, 정부자, 그리고 김재옥(2011)이 미국의 Token Test for Children-Second Edition(TTFC-2)(McGhee, Ehrler, & DiSimoni, 2007)을 한국의 아동들을 대상으로 표준화한 것이다.	3세 0개월부터 12세 11개월까지의 아동을 대상으로 듣기이해력 장애 유무를 판별하고 이 영역의 장애 정도를 측정하기 위한 검사다.

〈표 5-7〉 계속됨

검사도구명	개요	목적 및 대상
학령기 아동 언어 검사 (이윤경 외, 2015)	학령기 아동 언어 검사(Language Scale for School-aged Children: LSSC)는 이윤경, 허현숙, 그리고 장승민(2015)이 학령기 아동의 언어능력을 평가하기 위하여 개발하였다.	초등학교 1학년부터 6학년까지의 아동을 대상으로 언어능력을 평가하기 위한 검사다. 따라서 현재 초등학교에 재학 중인 아동뿐 아니라 언어발달이 초등학교 수준에 있는 아동들의 언어능력을 평가하는 데 사용할 수 있다. 즉, 단순언어장애, 지적장애, 자폐성장애 등을 가진 아동들의 언어능력을 평가하는 데도 활용할 수 있다. 또한 다문화나 저소득과 같이 환경문제를 동반한 아동들의 평가에도 사용이 가능하다.
한국판 영유아 언어 및 의사소통 발달검사 (배소영 외, 2017)	한국판 영유아 언어 및 의사소통 발달검사(Korean adaptation of the LENA developmental snapshot: K-SNAP)는 배소영, 윤효진, 그리고 설아영(2017)이 미국의 The LENA developmental snapshot(Gilkerson & Richards, 2008)을 한국의 영유아들을 대상으로 표준화한 것이다.	6개월부터 36개월까지의 영유아를 대상으로 간편하게 언어 및 언어발달 수준을 살펴보기 위한 검사다.

(5) 감각처리검사

DSM-5부터 자폐스펙트럼장애(ASD)의 진단준거에 감각적 자극에 대한 비정상적 반응(즉, 비정상적 감각반응)과 관련된 항목(B4)이 새로 포함되었다. [보충설명 5-2]에서 살펴보았듯이, 관련문헌들을 보면 ASD의 비정상적 감각반응을 '감각처리장애'와 연관하여 설명하면서 Dunn의 감각처리 모델에 근거한 네 가지 감각처리패턴(낮은 등록, 감각 추구, 감각 민감, 감각 회피)을 소개하고 있다. 따라서 ASD 진단준거의 B4와 관련하여 감각처리패턴에 대한 검사도 도움이 될 수 있는데 관련 검사도구로는 〈표 5-8〉에 제시된 「한국판 감각프로파일2(K-SP2)」(김은영 외, 2021)가 있다. 이 검사도구의 매뉴얼(p. 9)에서도 DSM-5 ASD 진단준거의 B4와 관련된 자료를 제공할 수 있다고 언급되어 있다.

〈표 5-8〉 감각처리 검사도구

검사도구명	개요	목적 및 대상
한국판 감각프로파일2 (김은영 외, 2021)	한국판 감각프로파일2(Korean Sensory Profile, Second Edition: K-SP2)는 김은영 등(2021)이 미국의 Sensory Profile-Second Edition(SP-2) (Dunn, 2014)을 한국의 아동들을 대상으로 표준화한 것이다.	출생부터 14세 11개월까지의 아동들을 대상으로 일상생활 맥락에서 아동의 감각처리패턴을 평가하기 위한 검사다.

2) 면접

면접(interview)이란 면접자(interviewer)와 피면접자(interviewee) 간의 면대면 대화를 통해 일련의 질문에 대한 반응을 기록함으로써 자료를 수집하는 방법이다 (Pierangelo & Giuliani, 2006). 면접에는 피면접자에 따른 유형(아동면접, 부모면접, 교사면접 등)과 구조화정도에 따른 유형(비구조화면접, 반구조화면접, 구조화면접)이 있다. 비구조화면접(unstructured interview)은 특정한 지침 없이 면접자가 많은 재량을 가지고 융통성 있게 질문을 해 나가는 것이고, 반구조화면접(semistructured interview)은 미리 준비된 질문목록을 사용하되 응답 내용에 따라 필요한 추가질문을 하거나 질문 순서를 바꾸기도 하면서 질문을 해 나가는 것이며, 구조화면접(structured interview)은 미리 준비된 질문목록에 따라 정확하게 질문을 해 나가는 것이다(이승희, 2019b). 따라서 구조화면접은 보통 개발되어 있는 표준화된 면접도구를 사용하며 반구조화 면접도 가끔 표준화된 면접도구를 사용한다. 예를 들어, 〈표 5-9〉에 제시되어 있는 「자폐증 진단 면담지-개정판(Autism Diagnostic Interview-Revised: ADI-R)」(박규리 외, 2014)은 표준화된 반구조화 면접도구다.

자폐스펙트럼장애(ASD)의 평가에서는 일반적으로 부모를 대상으로 한 비구조화면접이 많이 실시되는데 이러한 면접을 통하여 출산 전(prenatal), 출산 전후 (perinatal), 출산 후(postnatal) 특이사항을 포함한 아동의 발달력과 가족이나 친척의 의학적 내력에 대한 정보를 수집한다. 그러나 성인기에 첫 진단을 받으러 오는 사례에서는 양육자를 통해 상세한 발달력을 얻는 것이 힘들 수 있으며 자가보고의 어려움도 고려할 필요가 있다. 따라서 임상적 관찰을 통해 진단준거가 현재 충족되는 것으로 제안되는 경우에는 ASD 진단을 내릴 수도 있다. 이는 발달적 정보의 부재 그 자체

〈표 5-9〉 자폐스펙트럼장애(ASD) 면접도구

검사도구명	개요	목적 및 대상
자폐증 진단 면담지-개정판 (박규리 외, 2014)	자폐증 진단 면담지-개정판(Autism Diagnostic Interview-Revised: ADI-R)은 박규리 등(2014)이 미국의 Autism Diagnostic Interview-Revised(ADI-R)(Rutter, Le Couteur, & Lord, 2003)를 번역한 것이다.	2세 이상의 아동 및 성인을 대상으로 자폐증을 진단하기 위해 개발된 반구조화 면접도구다.

로 진단을 배제해서는 안 된다는 것을 의미한다(APA, 2022).

3) 관찰

관찰(observation)이란 자연스럽게 나타나는 아동의 행동을 기술 또는 기록함으로써 특정 현상에 대한 객관적인 자료를 수집하는 방법이라고 할 수 있다. 관찰에는 관찰절차의 구조화 여부에 따라 비구조적 관찰과 구조적 관찰이 있다(이승희, 2021b). 비구조적 관찰(unstructured observation)은 관찰내용과 관찰도구가 사전에 결정되어 있지 않는 관찰을 말한다. 즉, 사전에 결정된 자료수집 내용이나 형식 없이 상황에 따라 그때그때 적합한 자료를 자유롭게 수집하는 것이다(김영종, 2007). 따라서 비구조적 관찰에서는 관찰자에게 많은 재량이 주어지며 주로 관찰자제작 관찰도구가 사용된다. 이에 비해 구조적 관찰(structured observation)은 관찰내용과 관찰도구가 사전에 결정되어 있는 관찰을 말하며, 관찰자의 재량이나 융통성에 제한이 따른다(김영종, 2007). 구조적 관찰에는 완전구조적 관찰(complete-structured observation)과 반구조적 관찰(semi-structured observation)이 있는데, 완전구조적 관찰에서는 관찰자에게 재량이나 융통성이 거의 주어지지 않는 데 비해 반구조적 관찰에서는 관찰자에게 어느 정도의 재량과 융통성이 주어진다. 이러한 구조적 관찰에서는 관찰자제작 관찰도구뿐만 아니라 표준화된 관찰도구도 사용될 수 있다. 예를 들어, 〈표 5-10〉에 제시되어 있는「자폐증 진단 관찰 스케줄-2(Autism Diagnostic Observation Schedule-2: ADOS-2)」(유희정 외, 2017)은 표준화된 반구조화 관찰도구다.

자폐스펙트럼장애(ASD)의 평가에서는 일반적으로 관찰자제작 관찰도구를 사용한 구조적 관찰이 많이 실시되는데, 〈표 5-11〉에는 관찰자제작 관찰도구로 활용할 수

〈표 5-10〉 **자폐스펙트럼장애(ASD) 관찰도구**

검사도구명	개요	목적 및 대상
자폐증 진단 관찰 스케줄-2 (유희정 외, 2017)	자폐증 진단 관찰 스케줄-2(Autism Diagnostic Observation Schedule-2: ADOS-2)는 유희정 등 (2017)이 미국의 Autism Diagnostic Observation Schedule-Second Edition(ADOS-2)(Lord et al., 2012)을 번역한 것이다.	1세 이상의 아동 및 성인을 대상으로 자폐스펙트럼장애를 진단하기 위해 개발된 반구조화 관찰도구다.

있는 기록방법들이 제시되어 있다. 관찰에서는 보통 자연스럽게 나타나는 아동의 행동을 기록하지만 아동의 특정 증상을 확인하기 위하여 상황을 설정할 수도 있다. 예를 들어, ASD 아동들이 어려움을 보이는 눈맞춤을 확인하기 위해 눈맞춤을 부추기는 상황을 설정할 수 있다. 이를 위해 고장난 장난감을 주어 도움을 요청하도록 설정할 수 있는데 이런 상황에서 일반아동들은 거의 눈을 마주친다.

4) 의학적 검진

DSM-5-TR의 자폐스펙트럼장애(ASD) 진단준거에 의하면 알려진 유전적 조건(예: X결함 증후군) 또는 다른 의학적 조건(예: 뇌전증)과 연관된 경우 명시하게 되어 있다. 따라서 이러한 조건들이 의심될 경우 유전자 검사나 신경학적 검사 등을 통한 관련 검진을 실시할 필요가 있다.

5) 기타

DSM-5-TR의 자폐스펙트럼장애(ASD) 진단준거에 의하면 신경발달적, 정신적, 또는 행동적 문제와 연관된 경우 명시하게 되어 있다. ASD를 가진 사람들의 약 70%가 한 가지 공존 정신장애를 그리고 40% 정도는 두 가지 이상의 공존 정신장애를 가지고 있을 수 있는데 불안장애, 우울증, 주의력결핍과잉행동장애가 특히 흔하다(APA, 2022). 따라서 이러한 공존장애가 의심될 경우 관련된 평가를 하는 것이 필요하다.

〈표 5-11〉 관찰의 기록방법

기록방법		내용
서술 기록	일화기록	특정한 시간이나 장소에 제한 없이 관찰자가 기록할 만한 가치가 있다고 느꼈던 어떤 짧은 내용의 사건, 즉 일화(逸話)에 대해 간략하게 서술하는 기록.
	표본기록	일정한 시간 또는 미리 정해진 활동이 끝날 때까지 사건이 발생한 순서대로 상세하게 이야기식으로 서술하는 기록.
	ABC기록	관심을 두는 행동(예: 공격적 행동, 친사회적 행동 등)이 잘 발생할 만한 상황에서 일정한 시간 동안 관찰하면서 해당 행동이 발생할 때마다 그 행동(B: behavior)을 중심으로 행동이 발생하기 직전 사건인 선행사건(A: antecedent)과 행동이 발생한 직후의 사건인 후속사건(C: consequence)을 시간의 흐름에 따라 사실적으로 서술하는 기록.
간격 기록	전체간격기록	전체관찰시간을 일정한 간격으로 나눈 후 행동이 간격의 처음부터 끝까지 나타났을 때 해당 간격에 행동이 발생했다고 기록하는 것.
	부분간격기록	전체관찰시간을 일정한 간격으로 나눈 후 행동이 간격의 어느 한 순간에 한 번이라도 나타났을 때 해당 간격에 행동이 발생했다고 기록하는 것.
	순간간격기록	전체관찰시간을 일정한 간격으로 나눈 후 행동이 각 간격의 한 순간(예: 마지막 순간)에 나타났을 때 해당 간격에 행동이 발생했다고 기록하는 것.
사건 기록	빈도기록	관찰기간 동안 행동이 발생한 횟수를 기록하는 것.
	강도기록	관찰기간 동안 행동이 발생할 때마다 행동의 강도를 기록하는 것.
	지속시간기록	관찰기간 동안 행동이 발생할 때마다 행동의 지속시간을 기록하는 것.
	지연시간기록	관찰기간 동안 행동이 발생할 때마다 행동의 지연시간을 기록하는 것.
산물 기록	학업산물기록	학업적 행동을 관찰행동으로 하는 산물기록.
	비학업산물기록	비학업적 행동을 관찰행동으로 하는 산물기록.
평정 기록	범주기록	연속적으로 기술된 몇 개의 질적 차이가 있는 범주 중 관찰행동을 가장 잘 나타내는 범주를 선택하여 기록하는 것.
	척도기록	행동의 정도를 몇 개의 숫자로 표시해 놓은 척도, 즉 숫자척도에 관찰행동을 가장 잘 나타내는 숫자를 선택하여 기록하는 것.
	검목표기록	일련의 행동이나 특성들의 목록, 즉 검목표(checklist)에 해당 행동이나 특성의 유무를 기록하는 것.

자료출처: 이승희(2021b). 장애아동관찰. 서울: 학지사. (pp. 101-102)

9. 저기능 자폐스펙트럼장애와 고기능 자폐스펙트럼장애

앞서 제3장 2절의 '1) 자폐장애'에서 살펴보았듯이, DSM−IV−TR(APA, 2000)의 자폐장애는 대략 IQ 70을 기준으로 저기능자폐증(low-functioning autism: LFA)과 고기능자폐증(high-functioning autism: HFA)으로 구분되기도 한다(Howlin, 2004; Wicks-Nelson & Israel, 2006). 하지만 LFA와 HFA가 공식적인 진단명으로 사용되는 것은 아니다. 이와 유사하게, 이 장 5절의 '2) 관련 특성'에서 언급되었듯이, DSM−5부터 도입된 자폐스펙트럼장애(ASD)도 공식적인 진단명은 아니지만 대략 IQ 70을 기준으로 저기능 자폐스펙트럼장애(low-functioning autism spectrum disorder: LFASD)와 고기능 자폐스펙트럼장애(high-functioning autism spectrum disorder: HFASD)로 구분하기도 한다(Ozonoff et al., 2015).

이처럼 LFA/HFA와 LFASD/HFASD 간에 IQ 70을 기준으로 하고 공식적인 진단명은 아니라는 유사점이 있지만 몇 가지 차이점도 있다. 첫째, LFA/HFA와 LFASD/HFASD는 개념의 출현시기와 범위에서 차이가 있다. LFA/HFA는 DSM−IV−TR(APA, 2000)까지 적용되는 개념이다. DSM−VT−TR에서는 전반적 발달장애(PDDs)에 5개 하위유형(자폐장애, 레트장애, 아동기붕괴성장애, 아스퍼거장애, 불특정 전반적 발달장애)이 제시되어 있었고, LFA/HFA는 이 5개 유형 가운데 자폐장애와 관련되어 있었다. 즉, 자폐장애에 한해서 LFA나 HFA로 구분된다. 이에 비해 LFASD/HFASD는 DSM−5(APA, 2013)부터 적용되는 개념이다. DSM−5에서는 전반적 발달장애(PDDs)라는 용어와 5개 하위유형을 삭제하고 대신 자폐스펙트럼장애(ASD)라는 새로운 단일범주를 도입하였다. 이러한 ASD에는 PDDs의 5개 하위유형 가운데 레트장애를 제외한 나머지 4개 유형(자폐장애, 아동기붕괴성장애, 아스퍼거장애, 불특정 전반적 발달장애)이 포함될 수 있는 것으로 알려져 있다. 이 4개 유형 중 자폐장애는 LFA나 HFA로 구분할 수 있고, 아동기붕괴성장애는 일반적으로 중도 지적장애를 동반하는 반면에 아스퍼거장애와 불특정 전반적 발달장애는 일반적으로 지적장애를 동반하지 않는다. 따라서 LFASD에는 LFA와 아동기붕괴성장애가 포함되고 HFASD에는 HFA, 아스퍼거장애, 불특정 전반적 발달장애가 포함된다고 할 수 있다. 둘째, LFA/HFA와 LFASD/HFASD는 비율에서 차이를 보인다. 자폐장애아동들 중 약 75%가 LFA이고 나머지 25% 정도는 HFA에 해당된다. 이에 비해 ASD를 가진 아동들 중 약 1/3 또는 약 30%가 LFASD이고 나머지

70% 정도는 HFASD인 것으로 나타나고 있다.

이와 같은 LFA/HFA와 LFASD/HFASD의 유사점과 차이점을 요약하여 제시해 보면 〈표 5-12〉와 같다.

〈표 5-12〉 LFA/HFA와 LFASD/HFASD의 비교

구분	LFA/HFA	LFASD/HFASD
차이점	DSM-IV-TR(APA, 2000)까지 적용됨.	DSM-5(APA, 2013)부터 적용됨.
	전반적 발달장애(PDDs)의 5개 하위유형(자폐장애, 레트장애, 아동기붕괴성장애, 아스퍼거장애, 불특정 전반적 발달장애) 가운데 자폐장애와 관련됨(즉, 자폐장애에 한해서 LFA나 HFA로 구분됨).	전반적 발달장애(PDDs)의 5개 하위유형 가운데 레트장애를 제외한 나머지 4개 유형과 관련됨(즉, LFA와 아동기붕괴성장애는 LFASD에 포함되고 HFA, 아스퍼거장애, 불특정 전반적 발달장애는 HFASD에 포함됨).
	자폐장애아동들 중 LFA는 약 75%이고 HFA는 25% 정도임.	자폐스펙트럼장애(ASD)를 가진 아동들 중 LFASD는 약 30%이고 HFASD는 70% 정도임.
유사점	대략 IQ 70을 기준으로 구분됨.	
	공식적인 진단명은 아님.	

- **Part 3**

자폐스펙트럼장애의
중재

Understanding Autism Spectrum Disorders

Chapter
06

자폐스펙트럼장애의 단일중재전략과 종합중재모델

1. 자폐스펙트럼장애(ASD)의 중재에 대한 연구

자폐스펙트럼장애(ASD)는 발달기 초기에 나타나 평생 지속된다(APA, 2022). 따라서 ASD는 조기에 중재하는 것이 중요할 뿐만 아니라 일생 동안 적절한 중재를 필요로 한다. 근래 ASD의 출현율이 증가함에 따라 효과적인 중재에 대한 연구자, 임상가, 교사, 부모의 관심과 요구도 높아지고 있다.

ASD의 효과적인 중재와 관련하여 증거기반실제(evidence-based practice: EBP)라는 용어가 있다. 이 용어는 의학 분야에서 사용되기 시작하여 지금은 다양한 분야에서 사용되고 있다. 하지만 그 의미는 분야에 따라 다소 차이가 있는데, 이에 대해서는 [보충설명 6−1]을 참고하기 바란다.

[보충설명 6−1] **증거기반실제의 의미**

일반적으로 증거기반실제(evidence-based practice)란 직업과 관련된 실행은 과학적 증거에 근거를 두고 있어야 한다는 발상을 말한다(Wikipedia, 2020). 증거기반실제는 의학 분야에서 'evidence based medicine'이라는 용어로 1990년대에 부각되었으며(Sackett, Rosenberg, Gray, Haynes, & Richardson, 1996), 이후 정신건강이나 교육 등의 다른 분야로 확산되었다. 그러나

[보충설명 6-1] 계속됨

분야에 따라 그 의미에서는 다소 차이를 보이고 있는데 예를 들어보면 다음과 같다.

먼저, Sackett 등(1996)은 'evidence based medicine'을 "개별 환자의 치료에 대한 의사결정에서 현존하는 최상의 증거를 성실하고 분명하고 신중하게 사용하는 것"(p. 71)으로 묘사하면서 evidence based medicine의 practice란 개개인의 임상적 전문성을 체계적 연구에 의한 최상의 임상적 증거와 통합하는 것을 의미한다고 하였다. 2001년에 미국의 의학연구원(Institute of Medicine: IoM)[저자주: 지금은 국립의학학술원(National Academy of Medicine: NAM)]은 의학에서의 증거기반실제(evidence-based practice: EBP)를 "최상의 연구근거를 임상적 전문성과 환자의 가치에 통합시키는 것"(p. 147)이라고 제안하였다. 이처럼 의학 분야에서 증거기반실제란 특정 전략이 아니라 하나의 새로운 운동(movement)을 나타내는 개념이며(APA Presidential Task Force on Evidence-Based Practice, 2006; Spring, 2007) 따라서 'evidence-based practice(EBP)'와 같이 단수(singular)로 사용된다. 한편, 우리나라 의학계에서는 'evidence-based practice(EBP)'와 'evidence based medicine(EBM)'을 각각 '근거기반진료(또는 근거중심진료)'와 '근거기반의료(또는 근거기반의학, 근거중심의학)'로 번역하기도 한다.

의학 분야에서 촉발된 증거기반실제 운동은 심리학 분야에도 변화를 초래하여 2006년 미국심리학회(American Psychological Association: APA)가 심리학에서의 증거기반실제(evidence-based practice in psychology: EBPP)라는 명칭과 함께 정의도 제시하였다(APA Presidential Task Force on Evidence-Based Practice, 2006). 이 정의에 따르면 EBPP란 가용가능한 최상의 연구근거를 환자의 특성, 문화, 및 선호도 맥락에서 임상적 전문성에 통합시키는 것을 말한다. 즉, 심리학에서의 증거기반실제는 연구를 통해 근거가 확보된 심리치료를 임상적으로 숙련된 치료자가 환자의 특성, 문화, 및 선호도를 고려하여 적용하는 것이라고 할 수 있다. 이 정의는 미국의 의학연구원(2001)이 의학에서의 증거기반실제에 대해 제안한 개념(즉, 최상의 연구근거를 임상적 전문성과 환자의 가치에 통합시키는 것)과 유사하지만, 환자의 특성을 보다 폭넓게 고려한다는 차이가 있다(임민경, 이지혜, 이한나, 김태동, 최기홍, 2013). 이처럼 심리학에서의 증거기반실제도 의학에서처럼 특정 전략이 아닌 새로운 운동(movement)을 나타내는 개념이며 따라서 'evidence-based practice in psychology'와 같이 단수(singular)로 사용된다. 참고로 미국심리학회 12분과(American Psychological Association Division 12)인 임상심리학회(Society of Clinical Psychology, 2022)는 증거기반실제에서 활용할 수 있도록 Chambless와 Hollon(1998)의 준거와 Tolin, McKay, Forman, Klonsky, 그리고 Thombs(2015)의 준거를 사용하여 효능(efficacy)을 평가한 심리치료(psychological treatments)의 목록을 제시하고 있는데, 제시된 심리치료별로 평가결과 및 다른 관련정보도 제공하고 있다. 각 심리치료의 효

[보충설명 6-1]   계속됨

능은 Chambless와 Hollon(1998)의 준거에서는 강(strong), 보통(modest), 또는 논란이 많음 (controversial)으로 구분되고 Tolin 등(2015)의 준거에서는 매우 강(very strong), 강(strong), 약 (weak), 또는 불충분한 증거(insufficient evidence)로 구분된다. 한편, 우리나라 심리학계에서는 'evidence-based practice'를 '근거기반실천'(임민경 외, 2013)으로 번역하고 있다.

의학 분야의 증거기반실제 운동이 교육 분야에서는 법적인 변화로 나타났다(Cook & Odom, 2013). 미국의 경우, 2001년에 연방법인 「아동낙오방지법(No Child Left Behind Act: NCLB)」이 '과학적 기반의 연구(scientifically based research)'를 강조하면서 엄격한 과학적 연구를 통해 효과가 입증된 교육적 전략(practices)과 프로그램(programs)을 사용하도록 요구하였다(Cook, Tankersley, Cook, & Landrum, 2008). 즉, 교육 분야에서 증거기반실제란 과학적 기반의 연구에 의해 학생들의 성과에 의미 있는 효과가 있다고 지지되는 전략이나 프로그램이라고 할 수 있다(Cook & Odom, 2013). 이처럼 교육 분야에서 증거기반실제는 특정 전략이나 프로그램을 나타내는 개념이므로 'evidence-based practices(EBPs)'와 같이 복수(plural)로 사용된다. 여기에서 특정 전략(specific practices)이란 간단한 개별 전략(simple and discrete practices)을 말하고 특정 프로그램(specific programs)이란 광범위한 교육 프로그램(large educational programs)을 말하는데, 전자와 후자를 각각 미시적 증거기반실제(micro EBPs)와 거시적 증거기반실제(macro EBPs)로 부르기도 한다(Cook & Cook, 2013).

이러한 증거기반실제 기조는 2004년에 미국의 특수교육 관련법인 「장애인교육법(IDEA)」에도 반영되어 '과학적 기반의 교수전략(scientifically based instructional practices)'이 강조되었다. 즉, 특수교육 분야에서 증거기반실제란 과학적 기반의 연구에 의해 학생들의 성과에 의미 있는 효과가 있다고 지지되는 교수전략이라고 할 수 있다. 이처럼 특수교육 분야에서 증거기반실제는 특정 전략을 나타내는 개념이므로 'evidence-based practices(EBPs)'와 같이 복수(plural)로 사용된다. 이와 같이 교육 분야와 특수교육 분야에서 증거기반실제는 복수(plural)로 사용된다는 유사점도 있지만 교육 분야에서는 전략과 프로그램을 포함하는 데 비해 특수교육 분야에서는 전략에 국한하는, 즉 미시적 증거기반실제(micro EBPs)에 주로 초점을 맞춘다는 차이가 있다(Cook & Cook, 2013).

[보충설명 6-1]에 보이듯이, 교육 분야에서 증거기반실제(evidence-based practices: EBPs)란 과학적 기반의 연구에 의해 학생들의 성과에 의미 있는 효과가 있다고 지지되는 특정 전략(specific practices)이나 특정 프로그램(specific programs)이라고 할 수

있는데(Cook & Odom, 2013), 전자를 미시적 증거기반실제(micro EBPs)로 부르고 후자를 거시적 증거기반실제(macro EBPs)로 부르기도 한다(Cook & Cook, 2013). 하지만 특수교육 분야에서의 증거기반실제란 과학적 기반의 연구에 의해 학생들의 성과에 의미 있는 효과가 있다고 지지되는 교수전략이라고 할 수 있으며, 따라서 미시적 증거기반실제로 간주되는 특정 전략(specific practices)에 국한되는 경향이 있다.

그러나 특수교육의 한 분야인 자폐스펙트럼장애(ASD) 분야에서는 중재를 단일중재전략과 종합중재모델의 두 가지 유형으로 구분하기도 하는데(Odom, Boyd, Hall, & Hume, 2010), 단일중재전략(focused intervention practices)이 ASD를 가진 개별 아동들의 특정 행동적 또는 발달적 성과를 산출하기 위해 고안된다면(Odom, Collet-Klingenberg, Rogers, & Hatton, 2010) 종합중재모델(comprehensive treatment models)은 ASD의 핵심적 결함과 관련하여 광범위한 행동적 또는 발달적 영향을 성취하기 위해 고안된 일련의 전략으로 구성된다(National Research Council, 2001; Odom, Boyd, et al., 2010). 현재 ASD 중재를 위한 많은 단일중재전략과 종합중재모델이 소개되어 있을 뿐 아니라 과학적 기반의 연구를 통해 유효성을 검증받기도 한다. 따라서 이승희(2018b)는 양호하게 설계된 다수의 연구를 통해 유효성이 검증된 단일중재전략과 종합중재모델을 각각 '증거기반의 단일중재전략(evidence-based focused intervention practices)'과 '증거기반의 종합중재모델(evidence-based comprehensive treatment models)'이라 부르면서 둘 다를 증거기반실제에 포함시키는 것이 바람직하다고 보았다. 이와 같은 '증거기반의 단일중재전략'과 '증거기반의 종합중재모델'은 각각 교육 분야에서의 '미시적 증거기반실제(micro EBPs)'와 '거시적 증거기반실제(macro EBPs)'에 상응하는 것으로 볼 수도 있다. 따라서 특수교육 분야에서의 증거기반실제는 앞서 언급되었듯이 미시적 증거기반실제에 국한되는 경향이 있으나 ASD 분야에서의 증거기반실제는 미시적 증거기반실제뿐만 아니라 거시적 증거기반실제도 포함한다고 할 수 있다.

이와 같은 ASD 분야에서의 미시적 증거기반실제(즉, 양호하게 설계된 다수의 연구를 통해 유효성이 검증된 단일중재전략)와 거시적 증거기반실제(즉, 양호하게 설계된 다수의 연구를 통해 유효성이 검증된 종합중재모델)를 이해하기 위해서는 단일중재전략과 종합중재모델에 대해 좀 더 구체적으로 살펴볼 필요가 있다. 따라서 다음 2절과 3절에서 이승희(2018b)의 연구에 근거하여 자폐스펙트럼장애(ASD)의 단일중재전략(focused intervention practices)에 대한 연구와 종합중재모델(comprehensive treatment models)

에 대한 연구를 각각 소개하고 뒤이어 4절에서는 ASD 분야에서의 증거기반실제에 대한 정의를 제안하기로 한다. 참고로 이 책에서는 'focused intervention practices'를 '단일중재전략'으로 번역하는데, 왜냐하면 'focused'를 내용상 '단일'로 번역하는 것이 적절할 것으로 보이며 'practices'는 'strategies'와 혼용되는 문헌(예: Odom, Collet-Klingenberg, et al., 2010)이 있을 정도로 내용상 '전략'으로 볼 수 있기 때문이다. 또한 이 책에서는 'comprehensive treatment models'를 '종합중재모델'로 번역하는데, 그 이유는 'treatment'와 'intervention(중재)'을 상호교환적으로 사용하는 문헌(예: National Autism Center, 2015; Wong et al., 2015)도 있기 때문이다.

2. 자폐스펙트럼장애(ASD)의 단일중재전략에 대한 연구

앞서 언급되었듯이, 단일중재전략(focused intervention practices)은 ASD를 가진 개별 아동들의 특정 행동적 또는 발달적 성과를 산출하기 위해 고안된다(Odom, Collet-Klingenberg, et al., 2010). 이러한 단일중재전략들의 효과를 살펴본 연구들을 체계적인 절차를 통해 평가하여 일련의 증거기반실제를 확인하고자 하는 고찰이 2000년대 후반에 미국의 두 국립센터, 즉 국립자폐증센터(National Autism Center: NAC)와 국립자폐스펙트럼장애전문발달센터(National Professional Development Center on Autism Spectrum Disorders: NPDC)에서 각각 실시되었다. 특히 두 센터는 이러한 고찰을 몇 년의 간격을 두고 각각 2회에 걸쳐 실시하였다. NAC의 경우 'National Standards Project(NSP)'를 2회 실시하여 2009년과 2015년에 보고서를 출간하였는데, 전자는 NSP1로 후자는 NSP2로 표기하기도 한다. 또한 NPDC의 경우 2010년과 2014년에 각각 고찰결과를 보고하였는데, 2010년 고찰결과는 학술지논문(Odom, Collet-Klingenberg, et al., 2010)으로 출간되었으며 2014년의 고찰결과는 보고서(Wong et al., 2014) 및 학술지논문(Wong et al., 2015)으로 출간되었다. 따라서 이 책에서는 두 센터의 2회에 걸친 고찰에 대한 인용을 〈표 6-1〉과 같이 하기로 한다. 즉, NAC의 경우에는 'NAC(2009)' 및 'NAC(2015)'를 각각 'NSP1' 및 'NSP2'와 상호교환적으로 사용하고 NPDC의 경우에는 'NPDC(2010)', 'NPDC(2014)', 및 'NPDC(2015)'를 각각 'Odom, Collet-Klingenberg, 등(2010)', 'Wong 등(2014)', 및 'Wong 등(2015)'과 상호교환적으로 사용한다. 다음에서는 두 센터별로 2회에 걸쳐 실시된 고찰의 내용을 살펴보고 그에 대한 논의를 제시하기로 한다. 참고로 이 책에서는 각 고찰에서 제시된 단일중재전략의 명칭을 전반적으로 영어명 그대로 사용하는데, 그 이유는 동일한 전략이 문헌에 따라 그 명칭에서 다소 차이가 있기 때문이다.

〈표 6-1〉 NAC와 NPDC의 고찰에 대한 이 책에서의 인용

구분			이 책에서의 인용	참고문헌
NAC	2009		NAC(2009)	National Autism Center. (2009). *Findings and conclusions: National Standards Project*. Randolph, MA: Author.
			NSP1	
	2015		NAC(2015)	National Autism Center. (2015). *Findings and conclusions: National Standards Project, phase 2*. Randolph, MA: Author.
			NSP2	
NPDC	2010		NPDC(2010)	Odom, S. L., Collet-Klingenberg, L., Rogers, S. J., & Hatton, D. D. (2010). Evidence-based practices in intervention for children and youth with autism spectrum disorders. *Preventing School Failure*, 54(4), 275-282.
			Odom, Collet-Klingenberg, 등(2010)	
	2014	보고서	NPDC(2014)	Wong, C., Odom, S. L., Hume, K. A., Cox, A. W., Fettig, A., Kucharczyk, S., ... Schultz, T. R. (2014). *Evidence-based practices for children, youth, and young adults with Autism Spectrum Disorder*. Chapel Hill: The University of North Carolina, Frank Porter Graham Child Development Institute, Autism Evidence-Based Practice Review Group.
			Wong 등(2014)	
		학술지논문	NPDC(2015)	Wong, C., Odom, S. L., Hume, K. A., Cox, A. W., Fettig, A., Kucharczyk, S., . . . Schultz, T. R. (2015). Evidence-based practices for children, youth, and young adults with autism spectrum disorder: A comprehensive review. *Journal of Autism and Developmental Disorders*, 45(7), 1951-1966.
			Wong 등(2015)	

1) 미국 국립자폐증센터(NAC)의 고찰

미국 국립자폐증센터(NAC)는 2009년과 2015년에 각각 자폐스펙트럼장애(ASD)의 단일중재전략에 대한 포괄적인 체계적 고찰결과를 출간하였다. NAC의 고찰에서는 ASD 중재 가운데 행동적(behavioral) 중재와 교육적(educational) 중재로 제한하여 검토하였으며 생의학적(biomedical) 중재는 전반적으로 제외하였다. 즉, 약물치료, 영양보충제 요법, 보완대체의학적 중재는 배제되었는데, 단 엄격하게 실시되는 치유적 식이요법은 포함되었다(NAC, 2009, 2015).

먼저, NAC(2009)에서는 1957년부터 2007년까지 전문학술지에 발표된 ASD 중재관련 논문 6,463편 중 연령(22세 미만), 중재의 개념적 틀(행동적, 교육적), 연구설계의 양호도 등을 근거로 775편의 논문을 선정해 검토한 뒤 사전에 설정된 '증거강도 분류체계(strength of evidence classification system)'에 따라 중재를 '효과가 입증된 중재(established intervention)', '효과가 나타나기 시작한 중재(emerging intervention)', '효과가 입증되지 않은 중재(unestablished intervention)', '비효과적/해로운 중재(ineffective/harmful intervention)'의 네 가지 종류로 분류하였다. 그 결과 〈표 6-2〉의 왼쪽에 보이듯이 효과가 입증된 중재는 11가지, 효과가 나타나기 시작한 중재는 22가지, 효과가 입증되지 않은 중재는 다섯 가지로 나타났으며 비효과적인/해로운 중재로 판단된 중재는 없었다.

다음으로, NAC(2015)는 1957년부터 2007년까지의 학술눈문을 분석한 NAC(2009)를 업데이트하고자 2007년부터 2012년까지 전문학술지에 발표된 ASD 중재관련 논문 2,705편 중 중재의 개념적 틀(행동적, 교육적), 연구설계의 양호도 등을 근거로 378편(22세 미만 351편, 22세 이상 27편)의 논문을 선정해 검토한 뒤 사전에 설정된 '증거강도 분류체계'에 따라 연령대별(22세 미만, 22세 이상)로 중재를 '효과가 입증된 중재', '효과가 나타나기 시작한 중재', '효과가 입증되지 않은 중재'의 세 가지 종류로 분류하였다. 22세 미만 연령대의 중재를 분류한 결과는 〈표 6-2〉의 오른쪽에 제시되어 있는데, 효과가 입증된 중재는 14가지, 효과가 나타나기 시작한 중재는 18가지, 효과가 입증되지 않은 중재는 13가지로 나타났다. 한편, 22세 이상 연령대에 있어서는 효과가 입증된 중재 한 가지(behavioral interventions), 효과가 나타나기 시작한 중재 한 가지(vocational training package), 효과가 입증되지 않은 중재 네 가지(cognitive intervention package, modeling, music therapy, sensory integration package)로 나타났다.

〈표 6-2〉 **증거강도 분류체계에 의한 중재의 분류(NAC, 2009, 2015)**

2009		2015	
구분	중재	구분	중재
효과가 입증된 중재[1]	① antecedent package ② behavioral package ③ comprehensive behavioral treatment for young children ④ joint attention intervention ⑤ modeling ⑥ naturalistic teaching strategies ⑦ peer training package ⑧ pivotal response treatment[5] ⑨ schedules ⑩ self-management ⑪ story-based intervention package	효과가 입증된 중재[1]	① behavioral interventions ② cognitive behavioral intervention package ③ comprehensive behavioral treatment for young children ④ language training(production) ⑤ modeling ⑥ naturalistic teaching strategies ⑦ parent training package ⑧ peer training package ⑨ pivotal response treatment[5] ⑩ schedule ⑪ scripting ⑫ self-management ⑬ social skills package ⑭ story-based interventions
효과가 나타나기 시작한 중재[2]	① augmentative and alternative communication device ② cognitive behavioral intervention package ③ developmental relationship-based treatment ④ exercise ⑤ exposure package ⑥ imitation-based interaction ⑦ initiation training ⑧ language training(production) ⑨ language training(production & understanding) ⑩ massage/touch therapy ⑪ multi-component package ⑫ music therapy ⑬ peer-mediated instructional arrangement ⑭ picture exchange communication system ⑮ reductive package ⑯ scripting ⑰ sign instruction ⑱ social communication intervention ⑲ social skills package ⑳ structured teaching ㉑ technology-based treatment ㉒ theory of mind training	효과가 나타나기 시작한 중재[2]	① augmentative and alternative communication devices ② developmental relationship-based treatment ③ exercise ④ exposure package ⑤ functional communication training ⑥ imitation-based intervention ⑦ initiation training ⑧ language training(production & understanding) ⑨ massage therapy ⑩ multi-component package ⑪ music therapy ⑫ picture exchange communication system ⑬ reductive package ⑭ sign instruction ⑮ social communication intervention ⑯ structured teaching ⑰ technology-based intervention ⑱ theory of mind training
효과가 입증되지 않은 중재[3]	① academic interventions ② auditory integration training ③ facilitated communication ④ gluten-and casein-free diet ⑤ sensory integrative package	효과가 입증되지 않은 중재[3]	① animal-assisted therapy ② auditory integration training ③ concept mapping ④ DIR/floor time ⑤ facilitated communication ⑥ gluten-free/casein-free Diet ⑦ movement-based intervention ⑧ SENSE theatre intervention ⑨ sensory integration package ⑩ shock therapy ⑪ social behavioral learning strategy ⑫ social cognition intervention ⑬ social thinking intervention
비효과적/ 해로운 중재[4]	–	–	–

[1] 효과가 입증된 중재(established intervention): 긍정적 성과를 가져오기에 충분한 과학적 증거가 확인된 중재.
[2] 효과가 나타나기 시작한 중재(emerging intervention): 긍정적 성과를 보여주는 한 개 이상의 연구가 보고되기는 하였으나 더 많은 과학적 증거가 필요한 중재.
[3] 효과가 입증되지 않은 중재(unestablished intervention): 증거가 거의 없거나 추가연구가 요구되는 중재.
[4] 비효과적/해로운 중재(ineffective/harmful intervention): 아동에게 비효과적이거나 해롭다는 과학적 증거가 있는 중재.
[5] NAC(2015)에서는 'pivotal response training', 'pivotal response treatment', 'pivotal response teaching'을 상호교환적으로 사용함.

이와 같이 NAC(2015)에서는 연령을 22세 미만으로 제한하고 중재를 네 가지 종류(established, emerging, unestablished, ineffective/harmful)로 분류한 NAC(2009)와는 달리 연령을 22세 이상의 성인을 포함하여 두 연령대(22세 미만, 22세 이상)별로 분석하고 중재도 세 가지(established, emerging, unestablished) 종류로 분류하는 차이를 보였다. 또한 NAC(2015)는 효과가 입증된 중재에 대해서는 각각 자료표[저자 주: NAC(2015)에서는 '자료표'라는 용어를 사용하지 않았지만 NPDC(2014)의 '자료표(fact sheet)'와 유사한 개념이므로 이 책에서 사용하였음]를 제공하여 부모, 임상가, 교육자에게 도움을 주고자 하였는데, 예를 들어 'language training(production)'에 대해서 〈표 6-3〉과 같은 자료표를 제시하였다. 그리고 NAC(2015)에서는 22세 미만의 연령대를 6단계(0~2세, 3~5세, 6~9세, 10~14세, 15~18세, 19~21세)로 나누고 효과가 입증된 중재가 효과를 보이는 성과를 14가지(① 학업, ② 의사소통, ③ 고등인지기능, ④ 대인관계, ⑤ 학습준비도, ⑥ 운동기술, ⑦ 개인책무, ⑧ 배치, ⑨ 놀이, ⑩ 자기조절, ⑪ 일반증상, ⑫ 문제행동, ⑬ 제한적, 반복적, 비기능적 행동, 관심, 또는 행동 패턴, ⑭ 감각 또는 정서 조절)로 파악한 후, 효과가 입증된 중재별로 효과가 나타나는 연령 및 성과에 대한 정보도 제시하였다. 따라서 효과가 입증된 14가지 중재별로 작성된 자료표에는 해당 중재가 효과를 나타내는 연령 및 성과가 기술되어 있는데, 예를 들어 〈표 6-3〉을 보면 언어산출훈련[language training(production)]은 3~9세 아동을 대상으로 대인관계, 놀이, 의사소통에 효과적일 수 있다고 제시되어 있다.

2) 미국 국립자폐스펙트럼장애전문발달센터(NPDC)의 고찰

미국 국립자폐스펙트럼장애전문발달센터(NPDC)는 2010년과 2014년에 각각 자폐스펙트럼장애(ASD)의 단일중재전략에 대한 포괄적인 체계적 고찰결과를 출간하였다. NPDC의 고찰에서는 ASD 중재 가운데 행동적(behavioral), 발달적(developmental), 그리고/또는 교육적(educational) 중재로 제한하여 검토하였으며 약물치료, 보완대체의학(예: 제독요법, 뉴로피드백, 고압산소요법, 침술 등), 또는 영양보충제/특수 식이요법(예: 글루텐-카세인 제거, 비타민)은 제외하였다(Wong et al., 2014, 2015).

먼저, NPDC(2010)에서는 1997년부터 2007년까지 전문학술지에 발표된 ASD 중재 관련 논문 중 연령(출생-22세), 중재의 개념적 틀(행동적, 발달적, 교육적), 연구설계의

〈표 6-3〉 language training(production)[1] 자료표(NAC, 2015)

효과가 입증된 중재	언어산출훈련은 자폐스펙트럼장애를 가진 개인이 언어적 의사소통(즉, 구어의 기능적 사용)을 방출하는 능력을 표적으로 삼는다. 언어산출훈련은 NSP1에서는 효과가 나타나기 시작한 중재로 확인되었다. 그러나 NSP2에서는 3개의 연구가 추가됨으로써 언어산출훈련이 효과가 입증된 중재가 되는 준거를 충족시켰다.

기초사항	■ 검토한 논문 수:
	
	  NSP1=10 NSP2=2
	
	■ 참여자의 연령범위: 3~9세 아동
	
	■ 증가되는 기술:
	  • 대인관계, 놀이(NSP1)
	  • 의사소통(NSP1 & 2)

세부내용	언어산출훈련은 자폐스펙트럼장애를 가진 개인으로부터 언어적 의사소통을 이끌어 내기 위해 다양한 전략을 활용한다. 언어산출훈련은 적절한 평가와 발달적으로 적절한 표적의 확인으로 시작한다. 개별화프로그램에는 흔히 다음과 같은 전략들이 포함된다. • 자폐스펙트럼장애를 가진 개인이 모방하도록 발화(verbalization) 모델링 • 언어적, 시각적, 동작적 촉구를 포함하는 다양한 촉구절차 • 단서-휴지-포인트(Cue-Pause-Point) • 언어훈련의 일부분으로 음악 사용 • 표적 언어반응을 보이는 것에 대한 강화
예	Felix는 기능적인 언어적 의사소통을 발달시키기 위해 언어치료사와 행동치료사의 도움을 받고 있는 2.5세 남아다. 발달적 평가와 Felix에게 동기를 유발할 수 있는 물품과 활동에 대한 평가를 한 다음 개별화프로그램이 실행되었다. 확인된 표적에는 "우유", "자동차", 그리고 "강아지"의 근사치(유사소리)가 포함되었다. 치료사들과 Felix의 부모는 매일 실제 물품을 사용하고 Felix가 언어반응을 나타내도록 모델링하였다. Felix가 우유를 위해 "으으으으으"와 같은 성공적인 유사소리를 낼 때마다 Felix에게 우유, 장난감 자동차, 장난감 강아지가 주어졌다.
권장도서	Prelock, P., McCauley, R. J., Fey, M., & Kamhi, A. (Eds.). (2012). *Treatment of autism spectrum disorders: Evidence-based intervention strategies or communication and social interactions.* Baltimore, MD: Paul H. Brookes Publishing Co., Inc.

[1] 이 책에서는 'language training(production)'을 '언어산출훈련'으로 번역하였음.

자료출처: National Autism Center. (2015). *Findings and conclusions: National Standards Project, phase 2.* Randolph, MA: Author. (pp. 49-50)

양호도 등을 근거로 175편의 논문을 선정해 검토한 뒤 사전에 설정된 '증거기반실제 준거(criteria for evidence-based practice)'를 충족시키는 24가지 단일중재전략, 즉 증거 기반실제를 확인하였다. 확인된 24가지 증거기반실제는 〈표 6-4〉의 왼쪽에 제시된 바와 같다.

다음으로, NPDC(2014)는 1997년부터 2007년까지의 학술논문을 분석한 NPDC (2010)를 확대하고자 1990년부터 2011년까지 전문학술지에 발표된 ASD 중재관련 논문 29,105편 중 연령(출생-22세), 중재의 개념적 틀(행동적, 발달적, 교육적), 연구설계의 양호도 등을 근거로 456편의 논문을 선정해 검토한 뒤 사전에 설정된 '증거기반실제 준거'에 따라 '증거기반실제(evidence-based practices)'와 '경험적으로 지지되는 실제(practices with empirical support)'의 두 가지 종류로 중재를 분류하였다. 분류된 결과는 〈표 6-4〉의 오른쪽에 제시되어 있는데, 증거기반실제는 27가지, 경험적으로 지지되는 실제는 24가지로 나타났다.

이와 같이 NPDC(2014)에서는 증거기반실제로 확인된 중재만 제시한 NPDC(2010) 와는 달리 중재를 두 가지 종류(evidence-based practices, practices with some support) 로 분류하는 차이를 보였다. 또한 NPDC(2014)는 증거기반실제에 대해서는 각각 자료 표(fact sheet)를 제공하여 부모, 임상가, 교육자에게 도움을 주고자 하였는데, 예를 들어 'modeling'에 대해서 〈표 6-5〉와 같은 자료표를 제시하였다. 그리고 NPDC(2014) 에서는 연령을 6단계(0~2세, 3~5세, 6~11세, 12~14세, 15~18세, 19~22세)로 나누고 증거기반실제가 효과를 보이는 성과를 12가지(① 사회성, ② 의사소통, ③ 행동, ④ 주의공유, ⑤ 놀이, ⑥ 인지, ⑦ 학교준비, ⑧ 학업, ⑨ 운동, ⑩ 적응, ⑪ 직업, ⑫ 정신건강)로 파악한 후, 증거기반실제별로 효과가 나타나는 연령 및 성과에 대한 정보도 제시하였다. 따라서 27가지 증거기반실제별로 작성된 자료표에는 해당 중재가 효과를 나타내는 연령 및 성과가 기술되어 있는데, 예를 들어 〈표 6-5〉를 보면 모델링(modeling)은 0세부터 22세까지 사회성, 의사소통, 주의공유, 놀이, 학교준비, 학업, 직업에 효과적일 수 있다고 제시되어 있다.

〈표 6-4〉 증거기반실제 준거에 의한 중재의 분류(NPDC, 2010, 2014)

2010		2014	
구분	중재	구분	중재
증거 기반 실제[1]	① computer-aided instruction ② differential reinforcement(DRA/I/O/L) ③ discrete trial training ④ extinction ⑤ functional behavior assessment ⑥ functional communication training ⑦ naturalistic interventions ⑧ parent-implemented interventions ⑨ peer-mediated instruction/intervention ⑩ picture exchange communication system ⑪ pivotal response training ⑫ prompting ⑬ reinforcement ⑭ response interruption/redirection ⑮ self-management ⑯ stimulus control/environmental modification ⑰ social narratives ⑱ social skills training groups ⑲ structured work systems ⑳ task analysis and chaining ㉑ time delay ㉒ video modeling ㉓ visual supports ㉔ VOCA/speech generating devices	증거 기반 실제[1]	① antecedent-based interventions ② cognitive behavioral intervention ③ differential reinforcement of alternative, incompatible, or other behavior(DRA/I/O) ④ discrete trial teaching ⑤ exercise ⑥ extinction ⑦ functional behavior assessment ⑧ functional communication training ⑨ modeling ⑩ naturalistic intervention ⑪ parent-implemented intervention ⑫ peer-mediated instruction and intervention ⑬ picture exchange communication system ⑭ pivotal response training ⑮ prompting ⑯ reinforcement ⑰ response interruption/redirection ⑱ scripting ⑲ self-management ⑳ social narratives ㉑ social skills training ㉒ structured play groups ㉓ task analysis ㉔ technology-aided instruction and intervention ㉕ time delay ㉖ video modeling ㉗ visual supports
–	–	경험적으로 지지되는 실제[2]	① aided language modeling ② auditory integration training ③ behavioral momentum intervention ④ collaborative coaching ⑤ collaborative learning groups ⑥ direct instruction ⑦ exposure ⑧ handwriting without tears ⑨ independent work systems ⑩ joint attention-symbolic play instruction ⑪ music intensity ⑫ music therapy ⑬ reciprocal imitation training ⑭ removal of restraints ⑮ schema-based strategy instruction ⑯ self-regulated strategy development writing intervention ⑰ sensory diet ⑱ sensory integration and fine motor intervention ⑲ sentence-combining technique ⑳ test taking strategy instruction ㉑ theory of mind training ㉒ toilet training ㉓ touch-point instruction ㉔ touch therapy

[1] 증거기반실제(evidence-based practice): '증거기반실제 준거(criteria for evidence-based practice)'를 충족시키는 실제.

[2] 경험적으로 지지되는 실제(practice with empirical support): '증거기반실제 준거'의 일부분을 충족시키지 못한 실제.

〈표 6-5〉 modeling[1] 자료표(NPDC, 2014)

개요	모델링(modeling)에서는 바람직한 표적행동을 시범 보이고 이러한 시범은 행동의 모방으로 귀결되며 모방행동의 습득으로 이어진다. 모델링은 흔히 촉구 그리고 강화와 같은 다른 전략들과 결합된다.
자격증거	모델링은 1개의 집단설계연구와 4개의 단일대상설계연구가 있어 증거기반 준거를 충족시킨다.
연령	증거기반 연구들에 따르면, 이 중재는 자폐스펙트럼장애를 가진 영아(0~2세)부터 젊은 성인(19~22세)까지 효과적이다.
성과	모델링은 사회성, 의사소통, 주의공유, 놀이, 학교준비, 학업, 및 직업과 관련하여 효과적으로 사용될 수 있다.
증거제공 연구논문	Charlop-Christy, M. H., Le, L., & Freeman, K. A. (2000). A comparison of video modeling with in vivo modeling for teaching children with autism. *Journal of Autism and Developmental Disorders, 30*(6), 537-552. doi: 10.1023/A:1005635326276 Landa, R. J., Holman, K. C., O'Neill, A. H., & Stuart, E. A. (2011). Intervention targeting development of targeting development of socially synchronous engagement in toddlers with autism spectrum disorder: A randomized controlled trial. *Journal of Child Psychology and Psychiatry, 52*(1), 13-21. doi: 10.1111/j.1469-7610.2010.02288.x Matson, J. L., Box, M. L., & Francis, K. L. (1992). Treatment of elective mute behavior in two developmentally delayed children using modeling and contingency management. *Journal of Behavior Therapy and Experimental Psychiatry, 23*(3), 221-229. doi: 10.1016/0005-7916(92)90039-L Rigsby-Eldredge, M., & McLaughlin, T. E. (1992). The effects of modeling and praise on self-initiated behavior across settings with two adolescent students with autism. *Journal of Developmental and Physical Disabilities, 4*(3), 205-218. doi: 10.1007/BF01046965 Schrandt, J. A., Townsend, D. B., & Poulson, C. L. (2009). Teaching empathy skills to children with autism. *Journal of Applied Behavior Analysis, 42*(1), 17-32. doi: 10.1901/jaba.2009.42-17
모델링 자료표 -제안인용	Cox, A. W. (2013). *Modeling fact sheet*. Chapel Hill: The University of North Carolina, Frank Porter Graham Child Development Institute, The National Professional Development Center on Autism Spectrum Disorders.

[1] 이 책에서는 'modeling'을 '모델링'으로 번역하였음.

자료출처: Wong et al. (2014). *Evidence-based practices for children, youth, and young adults with Autism Spectrum Disorder*. Chapel Hill: The University of North Carolina, Frank Porter Graham Child Development Institute, Autism Evidence-Based Practice Review Group. (p. 65)

3) 자폐스펙트럼장애(ASD)의 단일중재전략에 대한 논의

앞서 살펴보았듯이, 미국의 NAC(2009, 2015)와 NPDC(2010, 2014)는 각각 2회에 걸쳐 ASD의 단일중재전략에 대한 고찰을 실시하였는데 그와 관련하여 주목할 만한 몇 가지 점을 논의하면 다음과 같다. 첫째, 동일한 전략에 대한 명칭이 문헌에 따라 다를 수 있다는 것이다. 예를 들어, NAC(2015)의 'social skills package'는 NPDC(2014)의 'social skills training'에 해당되고 NPDC(2010)의 'discrete trial training'은 NPDC(2014)의 'discrete trial teaching'에 해당된다.

둘째, 동일한 전략에 대한 유효성 수준이 문헌에 따라 다를 수 있다는 것이다. 예를 들어, '기능적 의사소통 훈련(functional communication training)'과 '그림교환 의사소통 체계(picture exchange communication system)'가 NAC(2015)에서는 '효과가 입증된 중재(즉, 증거기반실제)'가 아닌 '효과가 나타나기 시작한 중재'로 분류되어 있는데 비해 NPDC(2014)에서는 '증거기반실제'로 분류되어 있다. 참고로 NAC의 '효과가 입증된 중재(established interventions)' 및 '효과가 나타나기 시작한 중재(emerging interventions)'는 NPDC의 '증거기반실제(evidence-based practices)' 및 '경험적으로 지지되는 실제(practices with empirical support)'와 각각 동일한 개념으로 볼 수 있으므로 이 책에서는 상호교환적으로 사용한다(〈표 6-2〉와 〈표 6-4〉의 하단 내용 참조).

셋째, 문헌에 제시된 증거기반실제들의 범위가 다양하다는 것이다. 즉, 어떤 증거기반실제는 잘 알려진 특정 전략으로 범위가 한정된 반면 어떤 증거기반실제는 절차나 핵심적 특성이 유사한 여러 가지 전략을 포함하는 범주적 전략으로 범위가 포괄적이다. 전자의 예로는 NPDC(2014)의 '불연속시행교수(discrete trial teaching)'가 있고 후자의 예로는 NPDC(2014)의 '자연적 중재(naturalistic intervention)'가 있다. NPDC(2014)가 27가지 증거기반실제별로 제공한 자료표를 보면, '자연적 중재'에는 '우발교수(incidental teaching)', '환경교수(milieu teaching)', '강화된 환경교수(enhanced milieu teaching)'가 모두 포함된다.

넷째, 증거기반실제라 하더라도 대상아동의 연령이나 표적영역에 따라 그 효과는 다를 수 있다는 것이다. 앞서 언급되었듯이, NAC(2015)는 22세 미만의 연령대를 6단계(0~2세, 3~5세, 6~9세, 10~14세, 15~18세, 19~21세)로 나누고 효과가 입증된 중재(즉, 증거기반실제)가 효과를 보이는 성과를 14가지(① 학업, ② 의사소통, ③ 고등인지기능, ④ 대인관계, ⑤ 학습준비도, ⑥ 운동기술, ⑦ 개인책무, ⑧ 배치, ⑨ 놀이, ⑩ 자기조절,

⑪ 일반증상, ⑫ 문제행동, ⑬ 제한적, 반복적, 비기능적 행동, 관심, 또는 행동 패턴, ⑭ 감각 또는 정서 조절)로 파악한 후, 효과가 입증된 중재별로 효과가 나타나는 연령 및 성과에 대한 정보를 제시하였다. 유사하게 NPDC(2014)도 연령을 6단계(0~2세, 3~5세, 6~11세, 12~14세, 15~18세, 19~22세)로 나누고 증거기반실제가 효과를 보이는 성과를 12가지(① 사회성, ② 의사소통, ③ 행동, ④ 주의공유, ⑤ 놀이, ⑥ 인지, ⑦ 학교준비, ⑧ 학업, ⑨ 운동, ⑩ 적응, ⑪ 직업, ⑫ 정신건강)로 파악한 후, 증거기반실제별로 효과가 나타나는 연령 및 성과에 대한 정보를 제시하였다. 이는 모든 ASD아동에게 모든 영역에서 효과가 있는 증거거반실제란 없다는 것을 의미한다고 할 수 있다.

다섯째, 증거기반실제에 대한 정보는 계속 변할 수 있다는 것이다. 이는 NAC와 NPDC의 2회에 걸친 고찰에서도 알 수 있다. 〈표 6-2〉에 보이듯이, NAC의 경우에는 효과가 입증된 중재(즉, 증거기반실제)가 2009년과 2015년에 각각 11가지와 14가지로 나타났다. 또한 〈표 6-4〉에 보이듯이, NPDC의 경우에도 증거기반실제가 2010년과 2014년에 각각 24가지와 27가지로 나타났다. 즉, 증거기반실제의 수가 증가하는 양적 변화가 있었다고 할 수 있다. 그러나 양적 변화뿐만 아니라 질적 변화도 있었다. 예를 들어, NAC(2015)의 'behavioral interventions'는 NAC(2009)의 'antecedent package'와 'behavioral package'를 통합한 것이고, NPDC(2014)의 'technology-aided instruction and intervention'은 NPDC(2010)의 'computer-aided instruction'과 'VOCA/speech generating devices'를 통합한 것이다. 이와 같은 양적/질적 변화가 나타나는 이유는 단일중재전략에 대한 새로운 논문들이 전문학술지에 지속적으로 발표되기 때문이며, 따라서 증거기반실제에 대한 정보는 계속 변하게 될 것이다. 사실 2020년에 NPDC의 후속인 'National Clearinghouse on Autism Evidence and Practice(NCAEP)'는 1990년부터 2011년까지의 학술논문을 분석한 NPDC(2014)를 확대하고자 1990년부터 2017년까지 전문학술지에 발표된 ASD 중재관련 논문 중에서 선정된 972편을 검토한 뒤 그 결과를 보고서(Steinbrenner et al., 2020)로 출간하였다[저자주: 이 책에서는 'NCAEP(2020)'와 'Steinbrenner 등(2020)'을 상호교환적으로 사용함]. 이 보고서는 28가지 증거기반실제를 제시하였는데 NPDC(2014)의 27가지 증거기반실제와 비교해 볼 때 양적 변화와 질적 변화가 모두 있었다. 이러한 변화를 요약해 보면 〈표 6-6〉과 같다. 〈표 6-6〉에 보이듯이, NCAEP(2020)의 28가지 증거기반실제는 NPDC(2014)의 27가지 증거기반실제에서 네 가지(picture exchange communication system, pivotal response training, scripting, structured play groups)가 삭

〈표 6-6〉 NCAEP(2020)가 제시한 증거기반실제

NCAEP(2020)		참고
증거기반실제	비고	증거기반실제(NPDC, 2014)[1]
① antecedent-based interventions	–	① antecedent-based interventions
② augmentative and alternative communication	NPDC(2014)의 증거기반실제 중 '⑬ picture exchange communication system'이 포함됨.	–
③ behavioral momentum intervention	NPDC(2014)의 경험적으로 지지되는 실제 중 '③ behavioral momentum intervention'임.	–
④ cognitive behavioral/instructional strategies	–	② cognitive behavioral intervention
⑤ differential reinforcement of alternative, incompatible, or other behavior	–	③ differential reinforcement of alternative, incompatible, or other behavior
⑥ direct instruction	NPDC(2014)의 경험적으로 지지되는 실제 중 '⑥ direct instruction'임.	–
⑦ discrete trial training	–	④ discrete trial teaching
⑧ exercise and movement	–	⑤ exercise
⑨ extinction	–	⑥ extinction
⑩ functional behavioral assessment	–	⑦ functional behavioral assessment
⑪ functional communication training	–	⑧ functional communication training
⑫ modeling	–	⑨ modeling
⑬ music-mediated intervention	NPDC(2014)의 경험적으로 지지되는 실제 중 '⑫ music therapy'가 포함됨.	–
⑭ naturalistic intervention	NPDC(2014)의 증거기반실제 중 '⑭ pivotal response training'이 포함됨.	⑩ naturalistic intervention
⑮ parent-implemented intervention		⑪ parent-implemented intervention
⑯ peer-based instruction and intervention	NPDC(2014)의 증거기반실제 중 '㉒ structured play groups'가 포함됨.	⑫ peer-mediated instruction and intervention
⑰ prompting	–	⑮ prompting
⑱ reinforcement	–	⑯ reinforcement
⑲ response interruption/redirection	–	⑰ response interruption/redirection
⑳ self-management	–	⑲ self-management
㉑ sensory integration	NPDC(2014)의 경험적으로 지지되는 실제 중 '⑱ sensory integration and fine motor intervention'임.	–
㉒ social narratives	–	⑳ social narratives
㉓ social skills training	–	㉑ social skills training
㉔ task analysis	–	㉓ task analysis
㉕ technology-aided instruction and intervention	–	㉔ technology-aided instruction and intervention
㉖ time delay	–	㉕ time delay
㉗ video modeling	–	㉖ video modeling
㉘ visual supports	NPDC(2014)의 증거기반실제 중 '⑱ scripting'이 포함됨.	㉗ visual supports

[1] 〈표 6-4〉 참조.

제되고 다섯 가지(augmentative and alternative communication, behavioral momentum intervention, direct instruction, music-mediated intervention, sensory integration)가 추가된 결과라고 할 수 있다. 이러한 결과와 관련하여 몇 가지 유의할 점을 살펴보면 다음과 같다. 첫째, 삭제된 네 가지는 증거기반실제에서 제외된 것이 아니라 모두 다른 증거기반실제에 통합되었다. 즉, picture exchange communication system은 'augmentative and alternative communication'에, pivotal response training은 'naturalistic intervention'에, scripting은 'visual supports'에, 'structured play groups'는 'peer-based instruction and intervention'에 통합되었다. 둘째, 추가된 다섯 가지 증거기반실제 중 'augmentative and alternative communication'을 제외한 네 가지(behavioral momentum intervention, direct instruction, music-mediated intervention, sensory integration)는 모두 NPDC(2014)에서는 증거기반실제가 아닌 경험적으로 지지되는 실제로 분류되어 있었다. 셋째, NPDC(2014)와 NCAEP(2020) 둘 다에서 동일한 명칭으로 제시된 증거기반실제들도 NCAEP(2020)에서 대부분 그 정의 및 자료표 내용이 수정 그리고/또는 보완되었다.

3. 자폐스펙트럼장애(ASD)의 종합중재모델에 대한 연구

앞서 언급되었듯이, 종합중재모델(comprehensive treatment models)은 ASD의 핵심적 결함과 관련하여 광범위한 행동적 또는 발달적 영향을 성취하기 위해 고안된 일련의 전략으로 구성된다(NRC, 2001; Odom, Boyd, et al., 2010). 앞서 살펴본 단일중재 전략은 두 국립센터(NAC, NPDC)가 독립적으로 몇 년의 간격을 두고 각각 2회에 걸쳐 관련문헌을 체계적으로 고찰하였다. 이에 비해 종합중재모델에 대한 고찰은 2001년 미국 국립연구협의회(National Research Council: NRC)에서 실시된 바 있으며 뒤이어 2010년에 Odom, Boyd, 등이 추후고찰을 실시하였다. 다음에서는 종합중재모델에 대한 NRC(2001)의 고찰과 Odom, Boyd, 등(2010)의 고찰을 각각 살펴보고 두 고찰의 내용에 대한 논의를 제시하기로 한다. 참고로 이 책에서는 각 고찰에서 제시된 종합중재모델의 명칭을 전반적으로 영어명 그대로 사용하는데, 그 이유는 동일한 모델이 문헌에 따라 그 명칭에서 다소 차이가 있기 때문이다.

1) 미국 국립연구협의회(NRC)의 고찰

미국 국립연구협의회(NRC, 2001)는 자폐스펙트럼장애아동 교육프로그램에 대한 고찰에서 10개의 종합중재모델을 확인하였다. 이 10개의 종합중재모델은 모두 대학에 기반을 두고 있었으며 행동적이거나 발달적인 개념적 틀(또는 이론적 틀)을 근간으로 하고 있었다. NRC(2001)에 따르면 이러한 개념적 틀은 프로그램의 목적, 중재절차, 평가방법 등에 영향을 미친다. 〈표 6-7〉에는 NRC(2001)가 확인한 10개 종합중재모델의 명칭, 개념적 틀, 및 관련대학이 제시되어 있다. 또한 〈표 6-8〉에는 ASD아동이 프로그램에 참여하기 시작하는 평균 시작월령, 주당 참여시간, 프로그램이 실시되는 통상환경, 프로그램의 일차적 교수절차 순으로 각 모델의 특징이 제시되어 있다.

〈표 6-7〉 10개 종합중재모델(NRC, 2001)

개념적 틀	모델명	관련대학
행동적	Children's Unit	The State University of New York at Binghamton
	Duglass Developmental Center	Rutgers University
	Individualized Support Program	The University of South Florida at Tampa
	Learning Experiences, an Alternative Program for Preschoolers and their Parents (LEAP) Preschool	The University of Colorado
	Pivotal Response Model	The University of California at Santa Barbara
	The University of California at Los Angeles (UCLA) Young Autism Project	The University of California at Los Angeles
	Walden Early Childhood Programs	The Emory University
발달적	Denver Model	The University of Colorado
	Developmental Intervention Model	The George Washington University
절충적[1]	Treatment and Education of Autistic and Related Communication Handicapped Children (TEACCH)	The University of North Carolina at Chapel Hill

[1] 행동적인 개념적 틀과 발달적인 개념적 틀의 요소들을 취사선택함.

〈표 6-8〉 **10개 종합중재모델의 특징(NRC, 2001)**

모델(알파벳순)	평균 시작월령 (범위)	주당 시간	통상 환경	일차적 교수절차
① Children's Unit	40 (13-57)	27.5	학교(분리학급)	불연속시행
② Denver Model	46 (24-60)	20	학교(통합학급), 가정, 지역사회	놀이학교 교육과정
③ Developmental Intervention Model	36 (22-48)	10-25	가정, 임상치료실	플로어타임 치료
④ Douglass Developmental Center	47 (32-74)	30-40	학교(분리학급 및 통합학급), 가정	불연속시행; 자연적
⑤ Individualized Support Program	34 (29-44)	12	학교(통합학급), 가정, 지역사회	긍정적 행동지원
⑥ LEAP	43 (30-64)	25	학교(통합학급), 가정	또래매개중재; 자연적
⑦ Pivotal Response Model	36 (24-47)	다양	학교(통합학급), 가정, 지역사회, 임상치료실	중심축반응훈련
⑧ TEACCH	36 (24 이상)	25	학교(분리학급), 임상치료실	구조화된 교수
⑨ UCLA Young Autism Project	32 (30-46)	20-40	가정	불연속시행
⑩ Walden Early Childhood Program	30 (18-36)	36	학교(통합학급), 가정	우발교수

자료출처: National Research Council. (2001). *Educating children with autism*. Washington, DC: National Academy Press. (p. 150)

2) Odom, Boyd, 등(2010)의 고찰

앞서 살펴본 NRC(2001)의 고찰 후 약 10년 뒤에 Odom, Boyd, 등(2010)이 추후고 찰을 실시하였는데, 그 결과 미국에서 운용되고 있는 30개의 종합중재모델을 확인 하였다. 〈표 6-9〉에는 Odom, Boyd, 등(2010)이 확인한 30개 종합중재모델의 개 념적 틀, 명칭, 근원지, 및 대상 나이가 제시되어 있다. 또한 Odom, Byod, 등(2010)

〈표 6-9〉 30개 종합중재모델(Odom, Boyd, et al., 2010)

개념적 틀		모델명	근원지	대상 나이
응용 행동 분석	임상치료실 또는 가정	Autism Partnerships	Seal Beach, CA	3세~성인
		Center for Autism and Related Disorders (CARD)	Tarzana, CA	2~21세
		Lovaas Institute	Los Angeles, CA	2~8세
		Pivotal Response Treatment	Santa Barbara, CA	3~21세
	교실	Alpine Learning Group	Paramus, NJ	3~21세
		Eden Institute	Princeton, NJ	3세~성인
		Douglass Developmental Disabilities Center	New Brunswick, NJ	3세~성인
		Institute for Child Development-SUNY	Binghamton Vestal, NY	1~11세
		Lancaster-Lebanon IU 13	Lancaster County, PA	3~21세
		May Institute	Randolph, MA	영아~성인
		Princeton Child Development Institute	Princeton, NJ	영아~성인
		Pyramid Approach to Education	Newark, DE	2~21세
		Strategies for Teaching based on Autism Research (STAR)	Portland, OR	3~12세
		Summit Academy	Getzville, NY	0~21세
		Therapeutic Pathways/Kendall School	Modesto, CA	1~7세
		Valley Program	Bergen County, NY	3~14세
	통합	Children's Toddler School	San Diego, CA	18개월~3세
		Learning Experiences: An Alternative Program for Preschoolers and Parents (LEAP)	Denver, CO	3~6세
		Project DATA (Developmentally Appropriate Treatment for Autism)	Seattle, WA	0~7세
		Walden Model	Atlanta, GA	0~5세
발달적 및 관계기반의		Denver Model	Denver, CO	2~5세
		DIR/Floortime (Developmental, Individual-Difference, Relationship-based Model)	Bethesda, MD	0~5세
		Hanen Model	Toronto, Ontario, Canada	0~5세
		Relationship Development Intervention (RDI)	Huston, TX	영아~청소년
		Responsive Teaching	Cleveland, OH	0~6세
		SCERTS Model (Social Communication, Emotional Regulation, Transactional Supports)	Cranston, RI	0~10세
		Son-Rise Program	Sheffield, MA	영아~성인
특이한[1]		Higashi School	Boston, MA	3~22세
		Miller Method	Newton, MA	2~14세
		TEACCH (Treatment and Education of Autistic and Related Communication Handicapped Children)	Chapel Hill, NC	영아~성인

[1] 개념적 틀이 다양하여 범주화하기 어려운 모델은 '특이한 모델(idiosyncratic model)'로 분류되었음. 예를 들어, Higashi School은 신체적 운동, 정서적 안정, 및 지적 자극을 강조하는 'daily living therapy'에 초점을 두며 TEACCH는 몇 가지 개념적 틀(즉, 사회학 습이론, 행동적, 발달적)을 근간으로 함.

수정발췌: Odom, S. L., Boyd, B. A., Hall, L. J., & Hume, K. (2010). Evaluation of comprehensive treatment models for individuals with autism spectrum disorders. *Journal of Autism and Developmental Disorders, 40*(4), 425-436. (pp. 429-430)

〈표 6-10〉 30개 종합중재모델의 평가(Odom, Boyd, et al., 2010)

모델(알파벳순)	조작화	운용충실도	모델복제	성과자료	양호도	추가연구
① Alpine	3	3	5	3	N/A	2
② Autism Partnerships	5	3	5	0	N/A	1
③ CARD	5	4	4	3	N/A	2
④ Children's Toddler School	2	3	1	5	3	2
⑤ DATA	3	1	5	3	N/A	2
⑥ Denver Model	5	4	5	5	2	0
⑦ DIR	5	3	5	4	2	0
⑧ Douglass	5	3	0	5	3	5
⑨ Eden	3	2	0	0	N/A	0
⑩ Hanen	2	0	1	3	N/A	2
⑪ Higashi	2	0	2	3	N/A	0
⑫ Institute for Child Dev.	3	2	0	3	N/A	0
⑬ Lancaster	2	0	0	0	N/A	0
⑭ LEAP	4	5	5	4	2	5
⑮ Lovaas Institute	5	4	5	5	3	5
⑯ May Institute	5	4	5	4	2	5
⑰ Miller	3	1	5	4	0	1
⑱ PCDI	5	4	5	4	2	5
⑲ PRT	4	3	5	2	N/A	5
⑳ Pyramid	2	3	4	3	N/A	5
㉑ RDI	5	3	0	4	2	0
㉒ Responsive Teaching	3	3	0	5	3	0
㉓ SCERTS	5	0	0	0	N/A	4
㉔ Son-Rise	3	0	0	2	N/A	0
㉕ STAR	5	3	5	4	2	0
㉖ Summit	3	4	0	0	N/A	0
㉗ TEACCH	3	3	5	5	2	2
㉘ Therapeutic Pathway	5	4	3	4	3	0
㉙ Valley	3	3	5	0	N/A	0
㉚ Walden	4	3	4	3	N/A	2

자료출처: Odom, S. L., Boyd, B. A., Hall, L. J., & Hume, K. (2010). Evaluation of comprehensive treatment models for individuals with autism spectrum disorders. *Journal of Autism and Developmental Disorders, 40*(4), 425-436. (p. 431)

은 30개 종합중재모델을 여섯 가지 영역, 즉 조작화(operationalization), 운용충실도 (fidelity of implementation), 모델복제(model replication), 성과자료(outcome data), 양호도(quality), 추가연구(additional studies)에서 5점 척도로 평가하였는데 그 결과는 〈표 6-10〉에 제시된 바와 같다(저자주: 여섯 가지 영역별로 5, 4, 3, 2, 1의 각 점수에 대한 내용이 기술된 평정척도가 사용되었는데, 구체적인 내용은 해당논문을 참조할 것). 〈표 6-10〉에 보이듯이, Odom, Boyd, 등(2010)은 30개 종합중재모델에 대한 평가에서 단일요약점수(single summary score)를 산출하기보다는 여섯 가지 영역에 걸친 프로파일을 제시하였다. 즉, 네 가지 이상의 영역에서 4점 또는 5점을 받은 모델(예: Denver Model, LEAP, Lovaas Institute, May Institute, PCDI), 네 가지 미만의 영역에서 4점 또는 5점을 받은 모델(예: Autism Partnerships, CARD, Children's Toddler School, DIR, Douglass, PRT, Response Teaching, SCERTS, TEACCH), 전반적으로 낮은 점수를 받은 모델(예: Eden, Hanen, Higashi, Lancaster, Son-Rise, Summit)로 제시하였다. 그리고 이를 각각 '증거가 잘 확립된 모델(models with fairly well established evidence)', '증거가 혼합된 모델(models with mixed evidence)', '증거가 매우 약한 모델(models with very weak evidence)'이라고 하였는데, 이러한 프로파일은 종합중재모델의 유효성 수준을 결정할 때 일반적 지침으로 사용될 수 있다(Odom, Boyd, et al., 2010).

3) 자폐스펙트럼장애(ASD)의 종합중재모델에 대한 논의

앞서 살펴보았듯이, 미국의 NRC(2001)와 Odom, Boyd, 등(2010)은 ASD의 종합중재모델에 대한 고찰을 실시하였는데 그와 관련하여 주목할 만한 몇 가지 점을 논의하면 다음과 같다. 첫째, 종합중재모델은 ASD의 핵심적 결함과 관련하여 광범위한 행동적 또는 발달적 영향을 성취하기 위해 고안된 일련의 전략으로 구성되는데(NRC, 2001; Odom, Boyd, et al., 2010), 앞서 살펴본 단일중재전략이 이러한 전략에 포함되기도 한다. 즉, 어떤 단일중재전략은 독립적으로 사용되기도 하지만 특정 종합중재모델에서 일차적 중재전략으로도 사용되는데 이러한 단일중재전략은 해당 모델의 핵심적 특성이 된다. 예를 들어, 〈표 6-8〉에 나타나 있듯이 불연속시행훈련(discrete trail training), 중심축반응훈련(pivotal response training), 우발교수(incidental teaching), 또래매개중재(peer-mediated intervention), 구조화된 교수(structured teaching)는 각각 UCLA Young Autism Project(또는 Lovaas Institute), Pivotal Response Model(또는

Pivotal Response Treatment), Walden Early Childhood Program(또는 Walden Model), LEAP, TEACCH에서 사용되는 일차적 중재전략이라고 할 수 있다.

둘째, 단일중재전략이 '증거강도 분류체계'(NAC, 2015)나 '증거기반실제 준거' (NPDC, 2014)에 따라 분류되었듯이(〈표 6-2〉와 〈표 6-4〉 참조) 종합중재모델도 Odom, Boyd, 등(2010)에서 〈표 6-10〉과 같은 평가를 근거로 '증거가 잘 확립된 모델', '증거가 혼합된 모델', '증거가 매우 약한 모델'로 분류되고 있다. 따라서 〈표 6-2〉와 〈표 6-4〉에 각각 제시되어 있는 '효과가 입증된 중재'와 '증거기반실제'가 '증거기반의 단일중재전략(evidence-based focused intervention practices)'이라면 '증거가 잘 확립된 모델'은 '증거기반의 종합중재모델(evidence-based comprehensive treatment models)'이라고 할 수 있다.

셋째, 단일중재전략에 대한 정보가 계속 변하듯이 종합중재모델에 대한 정보도 계속 변할 수 있다. 〈표 6-7〉과 〈표 6-9〉에 보이듯이 NRC(2001)에서는 10개의 종합중재모델이 확인되었으나 Odom, Boyd, 등(2010)에서는 30개로 증가하는 양적 변화를 보였다. 그러나 양적 변화뿐만 아니라 질적 변화도 있었다. 예를 들어, 〈표 6-8〉과 〈표 6-9〉에서도 알 수 있듯이 NRC(2001)가 제시한 10개의 종합중재모델은 모두 중재대상의 연령을 유아기에 국한하고 있는데 이 가운데 Douglass Developmental Center, Pivotal Response Model, TEACCH는 Odom, Boyd, 등(2010)에 Douglass Developmental Disabilities Center, Pivotal Response Treatment, TEACCH로 포함되어 있으나 중재대상의 연령이 각각 3세~성인, 3~21세, 영아~성인으로 확대되었다. 이와 같은 양적/질적 변화가 나타나는 이유는 자폐스펙트럼장애에 대한 과학적 지식의 발전과 더불어 새로운 모델이 개발될 뿐만 아니라 기존의 모델들도 진화하기 때문이며, 따라서 종합중재모델에 대한 정보는 지속적으로 변하게 될 것이다. 사실 Odom, Boyd, 등(2010)의 고찰이 수행된 이후에 소개된 모델도 있는데 'Early Start Denver Model(ESDM)'이 그 예다. ESDM은 Denver Model을 바탕으로 Rogers 와 Dawson(2010b)이 개발하였다. 〈표 6-7〉과 〈표 6-9〉에 보이듯이 Denver Model 은 Denver에 있는 University of Colorado에 기반을 두고 있고, 발달적 및 관계기반의 개념적 틀을 근간으로 하며, 2~5세(즉, 24~60개월) 아동을 대상으로 한다. 이에 비해 ESDM은 University of Washington과 University of California at Davis에 기반을 두고 있고, 발달적 및 관계기반의 개념적 틀뿐만 아니라 행동적인 개념적 틀(즉, 응용행동분석)도 병합하여 적용하며, 12~48개월 영유아를 대상으로 한다. ESDM의 주요 목적은 ASD 증상의 심각도를 감소시키고 모든 발달영역의 발달을 촉진하는 것이다. 이를 위해 「ESDM Curriculum Checklist」(Rogers & Dawson, 2010a)를 사용하여 발달수준 평가와 중재목표 설정을 주기적으로 실행하는데 이 검사도구는 이 책 제5장에 「덴버모델 발달 체크리스트」(정경미, 2017)로 소개되어 있다. ESDM의 유효성은 다수의 연구(예: Waddington, van der Meer, & Sigafoos, 2016; Wang, Loh, Tian, & Chen, 2021)에서 검증되고 있는 것으로 알려져 있다.

4. 자폐스펙트럼장애(ASD)의 증거기반실제

앞서 이 장에서 살펴보았듯이 자폐스펙트럼장애(ASD) 분야의 중재는 단일중재전략과 종합중재모델의 두 가지 유형으로 구분될 수 있는데, 양호하게 설계된 다수의 연구를 통해 유효성이 검증된 단일중재전략은 '증거기반의 단일중재전략' 또는 '미시적 증거기반실제'로 보고 양호하게 설계된 다수의 연구를 통해 유효성이 검증된 종합중재모델은 '증거기반의 종합중재모델' 또는 '거시적 증거기반실제'로 보기도 한다. 일반적으로 특수교육 분야에서는 증거기반실제가 미시적 증거기반실제에 국한되는 경향이 있으나 특수교육의 한 분야인 ASD 분야에서는 교육 분야처럼 증거기반실제에 미시적 증거기반실제와 거시적 증거기반실제 둘 다가 포함될 수도 있다. 또한 미시적 또는 거시적 증거기반실제라고 하더라도 실시자의 역량과 아동의 특성에 따라 효과가 다를 수 있으므로 심리학 분야처럼 ASD 분야의 증거기반실제에서는 아동의 특성이 중요하게 고려될 필요가 있다. 이와 같이 ASD 분야에서의 증거기반실제는 세 가지 관점에서 설명이 가능한데, 첫째는 일반적인 특수교육 분야처럼 미시적 증거기반실제에 국한하는 것이고, 둘째는 교육 분야처럼 미시적 증거기반실제와 거시적 증거기반실제를 둘 다 포함하는 것이고 셋째는 심리학 분야처럼 실시자의 역량과 아동의 특성도 중요한 요소로 고려하는 것이다. 이는 증거기반실제의 정의 또한 세 가지 관점에서 각각 제시될 수 있다는 것을 의미한다. 따라서 이 책에서는 ASD 분야에서의 증거기반실제에 대한 정의를 다음과 같이 세 가지(협의적 정의, 광의적 정의, 포괄적 정의)로 나누어 제안하고자 한다.

첫째, 협의적 정의(狹義的 定義; narrow definition)의 증거기반실제(evidence-based practices: EBPs)란 양호하게 설계된 다수의 연구를 통해 유효성이 검증된 단일중재전략을 말하는데, 증거기반의 단일중재전략(evidence-based focused intervention practices) 또는 미시적 증거기반실제(micro evidence-based practices: micro EBPs)라고도 한다. 협의적 정의의 증거기반실제에 포함되는 단일중재전략은 특정 전략을 의미하기 때문에 가산명사(可算名詞)이며 따라서 증거기반실제는 'evidence-based practices(EBPs)'와 같이 복수(plural)로 사용이 가능하다.

　둘째, 광의적 정의(廣義的 定義; broad definition)의 증거기반실제(evidence-based practices: EBPs)란 양호하게 설계된 다수의 연구를 통해 유효성이 검증된 단일중재전략이나 종합중재모델을 말하는데, 전자는 증거기반의 단일중재전략(evidence-based focused intervention practices) 또는 미시적 증거기반실제(micro evidence-based practices: micro EBPs)라고도 하고 후자는 증거기반의 종합중재모델(evidence-based comprehensive treatment models) 또는 거시적 증거기반실제(macro evidence-based practices: macro EBPs)라고도 한다. 광의적 정의의 증거기반실제에 포함되는 단일중재전략과 종합중재모델은 각각 특정 전략과 특정 프로그램을 의미하기 때문에 가산명사(可算名詞)이며 따라서 증거기반실제는 'evidence-based practices(EBPs)'와 같이 복수(plural)로 사용이 가능하다.

　셋째, 포괄적 정의(包括的 定義; comprehensive definition)의 증거기반실제(evidence-based practice: EBP)란 숙련된 전문가가 대상자의 특성을 고려하여 양호하게 설계된 다수의 연구를 통해 유효성이 검증된 단일중재전략이나 종합중재모델을 적용하는 것을 말한다. 포괄적 정의의 증거기반실제는 특정 전략이나 프로그램이 아니라 어떤 운동(movement)이나 패러다임(paradigm)을 의미하기 때문에 불가산명사(不可算名詞)이며 따라서 증거기반실제는 'evidence-based practice(EBP)'와 같이 단수(singular) 형태로 사용된다. 이러한 포괄적 정의는 증거기반실제를 '최상의 연구근거를 임상적 전문성과 환자의 가치에 통합시키는 것'(Institute of Medicine, 2001)으로 보는 의학 분야나 '연구를 통해 근거가 확보된 심리치료를 임상적으로 숙련된 치료자가 환자의 특성, 문화, 및 선호도를 고려하여 적용하는 것'(APA Presidential Task Force on Evidence-Based Practice, 2006)으로 보는 심리학 분야의 입장과 맥을 같이한다고 할 수 있다([보충설명 6-1] 참조).

Chapter 07

자폐스펙트럼장애의 생물학적 중재

1. 약물적 중재

약물적 중재(pharmacological intervention)란 약물을 사용하는 생물학적 중재 (biological intervention)라고 할 수 있는데 약물치료가 대표적이다. 앞서 제6장에서 살펴본 단일중재전략과 종합중재모델은 주로 행동적 중재와 교육적 중재에 국한되었으며 생물학적 중재인 약물치료는 배제되었다. 하지만 이것은 약물치료가 고찰대상에서 제외되었다는 것이지 약물치료가 효과가 없다는 것을 의미하지는 않을 뿐 아니라 자폐스펙트럼장애아동의 중재에서 약물을 사용하는 경우 또한 적지 않다. 따라서 다음에서는 ASD의 약물치료에 대해 살펴보기로 한다.

1) 약물치료

약물치료(drug therapy; medication)는 정신건강의학과의 기본적이고 주된 치료법이다. Ozonoff 등(2015)에 따르면 ASD를 가진 아동 중 절반 정도가 향정신성약물(psychotropics)을 처방받고 있으며 연령이 높아지면서 약물사용도 증가한다. 하지만 ASD에 있어서 약물치료는 ASD를 치료한다거나 사회적 어려움이나 의사소통 어려움을 포함하는 ASD의 독특한 특성 그 자체를 완화시키는 것이 아니라 ASD와 관련하여 나타나는 여러 가지 문제를 감소시키는 것이다(조수철 외, 2011; Ozonoff et al., 2015; Simpson et al., 2005). 이러한 문제들로는 부주의, 과잉행동, 충동성, 불안, 우울, 공격행동, 자해행동, 강박행동, 수면문제, 발작 등이 있는데(이용승, 이정희, 2000; Howlin, 1998; Simpson et al., 2005), 〈표 7-1〉은 이를 대상으로 한 약물치료의 예를 제시하고 있다.

〈표 7-1〉 **자폐스펙트럼장애 약물치료의 예**

약물의 유형	상품명	성분명	효과	부작용
항우울제	프로작 (Prozac)	플루옥세틴 (fluoxetine)	의식적이고 강박적인 행동을 감소시킨다.	부정맥, 졸림, 변비, 메스꺼움 등
항불안제	아티반 (Ativan)	로라제팜 (lorazepam)	불안을 제거한다.	졸림, 손상된 균형, 행동 불억제 등
항경련제	테그레톨 (Tegretol)	카르바마제핀 (carbamazepine)	발작, 공격행동, 양극성장애의 증상을 조절하거나 감소시킨다.	백혈구 감소, 간기능 손상 등
기분안정제	리탄 (Lithane)	리튬 (lithium)	공격행동과 자해행동을 감소시킨다.	갈증, 설사, 발작, 갑상선 이상, 체중 증가 등
정신자극제	리탈린 (Ritalin)	메틸페니데이트 (methylphenidate)	부주의, 과잉행동, 충동성을 감소시킨다.	침 흘림, 불면증, 식욕 감퇴 두통, 어지러움, 틱 증가, 상동행동 증가 등
비정형 신경이완제	리스페달 (Risperdal)	리스페리돈 (risperidone)	공격행동, 폭발적 행동을 감소시킨다.	좌불안석증, 졸림, 침 흘림, 체중 증가 등
	아빌리파이 (Abilify)	아리피프라졸 (aripiprazole)	과민성(irritability), 공격행동, 폭발적 행동을 감소시킨다.	좌불안석증(akathisia), 졸림, 어지러움, 두통, 메스꺼움 등

〈표 7-1〉에 보이듯이 ASD의 약물치료에서 사용되는 향정신성약물의 종류로는 항우울제(antidepressants), 항불안제(anxiolytics), 항경련제(anticonvulsants), 기분안정제(mood stabilizers), 정신자극제(psychostimulants), 비정형 신경이완제(atypical neuroleptics) 등이 있는데 이 가운데 항정신병제(antipsychotics)라고도 하는 비정형 신경이완제인 리스페달(Risperdal)과 아빌리파이(Abilify)는 2015년 현재 미국 식품의약국(Food and Drug Administration: FDA)이 ASD에 사용하도록 승인한 유일한 약물이다

(Ozonoff et al., 2015). 이는 FDA가 승인하지 않은 약물이 도움이 되지 않는다는 것을 뜻하기보다는 이 약물을 널리 추천하기 전에 더 많은 연구가 필요하다는 것을 의미한다. 사실 〈표 7-1〉에 제시된 약물들은 적절히 사용하면 아동의 삶에 긍정적인 결과를 가져올 수 있다. 예를 들어, 부주의나 과잉행동 문제가 있는 ASD아동에게 리탈린(Ritalin)을 사용하여 부주의와 과잉행동을 관리하면 학교에서 더 집중하게 되고 제공된 교육적 도움의 효과도 더 커질 수 있다. 다만 〈표 7-1〉에 보이듯이 약물의 부작용도 보고되고 있으므로 ASD의 약물치료에 대해서는 아직 더 많은 것이 밝혀져야 한다.

이와 같이 ASD의 약물치료는 ASD의 핵심적 증상보다는 ASD의 중재를 방해하는 문제를 목표로 하기 때문에 약물치료를 적절히 사용하면 행동적 중재나 교육적 중재가 더 효과적일 수 있다. 따라서 행동적 중재와 교육적 중재의 보조수단으로 약물치료를 사용하는 것이 바람직하다(Lord & Bailey, 2002).

2. 비약물적 중재

비약물적 중재(non-pharmacological intervention)란 약물을 사용하지 않는 생물학적 중재라고 할 수 있는데 감각통합치료가 대표적이다. 그 외 글루텐 및 카세인 제거식사(gluten-and casein-free diet)나 대용량비타민치료(megavitamin therapy) 등의 식이요법(dietary treatment)도 있으나 아직은 지원정보가 제한적인 것으로 알려져 있다(Ozonoff et al., 2015; Simpson et al., 2005). 따라서 다음에서는 ASD의 감각통합치료에 대해 살펴보기로 한다.

1) 감각통합치료

감각통합(sensory integration)이란 자신의 신체와 환경으로부터 주어지는 감각정보들을 조직화하고 그 환경 속에서 신체를 효과적으로 사용할 수 있도록 하는 신경학적 과정인데(Ayres, 1979), 이 과정에 문제가 있는 것을 감각통합기능장애(sensory integration dysfunction) 또는 감각처리장애(sensory processing disorder)라 하고 감각통합기능을 향상시키고자 하는 중재를 감각통합치료(sensory integration therapy)라고 한다([보충설명 5-2] 참조).

감각통합기능에 이상이 있을 경우 행동과 학습에 문제가 나타날 가능성이 있다. 예를 들어, 자폐스펙트럼장애, 주의력결핍과잉행동장애, 학습장애 등과 연관되어 나타나는 문제가 이러한 감각통합기능 이상에 기인한 것으로 보기도 한다(Scheuermann & Hall, 2012). 따라서 자폐스펙트럼장애의 중재에서 감각통합치료는 오래전부터 사용된 전략 중 하나다. 특히 근래 자폐스펙트럼장애와 관련하여 감각통합치료에 대한 관심이 더 높아지고 있는데 그 이유는 다음과 같다. 첫째, 이 책제5장 'DSM 자폐스펙트럼장애(ASD)의 개념'에서 살펴보았듯이 '감각적 자극에 대한 비정상적 반응'이 DSM-III부터 DSM-IV-TR까지 ASD의 부수적인 관련 특성으로 기술되었으나 DSM-5부터는 주요 특성으로 새롭게 ASD의 진단준거에 포함되면서 이와 관련된 중재인 감각통합치료가 더 주목을 받게 되었다. 둘째, 감각통합치료가 다수의 문헌(예: 조수철 외, 2011; Hall, 2009; Heflin & Alaimo, 2007; Ozonoff, et al, 2015; Simpson et al., 2005)에서 과학적으로 효과를 입증하는 연구가 부족한 것으로 소개되었으나 제6장 '자폐스펙트럼장애의 단일중재전략과 종합중재모델'에서 살펴보았듯이 근래 발표된 고찰보고서(Steinbrenner et al., 2020)에서는 감각통합(sensory integration)이 과학적 기반의 연구(예: Kashefimehr, Kayihan, & Huri, 2018; Pfeiffer, Koenig, Kinnealey, Sheppard, & Henderson, 2011; Schaaf et al., 2014)를 통해 유효성이 검증된 증거기반의 단일중재전략으로 소개되고 있다.

감각통합치료에서는 감각계가 치료의 대상이 된다. 감각계에는 〈표 7-2〉에 제시되어 있듯이 시각, 청각, 미각, 후각, 촉각, 전정감각, 및 고유감각이 있다. ASD아동의 감각통합치료에서는 이 일곱 가지 감각계 가운데 촉각, 전정감각, 고유감각이 주요 대상이 된다. 촉각의 경우는 아동의 몸을 솔질(brushing)해 주는 방법을 통해 촉각자극에 지속적으로 노출시킬 수 있다. 전정감각의 경우는 구르기, 트램펄린 뛰기, 스쿠터보드 타기 등의 활동을 통해 자극을 제공한다. 또한 고유감각의 경우는 손목이나 팔꿈치 등의 관절에 적당한 압력이 가해지도록 담요 위에서 눌러주는 방법을 통해 근육과 관절을 자극한다(Chawarska, Klin, & Volkmar, 2008). 이와 같은 감각통합치료는 아동의 필요에 따라 개별적으로 활동프로그램이 구성되며 주로 훈련된 작업치료사가 임상적 환경에서 실시한다(Steinbrenner et al., 2020).

〈표 7-2〉 감각계의 위치와 기능

감각계	위치	기능
시각 (visual sense)	눈의 망막에 위치한다.	사물과 사람에 대한 정보를 제공한다(시공간을 통해 이동할 때 경계를 알도록 도움).
청각 (auditory sense)	내이에 위치한다.	환경에서 나는 소리에 대한 정보를 제공한다(큰 소리, 작은 소리, 높은 소리, 낮은 소리, 먼 소리, 가까운 소리 등).
미각 (gustatory sense)	혀의 화학물질 수용기관에 위치한다.	다양한 종류의 맛에 대한 정보를 제공한다(단맛, 신맛, 쓴맛, 짠맛, 매운맛 등).
후각 (olfactory sense)	비강기관의 화학물질 수용기관에 위치한다.	다양한 종류의 냄새에 대한 정보를 제공한다(곰팡이 냄새, 꽃 냄새, 자극성 냄새 등).
촉각 (tactile sense)	세포분포의 피부 밀도는 온몸에서 다양하다.	환경 및 사물의 질에 대한 정보를 제공한다(촉감, 질감, 압박감, 온감, 냉감, 통감 등).
전정감각 (vestibular sense)	내이에 위치한다.	공간에서 신체가 어디에 있는지 또는 자신이나 주변이 이동하고 있는지에 대한 정보를 제공한다. 이동의 속도와 방향에 대한 정보도 제공한다. 균형감각 또는 평형감각이라고도 한다.
고유감각 (proprioceptive sense)	근육과 관절에 위치한다.	특정 신체부위가 어디에 있고 어떻게 움직이고 있는지에 대한 정보를 제공한다. 운동감각이라고도 한다.

Understanding Autism Spectrum Disorders

Chapter
08

자폐스펙트럼장애의 행동적 중재

1. 행동수정의 개념

행동수정(behavior modification)은 원래 동물을 대상으로 한 실험연구로부터 도출된 학습원리를 응용한 것으로, 특히 Pavlov의 반응적 조건형성 이론(respondent conditioning theory)과 Skinner의 조작적 조건형성 이론(operant conditioning theory)에서 유래된 기법들을 사용한다. 이와 같은 행동수정은 행동적 중재의 근간을 이루고 있으므로 다음에서는 행동수정의 정의와 주요 기법에 대해 간략하게 살펴보기로 한다(저자주: 행동수정에 대한 심층적이고 구체적인 내용은 관련 전문서적을 참고하기 바란다).

1) 행동수정의 정의

행동수정(behavior modification)이란 개인이 사회에서 좀 더 충분히 기능할 수 있도록 개인의 내재적·외현적 행동을 평가하고 향상시키는 데 학습원리와 기법을 체계적으로 적용하는 것이라고 할 수 있다(Martin & Pear, 2003). 행동수정은 개인적 특성이나 특징이 아닌 행동에 초점을 둠으로써 명칭(label)을 강조하지 않는다(Miltenberger, 2001). 예를 들어, 행동수정은 자폐스펙트럼장애(명칭)를 변화시키기 위하여 사용되기보다는 자폐스펙트럼장애아동이 보이는 문제행동을 변화시키기 위하여 사용된다. 행동수정에서는 수정되어야 할 행동을 표적행동(target behavior)이라고 부르는데, 표적행동에는 행동과잉과 행동결핍이 있다. 행동과잉(behavioral excess)은 빈도나 강도를 감소시켜야 하는 바람직하지 않은 표적행동을 말하고 행동결핍(behavioral deficit)은 빈도나 강도를 증가시켜야 하는 바람직한 표적행동을 말한다.

2) 행동수정의 주요 기법

행동수정에서는 표적행동을 변화시키기 위해 〈표 8-1〉에 제시된 바와 같은 다양한 기법이 체계적으로 사용되는데 이러한 기법들을 간략하게 살펴보면 다음과 같다.

(1) 바람직한 행동 증가시키기

바람직한 행동을 증가시키는 기법으로는 강화, 도피-회피조건형성, 토큰경제가 있다.

① 강화

강화(reinforcement)란 행동 뒤에 그 행동의 발생 가능성을 증가시키는 결과, 즉 강화물(reinforcer)이 뒤따르게 함으로써 행농의 빈도나 강도를 승가시키는 것이다. 상화에는 정적강화와 부적강화의 두 가지 유형이 있다.

정적강화(positive reinforcement)란 어떤 행동 뒤에 유쾌자극(pleasant stimulus)을 제시(present)하여 그 행동의 빈도나 강도를 증가시키는 것이다. 이때 행동 뒤에 제시되는 유쾌자극을 정적강화물이라고 한다. 즉, 정적강화물(positive reinforcer)이란 행동의 빈도나 강도를 증가시키기 위하여 행동 뒤에 제시되는 유쾌자극이라고 할 수 있는데 보상(reward)이라고도 한다.

부적강화(negative reinforcement)란 어떤 행동 뒤에 불쾌자극(unpleasant stimulus)을 제거(remove)[철회(withdraw) 또는 방지(prevent)]하여 그 행동의 빈도나 강도를 증가시키는 것이다. 이때 행동 뒤에 제거되는 불쾌자극을 부적강화물이라고 한다. 즉, 부적강화물(negative reinforcer)이란 행동의 빈도나 강도를 증가시키기 위하여 행동 뒤에 제거되는 불쾌자극이라고 할 수 있다.

이상과 같이 정적강화에서는 정적강화물이 부적강화에서는 부적강화물이 사용되는데 강화물이란 행동의 빈도나 강도를 증가시키는 후속자극으로 정의될 수 있다.

〈표 8-1〉 **행동수정 기법**

구분	기법		
바람직한 행동 증가시키기	강화	정적강화	
		부적강화	
	도피-회피조건형성		
	토큰경제		
바람직하지 않은 행동 감소시키기	차별강화	상반행동 차별강화	
		대안행동 차별강화	
		타행동 차별강화	
		저비율행동 차별강화	
	비수반강화		
	소거		
	벌	부적벌 (박탈성 벌)	타임아웃
			반응대가
		정적벌 (수여성 벌)	과잉교정
			혐오자극 제시
바람직한 행동 유지시키기	간헐강화	고정간격계획	
		변동간격계획	
		고정비율계획	
		변동비율계획	
새로운 행동 가르치기	용암법		
	조형법		
	연쇄법		
기타 기법	자극식별훈련		
	일반화훈련		
	체계적 탈감법		
	홍수법		
	혐오치료		

강화물은 행동수정 전반에 걸쳐 적용되는 중요한 개념으로서 [보충설명 8-1]에는 강화물에 대한 좀 더 구체적인 설명이 제시되어 있다.

[보충설명 8-1] 강화물

　　강화물(reinforcer)이란 행동의 빈도나 강도를 증가시키는 후속자극을 말한다. 강화물은 정적강화물(positive reinforcer)과 부적강화물(negative reinforcer)로 나눌 수 있는데 전자는 정적강화에서 후자는 부적강화에서 사용되는 강화물이다. 즉, 정적강화(positive reinforcement)란 어떤 행동 뒤에 유쾌자극(pleasant stimulus)을 제시하여 그 행동의 빈도나 강도를 증가시키는 것을 말하는데 이때 행동 뒤에 제시되는 유쾌자극을 정적강화물이라고 하며, 부적강화(negative reinforcement)란 어떤 행동 뒤에 불쾌자극(unpleasant stimulus)을 제거(철회 또는 방지)하여 그 행동의 빈도나 강도를 증가시키는 것을 말하는데 이때 행동 뒤에 제거되는 불쾌자극을 부적강화물이라고 한다. 따라서 정적강화물이란 행동의 빈도나 강도를 증가시키기 위하여 행동 뒤에 제시되는 유쾌자극이라고 할 수 있으며 부적강화물이란 행동의 빈도나 강도를 증가시키기 위하여 행동 뒤에 제거되는 불쾌자극이라고 할 수 있다. 그러나 일반적으로 강화물은 정적강화물을 일컫는데 정적강화물은 또한 보상(reward)으로 불리기도 한다. 다음에서는 강화물의 유형, 종류, 선정방법, 구비조건에 대해 간략하게 살펴보기로 한다(이때 강화물이란 정적강화물을 말한다).

• 강화물의 유형

　　강화물에는 무조건강화물(unconditioned reinforcer)과 조건강화물(conditioned reinforcer)의 두 가지 유형이 있다. 무조건강화물이란 그 자체가 강화력을 지니고 있는 자극으로 일차 강화물(primary reinforcer) 또는 학습되지 않은 강화물(unlearned reinforcer)이라고도 한다. 예를 들어, 아이들에게 사탕이나 과자는 무조건강화물이 되는데 그 이유는 대부분의 아이가 자연적으로 좋아하기 때문에 사전 조건화가 필요 없이 그 자체가 강화력을 지니기 때문이다. 이에 비해 조건강화물이란 본래는 강화력이 없었으나 강화력이 있는 자극(즉, 지원강화물)과 짝지어 제시됨으로써 강화력을 가지게 되는 자극으로 이차 강화물(secondary reinforcer) 또는 학습된 강화물(learned reinforcer)이라고도 한다. 예를 들어, 아이들에게 토큰(token)은 조건강화물이 되는데 왜냐하면 토큰은 본래 강화력이 없었으나 토큰을 지원강화물로 바꿀 수 있음으로써 강화력을 가지게 되기 때문이다. 이처럼 다른 자극이 조건강화물이 되도록 만드는 자극을 지원강화물(보완강화물: backup reinforcer)이라고 하는데 지원강화물은 무조건강화물이 될 수도 있고 조건강화물이 될 수도 있다(예: 토큰의 지원강화물로서 사탕은 무조건강화물이고 돈은 조건강화물이다). 또한 조건강화물에는 단순 조건강화물(simple conditioned reinforcer)과 일반화된 조건강화물(generalized conditioned reinforcer)이 있는데 전자는 하나의 지원강화물과 짝지어진 조건강화물을 말하고 후자는 다양한 종류의 지원강화물과 짝지어진 조건강화물을 말한다(Martin & Pear, 2003).

[보충설명 8-1] 계속됨

• 강화물의 종류

강화물은 다소 겹치기는 하지만 소모 강화물, 활동 강화물, 조작 강화물, 소유 강화물, 사회적 강화물의 다섯 가지로 분류할 수 있다. 첫째, 소모 강화물(consumable reinforcer)은 사탕, 과자, 음료수 등과 같이 먹거나 마시는 품목들이다. 둘째, 활동 강화물(activity reinforcer)에는 텔레비전 보기, 그림책 보기 등이 포함된다. 셋째, 조작 강화물(manipulative reinforcer)로는 장난감 갖고 놀기, 자전거 타기, 인터넷 하기 등이 있다. 넷째, 소유 강화물(possessional reinforcer)에는 좋아하는 옷 입기, 일시적으로라도 가질 수 있는 물건을 자기 것으로 누리기 등이 포함된다. 다섯째, 사회적 강화물(social reinforcer)로는 칭찬하기, 미소짓기 등이 있다(Martin & Pear, 2003).

• 강화물의 선정방법

행동수정에서는 대상자에게 맞는 효과적인 강화물을 사용하는 것이 중요한데 효과적인 강화물을 선정하는 방법으로는 첫째, 질문지를 사용하거나 둘째, 매일매일의 생활을 관찰하여 가장 빈번하게 일어나는 행동을 강화물로 사용하거나[프리맥 원리(Premack principle)를 이용하는 것으로 자주 일어나는 행동은 자주 일어나지 않는 행동의 강화물이 될 수 있다] 셋째, 여러 종류의 강화물 중 선택하도록 하는 방법이 있다[예: 여러 개의 강화물이 담긴 쟁반을 제시하거나 강화물 메뉴(reinforcer menu)의 형태로 강화물을 주고 선택하게 한다](Martin & Pear, 2003).

• 강화물의 구비조건

강화물은 첫째, 쉽게 구할 수 있어야 하고 둘째, 표적행동 뒤에 즉각적으로 제시할 수 있어야 하며 셋째, 금방 포화상태가 되지 않아 반복적으로 사용할 수 있어야 하고 넷째, 소모하는 데 많은 시간이 필요하지 않아야 한다(Martin & Pear, 2003).

② 도피-회피조건형성

도피-회피조건형성(escape-avoidance conditioning)이란 어떤 행동 뒤에 혐오자극(aversive stimulus)(저자주: 강한 불쾌자극을 혐오자극이라고 함)을 철회하여 그 행동을 증가시키는 예비단계[즉, 도피조건형성(escape conditioning)]와 그 행동 뒤에 혐오자극을 방지하여 그 행동을 증가시키는 최종단계[즉, 회피조건형성(avoidance conditioning)]의 두 단계를 통해 그 행동의 발생 가능성을 증가시키는 것이다. 이와 같은 도피-회피조건형성은 어떤 행동 뒤에 불쾌자극 또는 혐오자극을 제거하여 그 행동의 발생 가능성을 증가시킨다는 점에서 부적강화와 유사하지만 절차에서 부적강화와 다르다고 할 수 있다(이승희, 2018a).

③ 토큰경제

토큰경제(token economy)란 어떤 행동 뒤에 지원강화물로 교환할 수 있는 토큰 (token)이 제공됨으로써 그 행동을 증가시키는 것을 말한다. [보충설명 8-1]에 언급되어 있듯이, 토큰은 본래 강화력이 없었으나 지원강화물로 교환할 수 있기 때문에 강화력을 갖는 조건강화물이다. 토큰경제를 실행할 때는 증가시켜야 할 바람직한 표적행동의 결정, 조건강화물로 사용될 토큰의 선정, 토큰과 교환될 지원강화물의 선정, 토큰 지급 및 교환 방법의 결정 등과 같은 체계적인 준비가 필요하다.

(2) 바람직하지 않은 행동 감소시키기

바람직한 행동을 감소시키는 기법으로는 차별강화, 비수반강화, 소거, 벌이 있다.

① 차별강화

차별강화(differential reinforcement)란 바람직한 행동을 강화함으로써 상대적으로 바람직하지 못한 행동을 감소시키는 것이다. 이와 같은 차별강화에는 상반행동 차별강화, 대안행동 차별강화, 타행동 차별강화, 저비율행동 차별강화의 네 가지 유형이 있다.

상반행동 차별강화(differential reinforcement of incompatible behavior: DRI)란 바람직하지 않은 행동과 상반되는 행동, 즉 상반행동을 강화함으로써 바람직하지 않은 행동을 감소시키는 것이다. 상반행동(incompatible behavior)은 동시에 발생할 수 없는 행동을 말하는데, 예를 들어 소리 내어 책을 읽는 행동은 소리 지르는 행동의 상반행동이라고 할 수 있다. 만약 강화될 상반행동이 바람직하지 않은 행동과 동일한 기능을 가지고 있고 동일한 효력의 강화물을 제공받는다면 가장 효과적으로 바람직하지 않은 행동을 감소시킬 수 있다.

대안행동 차별강화(differential reinforcement of alternative behavior: DRA)란 바람직하지 않은 행동과 상반되지는 않지만 적절한 행동인 대안행동을 강화함으로써 바람직하지 않은 행동을 감소시키는 것이다. 즉, 대안행동(alternative behavior)은 적절한 행동이지만 바람직하지 않은 행동과 상반되지는 않는 행동을 말하는데, 예를 들어 이름 쓰는 행동은 소리 지르는 행동의 상반행동은 아니지만 이름 쓰는 행동이 증가하면서 소리 지르는 행동이 감소할 수 있으므로 소리 지르는 행동의 대안행동이라고 할 수 있다. 상반행동 차별강화에서와 마찬가지로, 만약 강화될 대안행동이 바람직하지 않은 행동과 동일한 기능을 가지고 있고 동일한 효력의 강화물을 제공받는다면 가장 효과적으로 바람직하지 않은 행동을 감소시킬 수 있다.

타행동 차별강화(differential reinforcement of other behavior: DRO)란 바람직하지 않은 행동이 일정 시간 발생하지 않을 때 강화물을 제공함으로써 바람직하지 않은 행동을 완전히 제거하는 것이다. 타행동 차별강화는 용어상 타행동을 강화하는 것으로 오인할 수 있으나 사실은 바람직하지 않은 행동의 부재를 강화한다(Miltenberger, 2001). 비록 바람직하지 않은 행동이 나타나지 않을 때 타행동이 발생할 수 있다 하더라도 바람직하지 않은 행동을 대신해서 강화할 타행동을 찾아내지는 않는다.

저비율행동 차별강화(differential reinforcement of low rate behavior: DRL)란 바람직하지 않은 행동이 낮은 비율로 나타날 때 강화함으로써 바람직하지 않은 행동의 발생 비율을 낮추는 것이다. 즉, 저비율행동 차별강화의 목표는 표적행동의 완전한 제거가 아니라 표적행동의 감소다. 따라서 저비율행동 차별강화는 바람직하지 않은 행동의 부재를 강화하는 것이 아니라 저비율을 강화한다. 이와 같은 저비율행동 차별강화(DRL)에는 제한반응 DRL과 간격반응 DRL의 두 종류가 있는데, 제한반응(limited-responding) DRL은 어떤 행동이 참을 만하지만 덜 발생하면 좋은 경우에 사용하고 간격반응(spaced-responding) DRL은 너무 높은 비율로만 발생하지 않는다면 감소시키고자 하는 행동이 실질적으로 바람직한 행동인 경우에 사용한다.

② 비수반강화

비수반강화(noncontingent reinforcement)란 행동과는 무관하게 미리 설정된 시간 간격에 따라 강화물을 제공하여 바람직하지 않은 행동의 발생동기를 사전에 제거함으로써 행동을 감소시키는 것이다. 그러나 비수반강화에서 의도와는 달리 우연적 강화(adventitious reinforcement)로 부적절한 행동이 증가할 수 있는데, 그 이유는 어떤 행동이 실질적으로 강화물을 얻게 한 것이 아니더라도 우연히 강화물이 제공되면 증가될 수 있기 때문이다(Martin & Pear, 2003).

③ 소거

소거(extinction)란 특정 행동을 유지시키는 것으로 보이는 강화물을 제거함으로써 행동을 감소시키는 것이다. 소거와 관련하여 유념해야 할 세 가지 개념으로 소거저항, 소거폭발, 그리고 자발적 회복이 있다(Martin & Pear, 2003). 소거저항(resistance to extinction)은 강화물을 제거한 후에도 그 행동을 계속하려는 경향으로서 이전에 간헐강화를 받은 행동은 연속강화를 받은 행동보다 소거저항이 강하다(저자주: 간헐강화와 연속강화에 대해서는 이 절의 '바람직한 행동 유지시키기' 참조). 소거폭발(extinction burst)은 강화물이 제거되었을 때 행동이 감소되기 전에 행동의 빈도나 강도가 일시적으로 증가하는 현상으로서 소거폭발이 나타났을 경우 소거실행을 중지하면 행동이 더 악화된 것을 강화하는 효과가 생기므로 소거실행을 계속하는 것이 중요하다. 또한 자발적 회복(spontaneous recovery)은 소거된 행동이 일정 시간이 지난 뒤 다시 나타나는 현상으로서 보통 자발적으로 회복된 행동은 이전의 소거실행 동안 발생했던 행동의 양보다는 적으므로 만약 자발적 회복이 나타난다고 하더라도 소거를 다시 실시하면 된다. 바람직하지 않은 행동을 대상으로 소거를 실행할 때는 동일한 기능을 가진 대안행동(alternative behavior)에 대한 정적강화와 함께 이루어질 때 가장 효과적이다(Martin & Pear, 2003). 즉, 바람직하지 않은 행동을 유지시키는 것으로 보이는 강화물은 제거하고(즉, 소거) 동일한 기능을 가진 대안행동에 강화물을 제공함으로써(즉, 정적강화) 바람직하지 않은 행동을 효과적으로(즉, 가능한 한 가장 낮은 수준으로 빠르게) 감소시킨다는 것인데 이는 앞서 살펴본 대안행동 차별강화의 원리와 같다. 따라서 대안행동 차별강화를 바람직한 행동에 대한 강화와 바람직하지 않은 행동에 대한 소거를 결합한 것으로 설명하는 문헌도 있다(예: Miltenberger, 2001). 이처럼 바람직하지 않은 행동에 대한 소거와 동일한 기능을 가진 대안행동에 대한 정적강화를 함께 실시할 경우 앞에서 언급된 소거저항, 소거폭발, 및 자발적 회복의 발생을 줄이는 효과도 기대할 수 있다.

④ 벌

벌(punishment)이란 행동 뒤에 미래의 행동발생 가능성을 감소시키는 결과, 즉 벌칙(punisher)이 뒤따르게 함으로써 행동의 빈도나 강도를 감소시키는 것이다. 벌에는 부적벌(또는 박탈성 벌)과 정적벌(또는 수여성 벌)의 두 가지 유형이 있다.

부적벌(negative punishment)이란 어떤 행동 뒤에 유쾌자극(pleasant stimulus)을 제

거(remove)[제지(withhold) 또는 회수(retrieve)]하여 그 행동의 강도나 빈도를 감소시키는 것이다. 이때 행동 뒤에 제거되는 유쾌자극을 부적벌칙이라고 한다. 즉, 부적벌칙 (negative punisher)이란 행동의 빈도나 강도를 감소시키기 위하여 행동 뒤에 제거되는 유쾌자극이라고 할 수 있다. 이와 같은 부적벌에는 타임아웃과 반응대가의 두 종류가 있다. 타임아웃(timeout: TO)은 바람직하지 않은 행동이 발생했을 때 강화가 많은 상황(more reinforcing situation)에서 강화가 적은 상황(less reinforcing situation)으로 이동시켜 행동의 발생을 감소시키는 것으로서 이는 강화물을 얻을 수 있는 기회로부터 격리시켜 강화물을 제지한 것이라고 볼 수 있다. 반응대가(response cost)는 바람직하지 않은 행동이 발생했을 때 이미 지니고 있는 강화물을 잃게 함으로써 행동의 발생을 감소시키는 것으로서 이때 잃게 되는 강화물에는 토큰도 포함되는데 이는 강화물을 회수한 것이라고 볼 수 있다.

정적벌(positive punishment)이란 어떤 행동 뒤에 불쾌자극(unpleasant stimulus)을 제시(present)하여 그 행동의 빈도가 강도를 감소시키는 것이다. 이때 행동 뒤에 제시되는 불쾌자극을 정적벌칙이라고 한다. 즉, 정적벌칙(positive punisher)이란 행동의 빈도나 강도를 감소시키기 위하여 행동 뒤에 제시되는 불쾌자극이라고 할 수 있다. 이와 같은 부적벌에는 과잉교정과 혐오자극 제시의 두 종류가 있다. 과잉교정 (overcorrection)은 바람직하지 않은 행동이 발생했을 때 그 행동과 직접적으로 관련되거나 논리적으로 관련된 힘든 행동을 하도록 요구하는 것으로서 그 행동으로 발생한 손상을 원상태로 복원하는 것에 더하여 그 행동이 발생하기 이전보다 더 좋은 상태로 복원하도록 하는 복원 과잉교정(restitutional overcorrection)과 그 행동의 양식과 관련된 적절한 행동을 일정 시간 또는 일정 횟수 반복하도록 하는 정적연습 과잉교정(positive-practice overcorrection)을 포함한다(홍준표, 2009). 혐오자극 제시 (presentation of aversive stimuli)는 바람직하지 않은 행동이 발생할 때마다 혐오자극을 직접적으로 제시하는 것으로서 혐오자극에는 언어적 혐오자극(verbal aversive stimuli)과 신체적 혐오자극(physical aversive stimuli)이 포함된다.

(3) 바람직한 행동 유지시키기

바람직한 행동이 적절한 수준으로 나타날 때 그 행동을 유지시키는 기법으로 간헐강화(intermittent reinforcement)가 있다.

어떤 행동 뒤에 강화물을 어떻게 제공할 것인가에 대한 규칙을 강화계획(schedule

〈표 8-2〉 간헐강화계획의 종류

구분	간격계획(interval schedule)	비율계획(ratio schedule)
고정(fixed)	고정간격계획 (fixed interval schedule: FI 계획)	고정비율계획 (fixed ratio schedule: FR 계획)
변동(variable)	변동간격계획 (variable interval schedule: VI 계획)	변동비율계획 (variable ratio schedule: VR 계획)

of reinforcement)이라고 하는데, 여기에는 연속강화계획과 간헐강화계획이 있다. 연속강화계획(continuous reinforcement schedule)에서는 행동이 발생할 때마다 강화물을 주는 연속강화(continuous reinforcement)를 하게 되는데, 이와 같은 연속강화는 행동을 증가시키거나 새로운 행동을 가르칠 때 유용하다. 이에 비해 간헐강화계획(intermittent reinforcement schedule)에서는 행동이 발생할 때마다 강화물을 주는 것이 아니라 가끔(즉, 간헐적으로) 강화물을 주는 간헐강화(intermittent reinforcement)를 하게 되는데, 이와 같은 간헐강화는 일단 높은 비율로 확립된 행동을 유지하는 데 효과적이다.

이와 같이 행동을 유지시키는 데 효과적인 간헐강화를 위한 강화계획에는 크게 두 가지가 있다. 첫째는 일정한 시간이 지난 다음에 발생한 행동에만 강화물을 주는 간격계획이고 둘째는 일정한 수의 행동이 발생한 다음에 한 번씩 강화물을 주는 비율계획이다. 이 둘은 강화물을 받을 수 있는 시점을 예측할 수 있느냐 없느냐, 즉 간격과 비율을 고정하느냐 변동하느냐에 따라 다시 두 가지로 나뉜다. 따라서 간헐강화계획은 〈표 8-2〉와 같이 네 가지 종류로 분류된다(임규혁, 임웅, 2007).

고정간격계획(fixed interval schedule: FI 계획)이란 정해진 일정한 시간의 흐름에 따라 한 번씩 강화물을 주는 것이다. 예를 들어, '5분 고정간격'의 경우 'FI-5분'이라고 표기하며 정확히 5분이 지난 다음 첫 번째 발생한 표적행동에 강화물을 준다.

변동간격계획(variable interval schedule: VI 계획)이란 고정간격계획처럼 동일한 시간간격으로 강화물을 주는 것이 아니라 일정한 평균시간을 두고 시간간격을 변경하여 강화물을 주는 것이다. 예를 들어, '5분 변동간격'의 경우 'VI-5분'이라고 표기하며 3분이 지난 뒤, 8분이 지난 뒤, 6분이 지난 뒤, 1분이 지난 뒤, 7분이 지난 뒤에 한 번씩 표적행동에 강화물을 줌으로써 평균 5분이 지난 다음 한 번씩 강화물을 준다.

고정비율계획(fixed ratio schedule: FR 계획)이란 일정한 수의 행동을 한 다음 한 번씩 강화물을 주는 것이다. 예를 들어, '고정비율 15'의 경우' FR-15'라고 표기하며 표적행동이 15회 발생할 때마다 한 번씩 강화물을 준다.

변동비율계획(variable ratio schedule: VR 계획)이란 고정비율계획처럼 일정한 수의 행동이 발생한 다음 강화물을 주는 것이 아니라 일정한 평균값을 두고 횟수를 변경하여 강화물을 주는 것이다. 예를 들어, '변동비율 15'의 경우 'VR-15'라고 표기하며 평균 15회를 중심으로 어떤 때는 20번째, 어떤 때는 1번째, 어떤 때는 29번째, 어떤 때는 10번째, 어떤 때는 2번째, 어떤 때는 28번째 표적행동에 강화물을 준다.

(4) 새로운 행동 가르치기

앞서 설명된 강화는 가끔씩이라도 발생하는 행동을 대상으로 한다. 그러나 만일 행동이 전혀 발생하지 않는다면 행동이 발생할 때까지 기다렸다가 강화를 실시하기보다 행동을 가르치는 것이 더 바람직하다. 이와 같이 새로운 행동을 가르치는 기법으로 용암법, 조형법, 연쇄법이 있다. 이 세 가지 기법은 점진적 변화절차(gradual change procedures)라고 불리기도 하는데, 그 이유는 각각의 기법들이 일련의 단계를 거치며 점진적으로 진행되기 때문이다(Martin & Pear, 2003).

① 용암법

용암법(fading)이란 행동을 유발하는 자극을 점진적으로 통제함으로써 목표자극에 의해 표적행동이 유발되도록 하는 것이다. 목표자극은 용암법 절차의 최종단계에서 행동을 유발시키는 자극이라고 할 수 있는데 최종단계 이전에 행동이 일어나도록 돕기 위하여 추가된 선행자극을 촉구(prompt)라고 한다. 따라서 촉구는 궁극적으로 바라는 자극, 즉 목표자극의 일부는 아니며 목표자극에 의해 표적행동이 유발될 때까지 점진적으로 제거된다(Martin & Pear, 2003). 촉구의 유형은 문헌에 따라 다소 차이가 있는데, 이승희(2019a)에 따르면 촉구는 반응촉구(또는 자극외 촉구)와 자극촉구(또는 자극내 촉구)의 2개 범주로 분류되며 전자에는 언어적 촉구, 동작적 촉구, 모델링 촉구, 신체적 촉구의 네 가지 유형이 있고 후자에는 시각적 촉구와 공간적 촉구의 두 가지 유형이 있다. 이와 같은 촉구의 범주와 유형을 간략하게 소개하면 다음과 같다.

먼저, 반응촉구(response prompts)란 식별자극이 있을 때 정확한 반응을 일으키기 위해 부가되는 다른 사람의 행동을 의미하며 자극외 촉구(extra-stimulus prompts)라고도 한다. 자극외 촉구는 '식별자극 외의 다른 자극' 또는 '식별자극에 추가되는 다른 자극'이라고 할 수 있다. 다음 네 가지 유형의 촉구는 반응촉구(또는 자극외 촉구)로 분류된다.

- 언어적 촉구(verbal prompt): 언어적 촉구는 언어적 힌트(hints)나 단서(cues)를 말한다(Martin & Pear, 2011). 언어적 촉구에는 구술, 말하기 등의 음성적인 언어적 촉구(vocal verbal prompt)와 문구, 수신호, 그림 등의 비음성적인 언어적 촉구(nonvocal verbal prompt)가 포함된다(Cooper, Heron, & Heward, 2007).
- 동작적 촉구(gestural prompt): 동작적 촉구는 신체적으로 접촉하지 않고 정확한 단서를 가리키거나 신호를 주는 움직임(motion)을 말한다(Martin & Pear, 2011).
- 모델링 촉구(modeling prompt): 모델링 촉구는 정확한 반응의 시범(demonstration)을 말한다(Martin & Pear, 2011; Miltenberger, 2016).
- 신체적 촉구(physical prompt): 신체적 촉구는 정확한 반응을 돕는 신체적 접촉(physical touch)을 말한다. 신체적 촉구는 신체적 지도(physical guidance)라고도 하며(Martin & Pear, 2011; Miltenberger, 2016), 완전한 신체적 지도(full physical guidance)와 부분적인 신체적 지도(partial physical guidance)가 있다(Cooper et al., 2007). 말하기와 관련해서는 신체적 촉구를 사용할 수 없는데 그 이유는 어떤 것을 말하게 하는 것은 신체적으로 촉구될 수 없기 때문이다(Miltenberger, 2016).

다음으로, 자극촉구(stimulus prompts)란 정확한 반응의 가능성을 높이기 위해 식별자극에 주어지는 변화를 의미하며 자극내 촉구(within-stimulus prompts)라고도 한다. 자극내 촉구는 '식별자극 내의 변화' 또는 '식별자극에 주어지는 변화'라고 할 수 있다. 다음 두 가지 유형의 촉구는 자극촉구(또는 자극내 촉구)로 분류된다.

- 시각적 촉구(visual prompt): 시각적 촉구는 식별자극의 크기(size), 모양(shape), 색깔(color) 등에 있어서의 변화를 말한다.
- 공간적 촉구(spatial prompt): 공간적 촉구는 식별자극의 위치에 있어서의 변화를 말한다. 공간적 촉구를 위치적 촉구(positional prompt)로 표현하기도 한다(Wilczynski, Rue, Hunter, & Christian, 2012).

② 조형법

조형법(shaping)이란 표적행동에 조금씩 근접된 행동을 할 때마다 강화하여 점진적으로 표적행동에 도달하도록 하는 것이다. 앞에서 설명한 용암법에서는 행동은 동일하게 유지되며 자극에 점진적 변화가 주어지는 데 비해 조형법에서는 자극은 동일하게 유지되며 행동에 점진적 변화가 주어진다. 이와 같은 조형법은 다음과 같은 행동의 네 가지 측면에서 이루어질 수 있다(Martin & Pear, 2003).

- 형태(topography): 행동이 나타나는 공간적 형상이다.
- 양(amount): 행동의 빈도(frequency)나 지속시간(duration)으로서 빈도는 주어진 시간 내에 행동이 발생하는 횟수고 지속시간은 행동이 시작되어 끝날 때까지의 시간이다.
- 지연시간(latency): 자극이 발생하고 행동이 시작될 때까지의 시간이다.
- 강도(intensity): 행동의 힘, 에너지, 발휘력 등의 정도다.

③ 연쇄법

연쇄법(chaining)이란 행동연쇄를 구성하는 각 단계를 점진적으로 배워 모든 연쇄단계로 구성된 표적행동에 도달하도록 하는 것이다. 앞에서 설명한 조형법에서는 표적행동이 최종단계인 데 비해 연쇄법에서는 표적행동이 최종단계를 포함한 모든 연쇄단계들로 구성된다. 즉, 조형법에서는 최종단계가 가장 어렵지만 연쇄법에서는 최종단계가 연쇄단계의 마지막 단계일 뿐이지 가장 어려운 단계는 아니다. 따라서 연쇄법은 연쇄의 초기단계에서 시작할 수도 있고 최종단계에서 시작할 수도 있다. 이와 같은 연쇄법에는 다음과 같은 세 가지 유형이 있다(홍준표, 2009; Martin & Pear, 2003).

- 전체과제 제시법(total task presentation): 연쇄의 초기단계부터 최종단계까지 모든 단계를 매번 시도하여 전체 연쇄가 습득될 때까지 모든 단계를 연결시키면서 행동연쇄를 형성한다.
- 순행연쇄법(forward chaining): 연쇄의 초기단계를 처음에 가르치고 그 후 그다음 단계를 가르치며 이러한 순서로 전체 연쇄가 습득될 때까지 모든 단계를 연결시키면서 행동연쇄를 형성한다.

• 역행연쇄법(backward chaining): 연쇄의 최종단계를 처음에 가르치고 그 후 바로 이전의 단계를 가르치며 이러한 순서로 전체 연쇄가 습득될 때까지 모든 단계를 연결시키면서 행동연쇄를 형성한다.

(5) 새로운 행동 가르치기

이상에서 범주별로 살펴본 기법들 외에 행동수정에서 사용되는 기타 기법들을 살펴보면 다음과 같다.

① 자극식별훈련

특정 자극의 발생과 특정 행동의 발생 사이에 강한 상관을 보이는 것을 자극통제(stimulus control)라고 하는데 이러한 자극통제가 나타나도록, 즉 특정 자극이 있을 때 특정 행동을 보이고 다른 자극이 있을 때 그 행동을 보이지 않도록 가르치는 것을 자극식별훈련(자극변별훈련: stimulus discrimination training)이라고 한다. 따라서 자극식별훈련에서는 특정 자극이 있을 때 나타난 특정 행동에 대해서는 강화를 실시하고 다른 자극이 있을 때 나타난 그 행동에 대해서는 소거를 실시한다. 이때 행동이 강화될 때 나타나는 선행자극을 S^D('에스-디'라고 발음함) 혹은 식별자극(discriminative stimulus)이라고 하고 행동이 강화되지 않을 때, 즉 소거될 때 나타나는 선행자극을 S^Δ('에스-델타'라고 발음함)라고 한다. 따라서 S^D는 강화자극(stimulus for reinforcement)으로 S^Δ는 소거자극(stimulus for extinction)으로 불리며 이 두 가지 유형의 자극을 통제자극(controlling stimulus)이라고 한다. 결과적으로 자극식별훈련에서는 통제자극 가운데 S^D가 나타나면 행동을 하고 S^Δ가 나타나면 행동을 하지 않는 것을 배운다(Martin & Pear, 2003).

② 일반화훈련

일반화(generalization)가 나타나도록 가르치는 것을 일반화훈련(generalization training)이라고 하는데, 일반화에는 자극일반화와 반응일반화의 두 가지 유형이 있다(이승희, 2021a, 2022; Martin & Pear, 2011). 자극일반화(stimulus generalization)란 특정 자극(사람, 지시, 자료, 장소/상황)이 있을 때 어떤 반응이 강화를 받았을 경우, 유사하지만 다른 자극들에 의해 그 반응이 촉발될 수 있을 것을 말한다. 이에 비해 반응일반화(response generalization)란 어떤 자극이 있을 때 특정 반응이 강화를 받았을 경우, 그 자극에 의해 유사하지만 다른 반응들이 촉발될 수 있는 것을 말한다(이승희, 2021a).

일부 문헌(예: Miltenberger, 2016)에서는 일반화의 유형에 대한 분류 없이 일반화를 자극일반화로 보기도 한다. 이때 일반화는 식별(discrimination)과 반대되는 개념인데(Martin & Pear, 2003), 만약 어떤 반응이 다른 자극보다 특정 자극에 의해 보다 쉽게 촉발된다면 이 두 자극을 식별한다고 본다.

③ 체계적 탈감법

체계적 탈감법(체계적 둔감법: systematic desensitization)이란 두려움(fear)을 유발하는 자극이나 상황을 최소부터 최대까지 위계적으로 배열해 놓고 이완된 상태로 그 위계에 따라 자극이나 상황을 상상하면서 점차 두려움을 중화시켜 나가는 것으로서 극단적 두려움(extreme fear)이라고 할 수 있는 공포증(phobia)을 극복하는 절차로 알려져 있다. 체계적 탈감법에는 다음과 같은 세 단계가 있는데, 내담자가 위계에 따른 모든 장면을 상상하는 동안 이완상태를 유지할 수 있으면 체계적 탈감법을 종료한다(Miltenberger, 2001).

1 내담자는 이완기술을 학습한다.
2 치료사와 내담자는 두려움을 유발하는 자극이나 상황의 위계를 만든다.
3 내담자는 치료사가 위계에 따라 장면을 묘사하는 동안 이완기술을 실행한다.

이와 같이 체계적 탈감법에서는 내담자로 하여금 각 위계상황을 상상하게 하지만 각 위계상황을 실제로 경험하게 하는 것을 실제상황 탈감법이라고 한다. 즉, 실제상황 탈감법(in vivo desensitization)이란 이완기술을 배운 다음 두려움을 유발하는 자극이나 상황을 최소부터 최대까지 위계적으로 배열해 놓고 위계의 각 단계에서 이완상태로 두려움을 유발하는 실제 자극이나 상황을 접하면서 두려움을 중화시켜 나가는 것으로서 각 위계상황에 실제로 노출된다는 점을 제외하고는 체계적 탈감법과 유사하다. 또한 체계적 자기–탈감법(systematic self-desensitization)은 내담자가 다양한 단계를 스스로 진행한다는 것을 제외하면 체계적 탈감법 또는 실제상황 탈감법과 동일한 절차를 밟는다(Martin & Pear, 2003).

④ 홍수법

홍수법(flooding)이란 강한 두려움을 유발하는 자극에 장시간 노출시킴으로써 공포증을 제거하는 것인데, Pavlov의 반응적 조건형성 이론에 근거한 기법이다(정옥분, 2007). 홍수법의 기본 가정은 내담자가 두려움을 유발하는 자극에 노출되어 그것으로부터 도피할 수 없고 동시에 아무런 혐오적 사건이 일어나지 않는다면 그 자극에 대한 공포증이 소거된다는 것이다. 홍수법은 상상 노출이나 실제 노출을 통해 수행되며 또한 점진적인 노출 절차를 따를 수도 있으므로 분명한 이완 절차가 없다는 점을 제외하면 탈감법과 유사하다(Martin & Pear, 2011).

⑤ 혐오치료

혐오치료(aversion therapy)란 어떤 행동을 중단시키기 위해 그 행동을 시도할 때마다 혐오스러운 자극을 주는 것으로서 Pavlov의 반응적 조건형성 이론에 근거한 기법이다(정옥분, 2007). 예를 들어, 알코올 남용을 치료하기 위해 술잔에 썩은 거미를 넣거나 유아의 모유수유를 끊기 위해 어머니의 젖에 쓴맛이 나는 약을 바르는 것이다(정옥분, 2007).

2. 응용행동분석의 개념

행동에 대한 과학적 연구를 행동분석(behavior analysis)이라고 하는데 인간행동에 대한 과학적 연구는 응용행동분석(applied behavior analysis)이라고 한다(Miltenberger, 2001). 응용행동분석에서 '응용(applied)'이라는 단어는 중재의 표적이 된 행동이 사회적으로 유의미한 행동이거나 학교 및 다른 환경(예: 가정, 지역사회, 직장)에서의 성공에 중요한 행동임을 의미한다(Cooper et al., 2007). 따라서 응용행동분석이란 특정한 기법(technique)이 아니라 인간의 행동을 변화시키기 위한 이론적 틀(theoretical framework)이다(Heflin & Alaimo, 2007). 이와 같은 응용행동분석의 정의와 주요 차원에 대해 간략하게 살펴보면 다음과 같다(저자주: 응용행동분석에 대한 심층적이고 구체적인 내용은 관련 전문서적을 참고하기 바란다).

1) 응용행동분석의 정의

응용행동분석(applied behavior analysis: ABA)은 1968년 『Journal of Applied Behavior Analysis』의 창간과 함께 널리 알려진 용어인데 이 학술지의 창간호에서 Baer, Wolf, 그리고 Risley(1968)는 응용행동분석을 "때로 잠정적인 행동원리를 특정 행동의 개선에 적용하고 나타난 어떤 변화가 정말로 적용과정에 기인했는지를 동시에 평가하는 과정"(p. 91)이라고 정의하였다. 즉, 응용행동분석은 행동을 통제하는 변인을 분석하거나 명확히 입증하려는 시도에서 쓰여진 행동수정이라고 할 수 있으며 (Martin & Pear, 2003) 그 자체가 중재전략은 아니다(Yapko, 2003).

2) 응용행동분석의 주요 차원

Baer, Wolf, 그리고 Risley는 1968년의 연구와 1987년의 후속연구에서 응용행동분석으로 간주되기 위하여 중재 안에 반드시 포함해야 할 다섯 가지 차원(적용 및 효과, 기법, 행동, 분석 및 개념, 일반성)을 제시하였는데 이를 좀 더 구체적으로 살펴보면 다음과 같다.

(1) 적용 및 효과

어떤 절차가 응용행동분석으로 간주되기 위해서는 중재를 받는 개인의 삶에 의미 있는 변화가 있어야 한다. 이는 중재의 목표가 반드시 개인에게 중요하고 나타난 변화가 삶의 질을 높여야 한다는 의미다. 적용과 효과 차원은 목표, 절차, 결과를 통하여 확인된다.

첫째, 중재의 목표는 중재를 받는 개인에게 유익해야 하며 또한 그 개인의 삶의 질을 결정내리는 사람들에 의해서도 가치 있는 것으로 판단되어야 한다. 예를 들어, 3학년 아동이라 하더라도 배변훈련이 안 되어 있고 사회적 상호작용을 시작하지 못하며 초보독본 정도만 이해하는 유치원 수준에 머물러 있다면 3학년 수준의 목표를 설정하는 것은 의미가 없다. 응용행동분석의 적용과 효과 차원에 따르면 이 아동을 위한 목표는 자조, 사회적 상호작용 시작, 독본이해 영역을 다루어야 한다. 이러한 목표들은 아동의 독립성을 증진시키고 아동이 좀 더 확장된 환경에 접근할 수 있는 행동들을 강조하게 된다.

둘째, 중재에 사용되는 절차는 가능한 한 최소한으로 강압적이어야 하며 비용과 실용성 측면에서 합리적이어야 한다. 어떤 경우에 억제와 같은 강압적인 절차가 필요한 상황이 있을 수 있으나 그것은 예외적인 상황이다. 즉, 혐오적인 절차는 더 이상 선택가능한 절차가 없을 때 그리고 인권위원회의 허가를 받았을 때만 사용된다. 또한 중재기간이 긴 경우에 중재를 제공하기 위하여 부모가 퇴직한 경우처럼 비록 그 중재로 바람직한 결과를 얻게 될지라도 가족이 치른 비용과 노력만큼 가치가 없을 수 있으며, 특히 다른 중재로 유사한 결과를 얻을 수 있다면 더욱 그러할 것이다.

셋째, 중재의 결과는 중재에 참여한 모든 사람이 그들의 삶의 질을 향상시켰다고 받아들일 수 있어야 한다. 결과의 수용도를 증명하는 가장 일반적인 방법은 사회적 타당도를 확인하는 것인데(Wolf, 1978), 사회적 타당도(social validity)란 아동 그리고/또는 그 아동과 상호작용하는 사람들이 중재의 결과에 만족하는 정도를 말한다. 아동들 중에는 결과에 대한 자신의 만족도를 구두로 표현하지 못하는 경우도 있으나 그들의 행동을 분석해 보면 그들의 만족도를 추정할 수 있다. 또한 설문조사를 통하여 가족구성원, 교사, 치료사, 또래 등의 만족도도 산출할 수 있다.

(2) 기법

응용행동분석으로 간주되기 위해서는 중재에 인간을 포함한 모든 동물의 행동변화에 효과가 있는 것으로 알려진 기법들을 사용할 필요가 있다. 이러한 기법들은 〈표 8-1〉에 제시되어 있는데 관련내용은 이 장 1절의 '2) 행동수정의 주요 기법'을 참조하면 된다.

(3) 행동

행동 차원은 행동의 기능적 관점을 취하는데, 행동발생에는 항상 이유가 있으며[저자주: 행동의 이유(reason)는 보통 행동의 목적(goal) 또는 기능(function)으로 불림] 그 이유는 행동이 발생하는 환경과 직접적으로 관련되어 있다고 본다. 이와 같은 행동의 맥락에 대한 이해는 환경의 변화(Dunlap, Kern, & Worcester, 2001)와 행동의 기능평가(Johnston & O'Neill, 2001)를 포함하는 중재를 이끌어 낸다.

기능평가는 가능성 있는 행동의 기능에 대해 수집된 정보에 근거하여 어떤 결론을 내리는 과정이라고 할 수 있으며 관련용어로 기능사정, 기능분석 등이 있다. 행동의 기능평가에 대한 구체적인 내용은 [보충설명 8-2]에 제시되어 있다.

[보충설명 8-2]　행동의 기능평가

　　기능평가(functional evaluation)는 가능성 있는 행동의 기능에 대해 수집된 정보에 근거하여 어떤 결론을 내리는 과정이라고 할 수 있는데, 이때 가능성 있는 행동의 기능에 대한 정보를 수집하는 과정을 기능사정이라고 한다. 즉, 기능사정(functional assessment)이란 기능평가를 위해 문제행동과 관련되어 있는 선행요인(antecedents)과 후속결과(consequences)에 대한 정보를 수집하는 과정이라고 할 수 있다.

　　기능사정의 개념(문제행동과 관련되어 있는 선행요인과 후속결과에 대한 정보를 수집하는 과정)에서 알 수 있듯이, 기능사정은 응용행동분석에 근거를 두고 있는데 응용행동분석에서는 선행요인(Antecedent), 행동(Behavior), 후속결과(Consequence)의 관계를 3요인 수반성(three term contingency) 또는 A-B-C 수반성(A-B-C contingency)이라고 한다. 일반적으로 수반성(contingency)이란 행동의 발생에 대한 후속결과의 종속성(dependency)을 말하며(Cooper et al., 2007), 이는 행동이 발생할 때만 후속결과가 제공되는 관계를 의미한다(Miltenberger, 2016). 3요인 수반성에 따르면, 선행요인(선행사건 또는 선행자극)이 있을 때 행동이 발생하고 행동에 수반되어 제공되는 후속결과(강화물 또는 벌칙)는 향후 그 선행사건(또는 선행자극)이 해당 행동을 촉발할 가능성을 증가시키거나 감소시킨다. 이러한 3요인 수반성과 관련하여 1980년대부터 또 하나의 선행요인인 배경사건이 주목을 받기 시작하였는데, 배경사건(setting event)이란 선행사건(또는 선행자극)보다 앞서 발생하거나 그와 동시에 발생하여 선행사건(또는 선행자극)이나 후속결과에 대한 반응에 영향을 미치는 조건이나 변인이라고 할 수 있다(이승희, 2020). 따라서 기능사정에서도 선행요인과 관련하여 선행사건이나 선행자극과 더불어 배경사건에 대한 정보 수집이 요구되고 있다.

　　기능사정에서 수행되는 정보수집방법(information-gathering methods) 즉, 기능사정방법(functional assessment methods)에는 간접방법, 직접방법, 실험방법(또는 기능분석)의 세 가지가 있다. 첫째, 간접방법(indirect methods)은 아동을 직접 관찰하여 문제행동에 대한 정보를 수집하는 것이 아니라 아동 자신(단, 일반적으로 유아는 제외)이나 아동을 잘 알고 있는 사람들(예: 부모, 교사 등)을 통해 문제행동에 대한 정보를 수집하는 것이다. 간접방법에서는 주로 면접(interview)이나 검사(test)가 실시된다. 면접에서는 비구조화면접, 반구조화면접, 구조화면접의 세 가지 유형 중 한 가지 이상을 사용할 수 있고, 검사에서는 표준화되거나 표준화되지 않은 척도(scale) 또는 검목표(checklist)를 사용할 수 있다. 둘째, 직접방법(direct methods)은 아동을 일상적 생활장소에서 어떠한 통제도 없이 직접적으로 관찰하여 문제행동에 대한 정보를 수집하는 것이다. 즉, 직접방법에서는 일반적으로 관찰이 실시되는데, 이때 주로 사용되는 기록방법으로 서술기록(예: 일화기록, ABC기록)이 있다. 셋째, 실험방법(experimental methods)은 문

[보충설명 8-2] **계속됨**

제행동의 선행요인 및 후속결과를 조작하고 문제행동에 나타난 변화에 대한 정보를 수집하는 것이다. 실험방법은 기능분석(functional analysis)이라고도 하는데, 관련문헌에서는 기능분석이라는 용어가 일반적으로 사용되는 경향이 있다. 실험방법에서는 선행요인과 후속결과를 조작하면서 문제행동에 대한 통제적 관찰이 실시된다. 이때 주로 사용되는 기록방법으로 간격기록과 사건기록이 있다(이승희, 2021b).

이와 같이 기능사정을 통해 문제행동과 관련되어 있는 선행요인과 후속결과에 대한 정보가 수집되면 이 정보를 근거로 행동의 기능, 즉 선행요인 및 후속결과와 문제행동의 관계에 대한 가설을 설정하는 기능평가가 이루어진다. 기능평가에는 두 가지 방식이 있는데, 하나는 간접방법과 직접방법의 두 가지 기능사정방법을 통해 수집된 정보에 근거하여 잠정적 가설(tentative hypothesis)을 설정하는 것이고 다른 하나는 실험방법(기능분석)까지 포함한 세 가지 기능사정방법 모두를 통해 수집한 정보에 근거하여 확고한 가설(firm hypothesis)을 설정하는 것이다.

행동의 기능에는 크게 획득(관심/접근), 회피/도피, 감각자극-중심, 고통경감의 네 가지 범주가 있다(Iwata, Dorsey, Slifer, Bauman, & Richman, 1982, 1994). 첫째, 획득(관심/접근) 범주에 속하는 행동은 개인이 원하는 것(관심, 사물, 음식물, 활동 등)을 얻기 위하여 발생한다. 둘째, 회피/도피 범주에 속하는 행동은 개인이 싫어하는 것(어렵거나 지루한 과제, 냄새, 소음 등)을 피하기 위하여 발생한다. 셋째, 기능이 감각자극-중심인 행동은 즐거운 피드백(스트레스 감소, 각성수준의 증가 등)을 받기 위해 발생한다. 넷째, 기능이 고통경감인 행동(의사소통 기술에 문제가 있는 사람이 두통을 경감시키기 위하여 머리를 때리는 행동 등)은 고통을 줄이기 위하여 발생하는데 의학적 중재가 요구되는 행동이다. 또한 행동의 기능을 결정할 때 주의해야 할 세 가지 점이 있다. 첫째, 행동은 복합적 기능을 가질 가능성이 있다(Lalli & Casey, 1996). 예를 들어, 아동이 교사의 팔을 물었다면 교사의 관심을 얻기 위하여 그리고 어려운 과제를 피하기 위하여 물었을 수도 있다. 둘째, 여러 행동이 같은 기능을 가질 가능성이 있다. 예를 들어, 아동이 어려운 과제를 피하기 위하여 물거나 소리 지르거나 발로 찰 수도 있다. 셋째, 행동의 기능은 시간이 지나면서 바뀔 가능성이 있다(Lerman, Iwata, Smith, Zarcone, & Vollmer, 1994). 예를 들어, 아동이 처음에는 어려운 과제를 피하기 위하여 교사의 팔을 물었다가 시간이 지나면서 교사의 관심을 얻기 위하여 교사의 팔을 물 수도 있다.

(4) 분석 및 개념

중재의 분석 및 개념 차원은 책무성 및 새로운 행동의 학습과 다른 행동에서의 변화가 중재에 의한 것임을 입증할 수 있는 가능성과 관련된다. 결과를 중재와 연결시키기 위해서는 관찰가능하고 측정가능한 행동에 대한 자료가 중재를 평가하는 데 충분할 만큼 자주 수집되어야 한다.

응용행동분석에서 의사결정을 위한 자료분석에 사용되는 방법은 실험연구(experimental research)인데, 실험연구에는 단일대상설계와 집단설계의 두 가지 유형이 있다. 단일대상설계(single-subject designs)란 개별 대상자를 중심으로 중재의 결과 나타나는 행동변화를 연구하는 방법으로서(Fraenkel & Wallen, 1996), 응용행동분석에서 전형적으로 사용된다. 이에 비해 집단설계(group designs)란 중재를 받는 집단의 결과를 중재를 받지 않는 유사집단의 결과와 비교하는 방법으로서(Kazdin, 2001), 모집단의 이질성 때문에 자폐스펙트럼장애아동을 대상으로는 자주 사용되지 않는다(Heflin & Alaimo, 2007).

(5) 일반성

일반성 차원은 중재 상황에서 습득된 행동이 시간이 지나도 지속되거나, 다양한 환경에서 나타나거나, 또는 관련된 다양한 행동으로 확산되는 것과 관련된다. 즉, 일반성(generality)은 시간 간, 환경 간, 행동 간의 세 가지 측면에서 각각 설명되는 유지(maintenance), 자극일반화(stimulus generalization), 반응일반화(response generalization)와 관련된다(이승희, 2021a). 이는 사회적으로 타당한 목표, 행동의 환경적 맥락을 고려한 적절한 기법, 행동에서의 변화가 중재에 의한 것임을 입증하는 연구설계를 구비했다 하더라도 중재 상황에서 습득된 행동이 유지되고 일반화되지 않는다면 그 중재는 응용행동분석으로 간주되기 위한 모든 차원을 갖추었다고 할 수 없다는 것을 의미한다.

3. 긍정적 행동지원의 개념

응용행동분석은 행동의 학습 및 변화에 대한 체계적이고 과학적인 접근이라고 할 수 있는데, 이러한 응용행동분석의 이론적 틀에 기초를 둔 새로운 접근으로 긍정적 행동지원이 있다. 이는 중도장애인들이 보이는 심각한 문제행동(예: 자해, 자기자극, 공격성)을 중단시키기 위해 사용되어 온 매우 처벌적이고 제약적인 중재에 대한 대안으로 미국에서 1980년대 중반에 처음으로 등장하였으며(Evans & Meyer, 1985; Meyer & Evans, 1989) 그 후 학교, 가정, 지역사회 등의 각종 상황에서 다양한 장애와 행동문제를 지닌 아동들을 지원하는 데 성공적으로 사용되어 왔다(Bambara, 2005; Sailor, Dunlap, Sugai, & Horner, 2009). 우리나라에서도 긍정적 행동지원에 대한 관심이 높아지면서 관련연구들이 꾸준히 수행되고 있다(예: 고동희, 이소현, 2003; 김미선, 박지연, 2005; 김미선, 송준만, 2006; 김주혜, 박지연, 2004; 김창호, 백은희, 2009; 송유하, 박지연, 2008; 이미아, 2011; 이승희, 2011; 차재경, 김진호, 2007). 참고로, 우리나라의 경우 '긍정적 행동지원'이라는 용어가 보편적으로 사용되고 있는 데 비해 미국의 경우는 문헌에 따라 '긍정적 행동지원(positive behavior support 또는 positive behavioral supports: PBS)', '긍정적 행동중재및지원(positive behavioral interventions and supports: PBIS)', '학교차원의 긍정적 행동지원(schoolwide positive behavior support: SW-PBS)', '학교차원의 긍정적 행동중재및지원(schoolwide positive behavioral interventions and supports: SW-PBIS)' 등의 다양한 용어가 사용되고 있을 뿐 아니라 한 문헌 내에서 상호교환적으로 사용되기도 한다. 이 책에서는 PBS와 PBIS를 그리고 SW-PBS와 SW-PBIS를 각각 동의어로 보고 PBS와 SW-PBS를 주로 사용한다. 다음에서는 긍정적 행동지원의 정의와 유형에 대해 간략하게 살펴보기로 한다(저자주: 긍정적 행동지원에 대한 심층적이고 구체적인 내용은 관련 전문서적을 참고하기 바란다).

1) 긍정적 행동지원의 정의

긍정적 행동지원(positive behavior support 또는 positive behavioral supports: PBS)이란 문제행동의 이유를 이해하고 문제행동의 발생에 대한 가설 및 개인 고유의 사회적 · 환경적 · 문화적 배경에 적합한 종합적인 중재를 고안하고자 하는 문제해결 접근을 말한다(Bambara, 2005). 따라서 긍정적 행동지원의 중요한 목표는 단기간에 문제행동을 감소시키는 것뿐만 아니라 개인의 전반적인 삶의 질에 영향을 미칠 수 있는 지속적인 변화를 만들어 내는 것이다(Bambara, 2005; Dunlap, Sailor, Horner, & Sugai, 2009). 이와 같은 긍정적 행동지원은 응용행동분석의 이론적 틀에 기초를 두고 있는데, 응용행동분석은 다음과 같은 세 가지 측면에서 긍정적 행동지원에 기여한 것으로 볼 수 있다(Carr, Dunlap, & Horner, 2002; Repp & Horner, 1999). 첫째, 응용행동분석은 문제행동을 포함한 인간의 행동이 선행사건과 후속결과로부터 어떻게 학습되고 영향을 받는지를 설명함으로써 인간의 행동과 학습을 이해할 수 있는 개념적 틀을 제공해 주었다. 둘째, 긍정적 행동지원에서 사용되는 대부분의 기법들은 응용행동분석에서 사용되는 행동수정의 주요 기법들에 그 근원을 두고 있다. 셋째, 긍정적 행동지원에서 실시되는 기능평가는 응용행동분석에서 강조되는 행동기능, 기능사정, 기능분석 등에서 유래되었다. 참고로 긍정적 행동지원(PBS)에 대한 이해를 돕기 위해 관련된 용어들을 비교하여 제시하면 〈표 8-3〉과 같다.

2) 긍정적 행동지원의 유형

〈표 8-3〉에 보이듯이, 긍정적 행동지원은 심각한 문제행동을 보이는 중도장애인(성인 포함)과 자신이나 다른 학생들의 학습에 방해가 되는 행동을 보이는 장애학생을 대상으로 하는 '개별화된 긍정적 행동지원(individualized PBS)'과 모든 학생을 대상으로 하는 '학교차원의 긍정적 행동지원(schoolwide PBS: SW-PBS)'의 두 가지 유형을 포함한다고 할 수 있다(이승희, 2011).

〈표 8-3〉 긍정적 행동지원(PBS) 관련용어들의 비교

용어	의미	대상	중재수준
학교차원의 긍정적 행동지원 (schoolwide PBS: SW-PBS)	긍정적 행동지원이 학교차원에 적용되면서 나타난 개념으로 1, 2, 3차 예방의 3단계로 구성됨.	예방 단계에 따라 대상 범위가 다른데, 1차 예방에서는 모든 학생, 2차 예방에서는 위험학생, 3차 예방에서는 고위험학생이 대상임.	예방 단계에 따라 중재수준이 다른데, 1차 예방에서는 보편적 중재 또는 학교/학급차원의 중재, 2차 예방에서는 집단적 중재, 3차 예방에서는 개별화된 중재가 제공됨.
학급차원의 긍정적 행동지원 (classwide PBS: CW-PBS)	실시단위가 학교가 아닌 학급이라는 차이만 있을 뿐 학교차원의 긍정적 행동지원과 의미가 동일함.	실시단위가 학교가 아닌 학급이라는 차이만 있을 뿐 학교차원의 긍정적 행동지원과 대상이 동일함.	실시단위가 학교가 아닌 학급이라는 차이만 있을 뿐 학교차원의 긍정적 행동지원과 중재수준이 동일함.

246

〈표 8-3〉 **계속됨**

용어	의미	대상	중재수준
개별화된 긍정적 행동지원[1] (individualized PBS)	학교차원에 적용 되기 전 초기 긍 정적 행동지원의 개념임.	심각한 문제행동을 보 이는 중도장애인(성인 포함)이 대상임.	학교차원의 긍정적 행동지원 3차 예방 단계에서 제공되는 집중적인 개별화된 중재의 수 준으로 볼 수 있음.
	IDEA 1997, IDEA 2004에서 언급된 긍정적 행동지원 의 개념임.	자신이나 다른 학생들 의 학습에 방해가 되는 행동을 보이는 장애학 생이 대상임.	필요한 경우 IEP팀이 기능적 행동사정(FBA)을 실시하고 행 동중재계획(BIP)을 작성하게 되는데, 중재수준은 학교차원 의 긍정적 행동지원 3차 예방 단계에서 제공되는 집중적인 개별화된 중재의 수준으로 볼 수 있음.
학교차원의 중재 (schoolwide intervention)	학교차원의 긍정 적 행동지원 1차 예방 단계에서 제 공되는 중재임.	학교차원의 긍정적 행 동지원 1차 예방 단계 의 모든 학생임.	학교차원의 긍정적 행동지원 1차 예방 단계에서 제공되는 중재수준으로서 보편적 중재 와 동일하며 학급단위로 실시 되는 학급차원의 긍정적 행동 지원에서는 학급차원의 중재 에 해당됨.
개별화된 중재 (individualized intervention)	학교차원의 긍정 적 행동지원 3차 예방 단계 또는 개별화된 긍정적 행동지원에서 제 공되는 중재임.	학교차원의 긍정적 행 동지원 3차 단계에서는 고위험학생(장애유무 와는 상관없음)이 대상 이지만 개별화된 긍정 적 행동지원에서는 중 도장애인(성인 포함)이 나 문제행동을 보이는 장애학생이 대상임.	학교차원의 긍정적 행동지원 3차 단계 또는 개별화된 긍정 적 행동지원에서 제공되는 집 중적인 개별화된 중재에 해 당됨.

[1] 공식적인 용어는 아니며 이승희(2011)가 '학교차원의 긍정적 행동지원'과 구분하기 위하여 사용함.

자료출처: 이승희(2011). 응용행동분석, 특수교육, 정서·행동장애에 대한 긍정적 행동지원의 관계 고찰. 특수
교육학연구, 46(2), 107-132. (p. 125)

(1) 개별화된 긍정적 행동지원

긍정적 행동지원이라는 용어가 사용되지는 않았지만 그 개념은 중도장애인들

이 보이는 심각한 문제행동을 중단시키기 위해 사용되어 온 매우 처벌적이고 제약적인 중재에 대한 논쟁이 제기된 1980년대 중반에 등장하였다(Donnellan, LaVigna, Zambito, & Thvedt, 1985; Evans & Meyer, 1985; LaVigna & Donnellan, 1986). 즉, 발달장애를 가진 사람들의 문제행동을 비혐오적인(nonaversive) 방법으로 중재해야 한다는 주장이 제기되었는데, 1990년에 Horner와 동료들은 이러한 접근을 "긍정적 행동지원(positive behavioral support)"(p. 126)이라는 새로운 용어로 명명하였다.

1997년에는 긍정적 행동지원이 미국의 「장애인교육법(Individuals with Disabilities Education Act: IDEA)」(이하 IDEA 1997)을 통하여 처음 공식적으로 언급되었다(Shepherd, 2010; Technical Assistance Center on Positive Behavioral Interventions and Supports, 2010). 즉, IDEA 1997에서는 IEP팀으로 하여금 장애학생의 행동이 자신이나 다른 학생들의 학습에 방해가 되는 경우 그 행동을 다루기 위해 긍정적 행동 중재, 전략, 및 지원(positive behavioral interventions, strategies, and supports)을 고려하도록 하였으며 훈육조치를 취하기 전 또는 취한 후 10일 이내에 기능적 행동사정(functional behavioral assessment)을 실시하고 행동중재계획(behavioral intervention plan: BIP)을 작성하도록 하였다. 한편, 2004년에 개정된 미국의 「장애인교육향상법(Individuals with Disabilities Education Improvement Act: IDEIA)」(이하 IDEA 2004)(저자주: 대부분의 교사, 행정가, 전문가들이 'IDEIA 2004'를 'IDEA 2004'로 언급하고 있음)에서는 긍정적 행동지원을 처음 공식적으로 언급하였던 IDEA 1997에 비해 좀 더 명확한 용어로 긍정적 행동지원을 명시하고 있다. 즉, 앞서 언급되었듯이 IDEA 1997에서는 긍정적 행동 중재, 전략, 및 지원(positive behavioral interventions, strategies, and supports)이라고 기술한 데 비해 IDEA 2004에서는 IEP팀으로 하여금 장애학생의 행동이 자신이나 다른 학생들의 학습에 방해가 되는 경우 그 행동을 다루기 위해 긍정적 행동중재및지원(positive behavioral interventions and supports) 그리고 다른 전략(other strategies)을 고려하도록 함으로써 현재 사용되고 있는 PBIS(positive behavioral interventions and supports)와 정확히 일치하는 용어가 사용되었다.

이상과 같이 긍정적 행동지원은 그 개념이 등장한 초기에는 심한 문제행동을 보이는 중도장애인(성인 포함) 또는 장애학생을 대상으로 하는 개인중심의 맞춤형 접근이었다. 그러나 1990년대 말부터 다음에 살펴볼 '학교차원의 긍정적 행동지원(schoolwide positive behavior support: schoolwide PBS)'이라는 개념이 등장하면서 이와 구분하기 위해 초기의 긍정적 행동지원은 '개별화된 긍정적 행동지원(individualized positive behavior support: Individualized PBS)'으로 명명되기도 한다(이승희, 2011).

(2) 학교차원의 긍정적 행동지원

긍정적 행동지원은 1990년대 말부터 2000년대 초에 걸쳐 학교차원으로 확장되어 '학교차원의 긍정적 행동지원(schoolwide positive behavior support: schoolwide PBS)(SW-PBS)'이라는 개념이 출현하였다. SW-PBS에서는 다단계 구조(multitiered framework)가 핵심적 요소인데, 이 구조는 2000년대 전반기부터 출간된 문헌에서 〈표 8-4〉와 같이 1차, 2차, 3차 예방의 3단계 접근으로 소개되었다. 이 접근에서 1차 예방은 학교의 모든 학생을 대상으로 하여 적절한 행동을 가르치고 인식시킴으로써 문제행동 발생을 예방하는 것을 목표로 한다(Sugai, Sprague, Horner, & Walker, 2001). Sugai와 Horner(2002)에 의하면 약 80~85%의 학생들이 1차 예방에 반응한다. 2차 예방은 문제행동을 나타낼 위험이 있는 소집단 학생들을 대상으로 시행하는 특별 중재로서 행동지원의 강도가 증가하게 되며 현재의 문제행동 유형의 수를 감소시키는 것을 목표로 한다(Sugai et al., 2001). Sugai와 Horner(2002)에 따르면 약 10~15%의 학생들이 2차 단계에서 제공되는 추가적 지원을 필요로 하게 된다. 3차 예방은 가장 개별화된 지원이 필요한 소수의 고위험 학생들을 대상으로 하는 중재로서 행동지원의 강도가 가장 높으며 문제행동의 강도와 복잡성을 감소시키는 것을 목표로 한다

〈표 8-4〉 예방을 위한 긍정적 행동지원의 3단계 접근

단계	대상학생	내용
1차 예방	모든 학생	모든 학생, 교직원, 상황을 대상으로 하는 학교/학급차원의 체계(모든 상황에 걸쳐 모든 학생 및 교직원을 대상으로 함으로써 문제행동 발생을 예방하는 데 초점을 둠).
2차 예방	위험행동을 보이는 학생	위험행동을 보이는 학생들을 대상으로 하는 전문적인 집단적 체계(문제행동에 대해 효율적이고 신속한 반응을 함으로써 문제행동 수를 감소시키는 데 초점을 둠).
3차 예방	고위험행동을 보이는 학생	고위험행동을 보이는 학생들을 대상으로 하는 전문적인 개별화된 체계(1차 예방 및 2차 예방에 반응하지 않는 문제행동의 강도와 복잡성을 감소시키는 데 초점을 둠).

수정발췌: Center on Positive Behavioral Interventions and Supports (2004). *School-wide positive behavior support: Implementers' blueprint and self-assessment.* Washington DC: Office of Special Education Programs, U.S. Department of Education. (pp. 16-17)

(Sugai et al., 2001). Sugai와 Horner(2002)는 단계적인 학교차원의 행동지원이 충실히 실시된다면 약 5% 정도의 소수 학생만이 3차 단계의 중재가 필요하다고 하였다.

이와 같이 학교차원의 긍정적 행동지원(SW-PBS)은 실시단위가 학교라고 할 수 있다. 이에 비해 실시단위가 학급이라면 〈표 8-3〉에 제시되어 있듯이 '학급차원의 긍정적 행동지원(classwide positive behavior support: classwide PBS)(CW-PBS)'이라고 한다. 즉, SW-PBS와 CW-PBS는 실시단위(학교 또는 학급)에서 차이가 있을 뿐 의미, 대상, 중재수준은 동일하다고 할 수 있다(이승희, 2011; Simonsen & Myers, 2015).

4. 행동적 중재전략

앞서 이 장의 1, 2, 3절에서는 각각 행동수정, 응용행동분석, 긍정적 행동지원에 대해 살펴보았는데, 행동수정은 행동적 중재의 근간을 이루는 것이고 응용행동분석은 행동을 통제하는 변인을 분석하거나 명확히 입증하려는 시도에서 쓰인 행동수정이며 긍정적 행동지원은 응용행동분석의 이론적 틀에 기초를 두고 있다. 이는 행동적 중재전략 이해하고 실시하기 위해서는 행동수정, 응용행동분석, 긍정적 행동지원에 대한 이해가 필요하다는 것을 의미한다.

자폐스펙트럼장애(ASD) 아동들을 위한 행동적 중재는 1960년대부터 꾸준히 연구되어 왔다. 1961년 Ferster와 DeMeyer가 ASD아동의 적절한 행동을 증가시키기 위하여 처음으로 행동수정 원리를 사용한 연구를 발표하였고, 뒤이어 행동적 중재가 ASD아동의 기술을 증가시키고 문제행동을 감소시키는 데 효과적이라는 연구들(예: Lovaas, Freitag, Gold, & Kassorla, 1965; Wolf, Risley, & Mees, 1963)이 발표되었다. 1968년 『Journal of Applied Behavior Analysis』가 창간된 이후 응용행동분석 중재를 통한 행동적 중재가 널리 사용되어 왔으며, 1980년대 중반에는 응용행동분석의 이론적 틀에 기초를 둔 긍정적 행동지원이 등장하면서 긍정적 행동지원 중재를 통한 행동적 중재도 활발히 연구되고 있다. 따라서 지금까지 응용행동분석 중재 또는 긍정적 행동지원 중재에서 사용되는 다양한 행동적 중재전략이 소개되어 왔는데 이 중에는 유효성이 검증된 것들과 검증되지 못한 것들이 있다(Simpson et al., 2005; Weiss, Fiske, & Ferraioli, 2008). 다음에서는 유효성이 검증된 몇 가지 행동적 중재전략에 대해 간략하게 살펴보기로 한다(저자주: 유효성이 검증된 중재전략부터 검증되지 못한 중재전략까지 포괄하는 심층적이고 구체적인 내용은 관련 전문서적을 참고하기 바란다).

1) 불연속 시행 훈련

불연속 시행 훈련(discrete trial training: DTT)은 응용행동분석에 근거하여 1960년대에 ASD 아동들을 위하여 집중적 중재 프로그램(intensive intervention program)을 개발한 Ivar Lovaas의 연구와 관련된 용어다(Yapko, 2003). 시행(trial)이란 '단일 교수단위(single teaching unit)'를 의미하며(Lovaas, 1981), [보충설명 8-3]에 제시된 바와 같이 식별자극(S^D), 아동의 반응(R), 후속결과(S^R)의 세 요소로 구성된다(Simpson et al., 2005). 불연속(discrete)이란 시행 간에 짧은 기간이 있다는 것을 의미하는데 이를 시행 간 간격(intertrial interval)이라고 한다(Heflin & Alaimo, 2007). 이와 같은 시행 간 간격을 두고 아동이 반응을 정확하고 능숙하게 할 때까지 시행을 반복한다(Green, 2001). 만약 아동이 식별자극에 정확한 반응을 하면 강화물을 주고 짧은 간격(즉, 시행 간 간격)을 둔 다음 다시 식별자극을 제시하고, 만약 아동이 정확한 반응을 하지 않으면 무시를 하고 짧은 간격(즉, 시행 간 간격)을 둔 다음 다시 식별자극을 제시하는데 이때는 아동이 정확한 반응을 하도록 촉구(prompt)를 제공한다(Arick, Krug, Fullerton, Loos, & Falco, 2005)(저자주: 촉구에 대해서는 이 장 1절의 '2) 행동수정의 주요 기법' 중 용암법 참조).

불연속 시행 훈련은 많은 연구(예: 이효신, 최효분, 2007; Anderson, Avery, DiPietro, Edwards, & Christian, 1987; Lovaas, 1987; Lovaas, Koegel, Simmons, & Long, 1973; McEachin, Smith, & Lovaas, 1993)에서 ASD 아동들에게 언어기술, 동작성 움직임, 모방 및 놀이기술, 사회적 상호작용, 정서적 표현, 전학문 기술을 포함하는 새로운 형태의 행동을 가르치기 위하여 사용될 수 있는 효과적인 전략으로 입증되고 있다(Simpson

---

[보충설명 8-3] 불연속 시행 훈련의 시행(trial) 구성요소

시행: 식별자극(S^D) ⇨ 아동의 반응(R) ⇨ 후속결과(S^R)
예: "이게 뭐지?" ⇨ "과자." ⇨ "우와! 맞았어. 이건 과자야."
(교사는 과자를 들고 있다) ⇨ (아동이 반응한다) ⇨ (교사는 후속결과인 강화물을 제공한다)

수정발췌: Simpson et al. (2005). *Autism spectrum disorders: Interventions and treatments for children and youth*. Thousand Oaks, CA: Corwin Press. (p. 98)

et al., 2005; Weiss et al., 2008). Frea(2000)에 따르면 불연속 시행 훈련은 '특정 기술을 가르치기 위해 구조화된 교수환경에서 응용행동분석 원리를 집중적으로 적용하는 것'이다. 이와 같이 불연속 시행 훈련으로 구조화된 환경에서 교사가 중심이 되어 가르친 기술은 일반화(generalization)를 위하여 좀 더 자연적인 환경으로 확장시킬 필요가 있다(Pierangelo & Giuliani, 2008). 따라서 구조화된 환경(structured environment)에서 실시되는 불연속 시행 훈련은 자연적인 환경(naturalistic environment)에서 실시되

[보충설명 8-4]　불연속 시행 훈련의 예

혁주는 자신이 갖고 싶어 하는 물건을 지적하기 위하여 현재 단단어 발화(명사)를 사용한다. 동사 학습이 언어발달에 중요하기 때문에 교사는 다양한 활동(예: 먹기, 잠자기, 마시기, 씻기, 달리기, 수영하기)을 하는 사람들이 그려진 그림을 모았다. 그리고 교사는 산만하지 않은 장소에서 자신과 혁주가 테이블에 앉을 수 있도록 하기 위하여 환경을 주의 깊게 정리하고 혁주의 의자는 혁주가 쉽게 자리를 뜨지 못하도록 벽에 붙여 놓았다.

교사는 혁주가 좋아하는 몇 가지 간식을 테이블 위에 놓아둔다. 테이블에 앉은 혁주는 사탕을 잡으려고 한다. 교사는 사탕을 제외한 나머지 간식을 테이블에서 치운다. 교사는 혁주의 주의를 끈 다음 사람이 걷고 있는 그림을 세워 보이며 "걷기를 가리켜 봐."라고 말한다. 혁주가 반응을 보이는 데 실패하면 교사는 식별자극을 반복하고 혁주가 그 그림을 가리키도록 신체적 촉구를 사용한 후 칭찬을 하면서 혁주에게 사탕 하나를 준다.

혁주가 지시한 그림을 일관성 있게 잘 가리키게 되면 교사는 혁주에게 2개의 그림을 동시에 제시하면서 특정 활동을 그린 그림 하나를 가리키도록 지시한다. 혁주가 2개의 그림을 정확하게 식별하면 교사는 칭찬을 하면서 강화물을 준다. 만약 혁주가 정확하게 식별하지 못하면 교사는 식별자극을 반복하고 혁주의 손을 잡고 정확한 그림을 가리키도록 지도한 후 사탕 몇 개를 준다. 그때 혁주가 교사의 촉구를 기다리는 것처럼 보이는지 주의 깊게 살핀다. 왜냐하면 교사는 촉구의존(prompt dependence)이 나타나지 않도록 해야 하기 때문이다.

때때로 교사는 강화물로 보이는 2개의 새로운 물건을 혁주에게 들어 보인다. 만약 혁주가 어느 것도 잡으려 하지 않으면 교사는 2개의 다른 물건을 시도한다. 왜냐하면 교사는 혁주가 강화물에 포화되지 않도록 강화물을 다양하게 해야 하기 때문이다(강화물에 포화되면 요구되는 반응에 대한 동기가 감소한다). 혁주가 2주 이상 적어도 2명의 교사와 함께 3개의 그림이 제시된 과제에서 90% 정확하게 반응할 때까지 일련의 시행들을 계속한다.

수정발췌: Heflin, L. J., & Alaimo, D. F. (2007). *Students with autism spectrum disorders: Effective instructional practices.* Upper Saddle River, NJ: Pearson Education. (pp. 187-188)

는 중심축 반응 훈련(pivotal response training), 우발교수(incidental teaching), 공동행동
일과(joint action routines: JARs)와 같은 다른 전략들과 함께 사용될 때 가장 효과적일
수 있다(Simpson et al., 2005; Weiss et al., 2008). [보충설명 8-4]는 불연속 시행 훈련의
예를 제시하고 있다.

2) 중심축 반응 훈련

중심축 반응 훈련(pivotal response training: PRT)은 응용행동분석에 근거하여
Robert Koegel과 Laura Schreibman이 개발한 행동적 중재전략이다(Yapko, 2003). 중
심축 반응(pivotal response)이란 훈련으로 향상될 경우 훈련받지 않은 다른 행동에도
변화를 가져올 수 있는 행동으로서(Cooper et al., 2007; Koegel, Koegel, & McNerney,
2001) 동기(motivation), 다양한 단서에 대한 반응(responsivity to multiple cues), 자기관
리(self-management), 자기주도(self-initiation) 등이 이에 포함된다(Koegel, Koegel, &
Carter, 1999; Koegel et al., 2001). 즉, 중심축 반응이란 다양한 행동에 영향을 미치는 중
심축 영역(pivotal area)이라고 할 수 있으며(Koegel, Koegel, Harrower, & Carter, 1999),
따라서 중심축 영역에 영향을 미치면 기타 중요한 발달영역들에서 상당한 부수적인
습득이 발생하게 된다(Simpson et al., 2005). Pierangelo와 Giuliani(2008)에 따르면 중
심축 반응 훈련에는 다음과 같은 네 가지 요소가 포함된다.

- 아동이 명확한 질문이나 교수에 자발적으로 반응하는 기회 제공하기
- 유지과제(즉, 아동이 할 수 있는 과제)에 새로운 과제(즉, 아동이 배우게 될 과제) 섞
  어 놓기
- 통제 공유하기 또는 아동에게 학습과제 선택권 주기
- 아동이 다양한 단서에 반응할 수 있도록 주위 구조화하기

중심축 반응 훈련도 행동을 가르치기 위하여 불연속 시행을 사용하지만 자연적인
환경에서 실시되고 아동이 중심이 되며 후속결과(즉, 강화물)가 과제와 관련된 자연
스러운 것이라는 점에서 앞서 살펴본 불연속 시행 훈련과 차이가 있다(Pierangelo &
Giuliani, 2008; Yapko, 2003). 또한 불연속 시행 훈련보다 행동의 일반화에 더 효과적
인 것으로 알려져 있다(Koegel, Camarata, Koegel, Ben-Tall, & Smith, 1998). 이와 같은

[보충설명 8-5] 중심축 반응 훈련의 예

　　민우는 구어로 의사소통을 하고 연령에 맞는 표현어휘를 사용하지만 질문은 거의 하지 않았다. 교사는 민우에게 자발적으로 질문하는 것을 가르치기 위하여 중심축 반응 훈련(PRT)을 사용하기로 하였다. 먼저, 교사는 민우가 좋아하는 물건 중 하나인 장난감 공룡을 종이가방 속에 넣었다. 다음에, 교사는 종이가방 속에 있는 것을 보여주기 위하여 민우가 "그것이 무엇이에요?"라고 질문하도록 촉구한 다음 민우에게 장난감 공룡을 주어 몇 분간 가지고 있게 하였다. 교사는 그날 하루 동안 종이가방 안의 물건을 민우가 좋아하는 것으로 다양하게 바꾸면서 종이가방을 민우에게 몇 차례 들어 보였다. 그리고 민우가 가방을 보았을 때 "그것이 무엇이에요?"라고 자발적으로 질문하도록 촉구를 점차 줄여 나갔다. 시간이 흐르면서, 교사는 민우가 좋아하는 물건들을 민우가 관심이 없는 물건(예: 연필)이나 명칭을 모르는 물건들(예: 수동 깡통따개)로 대체하였다. 또한 교사는 종이가방을 조금씩 잘라 점점 작아지게 하였다. 이 전략으로 민우는 명칭을 모르는 물건을 우연히 발견했을 때 "그것이 무엇이에요?"라는 질문을 자발적으로 하기 시작하였고 심지어는 부모에게도 그 질문을 하기 시작하였다. 자신에게 친숙하지 않은 것에 대하여 적절하게 질문하는 방법을 배운 것과 더불어 민우는 더 많은 물건 명칭을 익힘으로써 어휘력도 향상시켰다.

수정발췌: Heflin, L. J., & Alaimo, D. F. (2007). *Students with autism spectrum disorders: Effective instructional practices*. Upper Saddle River, NJ: Pearson Education. (p. 219)

중심축 반응 훈련은 많은 연구(예: 김남경, 박은혜, 2008; 김애리사, 김영태, 1999; 장미순, 김은경, 2008; 채유선, 이소현, 2008; Hupp & Reitman, 2000; Koegel, Koegel, Shoshan, & McNerney, 1999; Pierce & Schreibman, 1997; Stahmer, 1995)에서 ASD 아동들의 교란행동, 언어기술, 사회적 기술, 학업기술, 학습태도 등을 향상시키는 데 효과적인 전략으로 입증되고 있다(Koegel et al., 2001; Simpson et al., 2005). 또한 ASD에서 나타나는 행동문제는 매우 광범위하기 때문에 각각의 행동문제를 모두 중재의 대상으로 한다면 시간이 매우 오래 걸리고 비용도 많이 들 수 있으므로 중심축 반응 훈련으로 시간 및 비용의 효율화를 기대할 수 있다(Wicks-Nelson & Israel, 2006). [보충설명 8-5]는 중심축 반응 훈련의 예를 제시하고 있다.

3) 우발교수

우발교수(incidental teaching)는 Betty Hart와 Todd Risley(1978)가 처음으로 주장하였다. 우발교수는 아동의 관심과 동기를 기초로 일상적인 활동 중에 교수를 제공하는 것(McGee, Daly, & Jacobs, 1994)으로서 응용행동분석에 근거한 전략이라고 할 수 있다(Heflin & Alaimo, 2007). 우발교수에서는 미리 계획된 학습목표와 아동의 선호도를 중심으로 학습환경을 구성한 뒤, 아동이 특정 사물이나 활동에 관심을 보이기 시작하면 아동에게 질문하거나 촉구함으로써 그 관심을 격려하고 이때 아동이 적절한 반응을 보이면 선호하는 물건을 준다(Simpson et al., 2005). 이처럼 자연적으로 발생하는 활동의 맥락에서 아동의 선호도를 중심으로 이루어지는 우발교수는 다음과 같은 네 단계로 진행된다(Brown, McEvoy, & Bishop, 1991; Noonan & McCormick, 2006).

- 1단계: 아동이 물건 또는 활동을 원하거나 필요로 하는 상황을 찾거나 만들어 준다.
- 2단계: 공동의 주의집중을 한다.
- 3단계: 관심을 보일 때까지 기다린 후 적절한 반응을 보이도록 촉구하고 필요한 경우 아동의 반응을 정교화하거나 시범을 보인다.
- 4단계: 적절한 반응에 대한 긍정적인 피드백(원하는 물건 또는 활동)이나 칭찬을 제공한다.

[보충설명 8-6] 우발교수의 예

진비는 구어로 의사소통을 할 수 있으나 무엇을 요구할 때 말보다는 동작을 사용하였다. 교사는 진비가 물건을 원할 때마다 학습기회를 제공해 주는 우발교수를 사용하기로 하였다. 먼저, 교사는 진비가 좋아하는 인형을 볼 수는 있으나 손이 닿지 않는 사물함 위에 올려놓았다. 자유놀이시간에 교사는 진비가 가지고 놀 인형을 찾다가 사물함 위에 있는 인형을 보고 있는 것을 확인하고는 진비 옆으로 갔다. 진비는 손가락으로 사물함 위에 있는 인형을 가리키며 교사를 쳐다보았다. 교사는 "뭘 달라고?"라고 진비에게 물었다. 진비는 계속해서 인형을 가리키기만 하고 언어를 사용하지 않았다. 그러자 교사는 진비에게 "인형? 인형 줄까?"라고 말했다. 진비는 고개를 끄덕였지만 여전히 말을 하지 않았다. 교사는 "'인형'이라고 말해 봐."라고 진비에게 말했다. 진비가 "인형."이라고 말하자 교사는 진비에게 인형을 주었다.

우발교수는 많은 연구(Elliott, Hall, & Soper, 1991; Farmer-Dougan, 1994; McGee, Almeida, Sulzer-Azaroff, & Feldman, 1992; Miranda-Linné & Melin, 1992; Mundy & Crowson, 1997)에서 ASD 아동들의 의사소통 기술, 상호작용 기술, 학문적 기술 등을 향상시키는 데 효과가 있는 것으로 보고되고 있으며(Simpson et al., 2005), 특히 일반화를 촉진하는 것으로 알려져 있다(McGee, Morrier, & Daly, 1999; Weiss et al., 2008). 또한 우발교수는 ASD 아동들에게서 나타나는 결함인 사회적 시작행동이 근본적인 구성요소로 포함되며 부모들이 일상적인 일과 중에 쉽게 활용할 수 있다는 장점도 있다(Simpson et al., 2005). [보충설명 8-6]은 우발교수의 예를 제시하고 있다.

4) 공동행동일과

공동행동일과(joint action routines: JARs)는 Lee Snyder-McLean, Barbara Solomonson, James McLean, 그리고 Sara Sack(1984)이 중도장애 아동들의 언어발달을 지원하기 위하여 개발한 것으로서 응용행동분석에 근거한 전략이라고 할 수 있다(Heflin & Alaimo, 2007). 공동행동일과에서는 아동이 새로운 반응을 습득하고 적절한 시기에 바람직한 반응을 사용하도록 단서들을 제공하는 친숙한 일과들의 일관성에 의존하는데(Earles, Carlson, & Bock, 1998), 이 일과들이 자주 반복될 때 사건들은 더 의미 있게 되고 아동은 통제감을 얻는다(Stremel, Bixler, Morgan, & Layton, 2002). Earles 등(1998)과 Snyder-McLean 등(1984)에 따르면 공동행동일과를 실시하기 위해서는 다음과 같은 사항들이 고려되어야 한다.

- 일과의 주제를 선정할 때 모든 참여자에게 의미 있고 친숙한 것인지를 확인한다.
- 다른 사람들과 상호작용 및 의사소통을 할 수 있는 많은 기회와 함께 하루 종일 일과를 자주 제시한다.
- 성과를 구체화한다.
- 일과가 시작과 끝이 분명한 상태에서 순서를 따르고 있는지 확인한다.
- 일과의 시작과 끝을 나타내는 명확한 신호를 규명한다.
- 숙달을 즉시 기대하지 말고 아동들이 자신의 역할을 하도록 돕기 위하여 언어와 일과를 시범 보일 준비를 한다.
- 하루를 기초로 하여 일과를 반복하는 계획을 세우고 점진적으로 변화를 추가

[보충설명 8-7] 공동행동일과의 예

교사는 하루 일과를 시작하기 위하여 아동들을 달력 영역으로 부른다. 그들은 몇 개월 동안 달력을 사용해 왔는데 일과는 항상 동일하다. 교사는 준표의 언어발달을 더욱 격려하기 위하여 변형된 공동행동일과를 사용하기로 결정하였다. 교사는 "오늘 아침에는 준표가 선생님이 될 거예요!"라고 말한다.

준표는 급우들 앞에 서서 교사를 바라본다. 교사는 준표를 달력 쪽으로 돌려세우고 준표에게 "(교사 자신이 일과를 시작할 때 항상 사용하는 문장인) '오늘이 며칠인지 봅시다.'라고 말해."라고 한다. 준표는 그 문장을 반복하고 교사가 아주 많이 했던 동작을 흉내내면서 달력 쪽으로 이동한다. 준표가 갑자기 멈추고는 주위를 둘러보기 시작한다. 달력을 가리킬 때 교사가 사용하는 막대기를 준표가 찾고 있다는 것을 아는 교사는 준표에게 혹시 무엇이 필요한지를 묻는다. 준표는 팔을 뻗지만 아무 말도 하지 않는다. 교사는 막대기가 감춰져 있는 뒤쪽으로 팔을 뻗으면서 "막대기가 필요하니? '막대기'라고 말해봐."라고 한다. 준표는 "막대기."라고 말하고 막대기를 받는다. 준표는 달력 쪽으로 돌아서서 해당 숫자를 짚어가며 날짜를 세기 시작한다. (교사는 준표가 실제로 얼마나 자신과 비슷한 소리를 내는지에 대해 놀란다!) 준표는 반복해서 그날의 날짜로 채워져야 할 빈칸을 반복적으로 짚으면서 날짜 세기를 멈춘다. 준표가 달력 옆에 있는 숫자더미를 뒤지기 시작하자 교사는 빈칸에 해당되는 숫자카드를 들어 보이며 "숫자가 필요하니?"라고 묻는다. 준표가 그 카드를 잡으려고 팔을 뻗자 교사는 뭔가를 기대하는 표정으로 준표를 바라보며 카드를 뒤쪽으로 뺀다. 준표가 "숫자."라고 말하자 교사는 그 카드를 준표에게 건넨다. 준표는 카드를 달력에 붙이고는 연도, 계절, 날씨로 진행해 나간다.

교사는 준표가 빠져 있는 부분을 요구하거나 요청해야만 하도록 각각의 일과에서 무엇인가를 의도적으로 방해하여 왔다. 무엇보다도 준표는 달력 일과에서 '교사'의 역할을 아주 잘한다. 심지어 준표는 교사가 했던 것과 동일한 질문들을 급우들에게 하기도 한다. 가장 좋은 것은 준표 자신이 이를 즐기는 것처럼 보이고 많은 언어를 사용하고 있다는 점이다!

수정발췌: Heflin, L. J., & Alaimo, D. F. (2007). *Students with autism spectrum disorders: Effective instructional practices*. Upper Saddle River, NJ: Pearson Education. (pp. 316-317)

한다.
• 아동들이 역할들을 구별할 수 있도록 돕고 성인에 의한 언어적 촉구의 필요성을 줄이기 위하여 일과에 소도구를 포함시킨다.

공동행동일과에서는 일과를 반복함으로써 목표반응의 습득, 유지, 및 일반화를 촉진하는 빈번한 기회를 제공하고, 일과가 자연적인 환경에서 발생하기 때문에 그 상황에 있는 다른 사람들이 일과에 대해 알고 있어 쉽게 시작하고 적절히 반응할 수 있다(Heflin & Alaimo, 2007). 이처럼 공동행동일과는 특정 목표반응을 강조하기보다는 의사소통의 기회나 필요성을 포함하는 동기유발적인 상황을 제공함으로써 의사소통 기술이 발달될 수 있다는 전제를 근거로 하고 있다(Simpson et al., 2005). [보충설명 8-7]은 공동행동일과의 예를 제시하고 있다.

5) 그림교환 의사소통 체계

그림교환 의사소통 체계(picture exchange communication system: PECS)는 Lori Frost와 Andrew Bondy(1994)가 표현언어가 부족한 ASD나 기타 장애를 가진 아동들을 위하여 개발한 것으로서 응용행동분석에 근거한 전략이라고 할 수 있다(Heflin & Alaimo, 2007). 그림교환 의사소통 체계에서는 아동들이 원하는 물건을 얻기 위하여 사물그림을 교환하도록 훈련한다. 훈련은 각 아동들이 선호하는 강화물을 사정하는 것으로 시작되는데 이때 각 아동의 강화선호도를 결정하기 위하여 몇 가지 조합된 물건들이 각각의 아동들에게 반복적으로 제공된다. 아동의 강화선호도는 시간이 지남에 따라 변할 수 있기 때문에 강화물 사정은 훈련이 종료될 때까지 반복될 수도 있다. Frost와 Bondy(1994)에 따르면 그림교환 의사소통 체계는 다음과 같은 여섯 단계로 진행된다.

- 1단계: 다양한 그림으로 기본적인 교환을 수행한다.
- 2단계: 성인이나 또래의 관심을 얻고 거리를 조절하기 위하여 연습을 지속한다.
- 3단계: 다양한 그림을 식별한다.
- 4단계: 그림을 이용하여 문장을 만든다.
- 5단계: 그림을 이용하여 질문에 대답한다.
- 6단계: 이전에 숙달한 상호작용을 확장한다.

그림교환 의사소통 체계의 단점은 초기 단계에서 2명의 훈련자가 필요하다는 것이다. 예를 들어, 1단계에서는 2명의 훈련자가 한 아동을 대상으로 아동이 원하는 물건을 그림과 바꾸도록 기본적인 교환을 가르치는데, 이때 한 훈련자는 아동이 좋아하는 물건을 들고 의사소통 대상자의 역할을 하며 다른 훈련자는 아동의 옆이나 뒤에 앉아 아동이 그림을 선택해서 대상자에게 내밀고 그 손에 놓도록 신체적 촉구를 제공한다. 의사소통 대상자는 아동이 그림을 선택한 즉시 그림에 나타난 단어를 말하면서 아동에게 강화물을 제공하고, 다른 훈련자는 아동이 독립적으로 그림을 교환할 수 있게 되면 즉시 촉구를 제거한다. ASD 아동들의 한 가지 공통적인 특성은 자신의 필요나 욕구를 충족시키기 위한 사회적 도구로 기능적인 의사소통을 흔히 습득하지 못한다는 것인데, 그림교환 의사소통 체계는 이러한 아동들이 요청하기 기능을 충족시키는 사회적 행동을 자발적으로 시작하도록 돕는 것을 강조한다. 이와 같은 그림교환 의사소통 체계는 다수의 연구(예: 문현미, 권명옥, 김정일, 이근용, 손영미, 2007; 이효신, 이정남, 2004; Charlop-Christy, Carpenter, Le, LeBlanc, & Kellet, 2002; Ganz & Simpson, 2004)에서 ASD 아동들을 위하여 성공적으로 사용될 수 있는 것으로 입증되고 있다. 이러한 연구들에서 한 가지 주목할 만한 점은 Frost와 Bondy(1994)가 제시한 여섯 단계 모두가 항상 사용되는 것은 아니라는 것이다. 예를 들어, 이효신과 이정남(2004)은 1~2단계를, 문현미 등(2007)은 1~3단계를, 그리고 Ganz와 Simpson(2004)은 1~4단계를 실시하여 그 효과를 살펴보았다. [보충설명 8-8]은 그림교환 의사소통 체계(1~2단계)의 예를 제시하고 있다.

6) 기능적 의사소통 훈련

기능적 의사소통 훈련(functional communication training: FCT)은 Edward Carr와 Mark Durand(1985)가 문제행동과 동일한 기능을 가진 적절한 대안행동(alternative behavior)을 가르침으로써 문제행동을 감소시키고자 개발한 것으로서 긍정적 행동지원에 근거한 전략이라고 할 수 있다(Schlosser & Sigafoos, 2008). 기능적 의사소통 훈련에서는 문제행동을 사용한다는 것은 자신의 필요를 충족시킬 수 있는 다른 효과적인 기술을 갖고 있지 못하기 때문이라고 본다. Halle, Bambara, 그리고 Reichle(2005)에 따르면 기능적 의사소통 훈련은 일반적으로 다음과 같은 세 단계로 진행된다.

- 1단계: 문제행동의 기능을 밝히기 위하여 기능평가를 실시한다(예: 아동이 의사소통하고자 하는 바가 무엇인가?).
- 2단계: 문제행동과 같은 기능을 제공하면서 사회적으로 수용가능한 의사소통 대

4. 행동적 중재전략

[보충설명 8-8] 그림교환 의사소통 체계(1~2단계)의 예

혜리의 어머니, 교사, 그리고 언어치료사는 팀을 이루어 혜리가 자신이 원하는 물건을 얻기 위해서는 의도적인 의사소통을 하도록 기르치기로 결정하였다. 교사와 언어치료사는 혜리가 가장 좋아하는 것들 중 구슬을 포함한 몇 가지를 컬러사진 카드로 만들었다. 그들은 혜리가 구슬이 충분하지 않다고 보고 구슬로 시작하기로 하였다. 혜리의 어머니는 촉구 제공자의 역할과 의사소통 대상자의 역할을 번갈아 맡기로 하였다. 또한 그들은 다음과 같은 주요 정보들을 강조하는 색인카드를 만들었다.

1 강력한 강화체계를 제공하라.
2 "무엇을 원하니?"라고 묻지 말 것을 명심하라(이 질문은 5단계에서 한다).
3 즉시 반응하라(기다리기를 목적으로 하지 않는다면).
4 구체적인 목표를 가지고 일반화 및 유지를 위한 계획을 세워라.
5 촉구하는 것으로 시작하라(의사소통 대상자는 손을 펴서 팔을 내밀고 촉구 제공자는 혜리가 컬러사진 카드를 집어 의사소통 대상자에게 건네는 것을 돕기 위하여 충분한 신체적 촉구를 사용한다).
6 가능한 한 빨리 촉구를 줄여 나간다.

혜리는 구슬카드를 찾아 구슬통 근처에 있는 성인에게 건네는 데 아주 능숙해졌다. 혜리는 매우 적절한 방식으로 분명한 요청을 자발적으로 시작하고 있다. 혜리의 어머니는 매우 기뻐하고 있으며 혜리가 집에서 사용할 카드 한 세트를 교사와 함께 복사하였다.

수정발췌: Heflin, L. J., & Alaimo, D. F. (2007). *Students with autism spectrum disorders: Effective instructional practices*. Upper Saddle River, NJ: Pearson Education. (pp. 311-312)

안행동을 선정한다.
• 3단계: 의사소통 대안행동을 가르치되 새로 습득된 행동이 문제행동보다 더 효과적이라는 것을 확실히 해야 한다.

기능적 의사소통 훈련은 긍정적 행동지원 관련문헌들(예: Bambara & Kern, 2005; Koegel, Koegel, & Dunlap, 1996)에서 흔히 소개되고 있고, 따라서 위에서 언급한 바와 같이 긍정적 행동지원에 근거한 전략으로 기술하는 문헌(Schlosser & Sigafoos, 2008)도 있으나 기능적 의사소통 훈련을 행동수정 기법 중 하나인 대안행동 차별강화의

한 형태로 보는 문헌들(예: Chance, 2003; Miltenberger, 2001; Mudford et al., 2008)도 있다(저자주: 대안행동 차별강화는 차별강화의 한 유형인데 관련내용은 이 장 1절의 '2) 행동 수정의 주요 기법' 중 차별강화 참조). 특히 Miltenberger(2001)는 기능적 의사소통 훈련에서 대안행동은 의사소통 반응이므로 기능적 의사소통 훈련을 의사소통 차별강화(differential reinforcement of communication: DRC)라고도 하였다. 이와 같은 기능적 의사소통 훈련은 많은 연구(예: 원종례, 2002; 윤진영, 이소현, 2000; Mancil, 2006; Sigafoos & Meikle, 1996)에서 ASD 아동들의 공격성, 자해행동, 교란행동 등의 문제행동을 감소시키는 데 효과가 있는 것으로 보고되고 있다. [보충설명 8-9]는 기능적 의사소통 훈련의 예를 제시하고 있다.

5. 행동적 중재의 실제

1) 사회적 상호작용 기술

자폐스펙트럼장애(ASD) 아동들은 아주 어릴 때부터 타인과 상호작용하는 방식에서 일반아동들과 차이를 보이며 이러한 사회적 상호작용의 손상은 ASD의 가장 두드러진 특징이기도 하다. 따라서 ASD 아동들의 사회적 상호작용 기술을 향상시키기 위한 행동적 중재가 중요한데 이는 아동의 연령, 능력, 그리고 사회적 상호작용 손상의 유형에 따라 달라져야 한다. 예를 들어, 심하게 위축되어 사회적 접촉을 하지 않으려는 아동을 중재하는 방법과 여러 사람에게 무차별적으로 접근하는 아동을 중재하는 방법은 달라야 한다.

ASD 아동들의 사회적 상호작용 기술을 향상시키기 위하여 앞서 4절에서 살펴본 행동적 중재전략들을 활용할 수 있다. 예를 들어, 자극제시와 후속반응을 통제하는 효과적인 전략으로서의 불연속 시행 훈련(DTT)은 아동의 사회화를 격려하기 위한 성인의 시도를 도울 수 있는 매우 동기유발적인 강화물을 사용한다(Heflin & Alaimo, 2007). 그러나 사회적 기술을 가르치기 위하여 불연속 시행 훈련을 사용할 경우 배운 기술을 또래를 포함한 다른 사람과의 관계나 다른 환경에 적용하는 데 실패를 경험할 수 있다는 단점이 있으므로 좀 더 자연적인 환경에서 실시되는 다른 응용행동분석적 전략들(예: 중심축 반응 훈련, 우발교수, 공동행동일과)과 함께 사용함으로써 궁극적으로

[보충설명 8-9]　기능적 의사소통 훈련의 예

　　교사는 기능평가를 통해 찬규가 소근육 이용이 지속적으로 요구되는 과제를 피하기 위하여 무는 행동을 하는 것을 알아냈다. 따라서 교사는 찬규가 자기 자신이나 다른 사람들을 무는 위험에 두기보다는 짧은 휴식시간을 요구할 때 그것을 허락하는 교수환경이 더 적절하다고 결정하였다. 또한 교사는 사회적으로 더 수용가능한 방식으로 활동을 거절하는 방식을 찬규에게 가르치는 것이 장기적으로 그에게 더 유익할 것이라는 것도 알았다. 소근육과제의 대안과제를 찾고 과제에 찬규의 관심을 반영하는 식으로 선행사건을 수정함으로써 교사는 찬규에게 대안행동을 가르칠 준비를 하였다.

　　교사는 '휴식시간'이라는 단어가 쓰인 카드를 만들어 찬규 가까이 놓은 다음 찬규가 가장 덜 좋아하는 소근육과제들 중 하나를 가져왔다. 그 과제를 찬규의 책상 위에 놓기 전에 교사는 찬규가 '휴식시간' 카드를 교사 자신에게 주도록 촉구하였다. 교사는 "휴식시간을 원하니? 좋아!"라고 말하고 그 카드를 찬규의 책상 위에 다시 놓고는 즉시 소근육과제를 가지고 자리를 떴다. 찬규가 잠깐 만족스럽게 앉아 있게 허락한 다음 교사는 그 과제를 가지고 찬규에게 가까이 가서 다시 '휴식시간' 카드를 교사 자신에게 주도록 찬규를 촉구하면서 같은 방식으로 반응하였다. 두세 번 더 반복하자 찬규는 교사가 가까이 오면 '휴식시간' 카드를 집어 교사에게 건네기 시작하였다. 그리고 무는 행동은 더 이상 나타나지 않았으며 교사는 '휴식시간' 카드가 항상 사용가능하도록 준비되어 있는지만 확인하면 되었다.

　　교사는 또한 찬규가 선호하지 않는 과제를 완성할 수 있도록 행동을 형성하기 시작하였다. 교사는 찬규가 휴식시간을 요청해서 실제로 휴식시간을 허락받을 때까지의 지연시간을 점진적으로 더 길게 함으로써 그 행동을 형성해 나갔다. 교사는 "휴식시간을 원하니? 좋아. 먼저 파란색을 집어 올려봐."라는 말로 시작하여 그대로 수행되면 과제를 가지고 자리를 뜨면서 찬규에게 휴식시간을 허락하였다. 점차 교사는 더 많은 수행을 찬규에게 기대하였다. 만약 찬규가 무는 행동을 다시 한다면 교사는 강화물(휴식시간)을 보류하고 찬규가 '휴식시간' 카드를 교사 자신에게 건네도록 촉구하면서 과제를 계속 제시하였다. 교사는 찬규가 대안행동을 보일 때까지 적절한 행동은 차별적으로 강화하고 휴식시간은 보류하였다.

수정발췌: Heflin, L. J., & Alaimo, D. F. (2007). *Students with autism spectrum disorders: Effective instructional practices.* Upper Saddle River, NJ: Pearson Education. (pp. 221-223)

사회적 기술을 더 효과적으로 향상시킬 수 있다.

　　동기, 다양한 단서에 대한 반응, 자기관리, 자기주도 등의 중심축 반응에 초점을 두는 중심축 반응 훈련(PRT)은 언어기술이나 놀이기술뿐만 아니라 사회적 기술도 향상시킬 수 있는데, 예를 들어 Hupp와 Reitman(2000)은 중심축 반응 훈련을 통하여 ASD 아동의 적절한 눈맞춤 행동을 증가시켰다.

또한 우발교수나 공동행동일과(JARs)와 같은 전략들은 친숙한 사물과 활동을 사용하여 부모나 교사와 교대하기를 격려할 수 있다(Koegel, O'Dell, & Koegel, 1987). 우발교수는 또한 또래 상호작용을 증진시키고(McGee et al., 1992) 적절하게 요구하고 반응하는 기회를 제공하며(Farmer-Dougan, 1994) 주의공유, 놀이, 사회적 의사소통 기술을 향상시킨다(McGee et al., 1999; Mundy & Crowson, 1997; Oswald & Lignugaris, 1990).

그림교환 의사소통 체계(PECS)도 사회화를 격려할 수 있는데, 그 이유는 그림교환 의사소통 체계가 아동으로 하여금 자발적으로 의사소통을 시작하고 부수적인 행동을 줄이며 놀이나 수업상황에서 상호작용을 증가시키도록 훈련하는 데 효과적이기 때문이다(Charlop-Christy et al., 2002).

그리고 기능적 의사소통 훈련(FCT)은 시작하기, 질문하기, 거절하기, 도움 요청하기와 같은 다양한 의사소통 기능을 다룸으로써 의사소통과 사회적 기술을 통합한다(Heflin & Alaimo, 2007).

2) 의사소통 기술

자폐스펙트럼장애(ASD) 아동들은 아주 어릴 때부터 사회적 상호작용의 손상과 더불어 의사소통의 손상을 보이며 이러한 주요증상들은 연결되어 나타난다. 즉, 의사소통의 손상은 사회적 상호작용의 기회에 부정적인 영향을 미치고 이러한 영향은 의사소통 기술을 발달시킬 기회를 제한한다. 따라서 ASD 아동들의 사회적 상호작용 기술뿐만 아니라 의사소통 기술을 향상시키기 위한 행동적 중재가 중요한데, 사회적 상호작용 기술을 향상시키기 위한 중재가 아동의 연령, 능력, 그리고 사회적 상호작용 손상의 유형에 따라 달라야 하듯이 의사소통 기술을 위한 중재도 아동의 연령, 능력, 그리고 의사소통 손상의 정도에 따라 달라야 한다. 즉, 구어를 전혀 사용하지 않는 아동을 중재하는 방법과 평균 이상으로 읽기를 잘하는 아동을 중재하는 방법은 달라야 한다는 것이다.

ASD 아동들의 사회적 상호작용 기술을 향상시키기 위하여 활용할 수 있는 행동적 중재전략들은 의사소통 기술을 향상시키는 데에도 활용할 수 있다. 예를 들어, 불연속 시행 훈련(DTT)은 몸짓을 이용한 비구어적 의사소통부터(Buffington, Krantz,

McClannahan, & Poulson, 1998) 문장과 같은 점점 더 복잡한 구어기술에 이르기까지 (Krantz, Zalewski, Hall, Fenski, & McClannahan, 1981) 의사소통의 전체 범위에 걸쳐 사용되어 왔다.

중심축 반응에 초점을 두는 중심축 반응 훈련(PRT)은 아동의 동기를 증강함으로써 언어기술을 향상시킬 수 있는데, 예를 들어 Pierce와 Schreibman(1997)은 중심축 반응 훈련을 통하여 ASD 아동들의 언어기술을 양적·질적으로 향상시켰다.

또한 우발교수는 제한된 어휘력을 가진 아동들을 대상으로 성공적으로 사용되어 왔는데, 예를 들어 McGee, Krantz, Mason, 그리고 McClannahan(1983)은 우발교수를 통하여 ASD 아동들의 수용언어 기술을 향상시킨 것으로 보고하였으며 Farmer-Dougan(1994)은 발화를 증가시킨 것으로 보고하였다.

원래 중도장애 아동들의 언어발달을 지원하기 위하여 개발된 공동행동일과(JARs)는 동기를 부여하고 예측가능한 경험을 제공함으로써 ASD 아동들로 하여금 의사소통을 시도하도록 격려한다는 점에서 그 효과가 기대된다.

그림교환 의사소통 체계(PECS)는 말을 사용하는 것을 궁극적인 목표로 하여 개발된 것이 아님에도 불구하고 몇몇 연구(예: Charlop-Christy et al., 2002; Ganz & Simpson, 2004)에서 그림교환 의사소통 체계가 실시되는 동안 언어의 발달이 나타나기도 하였다.

그리고 기능적 의사소통 훈련(FCT)은 시작하기, 질문하기, 거절하기, 도움 요청하기와 같은 다양한 의사소통 기능을 다룸으로써 의사소통기술을 향상시킨다(Heflin & Alaimo, 2007).

3) 행동적 특성

자폐스펙트럼장애(ASD) 아동들은 아주 어릴 때부터 사회적 상호작용의 손상 및 의사소통의 손상과 더불어 특이한 행동적 특성(즉, 제한적이고 반복적인 행동, 관심, 또는 활동)을 보이는데, 그 종류나 정도가 아동에 따라 다양하게 나타나기 때문에 중재 전략도 아동에 따라 달라야 한다. 그러나 이러한 특이한 행동적 특성을 다루는 많은 전략들이 문헌에 보고되고는 있지만 어떤 전략이 어떤 특정한 아동 또는 특정한 행동적 특성에 가장 효과적인지를 결정하는 데 도움을 주는 만족할 만한 지침은 없다 (Howlin, 1998). 하지만 어떤 행동적 특성이라도 조기에 개입하고 갑작스러운 변화보다는 점진적인 변화를 도입해 나가면서 환경적 관련요인들에 대하여 세심한 주의를

기울여야 한다(Howlin, 1998). 다음에서는 ASD 아동들이 보이는 몇 가지 행동적 특성
(상동행동, 의식행동, 변화에 대한 저항, 사물에 대한 애착, 제한적인 관심)에 대처하는 전략
들을 간략하게 살펴보기로 한다.

(1) 상동행동

상동행동(stereotypic behavior)은 환경에 미치는 명백한 기능적 효과를 가지고 있지
않은 반복적인 동작이나 몸짓이다(Lewis & Baumeister, 1982). 물건을 돌리거나 흔들
기 또는 손이나 손가락을 퍼덕거리거나 몸을 앞뒤로 흔들기 등은 ASD 아동들이 흔히
보이는 상동행동들이다. 아동들이 매우 어릴 때는 이러한 행동들이 그다지 이상하게
보이지 않을 수도 있고 또 다루기가 그리 어렵지 않을 수도 있다. 그러나 아동이 성장
하면서 상황은 달라진다. 예를 들어, 몸을 앞뒤로 흔드는 행동은 정상적인 어린 아동
들에게서도 비교적 흔하게 나타나며 3세 무렵에는 문제가 없어 보이지만 13세가 되
면 또래들로부터 따돌림을 받는 이유가 될 수 있다.

상동행동들은 심심하거나 할 일이 없을 때 나타나기 쉽기 때문에 새로운 놀이를 개
발하는 것이 특히 중요하다. 예를 들어, 손을 퍼덕거리고 있는 아동에게 새롭거나 흥
미로운 장난감을 주면 하던 행동을 일시적으로 멈출 수 있다. 좀 더 나이가 든 아동들
에게는 상반행동 차별강화 또는 대안행동 차별강화를 사용할 수도 있다. 예를 들어,
자주 손을 퍼덕거리는 아동에게 언제든지 손을 넣을 수 있는 커다란 호주머니가 달린
바지를 입게 함으로써 손을 퍼덕거릴 때마다 호주머니에 넣도록 훈련할 수 있다. 상
동행동과 관련하여 한 가지 유념할 점은 성인이 주의를 너무 많이 기울이면 오히려
강화되어 더 심해질 위험이 있다는 것이다(Howlin, 1998).

(2) 의식행동

의식행동(ritualistic behavior)은 같은 음식만을 먹거나 사물을 일렬로 세우거나 양
손에 물건을 쥐고 있으려고 하는 등 틀에 박힌 일상활동을 고집하는 행동이다(Heflin
& Alaimo, 2007). 상동행동은 인지적 결함을 가지고 있는 ASD 아동들에게 더 많이 나
타나는 반면 의식행동은 정상적 지능을 가지고 있는 ASD 아동들에게 더 많이 나타난
다(Tsai, 1998). 상동행동이나 의식행동이 이전에는 제거되어야 할 행동으로 여겨졌
으나 지금은 중요한 기능을 수행하고 있는 것으로 간주되고 있으며, 따라서 그 행동
이 아동이 속한 환경에서 무엇을 의미하는지를 분석하지 않고 그 행동을 수정하려 해

서는 안 된다는 것이 보편적인 생각이다(Meyer & Evans, 1989). 예를 들어, 상동행동과 의식행동은 스트레스와 불안을 감소시키는 데 매우 중요한 방법이며(Howlin, 1998) 친숙하지 않은 상황에서 특히 친숙하지 않은 사람과 함께 있을 때 훨씬 더 자주 나타 난다(Runco, Charlop, & Schreibman, 1986).

　이처럼 상동행동과 의식행동은 ASD 아동들에게 불안을 감소시켜 주는 역할을 할 수도 있으므로 갑자기 제한하거나 금지하려고 하면 아동들은 견디기 어려울 정도의 불안을 겪을 수 있다. 따라서 점진적 변화를 통하여 불안을 견딜 수 있는 수준으로 유 지시켜 주고 언제, 누구와, 얼마나 오래 그러한 행동을 할 수 있는지를 분명하게 밝히 는 규칙을 서서히 도입하는 것이 필요하다. 이것은 아동에게 그 행동을 할 수 있다는 것을 분명하게 해 줌으로써 불안이 커지는 것을 막아주고 동시에 그 행동을 어느 정 도 제한하는 효과가 있다(Howlin, 1998). Howlin과 Rutter(1987)는 동전을 일렬로 늘 어놓는 한 아동의 의식행동을 점차 줄인 예를 다음과 같이 기술하고 있다. 먼저, 그 아동은 목욕을 좋아했기 때문에 욕실에서는 동전을 전부 치워야만 목욕을 할 수 있 게 해 주었다. 다음으로, 아동이 주말이면 부모의 침대에서 노는 것을 좋아했으므로 부모의 방에서도 동전을 치우도록 하였다. 그 후, 동전금지는 아동이 즐겁게 음식을 먹는 부엌과 TV를 보는 거실로 확장되었다. 마지막으로, 동전을 늘어놓는 것은 자기 방에서만 하도록 허용되었다. 이와 같이 의식행동이 일단 적절한 수준으로 통제되 면 더 생산적인 다른 활동들을 발달시키는 데 아주 강력한 강화물로 사용될 수 있다 (Howlin & Rutter, 1987). 즉, 프리맥 원리를 적용할 수 있는데, [보충설명 8-1]에 설명 되어 있듯이 자주 일어나는 행동은 자주 일어나지 않는 행동의 강화물이 될 수 있다.

(3) 변화에 대한 저항
　ASD 아동들은 특히 어릴 때 어떤 종류의 것이든 변화에 크게 저항하곤 한다. 예를 들어, 사물의 위치나 일과의 순서가 조금만 달라져도 참지 못하는 아동들이 있는데 이 같은 경우 사물의 위치를 알아차릴 수 없을 정도로 조금씩 바꾸거나 일과를 구조 화하고 안정되게 유지하는 것이 필요하다. 또한 어떤 아동들은 변화 그 자체보다는 변화의 불예측성 때문에 혼란스러워한다(Howlin, 1998). 그러나 변화를 완전히 피하 는 것이 가능하지도 않고 바람직하지도 않으므로 이 같은 경우에는 앞으로 일어날 변 화에 대하여 가능한 한 아동이 많이 알게 해 주는 것이 좋다. 이때 말로 설명해 주는 것보다는 앞으로 일어날 일이나 규칙적인 일과의 변화를 시각적으로(즉, 달력이나 그림 또는 글로 작성된 목록의 형태로) 제시하면 더 효과적이다.

변화에 대한 저항과 관련하여 한 가지 유념할 점은 정상적으로 발달하는 아동들이라면 즐거워할 변화를 ASD 아동들의 경우 아주 고통스럽게 받아들일 수도 있다는 것이다(Howlin, 1998). 예를 들어, 생일이나 크리스마스에 ASD 아동들에게 선물을 주고 열어보게 한다든지 평소와 다른 음식을 만들어 주는 것이 혼란을 야기할 수도 있다. 이 같은 경우에는 선물은 주되 열어보라고 강요하지 않거나 보통 때와 같은 음식을 준비해 주는 것이 좋을 수도 있다.

(4) 사물에 대한 애착

정상적으로 발달하는 많은 아동이 곰인형, 담요, 또는 옷 등의 특정 물건에 강한 애착을 형성하며 어떤 아동들에게는 이런 물건들이 아프거나 피곤하거나 불안할 때 특히 필요할 수도 있다(Boniface & Graham, 1979; Mahalski, 1983). 애착은 여러 해 동안 지속될 수도 있지만 학교에 들어갈 나이가 되면 대부분의 아동들은 이런 애착을 다른 사람들 앞에 드러내면 안 된다는 것을 인식하게 되고 다른 활동에 방해가 되지도 않는다(Howlin, 1998). ASD 아동들의 애착은 이와 비슷한 점도 있지만(즉, 위안의 목적으로 사용되며 아동이 아프거나 피곤하거나 불안할 때 더 강해지는 경향이 있다) 아주 다른 점들도 있다(Howlin, 1998). 첫째, 애착을 느끼는 물건의 성질이 유별난데 정상적으로 발달하는 아동들과 같이 인형이나 옷이 아니라 끈조각, 특정한 종류의 고무밴드, 특정 회사에서 제작한 우유병 같은 것들이다. 둘째, 애착이 학교에 들어갈 나이가 되어도 줄어들 기미가 없으며 애착대상을 항상 가지고 다니기를 고집하기 때문에 다른 활동에 방해가 된다.

이와 같은 애착대상의 상실이나 제거는 ASD 아동들에게 심각한 고통을 초래할 수 있으므로 상동행동이나 의식행동에서와 마찬가지로 그 물건을 언제, 어디서, 누구와 있을 때 가질 수 있는지를 점진적으로 제한해 나가는 것이 효과적인데 이때 주변의 성인들이 일관되게 행동하는 것이 중요하다(Howlin, 1998).

(5) 제한적인 관심

ASD 아동들 중 능력이 부족한 어린 아동들은 앞서 살펴본 바와 같은 특정 사물을 가지고 놀거나 수집하는 것에 몰두하지만 보다 능력이 있고 나이 든 아동은 특정 주제에 제한된 흥미와 관심을 가지고 몰두하는 경향이 있다(Howlin, 1998). 예를 들어,

컴퓨터, 운송수단, 조명기구, 기상학, 지리, 스포츠, 필체 등과 같은 특정 주제에 몰두하여 많은 관련정보를 수집하고 그에 따른 많은 시간과 경비를 필요로 한다. 이와 같은 특정 주제에 대한 몰두는 특정 사물에 대한 애착과 마찬가지로 다른 활동에 방해가 된다.

　특정 주제에 대하여 제한된 관심을 보이고 수집하는 행동도 확고하게 자리를 잡은 다음에 감소시키려고 하면 엄청난 분노와 저항을 불러일으킬 수 있다. 따라서 조기에 개입하여 한계를 설정하는 것이 필요하다. 예를 들어, 컴퓨터에 관심을 가지고 있는 경우 관련잡지의 구입을 제한하거나 스포츠에 관심이 있을 경우 스포츠경기의 관람을 제한하도록 한다. 특정 주제에 대한 제한된 관심과 관련하여 한 가지 유념할 점은 그러한 관심이 권장되고 개발되었을 때 이후의 사회통합에 중요한 역할을 하는 경우도 있다는 것이다. 예를 들어, Temple Grandin(1992)은 자신의 불안과 공포를 통제하기 위하여 만든 '압박기(squeeze machine)'를 기초로 가축제어장치를 제작하여 큰 성공을 거두었으며 이 장치는 동물심리학 분야에서 크게 각광을 받았다.

Chapter
09

자폐스펙트럼장애의 인지적 중재

1. 인지적 행동수정의 개념

앞서 제8장 '자폐스펙트럼장애의 행동적 중재'에서 언급하였듯이 행동수정 (behavior modification)이 행동적 중재의 근간을 이루고 있다. 이에 비해 인지적 중재의 근간은 인지적 행동수정(cognitive behavior modification)이 이루고 있다고 할 수 있다. 다음에서는 인지적 행동수정의 정의와 주요 기법에 대해 간략하게 살펴보기로 한다(저자주: 인지적 행동수정에 대한 심층적이고 구체적인 내용은 관련 전문서적을 참고하기 바란다).

1) 인지적 행동수정의 정의

'인지적 행동수정(cognitive behavior modification)'이라는 용어는 1970년대에 출현하였다. 이에 앞서 1960년대에 들어서면서 인지적 치료(cognitive therapy)라고 불리는 접근법이 나타났는데 정신분석적 심리치료에 불만을 가진 Albert Ellis와 Aaron Beck에 의해 임상 실제에서 개발되기 시작하였다. Ellis와 Beck은 처음에는 정신분석가로 출발하였으나 정신분석의 치료기간이 길고 개념이 모호하다는 이유로 인지적 치료를 시도하게 되었다(원호택 외, 2000). 그리고 이러한 인지적 치료를 실시하는 전문가들은 인지적 치료사(cognitive therapist)라고 불렸다. 1970년대로 들어서면서 '행동수정' 임상가라고 할 수 있는 행동수정가(behavior modifier) 가운데 상당수는 인지적 치료사들의 목표 및 과정이 자신들의 목표 및 과정과 유사하다는 것에 주목하였고 인지적 치료사들 또한 행동수정 기법들 중 일부를 채택하였다. 이와 같은 상호이해로부터 '인지적 행동수정(cognitive behavior modification)' 또는 '인지적 행동치료(cognitive behavior therapy)'라는 영역이 발달하게 되었다. 이후 이 두 가지 용어 중에서 1970년대와 1980년대에는 인지적 행동수정이 그리고 1990년대부터는 인지적 행동치료가 더 흔하게 사용되고 있다(Martin & Pear, 2011). 참고로 우리나라에서는 'cognitive behavior modification'과 'cognitive behavior therapy'를 각각 '인지행동수정'과 '인지행동치료'로 번역하기도 하는데 이승희(2013)는 '인지적 행동수정'과 '인지적 행동치료'로 각각 번역하는 것이 내용상 더 적절하다고 하였다(저자주: 구체적인 내용은 해당 논문을 참조할 것).

이와 같은 인지적 행동수정(또는 인지적 행동치료)은 인지적 행동주의에 주된 기반을 두고 있는데, 인지적 행동주의(cognitive behaviorism)란 하나의 이론이 아니라 여러 이론을 총칭하는 용어로서 인지적 변화를 행동 변화로 끌어내기 위해 다양한 행동주의 기법을 사용한다(곽호완, 박창호, 이태연, 김문수, 진영선, 2008). 즉, 인지적 행동수정에서는 인간의 행동은 환경사건 자체에 대한 반응이 아니라 그 사건이 의미하는 바에 대한 반응이라고 가정하고(김은혜, 2005; 연규월, 2012) 행동문제가 환경사건에 기인하기보다는 환경사건에 대한 부적응적인 인지적 과정(maladaptive cognitive process)에 기인한다고 본다(Kazdin, 2001). 따라서 인지적 행동수정(인지적 행동치료)이란 환경사건에 대한 부적응적인 인지적 과정을 치료하여 결과적으로 행동을 치료하는 것이라고 할 수 있다.

2) 인지적 행동수정의 주요 기법

앞서 인지적 행동수정(인지적 행동치료)은 환경사건에 대한 부적응적인 인지적 과정을 치료하여 결과적으로 행동을 치료하는 것이라고 하였다. 인지적 과정(cognitive process)이란 사고(thought), 인식(perception), 기대(expectation), 믿음(belief), 귀인(attribution) 등의 일련의 정신적 사건을 말하는데(Kazdin, 2001), 부적응적 인지적 과정으로는 인지적 왜곡과 인지적 결함이 있다. 인지적 왜곡(cognitive distortion)은 정확

하지 않은 역기능적 사고과정을 의미하고 인지적 결함(cognitive deficiency)은 생각의
부재를 의미한다(Kendall, 2006). 인지적 행동수정에서는 이러한 인지적 왜곡과 인지
적 결함을 치료하게 되는데, 이때 인지적 왜곡을 치료하는 방법은 인지적 재구조화라
고 하고 인지적 결함을 치료하는 방법은 인지적 대처기술 훈련이라고 한다. 또한 인
지적 재구조화에는 합리적-정서행동치료와 인지적 치료라는 두 가지 기법이 있고,
인지적 대처기술 훈련에는 문제해결 훈련과 자기교수 훈련이라는 두 가지 기법이 있
다(이승희, 2017a). 이러한 방법과 기법들을 간략하게 살펴보면 다음과 같다.

(1) 인지적 재구조화

인지적 재구조화(cognitive restructuring)는 비합리적이거나 역기능적인 사고를 합
리적 사고로 대치하는 데 초점을 맞추는 것으로서 Ellis의 합리적-정서행동치료와
Beck의 인지적 치료가 있다. 참고로, 인지적 치료는 협의(俠義)의 의미일 때는 Beck
의 인지적 치료를 지칭하지만 광의(廣義)의 의미일 때는 Ellis의 합리적-정서행동치
료와 Beck의 인지적 치료를 포괄한다(이승희, 2013).

① 합리적-정서행동치료

미국의 심리학자인 Albert Ellis(1913~2007)는 우울증과 같은 정서적인 문제가 비
합리적인 사고에 기인한다고 생각하였다. 이에 따라 그는 내담자의 비합리적인 사고
를 객관적이고 합리적인 사고로 바꿔주면서 합리적 신념을 갖도록 하였으며 이런 식
의 치료를 1962년에 '합리적-정서치료(rational-emotive therapy: RET)'라는 기법으로
발표하였다. RET는 기본적으로 내담자로 하여금 비합리적인 자기-진술문(irrational
self-statements)을 좀 더 긍정적이고 현실적인 진술문으로 대치하도록 가르치는데,
〈표 9-1〉과 같은 주요 단계로 이루어진다. 그 후 1993년에 Ellis는 합리적-정서치료
(rational-emotive therapy: RET)에 행동(behavior)이란 단어를 추가하여 '합리적-정서
행동치료(rational-emotive behavior therapy: REBT)'라고 하였는데, 그 이유는 행동적
과제 내주기를 자주 사용하기 때문이었다(Martin & Pear, 2011).

〈표 9-1〉 Ellis의 합리적-정서치료의 주요 단계

구분	내용
단계 1	RET 치료사는 비합리적인 신념에 기반을 둔 문제가 되는 생각을 내담자가 파악하도록 돕는다.
단계 2	RET 치료사는 문제가 되는 자기-대화라고 생각되는 내담자의 비합리적인 신념에 직면하여 논쟁적인 방식으로 강력하게 도전한다.
단계 3	내담자는 모델링과 과제를 통해 비합리적인 자기-진술문을 합리적인 신념에 기반한 진술문으로 대치하는 것을 배운다.

② 인지적 치료

Ellis가 초석을 닦아 놓은 인지적 접근은 Aaron Beck(1921~2021)에 의해 '인지적 치료(cognitive therapy)'로 확립되었다. 그는 의과대학을 졸업한 정신과 의사로 Ellis의 합리적-정서행동치료(REBT)의 영향을 받아 자신만의 인지적 치료 기법을 개발하기 시작하였다(하지현, 2014). 그에 따르면 정서적인 문제를 가진 사람들은 역기능적인 사고에 과도하게 몰두하고 이런 사고로 인해 문제가 생기거나 악화하기 때문에 이러한 역기능적인 사고의 습관을 찾아내어 교정하면 정서와 행동이 호전을 보인다. Beck의 인지적 치료는 〈표 9-2〉와 같은 세 가지 구성요소를 포함한다(Martin & Pear, 2011).

〈표 9-2〉 Beck의 인지적 치료의 구성요소

구분	내용
요소 1	불쾌한 정서를 일으킬 수 있는 역기능적인 사고와 부적응적인 가정을 내담자가 확인하도록 한다.
요소 2	이러한 역기능적인 사고나 부적응적인 가정을 확인하고 나면 이것을 상쇄하는 몇 가지 방법(예: 현실점검, 가설검증 등)을 사용한다.
요소 3	다양한 일상적인 활동을 발달시키기 위해 추가적인 과제 내주기를 한다.

(2) 인지적 대처기술 훈련

인지적 대처기술 훈련(cognitive coping skills training)은 문제를 해결하는 기술이나 자신의 행동을 조절하는 기술을 가르치는 데 초점을 두는 것으로서 D'Zurilla와 Goldfried의 문제해결 훈련 그리고 Meichenbaum과 Goodman의 자기교수 훈련이 있다.

① 문제해결 훈련

1971년 D'Zurilla와 Goldfried는 개인적 문제를 만족스럽게 해결하기 위하여 논리적으로 사고하는 방법을 가르치는 문제해결 훈련(problem-solving training)을 개발하였다(Martin & Pear, 2011에서 재인용). 문제해결 훈련은 〈표 9-3〉과 같이 일반적으로 여섯 단계로 설명되는데(Martin & Pear, 2011), 문헌에 따라 마지막 두 단계를 묶어 다섯 단계로 제시하기도 한다(Cullinan, 2007).

〈표 9-3〉 D'Zurilla와 Goldfried의 문제해결 훈련의 일반적 단계

	구분	내용
단계 1	일반적 방향제시 (general orientation)	내담자가 문제를 인식하고 충동적으로 행동하기보다는 체계적으로 행동하면서 문제들을 다룰 수 있다는 것을 인식할 수 있도록 도와준다.
단계 2	문제 정의 (problem definition)	문제의 내력과 문제를 통제하는 변인들을 상세하게 기술하면서 문제를 정확하게 정의한다.
단계 3	대안 산출 (generation of alternatives)	문제를 구체적으로 정의한 후 내담자에게 가능한 해결방안들을 모두 생각해 보도록 한다.
단계 4	의사결정 (decision making)	대안들을 신중하게 검토하면서 명백하게 수용할 수 없는 것은 제거한다. 그다음 나머지 대안들을 수행할 경우에 나타날 수 있는 단기적인 결과와 장기적인 결과에 대해 고려한다. 이러한 고려사항에 근거하여 내담자로 하여금 가장 적합한 해결책으로 보이는 대안을 선택하도록 한다.
단계 5	수행 (implementation)	내담자는 치료사의 도움을 받아 문제에 대한 최선의 해결책을 수행하는 계획을 짠 후 실행한다.
단계 6	검증 (verification)	계획이 효과가 있으면 내담자에게 문제해결을 위해 그 계획을 계속 수행하도록 격려한다. 만약 그 계획이 문제를 해결하는 데 도움이 되지 않는다면 위의 문제해결 과정을 다시 시작하여 다른 해결책을 시도하여야 한다.

② 자기교수 훈련

1971년 Meichenbaum과 Goodman은 아동들이 충동적 행동을 통제하도록 도와주기 위해 자기교수 훈련(self-instruction training)을 개발하였다(Martin & Pear, 2011에서 재인용). 아동들을 위한 자기교수 훈련은 〈표 9-4〉와 같이 일반적으로 다섯 단계로 진행된다.

〈표 9-4〉 Meichenbaum과 Goodman의 자기교수 훈련의 단계

구분		내용
단계 1	인지적 모델링 단계	성인 모델이 큰 소리로 말하면서 과제를 수행하고 아동은 관찰한다.
단계 2	외현적 교수 단계	성인 모델이 하는 말을 아동이 큰 소리로 따라 말하면서 과제를 수행한다.
단계 3	외현적 자기교수 단계	아동이 혼자서 큰 소리로 말하면서 과제를 수행한다.
단계 4	외현적(overt) 자기교수 감소 단계	아동이 작은 소리로 혼잣말을 하면서 과제를 수행한다.
단계 5	내재적(covert) 자기교수 단계	아동이 마음속으로 말을 하면서 과제를 수행한다.

2. 인지적 중재전략

제8장 4절 '행동적 중재전략'에서 언급하였듯이, 자폐스펙트럼장애(ASD) 아동들을 위한 행동적 중재는 1960년대부터 꾸준히 연구되어 왔고 유효성이 검증된 다양한 행동적 중재전략도 소개되어 있다. 이에 비해 ASD 아동들을 위한 인지적 중재는 1990년대에 들어서면서 연구가 시작되었고 인지적 중재전략도 소개되고 있다. 인지적 중재전략의 대표적인 예로는 앞서 1절에서 살펴본 '인지적 행동수정(인지적 행동치료)'이 있으며 그 외 '자기관리 훈련'과 '상황 이야기'도 인지적 중재전략이라고 할 수 있다 (Simpson et al., 2005; Simpson & Myles, 2008).

이와 같은 인지적 중재전략은 행동적 중재전략과는 달리 어느 정도의 인지능력과 언어기술을 지니고 있는 경우에 효과적이다(Ozonoff et al., 2015; Simpson et al., 2005; Simpson & Myles, 2008). 이는 인지적 중재전략이 고기능 자폐스펙트럼장애의 경우에 더 적절하다는 것을 의미한다. 앞서 제5장 9절 '저기능 자폐스펙트럼장애와 고기능 자폐스펙트럼장애'에서 살펴보았듯이, 자폐스펙트럼장애(ASD)는 대략 IQ 70을 기준으로 저기능 자폐스펙트럼장애(LFASD)와 고기능 자폐스펙트럼장애(HFASD)로 구분하는데(Ozonoff et al., 2015) ASD를 가진 아동들 중 약 30%가 LFASD이고 나머지 70% 정도는 HFASD인 것으로 나타나고 있다. 또한 제5장 3절 '자폐스펙트럼장애(ASD)의 출현율'에서 살펴보았듯이 ASD의 출현율이 지속적으로 증가하고 있다. 따라서

HFASD의 사례는 향후 유의미하게 증가할 가능성이 있으므로 HFASD를 위한 인지적 중재전략에 대한 관심도 더 높아질 것으로 보인다.

다음에서는 ASD를 위한 인지적 중재전략으로 세 가지 즉, 인지적 행동수정(인지적 행동치료), 자기관리 훈련, 상황 이야기를 간략하게 살펴보기로 한다. 참고로 인지적 행동수정(인지적 행동치료), 자기관리 훈련, 상황 이야기는 제6장 2절 '자폐스펙트럼장애(ASD)의 단일중재전략에 대한 연구'에서 제시된 〈표 6-6〉의 28가지 증거기반실제 중 '④ 인지적 행동/교수 전략(cognitive behavioral/instructional strategies)', '⑳ 자기-관리(self-management)', '㉒ 사회적 담화(social narratives)'에 각각 포함되는 것으로 유효성이 검증된 중재전략이라고 할 수 있다.

1) 인지적 행동수정(인지적 행동치료)

자폐스펙트럼장애, 특히 고기능 자폐스펙트럼장애(HFASD)를 가진 아동이 청소년기에 들어서면 자기인식이 발달하고 자신과 남을 비교하는 능력이 생기면서 우울증을 겪게 되는 경우가 종종 있다. 불안장애 또한 ASD를 가진 청소년과 성인이 흔히 겪는 정신의학적 장애로 알려져 있다(Ozonoff et al., 2015). DSM-5-TR(APA, 2022)도 ASD에서 흔히 나타나는 정신의학적 공존장애로 우울증과 불안장애를 제시하고 있다. 특히 우울증은 자살과 관련이 있다고 할 수 있는데, DSM-5-TR에 따르면 ASD를 가진 청소년들과 젊은 성인들이 일반인들에 비해 자살 시도를 할 위험이 높다. 이와 같이 자폐스펙트럼장애를 가진 청소년(때로는 아동)이 우울증이나 불안장애를 보일 때는 앞서 살펴본 인지적 행동수정의 주요 기법 중 Ellis의 합리적-정서행동치료 또는 Beck의 인지적 치료가 흔히 사용된다.

또한 ASD 아동들은 종종 자기 행동의 원인과 결과를 제대로 이해하지 못하고 사회적 단서를 정확하게 읽어내는 데 어려움을 겪으며 따라서 이상하거나 예기치 않은 행동을 하게 된다(Ozonoff et al., 2015). 이와 관련하여 앞서 살펴본 인지적 행동수정의 주요 기법 중 D'Zurilla와 Goldfried의 문제해결 훈련이 어느 정도 도움이 될 수 있다.

한편, ASD 아동들은 일상생활 중 어떤 변화나 상황에서 불안 또는 공포를 경험하기도 한다. 이와 관련하여 앞서 살펴본 인지적 행동수정의 주요 기법 중 Meichenbaum과 Goodman의 자기교수 훈련을 활용할 수 있다. 자기교수 훈련은 원래 충동적 행동을 통제하도록 도와주기 위해 개발되었으나 자신의 통제력을 벗어난 스트레스 상황에 대처하는 기술을 발달시키는 데 적용하기도 한다(Meichenbaum, 1986). 즉, 스트레스 상황에서 긍정적인 혼잣말(self-talk)을 통해 불안이나 공포를 견딜 수 있도록 도울 수 있다. 이는 불안이나 공포를 완전히 제거하기보다는 아동이 이러한 부정적인 정서에 대처하도록 가르치는 것을 강조한다는 것을 의미한다(Martin & Pear, 2011).

이와 같은 인지적 행동수정(인지적 행동치료)은 ASD의 중재와 관련하여 양호하게 설계된 다수의 연구(예: Clarke, Hill, & Charman, 2017; Drahota, Wood, Sze, & Van Dyke, 2011; Luxford, Hadwin, & Kovshoff, 2017; Reaven, Blakeley-Smith, Culhane-Shelburne, & Hepburn, 2012; Vause, Neil, Jaksic, Jackiewicz, & Feldman, 2017)를 통해 유효성이 입증되고 있다. 따라서 인지적 행동수정(인지적 행동치료)는 증거기반의 단일중재전략이라고 할 수 있다.

2) 자기관리 훈련

인지적 중재에서는 인지적 과정이 개인의 통제하에 있다고 가정하며 따라서 행동문제가 자기통제의 결여(lack of self-control)에 기인한다고 본다(Webber & Plotts, 2008). 이런 자기통제의 결여에 대한 중재로 자기관리 훈련이 있다. 자기관리 훈련(self-management training)은 외적 지도를 최소화하면서 개인이 자신의 행동을 효율적으로 조절하도록 훈련하는 것을 말하며 자기조절 훈련(self-regulation training)이라고도 한다(Webber & Plotts, 2008; Yell, Meadows, Drasgow, & Shriner, 2009).

자기관리 훈련에 포함되는 기법은 문헌에 따라 다양한데 일반적으로 자기점검, 자기평가, 자기강화가 포함된다. 자기점검(self-monitoring)은 자기 행동의 양이나 질을 측정하여 스스로 기록하는 것으로 자기기록(self-recoridng)이라고도 하며(Cole, 1987; 양명희, 2012에서 재인용), 자기평가(self-evaluation)는 자기 행동이 특정 준거에 맞는지를 결정하기 위해서 사전에 설정된 기준과 자신의 행동을 스스로 비교하는 것이고(Cole, 1987; 양명희, 2012에서 재인용), 자기강화(self-reinforcement)는 정해진 목표에 도달했을 때 스스로 선택한 강화물을 자신에게 제공하는 것이다(Wolery, Bailey, & Sugai, 1988; 양명희, 2012에서 재인용). 이 세 가지 기법은 개별적으로 사용되기도 하지만 실제로는 자기관리 훈련을 위한 패키지 형태로 통합하여 사용되는 것이 일반적이다(Yell et al., 2009). 예를 들어, 수업 중에 부적절한 소리를 내는 아동에게 50분 동안 부적절한 소리를 낼 때마다 '/'로 기록하게 하고, 수업이 끝났을 때 특정 준거(예: 3회이하)에 맞는지 결정하게 한 뒤, 그 준거에 맞으면 자신에게 스스로 강화물을 주게 할 수 있다(단, 부적절한 소리에 대한 조작적 정의 내리기, 준거가 포함된 기준 설정, 강화물 선정 등의 사전준비를 전제로 한다).

이와 같은 자기관리 훈련은 ASD의 중재와 관련하여 양호하게 설계된 다수의 연구(예: Crutchfield, Mason, Chambers, Wills, & Mason, 2015; Koegel, Park, & Koegel, 2014; Liu, Moore, & Anderson, 2015; Rosenbloom, Mason, Wills, & Mason, 2016; Soares, Vannest, Harrison, 2009)를 통해 유효성이 입증되고 있다. 따라서 자기관리 훈련은 증거기반의 단일중재전략이라고 할 수 있다.

3) 상황 이야기

상황 이야기(social stories: 사회상황 이야기)는 사회적 상황과 그에 상응하는 적절한

〈표 9-5〉 **상황 이야기의 문장 유형**

문장 유형	내용	구분	비고
설명문 (descriptive sentences)	객관적인 사실을 설명한다.	서술문	서술문의 개수가 코칭문 개수의 2배 이상이 되어야 한다.
조망문 (perspective sentences)	다른 사람의 내적인 면(생각, 감정, 믿음, 의견 등)에 대한 정보를 제시한다.		
긍정문 (affirmative sentences)	이야기의 내용을 강조한다.		
청자코칭문 (sentences that coach the audience)	청자에게 행동이나 반응을 제안한다.	코칭문	
팀원코칭문 (sentences that coach the team)	청자와 관련된 팀원의 반응을 제안한다.		
자기코칭문 (self coaching sentences)	청자가 스스로 할 수 있는 개인 전략을 제안한다.		
미완성문 (partial sentences)	청자의 내용 이해를 점검하고 격려한다.	—	

수정발췌: 문소영, 이상훈(2016). **자폐아동과 함께하는 사회상황 이야기.** 서울: 학지사. (p. 68)

[보충설명 9-1]   상황 이야기의 예

나는 햇님반에 왔어요.

햇님반에는 친구들이 많아요.

친구가 "슬기야!"라고 불러요.

친구는 나의 대답을 듣고 싶어 해요.

나는 "응!"이라고 대답하며 친구를 쳐다봐요.

친구는 내가 대답을 해 줘서 기분이 좋아요.

햇님반에는 많은 친구가 있어요.

다른 친구가 "슬기야!"라고 부르면 나는 "응!"이라고 대답할 수 있어요.

이것은 매우 좋은 일이에요.

친구들이 내 이름을 부르면 나는 "응!"이라고 대답할 수 있어요.

수정발췌: 문소영, 이상훈(2016). 자폐아동과 함께하는 사회상황 이야기. 서울: 학지사. (p. 70)
비고: 위 예는 아래와 같이 서술문은 7개, 코칭문은 3개이므로 서술문의 개수가 코칭문 개수의 2배 이상임.
  ① 나는 햇님반에 왔어요. **[설명문]**
  ② 햇님반에는 친구들이 많아요. **[설명문]**
  ③ 친구가 "슬기야!"라고 불러요. **[설명문]**
  ④ 친구는 나의 대답을 듣고 싶어 해요. **[조망문]**
  ⑤ 나는 "응!"이라고 대답하며 친구를 쳐다봐요. **[청자코칭문]**
  ⑥ 친구는 내가 대답을 해 줘서 기분이 좋아요. **[조망문]**
  ⑦ 햇님반에는 많은 친구가 있어요. **[설명문]**
  ⑧ 다른 친구가 "슬기야!"라고 부르면 나는 "응!"이라고 대답할 수 있어요. **[청자코칭문]**
  ⑨ 이것은 매우 좋은 일이에요. **[긍정문]**
  ⑩ 친구들이 내 이름을 부르면 나는 "응!"이라고 대답할 수 있어요. **[자기코칭문]**

반응에 대한 이야기라고 할 수 있다(Simpson & Myles, 2008). 즉, 상황 이야기는 특정 사회적 상황과 관련된 분명한 사회적 단서와 적절한 반응을 설명해 주는 개별화된 인지적 중재전략이다(Simpson et al., 2005). 이 전략은 1990년대 초에 Carol Gray가 소개하였는데 이후 여러 경험과 피드백을 바탕으로 지침을 조금씩 변화시켜 왔다.

상황 이야기는 아동과 상황에 관한 개별적인 정보를 수집하고 그에 따른 이야기를 구성하게 된다. 이때 여러 가지 유형의 문장을 사용하는데 이러한 문장의 유형에도 앞서 언급한 지침의 변화에 따른 차이가 있었다. 근래의 문헌(문소영, 이상훈, 2016; Gray, 2010)에 의하면 상황 이야기를 작성할 때 〈표 9-5〉에 제시된 바와 같은 일곱 가지 유형의 문장이 사용될 수 있다. [보충설명 9-1]은 작성된 상황 이야기의 예를 제시하고 있다. [보충설명 9-1]에 제시된 예에서 마지막 문장을 '친구들이 내 이름을 부르면 나는 "_____"이라고 대답할 수 있어요.'로 대치한다면 미완성문이 사용된 것이다.

이와 같은 상황 이야기는 ASD의 중재와 관련하여 양호하게 설계된 다수의 연구(예: Chan & O'Reilly, 2008; Chan et al., 2011; Delano & Snell, 2006; Olcay-Gul & Tekin-Iftar, 2016; Schneider & Goldstein, 2010)를 통해 유효성이 입증되고 있다. 따라서 상황 이야기는 증거기반의 단일중재전략이라고 할 수 있다. 참고로 초기 문헌들(예: Gray & Garand, 1993)은 상황 이야기가 고기능 자폐스펙트럼장애(HFASD)의 중재에 적절하다고 강조하는 경향이 있었으나 지금은 저기능 자폐스펙트럼장애(LFASD)의 중재에서도 사용되고 있다(Hall, 2009; Simpson et al., 2005).

Understanding Autism Spectrum Disorders

Chapter 10

자폐스펙트럼장애의 교육적 중재

1. 환경적 구조화

학습환경은 아동들의 학습에 중요한 영향을 미칠 수 있는데 일반적으로 자폐스펙트럼장애(ASD) 아동들은 구조화되지 않은 학습환경에 비해 구조화된 학습환경에서 수행을 더 잘하고 스트레스도 덜 받는 것으로 알려져 있다. 구조화(structuring)란 전형적인 학교환경에서 쉽게 혼란스러워하고 불안해하는 아동들을 위하여 학습환경을 좀 더 명료하게 만들어 주는 것을 말하며(Olley, 2005) 권위주의적 접근(authoritarian approach)으로 혼동해서는 안 된다(Pierangelo & Giuliani, 2008). 즉, 학습환경의 구조화는 공간이나 사물의 물리적 영역을 식별하고 특정 상황에서 기대되는 바를 이해할 수 있도록 아동들에게 일관성과 명료성을 제공하기 위한 것이다. 이와 같은 학습환경의 구조화를 위해서는 다양한 전략이 있지만 모든 아동에게 해당되는 성공적인 전략은 없다. 다음에서는 ASD 아동들을 위한 학습환경의 구조화에서 일반적으로 고려되고 있는 물리적 배치의 구조화와 시간의 구조화에 대해 살펴보기로 한다.

1) 물리적 배치의 구조화

교실의 물리적 구조는 학습공간의 기본적 토대를 확립하고 아동의 행동에 지대한 영향을 미칠 수 있다(Duker & Rasing, 1989). 집은 이미 여러 개의 공간, 즉 침실, 거실, 욕실, 부엌 등으로 분리되어 있고 각 공간은 침대, 소파, 식탁, 세면대 등으로 그 기능을 쉽게 식별할 수 있다. 교실도 각각의 기능을 가진 다양한 공간이나 영역을 필요로 하는데 대부분의 ASD 아동들을 위해서는 자신이 어디에 있는지, 기대되는 행동은 무엇인지, 원하는 물건을 어디서 찾을 수 있는지, 사용한 물건을 어디에 가져다 놓아야 하는지 등을 알 수 있도록 가구나 물건이 배치되어야 한다. 또한 ASD 아동들을 위해서는 필요한 경우 안정을 되찾거나 유지할 수 있는 혼자만의 공간을 마련해 주어야 한다. [그림 10-1]은 물리적으로 구조화된 교실환경의 예를 보여주고 있다.

그림 10-1 물리적으로 구조화된 교실환경의 예

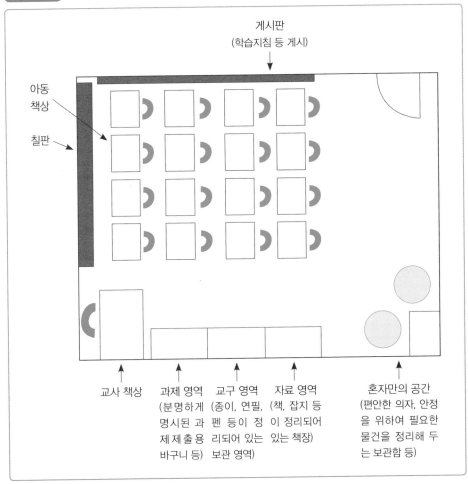

수정발췌: Myles, B. S. (2005). *Children and youth with Asperger syndrome*. Thousand Oaks, CA: Corwin Press. (p. 22)

(1) 가구의 배치

가구들은 활동에 대한 기대가 분명해지도록 배치되어야 한다. 만약 교실의 공간이 넓다면 개인과제, 소집단과제, 학급전체과제를 위한 특정 영역들을 구분할 필요가 있다. 그러나 교실의 공간이 넓지 않다면 가구들을 재배열하여 특정 영역들을 구분할 수 있는데, 이때 사람들의 왕래를 방해하지 않고 산만함을 최소화하도록 하는 것이 중요하다(Heflin & Alaimo, 2007).

과제 영역을 구분하고 가구들을 배치할 때 ASD 아동들이 일반적으로 시각적 처리에 강점을 보이는 경향에 맞추어 시각적 단서(visual cues)를 제공하는 것이 좋다(Fouse & Wheeler, 1997; Heflin & Alaimo, 2007). 즉, 유색 테이프를 이용하여 시각적 경계를 만들어 주거나 문자, 사진, 그림 등을 이용한다면 각 영역의 기능을 이해할 수 있도록 하는 데 도움이 된다.

(2) 물건의 배치

특정 영역들의 구분과 더불어 교재, 교구, 자료 등 교실에서 사용되는 물건들도 조직적으로 배치되어야 한다. 즉, 원하는 물건을 어디서 찾을 수 있는지 또는 사용한 물건을 어디에 가져다 놓아야 하는지 등을 알 수 있도록 물건의 종류별로 보관하는 장소를 조직적으로 구분해 주는 것이 좋은데 이 경우에도 시각적 단서(예: 문자, 그림, 사진)를 이용할 수 있다.

(3) 혼자만의 공간 설정

자폐스펙트럼장애(ASD) 아동들을 위해서는 필요한 경우 안정을 되찾거나 유지할 수 있는 혼자만의 공간을 마련해 주어야 한다(Fouse & Wheeler, 1997; Heflin & Alaimo, 2007; Pierangelo & Giuliani, 2008; Winter, 2003). 진정 영역(cool down area), 이완 영역(relaxation area), 안전 영역(safe area), 본거지(home base), 쉼터(vacation spot) 등으로 다양하게 불리고 있는 이 공간은 자극수준을 낮게 유지하는 장소라고 할 수 있는데 수업환경이 아동을 당황하게 만든다거나 행동문제로 아동이 안정을 취할 필요가 있을 때 유용하다. 이와 같은 혼자만의 공간은 교사가 아동에게 가도록 지시하거나 필요한 경우 아동이 스스로 선택해서 갈 수 있다.

혼자만의 공간을 설정하는 특별한 기준은 없으나 시각적 경계가 명백한 물리적 공간을 선정하는 것이 좋다(Fouse & Wheeler, 1997). 예를 들어, 활동장소에서 조금 떨어진 책상이나 탁자, 교실 내 조용한 영역에 있는 흔들의자, 학습도움실, 평화로운 실외 공간 등을 사용할 수 있다. 이때 혼자만의 공간은 아동에게 편안하고 긍정적인 장소라야 하는데 그렇지 않을 경우 교사가 지시했을 때 또는 스스로 선택해서 가려고 하지 않을 수 있다.

혼자만의 공간과 관련하여 몇 가지 유념할 사항이 있다. 첫째, 혼자만의 공간은 타임아웃을 위한 장소가 아니다(Myles, 2005; Fouse & Wheeler, 1997). 앞서 제8장 1절에서 설명했듯이 타임아웃은 바람직하지 않은 행동이 발생했을 때 강화가 많은 상황에서 강화가 적은 상황으로 이동시킴으로써 행동의 발생을 감소시키는 것이지만 혼자만의 공간은 아동이 안정을 취할 수 있도록 자극수준이 낮은 곳으로 이동시키는 것이다. 둘째, 혼자만의 공간은 아동이 과제를 회피하기 위한 장소가 아니다(Heflin & Alaimo, 2007; Myles, 2005). 따라서 아동들에게 혼자만의 공간을 활용할 수 있게 하는 행동이 무엇인지 인식시킬 필요가 있다. 셋째, 혼자만의 공간에는 아동의 특성에 따라 이완을 촉진시킬 수 있는 물건을 둘 수도 있다(Fouse & Wheeler, 1997). 따라서 [그림 10-1]에 보이듯이 혼자만의 공간에는 아동의 안정을 위하여 필요한 물건을 정리해 두는 보관함이 필요할 수 있다. 넷째, 혼자만의 공간에 있는 동안 아동은 강화를 계속 받을 수 있고 과제를 계속 수행할 수도 있다(Fouse & Wheeler, 1997; Myles, 2005). 즉, 혼자만의 공간이 타임아웃을 위한 장소나 과제를 회피하기 위한 장소가 아니라 과제에 대한 집중을 유지시키는 데 필요한 조건을 제공하는 곳이 될 수 있다.

2) 시간의 구조화

교실의 물리적 배치의 구조화가 기대되는 행동을 전달함으로써 아동의 행동에 영향을 미친다면 시간의 구조화는 아동의 학습에 대한 동기와 가능성에 영향을 미칠 수 있다(Heflin & Alaimo, 2007). 자폐스펙트럼장애(ASD) 아동들은 종종 사건의 순서를 예측하는 데 어려움을 보이고, 평상시의 일정에서 벗어났을 경우 불안해한다(Steingard, Zimnitzky, DeMaso, Bauman, & Bucci, 1997). 이처럼 사건들이 예측하기 어렵거나 혼란스러울 때 나타나는 심리적 불안은 아동으로 하여금 무슨 일이 일어나고 있는지 알아내려고 하거나 안정감을 되찾기 위하여 활동들을 통제하려고 하는 데 자신의 인지적 에너지 대부분을 사용하게 한다. 따라서 예측가능한 일정을 설정하는 것은 심리적 불안을 일부 완화해 줌으로써 아동들의 학습 가능성을 높일 수 있다

(Heflin & Alaimo, 2007). 다음에서는 ASD 아동들을 위하여 예측가능한 일정을 설정할 때 활용할 수 있는 시각적 일정표(visual schedules)를 살펴보기로 한다. 시각적 일정표는 일정에 대한 정보를 시각적인 형태로 제공해 줌으로써 일반적으로 시각적 처리에 강점을 보이는 ASD 아동들에게 도움이 된다. 이러한 시각적 일정표에는 일일 일정표, 미니 일정표, 작업 일정표의 세 가지 유형이 있다.

⑴ 일일 일정표

일일 일정표(daily schedule)란 하루 동안 진행될 활동(또는 과목)들을 대상으로 그 순서를 알려주는 표라고 할 수 있다. 따라서 일일 일정표는 아동으로 하여금 다음 활동을 예측할 수 있게 한다. 또한 아동들은 일일 일정표를 통해서 다음에 해야 할 활동을 알고 전환을 준비할 수 있기 때문에 일일 일정표는 한 활동에서 다른 활동으로의 전환을 촉진하는 역할도 한다(Fouse & Wheeler, 1997).

일일 일정표에는 일정의 시간적 순서에 따라 시간, 활동(또는 과목), 장소에 대한 정보가 제시되는데 이때 아동이 글을 읽을 수 있는 경우에는 단어나 문장을 사용하고 아동이 글을 읽을 수 없는 경우에는 단어와 그림을 함께 사용하거나 그림만 사용한다. 또한 설정된 일정에서 벗어나는 일은 언제나 있을 수 있으므로 이에 대해 아동들이 이해하도록 가르치기 위하여 '이 일정표는 변경될 수도 있음'이라는 문구를 포함하는 것이 좋은데, 이러한 문구는 일정표에 사용된 서체와 다르게 표시한다(예: 글자의 색을 바꾸기, 글자를 크게 하기, 글자를 진하게 하기)(Moore, 2002). 그리고 일정이 변경되는 경우에는 가능한 한 빨리 변경된 사실을 아동에게 알려주어야 한다. 이때 아동들이 좋아하는 물건(예: 사탕, 스티커)을 나눠주는 것은 일정을 방해하지 않으면서 예기치 않은 일에 대한 개념을 매우 긍정적으로 도입하는 방법이 될 수 있다(Heflin & Alaimo, 2007).

⑵ 미니 일정표

미니 일정표(mini-schedule)란 일일 일정표 내의 특정 활동(과목)을 대상으로 그 활동(과목)에서 이루어지는 과제들(tasks)의 순서를 알려주는 표라고 할 수 있다. 즉, 미니 일정표는 일일 일정표에 제시된 하나의 활동(과목) 내에서 이루어지는 과제들의 순서를 제시함으로써 일일 일정표를 보충해 준다(Simpson & Myles, 2008).

미니 일정표에는 해당 활동(과목)에서 이루어지는 과제들에 대한 정보가 제시되는

데, 이때 해당 활동(과목)에 대한 표시는 일일 일정표에서 사용된 단어 그리고/또는 그림을 동일하게 사용한다. 그다음 과제들에 대한 정보를 제시할 때도 일일 일정표에서처럼 아동이 글을 읽을 수 있는 경우에는 단어나 문장을 사용하고 아동이 글을 읽을 수 없는 경우에는 단어와 그림을 함께 사용하거나 그림만 사용한다.

(3) 작업 일정표

작업 일정표(work schedule)란 미니 일정표 내의 특정 과제를 대상으로 그 과제를 완수하는 데 필요한 단위행동들의 순서를 알려주는 표라고 할 수 있다. 이러한 작업 일정표를 만들기 위해서는 일반적으로 해당 과제에 대한 과제분석(task analysis)을 하게 되며 따라서 작업 일정표를 과제조직자(task organizer)라 부르기도 한다(Simpson & Myles, 2008).

작업 일정표에는 해당 과제의 수행에 필요한 단위행동들에 정보가 순서대로 제시되는데, 이때 해당 과제에 대한 표시는 미니 일정표에서 사용된 단어 그리고/또는 그림을 동일하게 사용한다. 그다음 단위행동들에 대한 정보를 제시할 때도 단어 외에 그림이나 다른 비언어적 단서를 사용하여 표시해 주면 더 쉽게 지시를 따를 수 있다(Howlin, 1998).

2. 학업적 지원

자폐스펙트럼장애(ASD) 아동들을 위한 학업적 지원은 아동의 학업특성을 평가하는 것으로 시작하는데(Arick et al., 2005), 그 이유는 ASD 아동들의 다양한 학업특성은 교과, 과제, 숙제, 시험, 성적과 관련된 학업적 지원전략을 결정하는 데 영향을 미치기 때문이다. 이처럼 ASD 아동들의 학업특성이 다양하기 때문에 모든 아동에게 해당되는 성공적인 특정 학업적 지원전략은 없다. 다음에서는 ASD 아동들을 위한 학업적 지원이 일반적으로 학업특성 평가, 교과, 과제, 숙제, 시험, 성적 등에서 어떻게 이루어질 수 있는지를 살펴보기로 한다.

1) 학업특성 평가

자폐스펙트럼장애 아동들의 학업특성 평가는 학업기술에 대한 평가와 학습양식에 대한 평가로 이루어진다.

(1) 학업기술

자폐스펙트럼장애(ASD) 아동들의 학업기술(academic skills)을 평가하기 위해서는 공식적 사정과 비공식적 사정이 실시될 수 있다. 예를 들어, ASD를 가진 아동들을 대상으로 Griswold, Barnhill, Myles, Hagiwara, 그리고 Simpson(2002)은 표준화된 학업성취 및 문제해결 검사의 사용을 논의하였으며 Hagiwara(2001)는 읽기, 쓰기, 수학, 구두 언어기술을 살펴보는 비공식적 사정과정을 제안하였다.

(2) 학습양식

자폐스펙트럼장애(ASD) 아동들은 일반적으로 시각적 정보에 강한 시각적 학습자(visual learner)로 알려져 있다(Cafiero, 1998; Marks et al., 2003). 따라서 앞서 살펴본 환경적 구조화에서도 ASD 아동들이 일반적으로 시각적 처리에 강점을 보이는 경향에 맞추어 시각적 단서의 제공이 강조되었다. 그러나 ASD 아동들을 모두 시각적 학습자로 보는 생각을 경계하는 관점이 근래 제기되고 있다(Plimley & Bowen, 2006). 즉, 학습양식(learning style)에는 세 가지 유형(시각적, 청각적, 운동감각적)이 있고(Coffield, Moseley, Hall, & Ecclestone, 2004) 모든 사람은 이 세 가지 유형의 학습양식을 다양한 정도로 사용하고 있으며 그 정도에 따라 〈표 10-1〉과 같은 세 가지 유형의 학습자(시각적 학습자, 청각적 학습자, 운동감각적 학습자) 중 하나로 분류할 수 있는데(Walker Tileston, 2004), ASD 아동들의 학습양식에 대해서는 여전히 밝혀야 할 것이 많다는 것이다(Plimley & Bowen, 2006). 따라서 ASD 아동들의 학업특성을 평가할 때는 아동의 학습양식을 평가하여 어떤 유형의 학습자인지를 살펴보는 것이 필요하다. ASD 아동들의 학습양식을 평가할 때는 아동들이 새로운 경험이나 정보를 어떻게 처리하는지를 목격해 온 부모로부터 정보를 수집해야만 한다. 또한 교사는 새로운 과제나 교수가 제시되었을 때 아동이 무엇을 하는지 살펴보아야 하는데 이때 아동이 어떻게 반응하는지를 규명하기 위하여 〈표 10-1〉에 제시되어 있는 학습자 유형별 특성을 활용할 수 있다. 한 아동에게 현저하게 나타나는 학습양식이 발견되면 관련된 강점에 주력하면서 다른 학습양식도 결합하는 것이 바람직한데, 그 이유는 앞서 언급한 바와 같이 모든 사람은 정도의 차이가 있을 뿐 세 가지 유형의 학습양식을 모두 사용하고 있기 때문이다.

〈표 10-1〉 **학습자의 유형과 특성**

유형	특성
시각적 학습자 (visual learner)	• 사람들의 이름은 잘 기억하지 못하지만 그들에 대한 사항들은 기억한다. • 시각적 도구를 사용하여 가르칠 때 학습을 가장 잘한다. • 이야기를 듣기보다는 자신이 읽기를 좋아한다. • 자신의 생각들을 암기하고 체계화하기 위하여 써 둔다. • 시각적 놀이(예: 그림퍼즐, 컴퓨터)를 좋아한다.
청각적 학습자 (auditory learner)	• 외부 소음에 의하여 쉽게 방해를 받는다. • 이야기를 잘한다. • 자신의 보고서를 읽기보다는 발표하기를 좋아한다. • 사람들의 이름을 잘 기억한다. • 자신이 읽은 내용에 대하여 말하도록 요청받지 않으면 그 내용을 잊어 버린다. • 신체적 보상(예: 두드려주기, 안아주기)을 좋아한다. • 방의 쾌적 요소(예: 너무 밝은 조명, 너무 높은 온도, 너무 큰 소리)에 의해 영향을 받을 수 있다.
운동감각적 학습자 (kinesthetic learner)	• 들은 것보다는 행해진 것을 기억해 둔다. • 신체적으로 문제를 해결하는 경향이 있다. • 지켜보기보다는 참여하기를 좋아한다. • 신체적인 연극이나 역할놀이를 즐긴다. • 시범 보이기를 즐긴다. • 몸짓을 통하여 자신의 감정이 드러나게 한다.

수정발췌: Plimley, L., & Bowen, M. (2006). *Supporting pupils with autistic spectrum disorders*. Thousand Oaks, CA: SAGE Publication Inc. (pp. 20-21)

2) 교과

자폐스펙트럼장애(ASD) 아동들의 학업특성 평가를 통해 학업기술과 학습양식의 특성이 파악되면 이를 고려한 교수전략이 필요하다. 다음에서는 교수전략을 교과기술과 교과내용으로 나누어 살펴보기로 한다.

(1) 교과기술

앞서 ASD 아동들의 학업기술에 대한 평가에서 언급되었듯이 Hagiwara(2001)는 읽기, 쓰기, 수학, 구두 언어기술을 살펴보는 비공식적 사정과정을 제안하기도 하였다. 이처럼 읽기(reading), 쓰기(writing), 셈하기(arithmetic)가 학업기술에 대한 평가에서 강조되는 이유는 ASD 아동들이 학업의 기본 기술인 3R's(three R's: reading, writing, arithmetic)에서 어려움을 보일 수 있기 때문이다. 다음에서는 읽기, 쓰기, 셈하기와 관련하여 ASD 아동들에게 제공될 수 있는 교수전략을 살펴보기로 한다.

① 읽기

아동들의 문식성(literacy) 활동은 다양한 읽기자료의 인쇄물에 접하면서 시작되며, [보충설명 10-1]에 언급된 바와 같이 어머니와 함께 그림책을 읽는 데 보낸 시간의 양과 읽는 동안 일어나는 상호작용의 형태는 아동의 읽기기술 발달에 중요한 영향을 미친다(Hetzroni & Schanin, 2002). 즉, 아동과 어머니 간의 상호적 상호작용은 아동의 발생적 문식성(emergent literacy) 발달에 중요한 변인으로 알려져 있다. 그러나 ASD 아동들은 아주 어릴 때부터 타인과 상호작용하는 방식에서 결함을 보이며 이러한 사회적 상호작용의 손상은 ASD의 가장 두드러진 특징이므로 발생적 문식성 발달에 어려움을 보일 가능성이 매우 높다. 따라서 ASD 아동들의 발생적 문식성 활동과 관련된 지원이 강조되어야 하며(Koppenhaver & Erickson, 2003; Scoto, Koppenhaver, & Erickson, 2004), 다음과 같은 환경이나 활동의 변화로 발생적 문식성 활동이 학업수행에 미치는 영향을 극대화할 필요가 있다(Heflin & Alaimo, 2007).

• 교실 내 문식성 도구 및 자료의 양과 다양성을 늘인다.
• 문식성 도구 및 자료를 하루 종일 쉽게 이용할 수 있게 한다.
• 혼자서 탐색할 시간을 준다.
• 적절한 문식성 행동의 시범을 보인다.
• 아동들이 발생적 문식성 활동을 하는 동안 그들과 상호작용을 한다.

② 쓰기

자폐스펙트럼장애(ASD)를 지닌 초등학생들의 58% 정도가 잡기, 글씨쓰기, 가위 사용하기, 도구 사용하기 등과 관련된 소근육 결함으로 인하여 작업치료를 받고 있

[보충설명 10-1] 문식성

문식성(文識性; literacy)은 관련분야에서 그 개념과 성격을 두고 많은 논란이 있는 용어지만 (정혜승, 2008) 글(文; 글월 문)을 배워 알고(識; 알 식) 더 나아가 이를 활용하여 지식과 정보에 접근하며 이를 분석·평가·소통하여 개인과 사회의 문제나 과제를 해결하는 능력을 의미한다고 볼 수 있다(노명완, 이차숙, 2002). 다시 말해 문식성이란 글을 통하여 의미를 구성하기 위하여 사회적 맥락에 요구되는 방식으로 읽고 쓸 수 있는 능력과 의지를 말한다(한국어문교육연구소, 국어과교수학습연구소, 2006).

이와 같은 문식성은 영어의 'literacy'를 한국어로 번역한 것으로서 전통적으로 읽기 분야에서 사용되어 왔으며 그 의미는 글을 읽을 수 있는 능력을 말한다. 따라서 문식성이라는 용어는 '글을 아는 것' 정도로 개념을 규정할 수도 있다. 그러나 이때 '글을 아는 것'이 구체적으로 무엇을 의미하는지는 분명하지 않은데 그 이유는 '글자를 바르게 발음하면서 읽을 수 있음'을 의미할 수도 있고 '문장 이상의 글을 읽고 이해할 수 있음'을 의미할 수도 있으며 '일상생활의 읽기 및 쓰기에서 글을 어느 정도 자유로이 활용할 수 있음'을 의미할 수도 있기 때문이다. 이처럼 문식성의 개념이 다양하게 이해되고 있는 것은 문식성이라는 용어가 역사적으로 그 사회의 상황과 요구에 따라 달리 사용되어 온 결과이며, 따라서 요즈음에는 위의 세 가지 측면을 모두 포함하는 포괄적인 개념으로 사용되고 있다(노명완, 이차숙, 2002).

또한 문식성을 문자학습 이전의 문식성과 문자학습 이후의 문식성으로 구분하여 전자를 발생적 문식성이라 하고 후자를 그냥 문식성이라고 하면서 발생적 문식성을 강조하고 있는데 발생적 문식성(emergent literacy)이란 집, 유아원, 유치원 등에서의 다양한 활동을 통한 비형식적 학습에 강조를 두는 1세부터 5~6세 정도까지 아동들의 취학 전 문식성을 말한다. 발생적 문식성의 발달은 공식적인 문자학습 이전에 가정이나 사회에서 경험하게 되는 여러 가지 음성언어와 문자언어(예: 그림책)의 사용을 통해서 잠재적으로 이루어진다. 이 과정에서 어휘발달, 음성언어에서의 소리의 인식, 기본 문장구조에 대한 통사론적 발달, 글과 책의 개념, 책의 기능 등에 대한 인식이 이루어지며 이와 같은 요소들에 대한 사전학습이 기초가 되어 아동들의 문자학습과 글학습이 쉬워질 수 있다(한국어문교육연구소, 국어과교수학습연구소, 2006). 아동들의 발생적 문식성 발달은 아동이 어머니와 함께 그림책을 읽는 경험과 정적 상관이 있는 것으로 알려져 있는데(Heath & Thomas, 1984; Mason, 1985; Teale, 1984), 그 이유는 그림책을 중심으로 아동과 어머니가 상호작용을 가장 쉽게 할 수 있고 그 결과 아동은 문자언어의 기능과 구조를 이해하게 되며(Smith, 1978) 읽기에 대한 태도와 읽기 전략을 습득하게 되기 때문이다(Mason, 1986; Teale, 1984)(노명완, 이차숙, 2002에서 재인용). Wells(1981, 1982)는 ① 학교과제에 대한 어머니의 관심과 도움, ② 아동의 음성언어의 산출능력, ③ 문식성에 대한 아동의 지식과 흥미,

④ 아동과 어머니가 함께 그림책을 읽는 데 보낸 시간 등은 7살 아동의 읽기능력과 상관이 높은 변인들이며 그중에서도 아동과 어머니가 그림책 읽기 활동에 보낸 시간의 양이 가장 중요한 변인이라고 보았다. 또한 관련연구들은 아동과 어머니의 그림책 읽기 활동에서 일어나는 상호작용의 형태도 아동의 발생적 문식성 발달에 중요한 영향을 미치는 변인으로 보고 있다. 예를 들어, Ninio와 Bruner(1978)는 아동(8~18개월)과 어머니가 그림책 읽기 활동을 할 때 사용하는 대화를 수집하여 분석한 결과 어머니가 ① 아동에게 그림책 속에 있는 그림들에 주의를 환기시키고 ② 아동에게 질문을 하며 ③ 아동에게 그림에 이름을 붙이게 하고 ④ 아동의 말을 반복하거나 확장시킴으로써 피드백을 주는 비교적 일정한 상호작용의 형태가 나타난다는 사실을 발견하였다. 이와 같은 사실은 아동의 발생적 문식성 발달이 아동과 성인 간의 상호적 상호작용의 결과라는 것을 시사한다.

는 것으로 알려져 있다(Church, Alisanski, & Amanullah, 2000). 소근육 결함을 가진 ASD 아동들은 쓰기에 어려움을 보이므로 다음과 같은 교수전략을 고려해 볼 수 있다(Attwood, 1998; Brown, 2004; Heflin & Alaimo, 2007; Myles, 2005; Myles, Cook, et al., 2000).

- 글씨를 쓸 때 가해야 하는 압력의 양을 조절하는 데 어려움을 가질 수 있으므로 필기도구로 굵은 심의 연필 또는 샤프펜슬을 사용하게 한다.
- 경사판은 시야를 더 확보해 주고 쓰기의 정확성을 촉진시키는 데 도움이 될 수 있으므로 경사판을 이용하여 종이를 고정시켜 준다.
- 필기도구 또는 경사판 등을 고려한 후에도 글씨쓰기 기술이 향상되지 않는다면 키보드기술을 습득하여 활용하게 한다.
- 필기도구, 경사판, 키보드 등을 고려한 후에도 쓰기에 어려움을 보이는 경우에는 누군가가 대신 필기를 하게 하거나 또래가 필기한 것을 복사하게 한다.

③ 셈하기
어떤 ASD 아동들은 복잡한 계산을 암산으로 하는 등의 두드러진 셈하기 기술을 보일 수 있지만 이러한 기술들은 수학개념의 기능적 적용과는 연계된 것이 아닐 수 있

다(Heflin & Alaimo, 2007). 앞서 살펴본 읽기 및 쓰기와는 달리 ASD 아동들의 셈하기 기술 향상을 위한 효과적이고 효율적인 교수전략에 대한 연구기반은 약한 편이다 (National Research Council, 2001). 그러나 일상의 수학적 문제를 적절하게 해결하는 능력은 아동이 학교 및 지역사회에 적응하는 데 직접적인 영향을 미치므로 아동은 수의 상징 및 처리를 이해하고 기억으로부터 연산을 인출하며 그 연산을 실행할 필요가 있다(Berry, 2004). 이와 같은 요구를 반영하여 ASD아동이 수학개념을 학습할 수 있도록 프로그램이 개발되기도 하였으므로 ASD 아동들의 셈하기 기술과 관련하여 이러한 프로그램을 활용할 수 있다. 예를 들어, *Touchmath*™(www.touchmath.com)는 시각적 · 촉각적 단서를 사용하여 계산, 시간, 금전 등의 수학기술을 습득할 수 있도록 고안된 프로그램이다(Berry, 2004).

(2) 교과내용

자폐스펙트럼장애(ASD) 아동들은 학습자의 세 가지 유형 중(시각적 학습자, 청각적 학습자, 운동감각적 학습자) 일반적으로 시각적 정보에 강한 시각적 학습자(visual learner)로 알려져 있다. 따라서 이러한 학업특성을 반영한 교과내용 교수전략들이 강조되고 있는데 다음에서는 교과내용과 관련하여 ASD 아동들에게 제공될 수 있는 교수전략인 미리 보여주기, 도해조직자 활용하기, 두문자어 사용하기에 대해 살펴보기로 한다.

① 미리 보여주기

미리 보여주기(priming)란 수업 전에 수업내용에 대한 정보를 아동에게 제공하는 것을 말한다(Marks et al., 2003; Myles, 2005). 즉, 수업에 사용될 자료들(예: 학습지, 교구)을 수업 전에 보여주어 이를 검토하게 함으로써 수업 중에 무엇을 하게 될 것인지를 아동이 알게 하는 것이다. 미리 보여주기는 해당 수업의 하루 전, 해당 수업이 있는 날 아침, 또는 수업이 시작되기 직전에 실행될 수 있으며 부모, 교사, 또는 또래가 실시할 수 있다. 미리 보여주기의 실행에 앞서서는 다음과 같은 사항이 점검되어야 한다(Myles, 2005).

- 어떤 수업이 미리 보여주기를 필요로 하는지 결정한다.
- 미리 보여주기를 누가 할 것인지 결정한다.

- 미리 보여주기를 실제 자료로 할 것인지 유사 자료로 할 것인지 결정한다.
- 언제 어디서 미리 보여주기를 할 것인지 결정한다.

② 도해조직자 활용하기

도해조직자(graphic organizer)란 개념이나 주제의 주요 측면들을 특정 양식으로 배열함으로써 정보를 구조화하여 나타내는 시각적 표현이라고 할 수 있는데 구조화된 개관(structured overview), 시각적 조직자(visual organizer), 의미지도(semantic map) 등의 다양한 명칭으로 불린다(Bromley, Irwin-DeVitis, & Modlo, 1999). 도해조직자는 일반아동이나 영재아동뿐만 아니라 특수아동들에게도 효과적인 교수전략으로 알려져 있으며(Bromley et al., 1999) 자폐스펙트럼장애 아동들의 개념학습을 지원하기 위한 전략으로 소개하는 문헌들(예: Arick et al., 2005; Heflin & Alaimo, 2007; Marks et al., 2003; Myles, 2005)도 있다.

개념학습을 지원하기 위한 도해조직자는 교사가 구성하여 아동들에게 제공할 수도 있고 아동들이 구성할 수도 있다. 교사가 도해조직자를 구성할 경우 교과자료의 철저한 분석과 함께 중요한 내용들을 잘 조직하고 이에 적절한 도해조직자를 선택하는 데 많은 시간과 노력을 들여야 한다. 또한 아동들에게 도해조직자를 구성하도록 할 경우에는 교과자료로부터 도해조직자를 어떻게 구성하는지를 가르쳐야 하는데 이때 명확하고 체계적인 교수를 통하여 혼자서 구성할 수 있는 훈련과 지원을 제공해야 한다(강옥려, 2004).

이와 같은 도해조직자에는 교과자료의 내용에 따라 선택하여 구성할 수 있는 다양한 형식이 있으나 일반적으로 개념적 도해조직자, 위계적 도해조직자, 순환적 도해조직자, 순서적 도해조직자의 네 가지 범주로 분류된다(Bromley et al., 1999).

첫째, 개념적 도해조직자(conceptual graphic organizer)는 하나의 주요 개념과 그 개념을 지원하는 사실, 증거, 또는 특성들을 포함한다(Bromley et al., 1999). 즉, 한 단어나 구절로 표현된 하나의 주요 개념으로 시작하여 이를 지원하는 생각들(즉, 사실, 증거, 또는 특성들)이 주요 개념에서 파생된 것으로 묘사되는데 [그림 10-2]는 개념적 도해조직자의 예를 제시하고 있다.

둘째, 위계적 도해조직자(hierarchical graphic organizer)는 하나의 개념으로 시작하여 그 개념 아래 몇 개의 등급 또는 수준을 포함한다(Bromley et al., 1999). 즉, 하나의 개념 아래 몇 개의 뚜렷한 등급 또는 수준들을 선형적으로 제시하는데 [그림 10-3]은

그림 10-2   개념적 도해조직자의 예

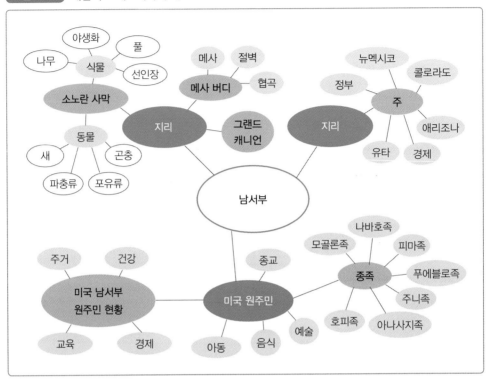

수정발췌: Myles, B. S. (2005). *Children and youth with Asperger syndrome*. Thousand Oaks, CA: Corwin Press. (p. 44)

위계적 도해조직자의 예를 제시하고 있다.

셋째, 순환적 도해조직자(cyclical graphic organizer)는 시작과 끝이 없는 일련의 사건들을 묘사한다(Bromley et al., 1999). 즉, 유기체의 일생과 같은 사건을 원형적이고 연속적으로 구성하는데 [그림 10-4]는 순환적 도해조직자의 예를 제시하고 있다.

넷째, 순서적 도해조직자(sequential graphic organizer)는 시작과 끝이 분명한 사건들을 시간적 순서로 배열한다(Bromley et al., 1999). 즉, 연대적 순서를 가지고 있는 사건들이나 인과관계의 사건들을 선형적으로 제시하는데 [그림 10-5]는 순서적 도해조직자의 예를 제시하고 있다.

그림 10-3 위계적 도해조직자의 예

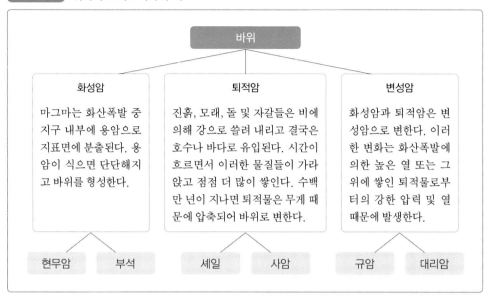

수정발췌: Myles, B. S. (2005). *Children and youth with Asperger syndrome*. Thousand Oaks, CA: Corwin Press. (p. 45)

그림 10-4 순환적 도해조직자의 예

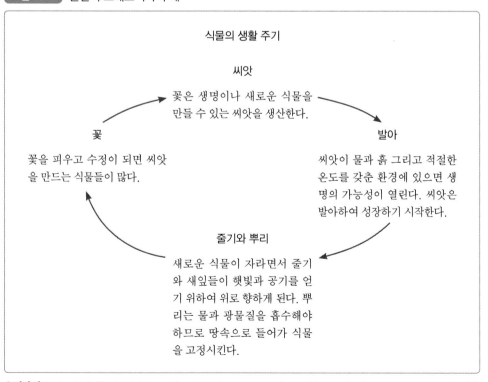

수정발췌: Myles, B. S. (2005). *Children and youth with Asperger syndrome*. Thousand Oaks, CA: Corwin Press. (p. 44)

순서적 도해조직자의 예

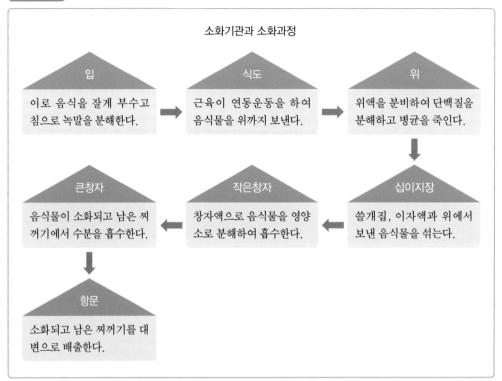

자료출처: 이승희(2017a). **정서행동장애개론.** 서울: 학지사. (p. 340)

③ 두문자어 사용하기

두문자어(頭文字語: acronym)란 머리글자(initial letter)로 만든 말을 일컫는다. 예를 들어, 미국「장애인교육법」의 약칭인 IDEA는 'Individuals with Disabilities Education Act'의 머리글자로 만들어진 말이다. IDEA와 같이 두문자어를 특정 단어(즉, idea)가 되도록 만들어 시각적으로 제시한다면 자폐스펙트럼장애 아동들이 교과내용을 기억 하는 데 도움이 될 수 있다(Marks et al., 2003). 만약 미국의 5대호(Great Lakes: Huron, Ontario, Michigan, Eric, Superior)를 'HOMES'라는 두문자어로 만들어 제시한다면 미국 의 5대호를 기억하는 데 도움이 될 것이다. 두문자어에서 사용되는 머리글자는 한 단 어가 아닌 한 구절의 머리글자일 수도 있는데, 예를 들어 아동들에게 개념적 도해조 직자의 구성단계를 교수할 때 다음과 같은 머리글자로 만들어진 'CONCEPT'라는 두 문자어를 제시할 수 있다(Bulgren, Schumaker, & Deshler, 1993).

- 1단계: C–Convey the concept
- 2단계: O–Offer the overall concept
- 3단계: N–Note key words
- 4단계: C–Classify the characteristics
- 5단계: E–Explore examples
- 6단계: P–Practice with a new example(s)
- 7단계: T–Tie down a definition

　이와 같은 두문자어의 관련용어로 이니셜리즘(initialism)이 있는데, 'individualized education program'의 머리글자로 만든 IEP는 두문자어가 아닌 이니셜리즘 (initialism)으로 간주되기도 한다. 이에 대한 이해를 돕기 위해 두문자어의 관련용어 를 살펴보면 [보충설명 10-2]와 같다.

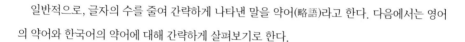

[보충설명 10-2]　**두문자어 관련용어**

　일반적으로, 글자의 수를 줄여 간략하게 나타낸 말을 약어(略語)라고 한다. 다음에서는 영어 의 약어와 한국어의 약어에 대해 간략하게 살펴보기로 한다.

■ 영어의 약어

1 약자

　약자(abbreviation)란 한 단어를 줄여 만든 말이다. 예를 들어, 'Dr.'와 'Mon'는 각각 'Doctor'와 'Monday'의 약자인데 'Dr.'처럼 마지막에 보통 마침표(.)를 붙이지만 실용성을 위해 'Mon'처럼 마침표를 무시하기도 한다. 영어의 약자는 새로운 단어로 만들어진 것이 아니기 때문에 읽을 때 원래 단어 전체를 그대로 발음한다.

2 두문자어

　두문자어(acronym)란 여러 단어의 머리글자(initial letter)를 사용하여 만든 말이다. 예를 들어, 미국 「장애인교육법」의 약칭인 'IDEA'는 'Individuals with Disabilities Education Act' 의 두문자어이고 'NASA'는 'National Aeronautics and Space Administration'의 두문자어인 데 'IDEA'와 'NASA'는 하나의 단어처럼 발음이 된다. 이에 비해 'individualized education program'의 머리글자로 만든 'IEP'는 두문자어라고 하지 않고 이니셜리즘(initialism)이라 고도 하는데, 'IEP'의 경우 하나의 단어처럼 발음이 되지 않기 때문에 개별 알파벳으로 발

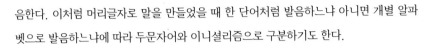

[보충설명 10-2] 계속됨

음한다. 이처럼 머리글자로 말을 만들었을 때 한 단어처럼 발음하느냐 아니면 개별 알파 벳으로 발음하느냐에 따라 두문자어와 이니셜리즘으로 구분하기도 한다.

■ 한국어의 약어

1 준말

준말이란 단어 일부분이 줄어든 말을 의미한다. 즉, 본래의 어형에서 음절이나 형태소가 줄어든 말이며 반의어는 본딧말이다. 예를 들어, '맘'은 '마음'의 준말이며 이때 '마음'은 마음의 본딧말이다. 영어의 약자(abbreviation)와 비슷한 개념이지만, 영어의 약자는 새로운 단어가 아니기 때문에 원래 단어 그대로 읽는 데 비해 한국어의 준말은 새로운 단어이므로 준말 그대로 읽는다.

2 줄임말

줄임말이란 두 단어 이상의 표현을 줄이기 위해 한 음절씩 따와서 만든 말을 의미한다. 예를 들어, '국과수'는 '국립과학수사연구원'의 줄임말이고 '무진장'은 전라북도의 '무주군, 진안군, 장수군'을 일컫는 말이며, '국과수'처럼 이름을 줄인 것은 약칭이라고 부른다. 영어의 두문자어(acronym)와 비슷한 개념인데, 한국어에서는 머리글자로 말을 만들었을 경우 항상 하나의 단어처럼 발음이 되어 이니셜리즘(initialism)이 없다. 왜냐하면 영어는 알파벳 단위로 표기하므로 머리글자가 하나의 알파벳인 데 비해 한국어는 모음과 자음이 결합하여 이루어지는 음절 단위로 표기하므로 머리글자가 하나의 음절이기 때문이다.

3) 과제

자폐스펙트럼장애(ASD) 아동들에게 과제(assignments)를 줄 때는 그들이 과제를 완수할 수 있도록 몇 가지 세심한 배려가 필요하다. 첫째, 과제에 대한 지시는 명확하고 구체적이어야 한다(Arick et al., 2005). 특히 과제가 복잡하고 다단계를 거쳐야 할 경우 ASD 아동들은 당황하여 과제를 시작하지 않으려고 할 수 있다(Marks et al., 2003). 따라서 과제에 대한 지시는 어떻게 시작하고 어느 정도의 분량이어야 하며 어떤 순서로 진행하고 완성한 다음 어디에 제출해야 하는지 등을 명확하고 구체적으로 제시해야 하고, 과제가 복잡하고 여러 단계로 구성되어 있는 경우에는 단계별로 분명하게 나누어 제시해야 한다. 둘째, 과제에 대한 지시는 구두로 할 수 있으나 문장이나 그림 또는 사진을 이용한 시각적 지시(예: 과제를 완성하기 위하여 수행해야 하는 단계의 목록, 각 단계를 시각화할 수 있는 그림, 완성된 과제의 사진 등)를 병행하는 것이 바람직하다(Myles, 2005). 왜냐하면 ASD 아동들은 많은 양의 청각적 정보를 처리하는 데 어려움을 보이는 경향이 있기 때문이다(Klin & Volkmar, 2000). 셋째, 해당 아동의 학습능력을 고려하여 과제를 완성할 수 있는 충분한 시간을 제공하는 것이 좋다(Arick et al., 2005).

4) 숙제

자폐스펙트럼장애(ASD) 아동들은 그들의 특성상 일반아동들보다 학교에서 더 많은 노력을 한다. 즉, 그들은 일반적으로 학교에서 요구되는 바를 수행할 뿐만 아니라 사회적 상황, 몸짓, 표정 등을 이해하고자 부단히 노력해야 하고 상당한 감각적 자극에 대처해야 하며 예측하지 못한 일정의 변화에 적응하고자 힘들게 노력해야 한다. 따라서 ASD 아동들은 학교의 하루 일정이 끝날 때쯤에는 종종 신체적 · 정신적으로 지쳐 버린다(Winter, 2003). 그러므로 그들은 오후나 저녁시간에는 아무런 요구 없이 편안하게 쉴 수 있도록 해야 한다. 만약 원하지 않는 숙제(homework)를 하도록 하면 분노나 탈진 등의 행동문제를 보임으로써(Myles, 2005) 아동이나 가족에게 큰 스트레스가 될 수 있다. 이와 같은 이유로 교사와 가족은 숙제가 이러한 스트레스를 감수할 만한 가치가 있는지 논의할 필요가 있다(Heflin & Alaimo, 2007; Winter, 2003). 만약 아동에게 숙제를 부여하기로 결정되었다면 아동과 가족이 최소한의 스트레스를 받으며 숙제를 수행할 수 있도록 지원해 주는데 이때 고려되어야 할 사항들을 숙제내용, 숙제환경, 숙제절차로 나누어 살펴보면 다음과 같다.

(1) 숙제내용

숙제는 일반적으로 학습한 내용에 대한 복습 또는 학습할 내용에 대한 예습을 목적으로 부여된다. ASD 아동들에게도 복습이나 예습을 위하여 숙제를 내줄 수 있으나 이때 몇 가지 고려할 점이 있다. 첫째, ASD 아동들에게는 학습한 내용을 다시 살펴보는 복습보다는 다음 날 학습할 내용과 관련된 개념이나 단어를 미리 살펴보는 정도의 예습이 더 중요할 수 있다(Stratton, 1996). 이와 같은 예습을 앞서 교과내용과 관련된 교수전략 중 하나로 언급된 미리 보여주기와 혼동하지 않도록 한다. 둘째, ASD 아동들은 종종 새로운 기술을 배울 때 많은 연습문제를 필요로 하지 않지만 각 문제를 완성하는 데에는 좀 더 긴 시간을 필요로 할 수 있다(Arick et al., 2005). 따라서 복습을 위한 숙제를 내줄 때에는 좀 더 적은 수의 문제를 할당하는 것이 바람직하다. 셋째, 숙제는 새로운 개념을 소개하거나 새로운 기술의 사용을 요구해서는 안 된다(Heflin & Alaimo, 2007). 왜냐하면 앞서 살펴보았듯이 ASD 아동들은 학교에서 새로운 개념이나 기술을 배울 때 적절한 교수전략을 필요로 하는데 집에서는 교수전략이 제공되지 못할 수도 있기 때문이다.

(2) 숙제환경

자폐스펙트럼장애(ASD) 아동들에게 숙제를 부여할 경우 숙제를 집으로 가져가도록 하는 것과 학교에서 숙제를 할 수 있도록 시간을 제공하는 것 중 한 가지를 선택하도록 권장하는 문헌(예: Myles & Adreon, 2001)도 있다. 그러나 앞서 언급한 바와 같이 ASD 아동들에게 학교의 하루 일정은 매우 힘들며 따라서 숙제까지 감당하게 하는 데에는 무리가 따를 수 있다. 그러므로 여기에서는 집에서 숙제를 하도록 할 경우에 고려해야 할 몇 가지 환경적 측면을 살펴보기로 한다. 첫째, 숙제를 하는 장소를 정한다(Heflin & Alaimo, 2007; Myles, 2005; Winter, 2003). 숙제를 하는 장소는 아동이 부모와 의논하여 선택하도록 하고 일단 장소가 정해지면 그 밖의 다른 장소에서는 숙제를 하도록 요구해서는 안 된다(Winter, 2003). 둘째, 숙제를 해야 하는 시간을 정한다(Heflin & Alaimo, 2007; Myles, 2005; Winter, 2003). 숙제를 시작하고 끝내는 시간을 정할 때에는 중간에 휴식시간을 설정해 놓는 것이 좋다(Winter, 2003). 셋째, 아동에게 특별히 필요한 보조공학기기를 확보한다(Heflin & Alaimo, 2007; Winter, 2003). 숙제는 일반적으로 쓰기행동을 요구하는데 ASD 아동들 중에는 소근육 결함으로 쓰기에 어려움이 있는 경우가 많다. 따라서 아동의 필요에 따라 숙제를 하는 장소에 쓰기의 어려움을 보정할 수 있는 보조공학기기를 갖추는 것이 바람직하다.

(3) 숙제절차

숙제는 아동이 교사로부터 받아서 제출하는 과정을 거친다. 따라서 아동이 숙제를 성공적으로 완수하도록 하기 위해서는 이러한 과정과 관련하여 고려되어야 할 점이 있다. 첫째, 숙제를 내주는 방법을 정한다(Myles, 2005). 즉, 아동이 숙제를 받아쓰게 하는 대신 인쇄물로 숙제내용을 제공할 것인지 또는 아동이 계획장에 숙제를 적도록 촉구할 것인지를 결정한다. 이러한 결정은 아동의 개별적 필요에 따라 주의 깊게 이루어져야 하지만 Winter(2003)는 숙제와 관련된 지시사항은 모두 인쇄물로 제공할 것을 권장하고 있다. 둘째, 부모에게 팩스나 전자우편(e-mail)으로 숙제내용을 전달한다(Myles, 2005). 이는 숙제를 자신이 받아썼거나 인쇄물로 받았다 하더라도 아동이 숙제를 기억하지 못할 수 있기 때문이다. 셋째, 숙제의 제출을 점검하는 방법을 정한다(Myles, 2005). 아동이 숙제를 제출하도록 하기 위해서는 부모와 교사의 협조가 필요하다. 즉, 부모는 완성된 숙제를 가방 속에 정리해 넣는 것을 도울 수 있으며 교사는 숙제를 제출하도록 촉구하거나 제출되지 않은 숙제가 있을 경우 부모에게 알려줄 수 있다.

5) 시험

시험(test)은 틀릴 것에 대하여 불안을 느끼거나 단어가 이해되지 않거나 또는 정보를 처리하는 데 더 많은 시간이 걸리는 등의 이유로 자폐스펙트럼장애 아동들에게 많은 스트레스를 줄 수도 있으므로 시행할 때에는 다음과 같은 점을 고려해야 한다(Arick et al., 2005). 첫째, 조용한 장소에서 시험을 보게 한다. 둘째, 시간제한을 두지 않는다. 셋째, 시험시간을 짧게 몇 회로 나눈다. 넷째, 아동이 시험문제를 이해했는지 점검한다. 다섯째, "모르는 단어가 있으면 질문하세요." 그리고/또는 "마음을 편하게 가지세요."라고 적힌 카드를 아동 가까이 둔다.

6) 성적

자폐스펙트럼장애(ASD) 아동들은 성적(grade)의 개념 또는 성적과 학업수행의 연관성을 이해하기가 어려울 수 있다. 따라서 성적이 좋은 경우에도 성적으로 동기부여가 되지 않을 수 있으며 성적이 나쁜 경우에는 성적에 대한 불안이 전반적인 행동에 부정적인 영향을 미칠 수 있다. 그러므로 교사는 성적과 관련하여 ASD 아동들을 대상으로 다음과 같은 사항을 고려해 볼 필요가 있다(Arick et al., 2005). 첫째, 어떤 수행 그리고 얼마만큼의 수행이 특정 성적에 해당하는지가 구체적인 방식으로 명확히 기술된 동의서를 아동과 함께 작성한다. 둘째, 성적표가 나오기 전에 교사는 그 시점까지 아동이 성취한 성적을 아동에게 보여주고 아동이 성적을 향상시키기를 원할 경우 과제, 일정, 점검사항 등에 대한 구체적인 계획을 아동과 함께 작성한다.

3. 감각적 지원

감각적 자극에 대한 요구와 인내는 사람에 따라 다양하다. 어떤 사람들은 감각적 자극이 높은 상황에서 최상의 수행을 보이는 반면 어떤 사람들은 집중할 필요가 있을 때 모든 소음을 없애야 한다. 자폐스펙트럼장애(ASD) 아동들의 경우 감각적 자극에 대한 요구와 인내에서 좀 더 극단적인 특성을 보일 수 있으며, 이는 DSM-5(APA, 2013)부터 ASD의 진단준거에 감각적 자극에 대한 비정상적 반응과 관련된 항목으로도 포함되어 있다. 즉, ASD 아동들의 경우 감각적 자극에 대해 과대반응이나 과소반응을 보이기도 한다. 이러한 특성은 감각적 자극에 대한 고민감도나 저민감도와 관련이 있을 뿐 아니라 Dunn(1997)이 제시한 네 가지 감각처리패턴(낮은 등록, 감각 추구, 감각 민감, 감각 회피)과도 관련이 있을 수 있다. 이와 같은 비정상적 감각반응은 학습에 방해가 될 수 있으므로 이에 대한 교육적 중재가 필요하다. 다음에서는 ASD 아동들이 보이는 비정상적 감각반응에 대한 교육적 중재를 감각민감도에 따른 환경 수정과 감각처리패턴에 따른 학습전략 조정의 두 가지로 나누어 살펴보기로 한다.

1) 감각민감도에 따른 환경 수정

중추신경계에서 역치(threshold)란 감각적 자극에 주목하거나 반응하는 데 필요한 자극의 양(Dunn, 1997)을 말하는데, 모든 아동은 자신만의 역치세트(a set of thresholds)를 가지고 있기 때문에 생리적 상태(예: 휴식 정도, 배고픔 정도 등)나 감각계(예: 청각, 촉각 등)에 따라 다양한 수준의 역치를 보인다(Simpson & Myles, 2008). 일반적으로 감각적 자극에 대한 역치가 낮은 경우에는 과대반응(hyperreactivity)이 나타나고 역치가 높은 경우에는 과소반응(hyporeactivity)이 나타나는데, 감각민감도(sensory sensitivity) 측면에서는 전자를 고민감도(hypersensitivity)라고 하고 후자를 저민감도(hyposensitivity)라고 한다. 또한 비정상적 감각반응은 모든 감각계에서 나타나는 것으로 알려져 있다(Baranek, Parham, & Bodfish, 2005). 따라서 ASD 아동들이 보이는 비정상적 감각반응에 대한 교육적 중재는 감각민감도(고민감도, 저민감도)에 따라 일곱

〈표 10-2〉 감각민감도에 따른 환경 수정의 예

감각계	감각민감도	
	고민감도	저민감도
시각	• 빛 차단을 위해 모자를 착용하게 한다. • 칸막이가 설치된 책상을 사용하게 한다.	• 컬러 쎌을 제공한다. • 색깔이 있는 학습지를 제시한다.
청각	• 소음이 많은 영역에서 멀리 자리를 배치한다. • 귀마개를 사용하게 한다.	• 음악을 들을 때 헤드폰을 사용하게 한다. • 소리나 소음을 내는 활동을 구성한다.
미각	• 다양한 요리에 아동이 선호하는 맛들을 결합한다.	• 음식에 강한 양념을 추가한다.
후각	• 쓰레기통에서 멀리 자리를 배치한다. • 교실에서 점심을 먹게 한다.	• 향이 강한 로션을 사용한다. • 향이 나는 펜을 제공한다.
촉각	• 옷에 붙어 있는 라벨을 제거한다. • 미지근한 음료를 제공한다.	• 거친 질감의 종이를 제공한다. • 찬 음료를 제공한다.
전정감각	• 같은 방향으로 천천히 흔들게 한다. • 같은 방향으로 천천히 돌게 한다.	• 빠르게 흔들게 한다. • 빠르게 돌게 한다.
고유감각	• 무게감 있는 조끼를 입게 한다. • 꼭 끼는 옷을 입게 한다.	• 껌을 씹게 한다. • 무거운 물건을 옮기게 한다.

수정발췌: Heflin, L. J., & Alaimo, D. F. (2007). *Students with autism spectrum disorders: Effective instructional practices.* Upper Saddle River, NJ: Pearson Education, Inc. (p. 158)

가지 감각계에서 실시될 수 있다. 단, 이때 교육적 중재는 ASD 아동의 감각민감도를 고려하여 감각계와 관련된 환경을 수정(modification)하는 것이지 감각계를 치료하는 것은 아니다. 감각계를 치료의 대상으로 하는 것은 앞서 제7장 2절 '비약물적 중재'에서 살펴본 감각통합치료인데, 감각통합치료에서는 일곱 가지 감각계 가운데 촉각, 전정감각, 및 고유감각이 주요 대상이 되며 주로 훈련된 작업치료사가 임상적 환경에서 실시한다. 따라서 ASD 아동이 감각통합치료를 받고 있다면 담당 작업치료사와 협력하여 정보를 공유하는 것도 바람직하다. 〈표 10-2〉에는 감각민감도(고민감도, 저민감도)에 따라 일곱 가지 감각계별로 환경을 수정한 예가 제시되어 있다.

〈표 10-2〉에 제시된 바와 같은 중재를 실시할 때 ASD 아동들이 보이는 비정상적 감각반응과 관련하여 두 가지 유념할 점이 있다. 첫째, ASD에서 나타나는 비정상적 감각반응에는 세 가지 패턴, 즉 과대반응패턴(hyperresponsive pattern), 과소반응패턴(hyporesponsive pattern), 혼합반응패턴(mixed pattern of response)이 있다(Baranek et

al., 2005). Greenspan과 Wieder(1997)에 따르면 ASD를 가진 유아들의 19%는 과대반
응패턴을 주로 보이고, 39%는 과소반응패턴을 주로 보이며, 36%는 과대반응패턴과
과소반응패턴을 모두 나타내는 혼합반응패턴을 보인다. 또한 혼합반응패턴은 감각
계 간에 나타날 뿐만 아니라 감각계 내에서도 나타난다. 예를 들어, 한 아동이 아주 작
은 소리에도 예민하게 반응하는 반면에(청각 과대반응) 잠을 잘 때는 묵직한 담요를 덮
으려 할 수 있으며(촉각 과소반응), 한 아동이 미술시간에 자기 손가락에 물감이 묻는
것을 참을 수 없어 하는 반면에(촉각 과대반응) 잠을 잘 때는 묵직한 담요를 덮으려 할
수 있다는 것이다(촉각 과소반응). 둘째, ASD아동에게 있어서 비정상적 감각반응은 모
든 감각계(시각, 청각, 미각, 후각, 촉각, 전정감각, 고유감각)에서 나타난다(Baranek et al.,
2005). 하지만 특정 감각계에서 두드러질 수 있는데 청각(Baranek et al., 2005) 또는 청
각과 촉각(이용승, 이정희, 2000)에서 가장 심하게 나타나는 것으로 보고되고 있다.

2) 감각처리패턴에 따른 학습전략 조정

앞서 제5장의 [보충설명 5-2]에서 ASD의 비정상적 감각반응을 설명하면서 Dunn
의 감각처리 모델도 소개하였다. 이 모델에서는 다소 극단적인 네 가지 감각처리패
턴(낮은 등록, 감각 추구, 감각 민감, 감각 회피)을 제시하였는데, ASD 아동들의 경우 네
가지 감각처리패턴 중 한 가지 이상을 보일 가능성이 있다. [보충설명 5-2]에 설명되
어 있듯이 첫 번째, 낮은 등록(low registration)은 높은 신경학적 역치와 수동적인 자
기조절을 나타낸다. 이 경우에 아동은 각성수준이 낮지만 이를 높이는 데 수동적이
어서 결과적으로 둔하거나 관심이 없거나 자기 생각에 몰두하는 것같이 보이기도 한
다. 두 번째, 감각 추구(sensation seeking)는 높은 신경학적 역치와 능동적인 자기조
절을 나타낸다. 이 경우에 아동은 낮은 각성수준을 높이기 위해 능동적으로 감각자
극을 추구한다(예: 소리를 내거나 자리에 앉아 무엇인가를 만지작거림). 세 번째, 감각 민
감(sensory sensitivity)은 낮은 신경학적 역치와 수동적인 자기조절을 나타낸다. 이 경
우에 아동은 감각자극에 노출되면 불편해하지만, 능동적으로 감각자극을 제한하거
나 감각자극에의 노출을 피하지는 않는다. 따라서 다른 사람보다 더 많은 것에 주의
를 기울이기 때문에 산만하거나 과잉행동을 보이는 경향이 있다. 네 번째, 감각 회피
(sensation avoiding)는 낮은 신경학적 역치와 능동적인 자기조절을 나타낸다. 이 경우
에 아동은 자극을 감소시키기 위해 감각자극에의 노출을 능동적으로 제한한다(예: 활

〈표 10-3〉 감각처리패턴에 따른 학습전략 조정의 예

구분		감각처리패턴			
		낮은 등록	감각 추구	감각 민감	감각 회피
전반적인 중재 접근		높은 역치를 충족시키기 위하여 감각을 끼워 넣음으로써 활동이 아동의 주의를 끌게 함.	높은 역치를 충족시키기 위하여 감각을 끼워 넣음으로써 아동이 방해감각을 추구하지 않게 함.	낮은 역치를 고려하여 식별할 수 있는 감각정보를 제공함으로써 아동이 학습할 수 있게 함.	식별할 수 있는 감각정보를 제공함.
학습전략	시각적 지원	감각에 접근하는 위치에 지원물을 배치함.	주의를 유지시키기 위하여 감각을 추가함.	낮은 감각적 요구로 접근할 수 있도록 시각자료를 배치함.	사용자에게 친숙한 감각으로 시각자료를 사용함.
	혼자만의 공간	진정시키는 감각에 대한 아동의 필요를 충족시키는 물품을 제공하도록 혼자만의 공간을 구성함.	아동의 높은 역치를 충족시키기 위하여 혼자만의 공간에 감각을 포함시킴.	혼자만의 공간 환경 내에 진정시키는 감각을 제공함.	선호하는 감각이 있는 안전한 공간을 구성함.
	미리 보여주기	매체관련 활동으로 아동의 높은 역치를 충족시킴으로써 다음 과제를 준비시킴.	다음 활동의 역치를 충족시키는 감각이 포함된 즐거운 과제에 참여하게 함.	과제에 앞서 식별할 수 있는 감각을 제공함.	새로운 과제를 소개할 때 기대되는 또는 친숙한 감각을 제공함.

수정발췌: Simpson, R. L., & Myles, B. S. (Eds.). (2008). *Educating children and youth with autism: Strategies for effective practice* (2nd ed.). Austin, TX: Pro-Ed. (pp. 344-345)

동에 참여하기를 거부함). 이와 같은 네 가지 감각처리패턴은 그 특성상 전반적인 중재 접근이 다를 수 있다(단, 이때 감각처리패턴에 대한 중재의 목표는 아동의 참여를 증가시키는 것이지 감각처리패턴을 변화시키는 것은 아니다). 따라서 효과가 있다고 알려진 학습전략을 실시할 때 각 감각처리패턴에 대한 중재 접근을 반영하여 조정(adjustment)한다면 학습전략의 효과를 더 기대할 수도 있다(Dunn, Saiter, & Rinner, 2002). 〈표 10-3〉에는 각 감각처리패턴에 따른 전반적 중재 접근을 반영하여 이 장에서 이미 살펴본 시각적 지원(예: 시각적 단서, 시각적 일정표), 혼자만의 공간, 미리 보여주기를 조정한 예가 제시되어 있다.

〈표 10-3〉에 제시된 바와 같은 중재를 실시할 때 ASD 아동들이 보이는 감각처리 패턴과 관련하여 두 가지 유념할 점이 있다([보충설명 5-2] 참조). 첫째, 모든 ASD아동이 다소 극단적인 감각처리패턴을 보이는 것은 아니다. 왜냐하면 DSM-5-TR(APA, 2022)의 ASD 진단준거에 따르면 B4(비정상적 감각반응)가 진단을 위한 필수항목은 아니기 때문이다. 둘째, 다소 극단적인 감각처리패턴을 보이는 ASD아동의 경우에는 한 가지 또는 그 이상의 감각처리패턴이 나타날 수도 있다. 즉, 감각계에 따라 다른 감각처리패턴이 나타날 수 있다는 것이다. 예를 들어, 청각에서는 '감각 민감'을 보이지만 촉각에서는 '낮은 등록'을 보일 수도 있다.

4. 통합교육

통합교육(inclusive education)은 특수교육 분야에서 많은 관심과 논쟁의 대상이 되는 개념 가운데 하나다. 따라서 자폐스펙트럼장애(ASD) 아동들의 통합교육을 이해하기 위해서는 통합교육의 개념 및 관련 쟁점들에 대한 이해가 선행되어야 한다. 다음에서는 통합교육의 이론적 배경을 통하여 통합교육의 개념 및 관련 쟁점들을 살펴보고 이를 근거로 ASD 아동들의 바람직한 교육적 배치를 살펴본 후 ASD 아동들에게 통합교육을 제공할 때 고려해야 하는 몇 가지 지침을 살펴보기로 한다.

1) 통합교육의 이론적 배경

통합교육은 관련전문가들에 의해 다양하게 정의되어 왔으나 이 중 대부분이 일반교육 현장에 장애아동을 포함시키는 것을 핵심내용으로 하고 있다. 이와 같은 통합교육의 발달은 스웨덴의 Nirje(1969)가 제안한 정상화 원리(normalization principle)에 그 근원을 두고 있는 것으로 볼 수 있다. 왜냐하면 정상화 원리에서 정상화란 장애인들에게 가능한 한 사회의 일반적인 환경 및 생활방식과 유사하거나 동일한 삶의 형태와 일상생활의 조건을 제공해 주는 것을 의미하며(Nirje, 1985), 이러한 정상화 원리가 통합교육의 핵심요소인 최소제한환경(least restrictive environment: LRE)이라는 개념을 출현시키는 촉매 역할을 하였기 때문이다(Thurman & Fiorelli, 1979).

그러나 최소제한환경은 1975년 미국의 「전 장애아동 교육법」(the Education for All

Handicapped Children Act: Public Law 94-142)에 명시된 이후 그 개념에 대한 논쟁이 지속되었다. 이와 관련하여 Smith와 Strain(1988)은 "특수교육 역사상 최소제한환경보다 더 남용되고 오용되며 혼란스러운 개념은 아마 없을 것이다."(p. 43)라고도 하였다. 이와 같은 논쟁은 최소제한환경의 개념에 대한 두 가지 상반된 해석을 기반으로 하고 있다. 첫 번째 해석은 교육적 배치형태가 최대 제한적 배치(즉, 시설 또는 병원)부터 최소 제한적 배치(즉, 일반학급)까지 배열되어 있는 선형적 연속체(linear continuum)상에서 가장 덜 제한적인 배치를 최소제한환경으로 본다(Deno, 1970). 이 해석에 따르면 일반학급이 모든 장애아동을 위한 최소제한환경이다(Salisbury & Vincent, 1990). 이와 같은 해석은 모든 장애아동을 장애의 유형이나 정도와는 상관없이 모두 일반학급에 배치하는 완전통합(full inclusion)(Stainback & Stainback, 1992)과 일맥상통하는 것으로 볼 수 있는데, 왜냐하면 완전통합을 주장하는 사람들은 모든 장애아동을 위하여 일반학급이 가장 적절한 교육환경임을 강조하기 때문이다. 두 번째 해석은 장애아동의 개별적인 필요에 따라 결정된 배치를 최소제한환경으로 본다(McLean & Hanline, 1990). 이 해석에 따르면 일반학급이 항상 최소제한환경은 아니며 한 장애아동의 최소제한환경이 다른 장애아동에게는 매우 제한적인 환경이 될 수도 있다(Gamm, 1995; Turnbull, 1982). 이와 같은 해석은 특수아동이 가능한 한 일반학급과 지역사회에 통합되어야 하는 것은 사실이지만 특수아동들을 위해서는 다양한 종류의 특수교육 서비스가 반드시 존재해야 한다는 미국 특수아동협회(Council for Exceptional Children: CEC)의 공식적인 주장(CEC, 1993)과 일관성을 보인다.

　이상과 같이 최소제한환경의 개념에 대하여 상반된 해석이 제시되고 있으나 많은 관련연구들(예: Klinger, Vaughn, Schumm, Cohen, & Forgan, 1998; Lewis & Doorlag, 1995; Yell, 1995)에 따르면 모든 장애아동에게 적절한 하나의 최소제한환경은 없다. 따라서 일반학급이 장애아동을 위한 단 하나의 적절한 선택일 수 없을 뿐 아니라 일반교육 현장인 일반학급이나 특수학급에서 이루어지는 통합교육도 유일한 선택이 되어서는 안 되며 각 장애아동의 필요에 따라 특수학교나 시설 등에서 이루어지는 분리교육이 가장 적절한 교육적 선택이 될 수도 있다. 그러나 교육의 성과가 동일한 경우에는 분리교육보다는 통합교육이 그리고 특수학급보다는 일반학급이 우선시되어야 할 것이다.

2) 자폐스펙트럼장애아동의 교육적 배치

앞서 언급된 바와 같이 모든 장애아동에게 적절하면서 유일한 교육적 배치는 없으므로 자폐스펙트럼장애(ASD) 아동 모두를 위한 하나의 적절한 교육적 배치도 없다. 특히 ASD의 경우 다양한 증상과 수준을 보이므로 아동의 개별적인 필요에 따라 교육적 배치도 다양하게 결정될 수 있다. 이는 관련연구들(예: Baer, 2005; Heward, 2009; Mesibov & Shea, 1996)에서도 나타나고 있는데 이러한 연구들은 공통적으로 ASD 아동들을 위해서는 일반학급 외의 다양한 교육적 배치가 필요하다고 강조하고 있다. 미국의 경우 2005~2006학년도에 ASD 학생들 중 약 31%가 일반학급에서, 18%는 학습도움실에서, 40%는 특수학급에서, 그리고 나머지 11%는 특수학교 또는 시설에서 교육을 받은 것으로 나타났다(U.S. Office of Special Education Programs, 2007). 우리나라의 경우는 2023학년도에 ASD 학생들 중 약 7%가 일반학급에서, 약 53%는 특수학급에서, 그리고 나머지 약 40%는 특수학교 또는 특수교육지원센터에서 교육을 받은 것으로 보고되었다(교육부, 2023). 이는 ASD 아동들을 위한 다양한 교육적 배치가 현실적으로 필요함을 보여주는 예라고 할 수 있다.

3) 자폐스펙트럼장애아동의 통합교육 지침

자폐스펙트럼장애(ASD) 아동들을 위해서는 다양한 교육적 배치가 필요하지만 사회성 및 의사소통에서 결함을 가진다는 점에서 가능한 한 통합교육을 제공하는 것이 바람직하다. 왜냐하면 사회성이나 의사소통의 발달은 또래와의 자연스러운 경험을 통하여 습득될 수 있으며 습득된 특정 기술들도 또래와의 자연적인 상호작용 맥락에서 사용되어야 하기 때문이다(이소현, 박은혜, 2011). 그러나 앞서 살펴본 미국과 우리나라의 ASD학생 교육적 배치에도 나타나 있듯이 ASD 아동들이 일반학급에 통합되어 있는 비율은 높지 않은 것으로 보고되고 있다. 특히 우리나라의 경우 〈표 10-4〉에 제시되어 있듯이 2023년 현재 자폐성장애가 10개 장애영역 가운데 비율에서 2순위를 차지하고 있으나 장애영역별 통합교육대상자수 비율에서는 8순위라는 낮은 비율을 보이고 있다. 이는 ASD 아동들의 성공적인 통합교육이 현실적으로 어려운 과제임을 시사하는 것으로 볼 수 있는데, 이와 같은 어려움은 ASD 아동들의 통합교육에 대한 교사와 일반학생의 인식에서도 엿볼 수 있다. 박혜진과 이승희(2008)는 초ㆍ

중·고등학교에서 ASD학생을 담당하고 있는 일반교사와 특수교사를 대상으로 ASD학생의 통합교육에 대한 인식을 조사하였는데 그 결과 일반교사와 특수교사 모두 다소 부정적인 인식을 보였으며 일반교사가 특수교사보다 더 부정적인 것으로 나타났다. 또한 초·중·고등학교에서 ASD학생과 통합교육을 받고 있는 일반학생들을 대상으로 ASD학생의 통합교육에 대한 인식을 조사한 송민애와 이승희(2015)의 연구에서는 일반학생들의 인식이 부정적이지는 않았지만 그다지 긍정적이지도 않았다. 한편, ASD는 통합교육의 효과와 관련하여 윤리적인 측면과 실용적인 측면에서의 논쟁이 많은 장애유형이기도 하다(Handleman, Harris, & Martins, 2005). 따라서 ASD 아동들의 성공적인 통합교육을 위해서는 신중한 접근이 필요한데 다음에서는 ASD 아동들의 통합교육에 앞서 고려할 수 있는 몇 가지 지침을 살펴보기로 한다.

〈표 10-4〉 2023년 우리나라 장애영역별 교육 현황

장애영역	특수교육 대상자수	비율(%)	비율 순위	통합교육 대상자수	장애영역에서의 비율(%)	비율 순위
시각장애	1,745	1.6	9	665	38.1	10
청각장애	2,907	2.6	5	2,335	80.3	6
지적장애	55,867	50.9	1	41,312	73.9	7
지체장애	9,522	8.7	4	5,558	58.4	9
정서·행동장애	1,831	1.7	8	1,763	96.3	3
자폐성장애	19,275	17.6	2	11,490	59.6	8
의사소통장애	2,645	2.4	6	2,438	92.2	5
학습장애	1,037	0.9	10	1,027	99.0	2
건강장애	1,956	1.8	7	1,943	99.3	1
발달지체	12,918	11.8	3	11,936	92.4	4
계	109,703	100.0	-	-	-	-

수정발췌: 교육부(2023). 2023 특수교육통계. 충남: 교육부 국립특수교육원. (pp. 3-4)

(1) 교사의 준비

교사들의 태도나 능력은 통합교육의 성공적인 실행에 직접적인 영향을 미친다. 실제로 교사들의 통합교육에 대한 두려움이 장애아동들의 교육적인 혜택을 방해한다고 보고하는 연구들(예: Andrews et al., 2000; MacMillan, Gresham, & Forness, 1996)이

있다. 따라서 ASD 아동들의 통합교육에 앞서 무엇보다도 교사들의 준비가 필요한데 이때 가장 효과적인 방법은 ASD에 대한 정확한 정보를 얻는 것이다(Pierangelo & Giuliani, 2008). 이러한 정보에는 ASD에 대한 이해를 돕는 내용뿐만 아니라 ASD 아동들을 위한 중재전략에 대한 내용이 포함된다. 교사들은 이러한 정보들을 관련문헌, ASD 아동들을 가르치거나 가르친 경험이 있는 교사, 관련연수 등을 통하여 얻을 수 있다.

(2) 장애아동의 준비

일반적으로 성공적인 통합교육을 위해서는 사회적 상호작용 기술이 요구된다. 그러나 ASD 아동들의 주요 특성 중 하나가 사회적 상호작용의 결함이므로 또래들에 대한 인식과 관심이 증가되도록 통합교육에 앞서 ASD 아동들을 준비시키는 노력이 필요하다(Pierangelo & Giuliani, 2008). 이와 같은 노력의 일환으로 ASD 아동들이 가능한 한 조기에 통합을 경험하도록 하는 것이 좋은데, 그 이유는 사회적 상호작용 기술의 발달은 출생 직후부터 시작되어 유아기에 정점을 이루기 때문이다(이소현, 박은혜, 2011). 이와 관련하여 McGee, Morrier, 그리고 Daly(2001)는 통합의 형태로 이루어진 조기중재를 받은 아동들의 경우 그렇지 않은 아동들에 비해 초등학교 통합비율이 더 높아진다고 하였다.

(3) 일반아동의 준비

자폐스펙트럼장애(ASD) 아동들의 성공적인 통합교육을 위해서는 또래들의 역할이 큰 비중을 차지하기 때문에 ASD 아동의 통합교육에 앞서 일반아동들을 준비시키는 노력도 필요하다. 즉, 또래들을 대상으로 ASD 그리고/또는 ASD아동에 대한 정보를 제공할 필요가 있다(Pierangelo & Giuliani, 2008). 여기에는 여러 가지 방법이 있을 수 있는데, 예를 들어 관련책 읽히기, 관련비디오 보여주기, 학급토론 유도하기, 관련 강사 초청하기 등을 활용할 수 있으며 특히 ASD아동의 부모를 강사로 학급에 초청하는 것은 매우 효과적일 수 있다. 또한 ASD아동으로 하여금 또래들에게 '나에 대한 책'을 만들어 보여주거나 자신의 강점을 간단히 발표하도록 할 수도 있다. 이와 같은 정보제공과 더불어 또래들에게 적절한 역할훈련도 실시할 수 있다. ASD 아동들의 통합교육에서 또래들은 사회적 기술 및 의사소통 기술 발달의 모델역할을 수행하게 되는데 물리적인 근접성만으로는 모델역할이 불충분하므로 적절한 훈련을 통하여 모델역할을 잘 수행할 수 있도록 해 주어야 한다(이소현, 박은혜, 2011). 이와 관련하여 Kamps 등(2002)은 ASD를 지닌 초등학생들은 훈련받지 않은 또래들보다 훈련받은 또래들과 사회적인 활동에 더 많이 참여한다고 하였다. 또한 송민애와 이승희(2015)는 ASD학생 통합교육에 대한 초·중·고등학교 통합학급 일반학생의 인식이 통합교육 경험 유무에 따라서는 차이가 없었으나 ASD 이해교육 유무에 따라서는 차이가 있었다고 보고하였다. 즉, ASD 이해교육을 받지 않은 일반학생 집단은 다소 부정적인 인식을 보인 반면 ASD 이해교육을 받은 일반학생 집단은 다소 긍정적인 인식을 보였다. 이는 ASD 아동들의 성공적인 통합교육을 위해서는 단순한 물리적 통합을 넘어 일반아동들을 대상으로 좀 더 적극적인 준비가 필요하다는 것을 시사한다.

부록

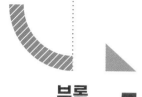

Understanding Autism Spectrum Disorders

부록 1 전반적 발달장애(DSM-III)

「정신장애의 진단 및 통계 편람－제3판」(Diagnostic and Statistical Manual of Mental Disorders-Third Edition: DSM－III)(APA, 1980)은 전반적 발달장애(pervasive developmental disorders: PDDs)를 다음과 같이 기술하고 있다.

전반적 발달장애(Pervasive Developmental Disorders)

이 하위범주에 포함된 장애들은 주의력, 지각, 현실검증(reality testing)(저자주: 상황을 객관적으로 평가해 자아와 비자아, 외계와 자기의 내부를 구별하는 능력), 동작성 움직임과 같은 사회적 기술 및 언어의 발달에 관련되는 여러 가지 기본적인 심리적 기능의 발달에서 왜곡이 나타나는 것으로 특징지어진다.

과거에는 이 장애들이 있는 아동들을 묘사하기 위해 비전형적 아동, 공생 정신증적 아동, 아동기 조현병 등의 다양한 용어가 사용되었다. 이 장애들은 성인기 정신증적 장애와는 거의 관련이 없는 것이 명백하기 때문에 여기에서는 이 집단의 아동들을 지칭할 때 "정신병"이라는 용어를 사용하지 않고 전반적 발달장애라는 용어를 선택하였는데, 그 이유는 이 용어가 핵심적인 임상적 문제(여러 가지 기본적인 심리적 발달영역이 같은 시기에 그리고 심한 정도로 손상을 보임)를 가장 정확하게 묘사하기 때문이다.

전반적 발달장애는 두 가지 면에서 특정 발달장애와 구별된다. 첫째, 각 특정 발달장애에서는 단지 하나의 특정 기능이 손상을 보이는 반면 전반적 발달장애에서는 항상 여러 가지 기능이 손상을 보인다. 둘째, 발달장애에서는 장애가 발달의 지연이므로 아동들이 마치 이전의 정상적인 발달단계를 거치는 것처럼 행동하는 반면 전반적 발달장애에서는 장애가 발달의 왜곡이므로 아동들이 어떤 발달단계에서도 정상적으로 나타나지 않는 심한 질적 이상을 보인다.

현재 충분한 증후가 나타나는지를 표시(부호=0)하거나 또는 과거에는 충분한 증후가 나타났으나 현재는 둔감하거나 부적절한 감정, 사회적 위축, 기이한 행동과 같은 잔류 증후만 나타나는지를 표시(부호=1)하기 위해서 모든 전반적 발달장애에 대해 5번째의 숫자가 사용되어야 한다.

ICD-9 범주인 붕괴성 정신병은 이 분류에 포함되어 있지 않는데 그 이유는 이 장애가 치매와 다른 행동 이상(예: 언어 및 사회적 기술의 빠른 상실)으로 구성된 불특정 기질성 뇌 증후군이 분명하기 때문이다.

1. 유아자폐증(Infantile Autism)

근본적인 특징은 다른 사람들에 대한 반응의 결여(자폐증), 의사소통 기술의 광범위한 손상, 환경의 다양한 측면에 대한 별난 반응인데 이 모든 특징이 생후 첫 30개월 이내에 나타난다. 유아자폐증은 모성풍진이나 페닐케톤뇨증과 같은 알려진 기질성 상태와 관련이 있을 수 있다. 그와 같은 경우에 행동증후군 유아자폐증은 축 I에 그리고 신체적 장애는 축 III에 기재되어야 한다.

이 범주와 조현병과의 관계는 논쟁의 여지가 있다. 어떤 사람들은 유아자폐증이 조현병의 초기 형태라고 믿는 반면 다른 사람들은 유아자폐증과 조현병이 두 가지 별개의 상태라고 믿는다. 그러나 유아자폐증 아동의 가족들에게서 조현병 출현율이 증가하지 않는 것이 명백한데 이는 두 장애가 서로 관련되어 있지 않다는 가설을 뒷받침하는 것이다.

대인관계 형성의 실패는 사람에 대한 반응 및 관심의 결여로 특징지어지는데 이는 정상적인 애착행동 발달의 실패를 수반한다. 영아기에는 이러한 결함이 껴안기의 실패, 눈맞춤과 안면반응의 결여, 애정과 신체적 접촉에 대한 무관심 또는 혐오 등으로 드러날 수 있다. 그 결과 부모들은 종종 아동을 농아로 의심한다. 성인을 교체할 수 있는 대상으로 취급하거나 특정 사람에게 기계적으로 매달리는 경우도 있다.

아동기 초기에는 협동놀이와 우정을 발달시키지 못한다. 그러나 나이가 들수록 부모나 친숙한 다른 성인들에 대한 더 나은 인식 및 애정을 종종 발달시킨다. 장애가 가장 경미한 아동들 중 일부는 궁극적으로 다른 아동들의 게임 또는 다른 아동들과 함께 달리는 것과 같은 신체적 놀이 등에 수동적으로 참여하는 단계에 이를 수 있다. 그러나 이렇게 명백한 붙임성도 피상적이며 진단이 과거로 소급하여 내려질 경우 사회관계에 대한 진단적 혼란의 근거가 될 수 있다.

의사소통의 손상은 언어적 기술과 비언어적 기술을 모두 포함한다. 언어가 완전히 부재할 수도 있다. 언어가 발달할 경우 미숙한 문법구조, 지연된 또는 즉각적 반향어, 대명사 전도('나'를 의미할 때 대명사 '너'를 사용하기), 명칭 실어증(nominal aphasia)(사물을 지칭하지 못함), 추상적인 용어를 사용하지 못함, 은유적 언어(사용이 특이하고 의미가 분명하지 않은 발화), 질문하는 것처럼 말의 끝을 올리는 것과 같은 비정상적인 말의 선율 등의 특징을 흔히 보인다. 사회적으로 적절한 얼굴표정이나 몸짓과 같은 적절한 비언어적 의사소통도 흔히 결여되어 있다.

환경에 대한 별난 반응은 여러 가지 형태로 나타난다. 환경의 사소한 변화에 저항하거나 파국반응조차 보일 수 있다(예: 식탁에서 자신의 자리가 바뀌면 소리를 지른다). 기이한 물건에 종종 애착을 보이기도 한다(예: 끈이나 고무밴드를 항상 가지고 다니려고 고집한다). 의식행동은 손뼉치기나 반복적인 기묘한 손동작과 같은 동작행위 또는 취침 전에 고정된 순서의 일 고집하기 등으로 나타날 수 있다. 움직임에 대한 매료의 예로 선풍기를 응시하는 것을 들 수 있으며 회전하는 사물에 과도한 관심을 보일 수 있다. 모든 조류의 음악이 아동의 특별한 관심을 끌 수 있다. 단추, 신체부위, 물을 가지고 놀기, 기차 시간표나 역사적 연대와 같은 기묘한 기계적 방식의 주제에 극단적인 관심을 나타낼 수 있다. 장기기억이 연루되는 과제(예: 수년 전에 들은 노래의 정확한 가사 기억하기)를 탁월하게 잘 수행할 수도 있다.

(1) 관련 특징

기분은 불안정할 수 있다(울음이 설명되지 않거나 진정시킬 수 없을 수 있고, 뚜렷한 이유 없이 킬킬 웃거나 소리 내어 웃을 수도 있다). 감각자극(예: 빛, 통증, 소리)에 대한 과소반응 또는 과다반응이 흔히 나타난다. 실제적인 위험(예: 움직이는 자동차, 높은 곳)을 인지하지 못할 수도 있다. 기묘한 신경질적인 습관(예: 머리카락 당기기, 신체부위 물기)

도 가끔 나타난다. 또한 흔들기나 다른 리드미컬한 몸동작도 보인다.

이 장애가 있는 아동들의 약 40%가 50 미만의 IQ를 보이며 30%만이 70 이상의 IQ를 보인다. 이 아동들은 지적 기능에서 극단적인 가변성을 보인다. 흔히 언어과제의 검사가 불가능하며 검사가 가능한 경우에는 상징적 또는 추상적 사고와 순차적 논리를 요구하는 과제의 수행이 가장 나쁘다. 그러나 조작적이거나 시각-공간적 기술 또는 즉각적 기억을 요구하는 과제의 수행은 양호하다.

(2) 출현 연령

정의에 의하면, 출현 연령은 항상 30개월 이전이다. 그러나 생후 초기에 아동을 돌본 사람들이 언어발달, 붙임성, 놀이에 대한 정확한 정보를 제공할 수 없다면 과거로 소급하여 출현 연령을 확증하는 것이 어려울 수 있다. 외동아의 부모들은 자녀가 다른 아동들과 함께 관찰되고 나서야 비로소 문제를 인지하기도 한다. 그리고 나서, 비록 면밀한 내력에 의해 비정상이 더 일찍 나타났다는 것이 보통 드러나지만, 부모들은 그 시점으로부터 출현 연령을 추정할지 모른다.

(3) 경과

이 장애는 만성적이다. 이 장애를 가진 일부 아동들은 장애의 근본적인 특징의 최소한의 징후만을 보이면서 궁극적으로는 독립적인 생활을 할 수 있으나 사회적인 어색함과 부적절함은 흔히 지속된다. 전체적으로, 6명 중 1명은 충분한 사회적 적응을 하고 성인기까지 일종의 정규직을 가질 수 있다. 다른 6명 중 1명은 중간 정도로만 적응을 하고 2/3는 심한 장애로 남아 독립적인 생활을 할 수 없다. 장기적 예후와 관련된 요인에는 IQ와 언어기술의 발달이 포함된다.

(4) 손상

이 장애는 극도의 능력상실을 보이며 특수교육시설이 거의 항상 필요하다.

(5) 합병증

주된 합병증은 근본적인 신체적 장애에 뒤따라 생기는 뇌전성 발작의 발달인데, 약 25% 또는 그 이상의 사례에서 청소년기 또는 이른 성인기에 발작이 나타난다. IQ 50 미만의 아동들은 대부분 발작을 보이지만 정상적 지능의 아동들 중에는 극소수만이 발작을 보인다.

(6) 출현율

이 장애는 매우 드물다(10,000명당 2~4명). 사회경제적 상류층에서 명백하게 더 흔하지만 그 이유는 분명하지 않다.

(7) 성비

이 장애는 여아보다 남아에게서 3배 정도 더 흔하다.

(8) 소인

소인으로는 모성풍진(특히 유아 농 또는 맹이 수반될 경우), 페닐케톤뇨증, 뇌염, 수막염, 결절성 경화증 등이 있다. 과거에는 가족의 특정 대인요인이 이 장애가 발달할 소인을 준다고 생각하였으나 최근의 연구들은 이러한 관점을 뒷받침하지 않는다.

(9) 가계양상

유아자폐증의 출현율은 일반 집단보다 이 장애를 가진 아동의 형제들에게서 50배 정도 높다.

(10) 감별진단

유아자폐증에서 보이는 바와 유사한 행동적 이상이 **정신지체**에서 흔히 나타난다. 그러나 유아자폐증의 충분한 증후가 나타나는 경우는 보기 드물다. 두 장애가 같이 나타날 경우 두 가지 진단을 모두 내려야 한다. **아동기출현 조현병**에서는 기이한 행동들이 나타나지만 유아자폐증에서는 보이지 않는 환각, 망상, 무관련 연상, 부조리 등이 전형적으로 나타난다. **아동기출현 전반적 발달장애**는 유아자폐증보다 출현 연령이 더 높으며 유아자폐증의 충분한 증후가 나타나지 않는다. **청각장애**가 있는 아동은 아주 큰 소리에만 일관성 있게 반응하는 반면 유아자폐증에서는 소리를 대한 반응이 일관성이 없다. 청력도(聽力圖)로 청각장애의 가능성을 배제할 수 있다. **수용형 발달적 언어장애**에서 아동들은 일반적으로 눈맞춤을 하며 흔히 몸짓으로 적절하게 의사소통하려는 시도를 하는 반면에 유아자폐증에서는 전반적인 반응의 결여가 나타난다.

〈표 부록 1-1〉 유아자폐증의 진단준거

A. 생후 30개월 이전에 출현

B. 다른 사람들에 대한 반응의 전반적 결여(자폐증)

C. 언어발달의 광범위한 결함

D. 언어가 발달할 경우 지연된 반향어와 즉각적 반향어, 은유적 언어, 대명사 전도와 같은 특이한 언어 양상

E. 환경의 다양한 측면에 대한 별난 반응(예: 변화에 대한 저항, 생명이 있거나 생명이 없는 대상에 대한 특이한 관심 또는 애착)

F. 조현병에서 나타나는 망상, 환각, 무관련 연상, 부조리의 부재

1) 유아자폐증, 증후가 충분한
(Infantile Autism, Full Syndrome Present)

현재 유아자폐증의 진단준거에 맞다.

2) 유아자폐증, 잔류(殘留) 상태
(Infantile Autism, Residual State)

〈표 부록 1-2〉 유아자폐증(잔류 상태)의 진단준거

A. 과거에 유아자폐증의 진단준거에 맞는 증상을 보인 적이 있다.

B. 현재의 임상상(臨床像)은 유아자폐증의 진단준거를 더 이상 충족시키지 못하지만 증상의 징후들(예: 기이한 의사소통, 사회적 어색함)은 현재까지 지속되어 왔다.

2. 아동기출현 전반적 발달장애(Childhood Onset Pervasive Developmental Disorder)

근본적인 특징은 아주 심한 사회적 관계의 손상과 여러 가지 기이한 행동인데 이 모든 특징이 생후 30개월에서 12세 사이에 나타난다.

사회적 관계의 손상은 광범위하고 지속적이며 적절한 애정적 반응의 결여, 부적절한 매달림, 비사회성, 또래관계의 결여 등의 증후를 보인다.

기이한 행동에는 불시의 과도한 불안, 편협하거나 부적절한 감정, 환경변화에 대한 저항 또는 일상에서 매번 동일한 방식의 고집, 기이한 동작성 움직임, 말의 비정상, 감각자극에 대한 고민감도 또는 저민감도, 자기훼손 등이 포함된다. 이러한 행동의 예는 진단준거에 제시되어 있다.

(1) 관련 특징

별난 관념과 공상 그리고 생각이나 관심에 대한 병적인 집착이 흔히 나타난다. 끈이나 고무밴드를 항상 가지고 다니는 것과 같은 물건에 대한 병리적인 집착과 애착이 나타날 수 있다. 이 장애는 IQ가 낮은 아동들에게 특히 흔하다.

(2) 출현 연령

정의에 의하면, 출현 연령은 생후 30개월에서 12세 사이다.

(3) 경과

이 장애는 만성적이다. 장기적 예후는 유아자폐증보다 좋을 가능성이 있다.

(4) 손상

이 장애는 극도의 능력상실을 보이며 특수교육시설이 정규적으로 필요하다.

(5) 합병증

주된 합병증은 독립적으로 기능할 수 없다는 것이며, 따라서 감독과 경제적 지원이 지속적으로 필요하다.

(6) 출현율

이 장애는 아주 드물다.

(7) 성비

이 장애는 여아보다 남아에게서 훨씬 더 흔하다.

(8) 소인

정보가 없다.

(9) 가계양상

정보가 없다.

(10) 감별진단

조현형 성격장애에서도 기이한 행동과 의사소통이 나타나지만 아동기출현 전반적 발달장애에서는 사회적 관계의 손상이 아주 심한 데 비해 조현형 성격장애에서 나타나는 사회적 관계의 손상은 경미하다. 더욱이 동작성 움직임의 손상, 부적절한 감정, 자기훼손과 같은 증후는 조현형 성격장애에서는 나타나지 않는다.

다른 상태와의 감별진단을 위한 논의에 대해서는 유아기자폐증, 89쪽(저자주: 이 책에서는 319쪽)을 참조하라.

〈표 부록 1–3〉 **아동기출현 전반적 발달장애의 진단준거**

A. 사회적 관계의 광범위하고 지속적인 손상(예: 적절한 애정적 반응의 결여, 부적절한 매달림, 비사회성, 감정이입의 결여)

B. 다음 항목 중 적어도 3개 항목에 해당
  (1) 막연한 불안, 일상의 일에 대한 파국반응, 당황했을 때 진정시킬 수 없음, 설명되지 않는 공황발작 같은 증후로 드러나는 불시의 과도한 불안
  (2) 적절한 공포반응의 결여, 설명되지 않는 격노반응, 극도의 기분 불안정 등을 포함하는 한정되거나 부적절한 애정
  (3) 환경변화에 대한 저항(예: 저녁식사 시간이 변경되면 당황함), 일상에서 매번 동일한 방식의 고집(예: 항상 같은 순서로 옷 입기)
  (4) 기이한 동작성 움직임(예: 특이한 몸자세, 특이한 손 또는 손가락 동작, 첨족보행)
  (5) 비정상적인 말(예: 질문하는 것과 같은 선율, 단조로운 음성)
  (6) 감각자극에 대한 고민감도 또는 저민감도(예: 청각과민)
  (7) 자기훼손(예: 자신을 물거나 때리기, 머리쫓기)

C. 생후 30개월에서 12세 사이에 충분한 증후 출현

D. 망상, 환각, 부조리, 현저한 무관련 연상의 부재

1) 아동기출현 전반적 발달장애, 증후가 충분한(Childhood Onset Pervasive Developmental Disorder, Full Syndrome Present)

현재 아동기출현 전반적 발달장애의 진단준거에 맞다.

2) 아동기출현 전반적 발달장애, 잔류(殘留) 상태(Childhood Onset Pervasive Developmental Disorder, Residual State)

〈표 부록 1-4〉 **아동기출현 전반적 발달장애(잔류 상태)의 진단준거**

A. 과거에 아동기출현 전반적 발달장애의 진단준거에 맞는 증상을 보인 적이 있다.

B. 현재의 임상상(臨床像)은 아동기출현 전반적 발달장애의 진단준거를 더 이상 충족시키지 못하지만 증상의 징후들(예: 기이한 의사소통, 사회적 어색함)은 현재까지 지속되어 왔다.

3. 비전형 전반적 발달장애(Atypical Pervasive Developmental Disorder)

이 범주는 사회적 기술 및 언어의 발달에 관련되는 여러 가지 기본적인 심리적 기능의 발달에서 왜곡이 나타나지만 이러한 왜곡이 유아자폐증이나 아동기출현 전반적 발달장애로 분류될 수 없는 경우의 아동들을 위해 사용되어야 한다.

전반적 발달장애(DSM-III-R)

「정신장애의 진단 및 통계 편람-제3판-수정판」(Diagnostic and Statistical Manual of Mental Disorders-Third Edition-Revised: DSM-III-R)(APA, 1987)은 전반적 발달장애(pervasive developmental disorders: PDDs)를 다음과 같이 기술하고 있다.

전반적 발달장애(Pervasive Developmental Disorders)

이 하위범주에 포함된 장애들은 사회적 상호작용의 발달, 언어적/비언어적 의사소통기술의 발달, 그리고 상상활동에서 질적인 손상이 나타나는 것으로 특징지어진다. 흔히 활동과 관심에서 현저하게 제한된 레퍼토리를 보이는데, 이러한 활동과 관심은 종종 상동적이고 반복적이다. 이 손상들의 심각도와 양상은 아동에 따라 매우 다양하다.

이 장애들은 종종 다양한 상태를 동반하는데, 발달의 왜곡이나 지연이 다음 영역에서 흔하게 나타난다: 표준화 지능검사로 측정된 지적 기술(대부분의 사례에서 정신지체 진단이 동반된다), 언어의 의미와 말의 산물에 대한 이해(상호적 의사소통을 위한 말의 사회적 사용의 문제에 더하여), 자세와 움직임, 섭식/마시기/수면 패턴, 그리고 감각적 입력에 대한 반응.

과거에는 이러한 장애들을 지칭하기 위해 다양한 진단용어(예: 비전형 발달, 공생 정신병, 아동기 정신병, 아동기 조현병)가 사용되었다. 그러나 전형적으로 임상적 기술이 중복되어 왔는데, 자폐장애를 제외하고는 일반적으로 인정받는 하위유형은 아직 나타나지 않고 있다. 이전의 일부 연구자들은 이러한 장애들이 성인 정신병(예: 조현병)으로 이어진다고 제의하였으나 많은 연구결과에 따르면 이러한 장애들은 성인 정신병과 관련이 없는 것으로 보인다. 이와 같은 이유와 아동기 정신병 평가의 어려움 때문에 여기에서는 이 장애가 있는 집단을 분류하는 데 **정신병**이라는 용어를 사용하지 않고 전반적 발달장애라는 용어를 사용하는데, 그 이유는 이 용어가 여러 가지 기본적인 심리적 발달영역이 같은 시기에 그리고 심한 정도로 손상을 보이는 핵심적인 임상적 문제를 가장 정확하게 묘사하기 때문이다.

이 분류는 일반적 범주인 전반적 발달장애의 한 하위집단, 즉 자폐장애만을 인정하는데 자폐장애는 유아자폐증이나 Kanner 증후군으로도 알려져 있다. 그러나 증거들을 보면 이 장애를 일반적 범주인 전반적 발달장애의 가장 심하고 원형적인 형태일 뿐이다. 전반적 발달장애의 일반적 기술에는 맞지만 자폐장애의 특정 준거에 맞지 않는 사례들을 위해서는 불특정 전반적 발달장애(PDD-NOS) 진단을 내린다. 임상에서는 자폐장애가 PDD-NOS보다 더 흔한 반면, 이 편람과 유사한 준거를 사용하여 영국과 미국에서 수행된 연구들에 의하면 일반 집단에서는 PDD-NOS가 자폐장애보다 더 흔하게 나타난다.

• 상호적인 사회적 상호작용의 질적 손상
(qualitative impairment in reciprocal social interaction)

이 손상은 대인관계 형성의 실패와 사람에 대한 반응 및 관심의 결여로 특징지어진다. 영아기에는 이러한 결함이 껴안기의 실패, 눈맞춤과 안면반응의 결여, 애정과 신체적 접촉에 대한 무관심 또는 혐오 등으로 드러날 수 있다. 그 결과 부모들은 종종 아동을 농아로 의심한다(농이 좀처럼 그 자체만으로 극도의 사회적 무관심과 관련되지 않는다는 것을 깨닫지 못하면서). 성인을 교체할 수 있는 대상으로 취급하거나 특정 사람에게 기계적으로 매달리는 경우도 있다. 어떤 유아들(toddlers)(저자주: 걸음을 시작한 1~3세의 유아)은 부모에 대한 별난 애착을 보이기도 한다(예: 주로 냄새를 통하여 자신의 어머니를 분간하는 것처럼 보일 수 있다).

어떤 경우에 아동이 생후 첫 몇 년 동안은 정상적이거나 비교적 정상적인 사회적 발달을 명백히 보이지만 아동기 초기에 이르면 협동놀이, 상상놀이, 및 우정을 발달시키지 못한다. 그러나 나이가 들면서 사람들에 대한 더 나은 인식과 사회적 관심을 보이기도 한다. 장애가 가장 경미한 아동들 중 일부는 궁극적으로 다른 아동들의 게임 또는 신체적 놀이에 수동적으로 참여하는 단계에 이르거나 다른 아동들을 '기계적인 보조수단'으로 자신의 상동적 활동에 참여시킬 수 있다.

• 의사소통 및 상상적 활동의 손상
(impairment in communication and imaginative activity)

의사소통의 손상은 언어적 기술과 비언어적 기술을 모두 포함한다. 언어가 완전히 부재할 수도 있다. 언어가 발달할 경우 근본적으로는 정상적이지만 미숙한 문법구조, 지연된 또는 즉각적 반향어, 대명사 전도(예: '나'를 의미할 때 '너'를 사용하기), 사물을 지칭하지 못함, 추상적인 용어를 사용하지 못함, 아동의 과거 경험에 친숙한 사람들에게만 의미가 분명한 특이한 발화(Kanner는 이를 은유적 언어라고 칭하였다), 질문하는 것처럼 말의 끝을 올리거나 단조로운 음조와 같은 비정상적인 말의 선율 등의 특징을 보인다. 얼굴표정이나 몸짓과 같은 비언어적 의사소통이 부재하거나 최소한도이며 존재한다고 하더라도 사회적으로 부적절한 형태를 띤다.

언어기술에서 광범위한 이상이 없는 경우라도 의사소통은 흔히 우연성 및 부적절성에 의한 손상을 보인다. 언어이해의 문제도 농담, 말장난, 풍자를 이해하지 못하는 것으로 드러날 수 있다.

상상활동의 손상은 장난감으로 하는 상징놀이나 공상놀이의 부재 또는 어른역할 놀이의 부재를 포함하거나, 상상활동이 내용적으로 제한되어 있으며 형태면에서 반복적이고 상동적일 수 있다. 이것은 다양한 내용의 정상적인 '가장'놀이와는 현저하게 대조적이다. 예를 들어, 이 장애가 있는 아동은 일정한 수의 놀이기구를 되풀이하여 똑같은 방식으로 정렬하기를 고집하거나 텔레비전 배우의 행동을 반복적으로 모방하기도 한다.

• 활동과 관심의 현저히 제한된 레퍼토리
(markedly restricted repertoire of activities and interests)

이 제한성은 다양한 형태로 나타날 수 있다. 더 어린 아동은 사소한 환경변화에 저항하거나 파국반응조차 보일 수 있다(예: 식탁에서 자신의 자리가 바뀌면 비명을 지른다). 흔히 끈이나 고무밴드 같은 사물에 대한 애착도 나타난다. 동작성 상동증에는 손

뻗치기, 기묘한 손동작, 흔들기, 전신을 기울이고 돌리기 등이 포함된다. 더 나이 든 아동은 조금도 어김없는 방식의 일상활동을 고집하거나(예: 좋아하는 음식점에 똑같은 길로 가기) 움직임에 매료될 수 있다(예: 선풍기나 빠르게 회전하는 사물을 수동적으로 응시하기). 아동 자신이 회전하는 사물을 지켜볼 수 있도록 모든 종류의 사물을 회전시키는 데 능숙할 수도 있으며 자신이 빙빙 돌기도 한다. 아동은 단추, 신체부위, 또는 물을 가지고 놀기 등에 배타적인 관심을 보일 수 있다.

언어적 상동증에는 의미와 상관없이 단어나 구를 반복하는 것이 포함된다. 더 나이 든 아동들은 장기기억이 연루되는 과제(예: 수년 전에 들은 노래의 정확한 가사 기억하기, 기차 시간표, 역사적 연대, 또는 화학공식)에서는 탁월할 수 있으나 사회적 맥락 및 정보의 적절성과 상관없이 계속해서 반복하는 경향이 있다.

⑴ 관련 특징

일반적으로 나이가 더 어린 아동일수록 그리고 장애가 더 심한 아동일수록 더 많은 관련 특징이 나타나는 경향이 있다. 이러한 특징들에는 다음과 같은 것들이 포함된다.

① 인지기술 발달의 이상, 전반적 지능수준과 상관없이 특정 기술들의 프로파일이 보통 고르지 않다. 대부분의 경우 정신지체 진단이 동반되는데 중등도(IQ 35~49) 범위가 일반적이다.
② 자세나 동작 행동의 이상(예: 흥분될 때 팔 퍼덕거리기, 뛰기, 얼굴 찡그리기 등의 상동증, 첨족보행, 기이한 손과 몸 자세, 빈약한 운동협응).
③ 어떤 감각(예: 통증, 더위, 추위) 무시하기, 특정 자극에 대한 과민감성 보이기(예: 어떤 소리를 막기 위하여 귀 덮기, 접촉되는 것 싫어하기), 어떤 감각에 매료되기(예: 빛이나 향기에 대한 과장된 반응)와 같은 감각적 입력에 대한 기이한 반응.
④ 섭식, 마시기, 수면의 이상(예: 소수의 음식에 국한된 식사, 과도한 음료 마시기, 몸을 흔들면서 밤에 반복하여 깨기).
⑤ 기분의 이상(예: 불안정한 기분, 뚜렷한 이유없이 킬킬 웃거나 울기, 정서적 반응의 명백한 부재, 실제적 위험에 대한 공포의 결여, 해롭지 않은 대상이나 사건에 대한 과도한 무서움, 일반화된 불안과 긴장).
⑥ 자해행동(예: 머리찧기, 손가락이나 손 또는 손목 물기).

주요우울증과 같은 다른 정신장애가 청소년기와 성인기에 나타날 수 있다. 이러한 정신장애는 증후를 정확히 묘사할 만큼 충분한 구어력을 갖춘 사람들에게서 가장 쉽게 인지된다.

(2) 출현 연령

출현은 부모에 의해 대부분의 경우 3세 이전으로 보고된다. 아주 극소수의 경우에는 5세 또는 6세 이후에 출현한 것으로 보고된다. 그러나 생후 초기에 아동을 돌본 사람들이 언어발달, 붙임성, 놀이에 대한 정확한 정보를 제공할 수 없다면 과거로 소급하여 출현 연령을 확증하는 것이 어려울 수 있다. 영아기 증상은 2세 이후의 증상보다 더 미묘하고 정의하기 힘들다. 외동아의 부모들은 자녀가 다른 아동들과 함께 관찰되고 나서야(예: 학교에 입학하면서) 비로소 문제를 인지하기도 하며 그리고 나서, 비록 면밀한 내력에 의해 비정상성이 더 일찍 나타났다는 것이 보통 드러나지만, 부모들은 그 시점으로부터 출현 연령을 추정할지 모른다. 또한 부모들은 형제의 출생 같은 특별한 사건이나 아동이 심한 질병이나 사고 또는 정서적 외상을 경험한 시점으로부터 출현 연령을 추정할 수도 있다. 그와 같은 경우에, 장애의 미묘한 징후가 그 사건 이전에 존재하지 않았는지의 여부를 아는 것이 어렵다.

아주 드문 경우에, 명백한 정상발달의 시기가 있은 후 사회적 기술 및 인지기술의 빠른 붕괴와 전반적 발달장애 특징의 발달이 뒤따른다. 그러한 사례들은 헬러증후군(Heller's syndrome) 또는 붕괴성 정신병(disintegrative psychosis)으로 명명되어 왔으나 이 편람에서는 자폐장애 또는 불특정 전반적 발달장애로 분류되어야 한다.

(3) 경과

거의 모든 경우에 이 장애의 특성은, 생활연령 및 장애의 심각도에 따라 다양하다고 하더라도, 평생 지속된다. 일부 아동들은 약 5~6세 경에 사회적 기술, 언어기술, 및 다른 기술에서 향상을 보이는데 소수의 사례에서는 이러한 향상이 매우 현저하게 나타나기도 한다.

사춘기는 어느 방향으로도 변화를 가져올 수 있다. 인지기능과 사회적 기술은 서로 독립적으로 악화되거나 향상될 수 있다. 종종 공격적, 반항적, 또는 다른 다루기 힘든 행동이 격화되어 수년간 지속되기도 한다. 극소수의 아동들은 장애의 근본적인 특징의 최소한의 징후만을 보이면서 궁극적으로는 독립적인 생활을 할 수 있으나 사회적인 어색함과 부적절함은 지속될 수 있다. 대부분은 장애의 징후를 현저하게 보이면서 장애인으로 남는다. 장기적 예후와 관련된 요인에는 IQ와 사회기술 및 언어기술의 발달이 포함된다.

(4) 손상

손상 정도는 다양하다. 대부분의 경우는 구조화된 환경이 평생 필요하다. 아주 드물지만 대학이나 대학원까지 졸업하는 경우도 있다.

(5) 합병증

주된 합병증은 뇌전성 발작의 발달이다. 발작을 보이는 사례의 대부분이 IQ 50 미만이다. 자폐장애 사례의 약 25% 또는 그 이상에서 성인기에 도달할 때까지 발작이 1회 또는 그 이상 나타나는데, 적지 않은 소수의 사례에서는 발작이 청소년기에 출현한다.

청소년기 또는 이른 성인기에는 장애의 부분적인 자각에 반응하여 나타나는 우울증이 좀 더 높은 수준의 능력을 보이는 사례에서 흔히 나타난다. 긴장현상(특히 흥분 또는 자세유지증) 또는 명백한 망상과 환각이 나타나는 획일적인 정신증적 상태가 스트레스에 반응하여 발생할 수 있으나 스트레스가 제거되면 흔히 빠르게 사라진다.

(6) 출현율

이 편람과 유사한 준거를 사용하여 영국과 미국에서 수행된 연구들에 의하면 자폐장애는 10,000명당 4~5명 정도로 출현한다. 과거에는 자폐장애가 사회경제적 상류층에서 더 흔한 것으로 생각되었지만 연구들에 따르면 이러한 생각은 편향된 의뢰 때문에 나타난 것이었다. 전반적 발달장애(자폐장애와 불특정 전반적 발달장애)의 출현율은 10,000명당 10~15명 정도로 추정되고 있다.

(7) 성비

전반적 발달장애는 여성보다 남성에게서 더 흔한데, 연구에서는 성비가 2:1부터 5:1까지 나타난다. 자폐장애에 대한 대부분의 연구에 의하면 성비는 3:1 또는 4:1이다.

(8) 소인

뇌 기능장애를 유발하는 매우 광범위한 출산 전, 출산 전후, 출산 후 상태가 전반적 발달장애의 소인을 주는 것으로 생각된다. 자폐장애는 모성풍진, 치료받지 않은 페닐케톤뇨증, 결절성 경화증, 출산 시 산소결핍증, 뇌염, 유아경련, 및 X결함 증후군과 관련이 있는 것으로 보고되어 왔다. 과거에는 부모의 성격 및 아동양육방식에 있어서의 어떤 이상이 자폐장애가 발달할 소인을 준다고 생각하였으나 통제된 연구들은 이러한 관점을 뒷받침하지 않는다.

(9) 가계양상

자폐장애는 일반 집단보다 이 장애를 가진 아동의 형제들에게서 명백하게 더 흔하다.

(10) 감별진단

정신지체와 전반적 발달장애는 종종 공존하지만 중도 정신지체가 있는 사람들조차도 대부분 사회적이며 의사소통이 가능하다(말을 하지 못할 경우 비언어적으로라도)는 점에서 전반적 발달장애의 근본적인 특징들을 나타내지 않는다는 사실을 이해할 필요가 있다. 중도 또는 최중도 정신지체가 있는 사람들에 대한 감별진단은 어려울 수 있다. 눈맞춤, 얼굴표정, 신체적 움직임, 발성 등을 통하여 사회적 접근에 대한 관심과 즐거움이 분명히 나타난다면 전반적 발달장애 진단을 내려서는 안 된다.

조현병 진단은 아동기에 극히 드문 반면 전반적 발달장애는 거의 항상 영아기 또는 아동기에 처음 진단된다. 전반적 발달장애가 있는 성인들은 조현병의 잔류 상태에서 나타나는 '음성 증상(예: 사회적 고립과 위축, 두드러지게 기묘한 행동, 둔화되거나 부적절한 감정과 기이한 언어)'을 보일 수 있다. 전반적 발달장애가 있는 사람들이 사물, 동물, 또는 개인의 특별한 역할을 상동적이고 반복적으로 행하는 것은 망상으로 오인될 수도 있다. 만약 자폐장애 진단준거가 충족된다면, 조현병 진단준거를 충족시키는 두드러진 망상 또는 환각이 증명될 수 있는 드문 경우에만 부가적인 조현병 진단을 내려야 한다. 그러나 조현병 진단준거에 맞는다면 불특정 전반적 발달장애 진단은 내리지 않는다.

청각장애와 **특정 발달적 언어 및 말 장애**는 말의 이해 그리고/또는 사용의 발달에 영향을 미친다. 어떤 시각손상은 빈약한 눈맞춤을 초래하고 반복적인 손동작의 응시와 관련될 수 있다. 단지 감각손상 및 지각손상과 관련된 장애는 사회적 상호작용 및 정신연령에 적절한 의사소통을 하고자 하는 욕구로 전반전 발달장애와 구별될 수 있다.

조현성 성격장애와 **조현형 성격장애**는 대인관계에서 결함을 보인다. 만약 자폐장애 진단준거에 맞는다면 이와 같은 성격장애 진단은 내리지 않는다. 그러나 이러한 성격장애 진단준거에 맞는다면 불특정 전반적 발달장애 진단은 내리지 않는다.

틱장애와 상동성/습관장애에서는 상동적인 몸동작이 나타나지만 사회적 상호작용의 질적인 손상은 보이지 않는다.

1. 자폐장애(Autistic Disorder)

근본적인 특징은 영아기 또는 아동기에 출현하는 심한 형태의 전반적 발달장애다. 이 장애의 다른 특징들은 앞에 기술되어 있다.

〈표 부록 2-1〉 **자폐장애의 진단준거**

다음 16개 항목 중 적어도 8개 항목, 적어도 A에서 2개 항목, 그리고 B와 C에서 각각 1개 항목이 충족되어야 한다.

비고: 해당 행동이 개인의 발달수준에 비해 비정상적인 경우에만 준거가 충족되는지 고려하시오.

A. 상호적인 사회적 상호작용의 질적인 손상이 다음과 같이 나타난다.
   (괄호 내에 있는 예들은 연령이 더 낮고 장애가 더 심한 사람들에게 더 적용될 것 같은 항목들이 먼저 제시되고 연령이 더 높고 장애가 덜 심한 사람들에게 더 적용될 것 같은 항목들은 나중에 제시되도록 배열되었다.)
   (1) 다른 사람들의 존재나 감정에 대한 인식이 현저하게 결여되어 있다(예: 사람을 가구처럼 취급함, 다른 사람의 고통을 알아차리지 못함, 다른 사람들의 사생활 욕구에 대한 개념이 명백하게 없음).
   (2) 고통스러울 때 위안을 찾지 않거나 비정상적으로 위안을 찾는다(예: 아프거나 다치거나 피곤할 때조차 위안을 구하러 오지 않음, 다쳤을 때마다 "치즈, 치즈, 치즈"라고 하는 것과 같은 상동적인 방식으로 위안을 찾음).
   (3) 모방을 하지 않거나 손상된 모방을 보인다(예: "안녕" 하며 손을 흔들지 않음, 어머니의 가사활동을 모방하지 않음, 상황에 맞지 않게 다른 사람들의 행동을 기계적으로 모방함).
   (4) 사회적 놀이를 하지 않거나 비정상적인 사회적 놀이를 한다(예: 간단한 게임에 능동적으로 참여하지 않음, 단독놀이활동을 선호함, 다른 아동들을 '기계적인 보조수단'으로만 놀이에 참여시킴).

〈표 부록 2−1〉 계속됨

(5) 또래우정을 형성하는 능력에서 광범위한 손상을 보인다(예: 또래우정을 형성하는 데 관심이 없음, 무관심한 또래에게 전화번호부를 읽어주는 것과 같이 친구를 만드는 데 관심이 있음에도 불구하고 사회적 상호작용의 관례에 대한 이해가 결여되어 있음).

B. 언어적/비언어적 의사소통과 상상활동의 질적인 손상이 다음과 같이 나타난다.
  (항목 번호들은 연령이 더 낮고 장애가 더 심한 사람들에게 더 적용될 것 같은 항목들이 먼저 제시되고 연령이 더 높고 장애가 덜 심한 사람들에게 더 적용될 것 같은 항목들은 나중에 제시되도록 배열되었다.)
  (1) 의사소통적 옹알이, 얼굴표정, 몸짓, 흉내, 또는 구어와 같은 의사소통 양식이 나타나지 않는다.
  (2) 사회적 상호작용을 시작하거나 조절하기 위한 눈맞춤, 얼굴표정, 몸자세, 또는 몸짓과 같은 비언어적 의사소통이 현저하게 비정상적이다(예: 안기기를 기대하지 않음, 안겼을 때 경직됨, 사회적으로 접근할 때 상대방을 쳐다보거나 미소를 짓지 않음, 부모나 방문객에게 인사를 하지 않음, 사회적 상황에서 응시를 고정시킴).
  (3) 어른, 공상인물, 또는 동물의 역할놀이와 같은 상상활동이 나타나지 않고 상상적 사건에 대한 이야기에 관심이 결여되어 있다.
  (4) 말의 음량, 음고, 강세, 속도, 음률, 및 억양 등이 현저하게 비정상적이다(예: 단조로운 어조, 질문하는 것과 같은 선율, 또는 높은 음고).
  (5) 상동적이고 반복적으로 말을 사용하는 것과 같이 말의 형태와 내용이 현저하게 비정상적이다(예: 즉각적 반향어 또는 텔레비전 광고방송의 기계적인 반복). '나'를 의미할 때 '너'를 사용한다(예: "나는 과자를 원해요."를 의미할 때 "너는 과자를 원해요?"라고 함). 단어나 구를 특이하게 사용한다(예: "나는 그네를 타러 가고 싶어요."를 의미할 때 "초록색 타기 하러 가요."라고 함). 또는 관련성 없는 발언을 종종 한다(예: 스포츠에 관한 대화 중에 기차 시간표에 대한 이야기를 시작함).
  (6) 충분히 말은 하지만 다른 사람들과 대화를 시작하거나 지속하는 능력이 현저하게 손상되어 있다(예: 다른 사람들의 참견에 상관없이 한 가지 주제에 대한 자신의 긴 이야기에 몰두함).

C. 활동과 관심에 있어서 현저하게 제한된 레퍼토리가 다음과 같이 나타난다.
  (1) 상동적 몸동작이 나타난다(예: 손 퍼덕거리기 또는 손 비꼬기, 빙빙 돌기, 머리찧기, 복잡한 전신동작).
  (2) 사물의 부분에 지속적으로 집착한다(예: 사물의 냄새 맡기, 물질의 감촉을 반복적으로 느끼기, 장난감 자동차의 바퀴 돌리기). 또는 유별난 사물에 애착을 보인다(예: 한 조각의 끈을 가지고 다니기를 고집함).
  (3) 환경의 사소한 변화에도 현저한 고통을 보인다(예: 꽃병의 위치가 바뀌었을 때).
  (4) 세부적으로 정확한 일상활동을 불합리하게 고집한다(예: 쇼핑할 때 항상 정확하게 같은 경로로 갈 것을 고집함).

(5) 관심의 범위가 현저하게 제한되어 있거나 한 가지 편협된 관심에 집착을 보인다(예: 사물을 정렬하거나 기상에 대한 정보를 모으거나 또는 공상인물인 체하는 것에만 관심을 보임).

D. 영아기 또는 아동기에 출현한다.

명시: 아동기(생후 36개월 이후) 출현 여부를 명시하시오.

2. 불특정 전반적 발달장애(Pervasive Developmental Disorder Not Otherwise Specified)

이 범주는 상호적인 사회적 상호작용과 언어적/비언어적 의사소통 기술의 발달에 질적인 손상이 있으나 자폐장애, 조현병, 또는 조현형 성격장애나 조현성 성격장애의 진단준거에 맞지 않을 때 사용되어야 한다. 이 장애가 있는 사람들 중에는 활동 및 관심에서 현저하게 제한된 레퍼토리를 보이는 경우와 그렇지 않은 경우가 있다.

부록 3

전반적 발달장애(DSM-IV)

「정신장애의 진단 및 통계 편람-제4판」(Diagnostic and Statistical Manual of Mental Disorders-Fourth Edition: DSM-IV)(APA, 1994)은 전반적 발달장애(pervasive developmental disorders: PDDs)를 다음과 같이 기술하고 있다.

전반적 발달장애(Pervasive Developmental Disorders)

전반적 발달장애는 여러 발달영역, 즉 상호적인 사회적 상호작용 기술과 의사소통 기술에 심각하고 전반적인 손상이 있거나 상동적인 행동, 관심, 및 활동이 있는 것이 특징이다. 이러한 상태를 정의하는 질적인 손상은 개인의 발달수준과 정신연령에 비해 명백하게 일탈되어 있다. 전반적 발달장애에는 자폐장애, 레트장애, 아동기 붕괴성장애, 아스퍼거장애, 불특정 전반적 발달장애가 포함된다. 이러한 장애들은 보통 생의 초기부터 분명히 나타나며 어느 정도의 정신지체와 흔히 연관되어 있는데, 만일 정신지체가 있다면, 정신지체는 축 II에 기재되어야 한다. 전반적 발달장애는 다른 일반적인 의학적 상태(예: 염색체 이상, 선천적 감염, 중추신경계의 구조적 이상)의 다양한 집단에서도 이따금 관찰된다. 만약 그러한 의학적 상태가 있다면 이는 축 III에 기재되어야 한다. 비록 한때는 '정신병(psychosis)'이나 '아동기 조현병(childhood schizophrenia)'과 같은 용어들이 이러한 상태에 있는 개인들을 지칭하기 위해 사용되기도 했으나 전반적 발달장애가 조현병과는 별개의 것임을 시사하는 상당한 증거가 있다(그러나 가끔 전반적 발달장애가 있는 개인이 나중에 조현병을 보일 수도 있다).

1. 자폐장애(Autistic Disorder)

(1) 진단적 특징

자폐장애의 근본적인 특징은 사회적 상호작용과 의사소통의 발달이 현저하게 비정상적이거나 손상되어 있으며 활동과 관심의 레퍼토리가 현저하게 제한되어 있는 것이다. 장애의 표현은 개인의 발달수준과 생활연령에 따라 매우 다양하다. 자폐장애는 때로 조기 유아자폐증(early infantile autism), 아동기 자폐증(childhood autism), 또는 Kanner 자폐증(Kanner's autism)으로 불리기도 한다.

상호적인 사회적 상호작용의 손상은 광범위하고 지속적이다. 사회적 상호작용과 의사소통을 조절하기 위해 다양한 비언어적 행동(예: 눈맞춤, 얼굴표정, 몸자세와 몸짓)을 사용하는 데 현저한 손상이 있다(진단준거 A1a). 연령에 따라 다른 형태를 취할 수 있는, 발달수준에 적합한 또래관계의 형성에 실패할 가능성이 있다(진단준거 A1b). 연령이 보다 낮은 경우 우정을 형성하는 데 거의 관심이 없거나 전혀 관심이 없을 수 있다. 연령이 보다 높은 경우는 우정에 관심은 있을 수 있으나 사회적 상호작용의 관례에 대한 이해가 결여되어 있다. 자발적으로 다른 사람들과 기쁨, 관심, 또는 성취 등을 공유하지 못할 수도 있다(예: 흥미롭다고 생각되는 사물을 보여주거나 가져오거나 가리키지 않는다)(진단준거 A1c). 사회적 또는 정서적 상호성이 결여되어 있을 수 있다(예: 간단한 사회적 놀이나 게임에 적극적으로 참여하지 않거나, 단독활동을 선호하거나, 또는 단지 도구나 '기계적인' 보조수단으로 다른 사람들을 활동에 참여시킨다)(진단준거 A1d). 흔히 다른 사람들에 대한 인식이 현저하게 손상되어 있다. 이 장애가 있는 개인은 다른 아동들(형제 포함)을 망각하거나 다른 사람들의 욕구에 대한 개념이 없거나 또는 다른 사람의 고통을 알아차리지 못할 수 있다.

또한 의사소통의 손상도 현저하고 지속적이며 이러한 손상은 언어적 기술과 비언어적 기술 모두에 영향을 미친다. 구어발달이 지체되거나 완전히 결여될 수 있다(진단준거 A2a). 말을 하는 경우 다른 사람들과의 대화를 시작 또는 지속하는 능력에 현저한 손상이 있거나(진단준거 A2b), 언어 또는 특이한 언어를 상동적이고 반복적으로 사용하기도 한다(진단준거 A2c). 발달수준에 적합한, 다양하고 자발적인 가장놀이나 사회적 모방놀이가 결여되어 있을 수 있다(진단준거 A2d). 말이 발달할 때 음고, 억양, 속도, 음률, 또는 강세가 비정상적일 수 있다(예: 음조가 단조롭거나 질문하는 것처럼 말의 끝을 올릴 수 있다). 문법구조는 흔히 미숙한데 상동적이고 반복적으로 언어를 사용하거나(예: 의미와 상관없이 단어나 구를 반복하기, 운율적으로 동일한 음이나 광고방송용 문구를 반복하기) 은유적 언어(예: 개인의 의사소통 방식에 친숙한 사람만 분명히 이해할 수 있는 언어)를 사용한다. 언어이해의 장애는 간단한 질문, 지시, 또는 농담을 이해하지 못하는 양상으로 나타날 수 있다. 상상놀이는 흔히 부재하거나 현저하게 손상되어 있다. 또한 이들은 영아기 또는 유아기의 단순한 모방게임이나 일상활동에 참여하지 않거나 맥락과 무관하게 또는 기계적인 방식으로만 모방게임이나 일상활동을 하는 경향이 있다.

자폐장애가 있는 사람들은 제한적이고 반복적이며 상동적인 패턴의 행동, 관심, 및 활동을 나타낸다. 강도나 초점에서 비정상적인, 한 가지 이상의 상동적이고 제한적인 관심에 집착하거나(진단준거 A3a), 특정한 비기능적인 일상활동이나 의식에 고집스럽게 매달리거나(진단준거 A3b), 상동적이고 반복적인 동작성 매너리즘을 보이거나(진단준거 A3c), 또는 사물의 부분에 지속적으로 집착한다(진단준거 A3d). 또한 현저하게 제한된 범위의 관심을 보이며 흔히 한 가지 편협된 관심에 몰두한다(예: 기상 또는 야구 통계에 대한 자료 모으기). 일정한 수의 놀이기구를 되풀이하여 똑같은 방식으로 정렬하거나 텔레비전 배우의 행동을 반복적으로 모방하기도 한다. 또한 동일성을 고집하고 사소한 변화에 저항하거나 괴로워할 수 있다(예: 어린 아동은 새로운 커튼이나 식탁에서의 자리변경과 같은 사소한 환경변화에 파국반응을 보일 수 있다). 흔히 비기능적인 일상활동이나 의식에 관심을 보이거나 틀에 박힌 일상활동을 비합리적으로 고집한다(예: 등교할 때 매일 똑같은 길로 가기). 상동적인 신체 동작이 손(손뼉치기, 손가락 끝으로 가볍게 튀기기)이나 전신(흔들기, 기울이기, 돌리기)에서 나타난다. 비정상적인 자세(예: 첨족보행, 기이한 손동작 및 몸자세)를 취할 수도 있다. 이들은 대상의 부분(예: 단추, 신체부위)에 지속적으로 집착한다. 또한 움직임(예: 장난감 바퀴 돌리기, 문 여닫기, 선풍기나 빠르게 회전하는 다른 사물)에 매료되어 있을 수도 있다. 어떤 생명이 없는 대상(예: 한 조각의 끈이나 고무밴드)에 강한 애착을 보이기도 한다.

이 장애는 3세 이전에 다음 중 적어도 한 가지 영역에서 지연 또는 비정상적인 기능을 보여야 한다: 사회적 상호작용, 사회적 의사소통에서 사용되는 언어, 상징적이거나 상상적인 놀이(진단준거 B). 어떤 경우에는 1년 또는 2년간의 비교적 정상적인 발달기간이 보고되기도 하지만 전형적으로는 명백한 정상적인 발달기간이 존재하지 않는다. 소수의 경우에 부모들이 언어발달의 퇴행을 보고하는데 일반적으로 아동이 5~10개의 단어를 습득한 후에 말이 중단된다. 정의에 의하면, 만약 정상적인 발달기간이 있었다면 3세 이상 넘어갈 수 없다. 이 장애는 레트장애 또는 아동기붕괴성장애로 더 잘 설명되지 않아야 한다(진단준거 C).

(2) 관련 특징 및 장애

① 관련 서술적 특징 및 정신장애

대부분의 경우, 정신지체가 동반되는데 중등도 정신지체(IQ 35~50)가 일반적이다. 자폐장애가 있는 아동의 약 75%는 정신지체 수준의 기능을 나타낸다. 인지기술의 발달이 비정상적일 수 있다. 전반적 지능수준과 상관없이 인지기술들의 프로파일이 보통 고르지 않다(예: 자폐장애가 있는 $4\frac{1}{2}$세 여아가 읽기를 할 수도 있다. 즉, 과잉언어증). 기능수준이 높은 자폐장애가 있는 많은 아동의 경우, 수용언어(즉, 언어이해) 수준이 표현언어(어휘) 수준보다 낮다. 자폐장애가 있는 사람들은 다양한 행동증상(예: 과잉행동, 짧은 주의집중 시간, 충동성, 공격성, 자해행동)을 보일 수 있으며, 특히 어린 아동들의 경우 분노발작을 일으킬 수 있다. 감각자극에 대한 기이한 반응(예: 통증에 대한 높은 역치, 소리 또는 접촉에 대한 과민감성, 빛 또는 냄새에 대한 과장된 반응, 특정 자극에의 매료)이 나타날 수도 있다. 섭식에 이상이 있거나(예: 일부 음식에 국한된 식사, 이식증) 수면에 이상이 있기도 하다(예: 몸을 흔들면서 밤에 반복하여 깨기). 기분 또는 감정에도 이상을 보일 수 있다(예: 뚜렷한 이유도 없이 킬킬 웃거나 울기, 정서적 반응의 명백한 부재). 실제적인 위험에 대해서는 공포반응이 결여되어 있고 해롭지 않은 대상에 대해서는 과도한 무서움을 보이기도 한다. 다양한 자해행동(예: 머리찧기, 손가락이나 손 또는 손목 물기)을 보일 수 있다. 자폐장애가 있는 사람들 중 지적인 통찰력을 갖춘 경우 청소년기나 이른 성인기에 자신의 심각한 손상을 인식하면서 우울해질 수 있다.

② 관련 검사소견

자폐장애가 일반적인 의학적 상태를 동반하고 있을 경우 그것과 일치하는 검사소견이 관찰될 것이다. 세로토닌 활성도의 측정치에서 집단 간 차이가 있다고 보고되어 왔으나 이러한 보고가 자폐장애의 진단에 도움이 되는 것은 아니다. 영상연구에서는 어떤 경우는 비정상적이지만 명확하게 확인된 특정 패턴은 없다. 발작장애가 없는 경우라 하더라도 뇌파에서의 이상이 흔히 나타난다.

③ 관련 신체검사 결과 및 일반적인 의학적 상태

다양한 일반적인 신경학적 증상 또는 징후(예: 원시반사, 손 우성의 발달 지연)가 자폐장애에서 나타날 수 있다. 이러한 상태는 때로 신경학적 또는 다른 일반적인 의학적 상태(예: 뇌염, 페닐케톤뇨증, 결절성 경화증, X결함 증후군, 출산 시 무산소증, 모성풍진)와 연관되어 관찰된다. 발작은, 특히 청소년기에, 25% 정도 나타난다. 다른 일반적인 의학적 상태가 있을 경우 축 Ⅲ에 기재되어야 한다.

(3) 특정 연령 및 성별 특징

자폐장애에서 사회적 상호작용 손상의 특징은 시간에 따라 변할 수 있으며 개인의 발달수준에 따라 다양하다. 영아들의 경우에 껴안지 못하기, 애정이나 신체적 접촉에 대한 무관심 또는 혐오, 눈맞춤이나 표정반응 또는 사회적 미소의 결여, 부모의 목소리에 대해 반응하지 못하기 등이 나타날 수 있다. 그 결과, 부모들은 처음에 영아가 농아인지 걱정하기도 한다. 이 장애가 있는 어린 아동들은 성인을 교체할 수 있는 대상으로 취급하거나 특정 사람에게 기계적으로 매달릴 수 있다. 발달의 진행과정에서 아동은 사회적 상호작용에 수동적으로 참여하려는 의도를 더 보일 수 있으며 사회적 상호작용에 더 관심을 가질 수도 있다. 그러나 그와 같은 경우에도 아동은 다른 사람들을 이례적인 방식으로 취급하는 경향이 있다(예: 의례적인 질문에 다른 사람들이 특정 방식으로 대답하기를 기대함, 다른 사람들의 영역을 거의 지각하지 못함, 사회적 상호작용에서 부적절한 개입을 함). 연령이 좀 더 높은 아동들은 장기기억이 연루되는 과제(예: 기차 시간표, 역사적 연대, 화학공식, 또는 수년 전에 들은 노래의 정확한 가사 기억하기)에서는 탁월할 수 있으나 사회적 맥락에 따른 적절성과 상관없이 정보를 계속해서 반복하는 경향이 있다. 이 장애의 비율은 남성이 여성보다 4~5배 더 높다. 그러나 여성에게서 더 심한 정신지체가 나타나는 경향이 있다.

(4) 출현율

역학연구에 의하면 자폐장애는 10,000명당 2~5명에게 나타난다.

(5) 경과

정의에 의하면, 자폐장애는 3세 이전에 출현한다. 일부 부모들은 사회적 상호작용에 대한 아동의 관심 결여 때문에 출생 시부터 또는 출생한 지 얼마 지나지 않고부터 아동에 대해 걱정했다고 보고할 것이다. 영아기에 나타나는 증상은 2세 이후에 나타나는 증상에 비해 더 미묘하고 특정짓기 어렵다. 소수의 경우에 아동이 생후 첫 1년(심지어는 2년) 동안은 정상적으로 발달했다고 보고될 수도 있다. 자폐장애는 연속적인 경과를 밟는다. 학령기 아동과 성인들의 경우 일부 영역에서 발달이 이루어지는 것이 일반적이다(예: 학령기에 이르면서 사회적 기능에 대한 관심이 증가한다). 청소년기에 행동적으로 퇴행하는 아동이 있는 반면 향상되는 아동도 있다. 언어기술(예: 의사소통적 언어의 존재)과 전반적인 지적 수준은 궁극적인 예후와 관련된 가장 중요한 요인이다. 유용한 추적연구에 따르면 이 장애를 가진 사람들 중 소수만이 성인기에 독립적으로 생활하고 일을 하는데 약 1/3은 어느 정도의 부분적인 독립이 가능하다. 기능수준이 가장 높은 자폐장애가 있는 성인들의 경우에도 현저하게 제한된 관심 및 활동과 더불어 사회적 상호작용과 의사소통에서의 문제가 지속적으로 나타난다.

(6) 가계양상

자폐장애를 가진 사람의 형제들은 이 장애를 가질 위험이 높아진다.

(7) 감별진단

정상적인 발달과정에서도 발달적으로 퇴행하는 시기가 관찰될 수 있으나 자폐장애에서와 같이 심하거나 지속적이지는 않다. 자폐장애는 **다른 전반적 발달장애와 구별되어야만 한다.** 레트장애는 특징적인 성비와 결함양상으로 자폐장애와 구별된다. 레트장애는 여성에게서만 진단되어 온 반면 자폐장애는 남성에게서 훨씬 더 많이 진단된다. 레트장애는 머리성장의 감속, 이전에 습득된 의미 있는 손 기술의 상실, 협응이 서툰 걸음걸이나 몸동작의 출현이 특징적이다. 특히 유아원 시기(저자주: 3~5세)에 레트장애가 있는 유아들은 자폐장애에서 관찰되는 것과 비슷한 사회적 상호작용의 어려움을 보일 수 있으나 이는 일시적인 경향이 있다. 자폐장애는 **아동기붕괴성장애**와 구별되는데, 후자는 적어도 생후 2년간의 정상발달 후에 명백한 퇴행 양상을 보인다. 자폐장애에서는 발달적 이상이 일반적으로 생후 첫 1년 이내에 나타난다. 초기 발달에 대한 정보가 없거나 요구되는 정상발달기간을 문서로 입증하는 것이 불가능한 경우에는 자폐장애의 진단을 내려야 한다. 아스퍼거장애는 언어발달의 지연이 없다는 점에서 자폐장애와 구별될 수 있다. 자폐장애의 준거에 맞는다면 아스퍼거장애로 진단되지 않는다.

　아동기출현 조현병은 일반적으로 수년간의 정상 내지 정상에 가까운 발달이 이루어진 후 나타난다. 만약 자폐장애가 있는 사람이 적어도 1개월 동안 지속되는 현저한 망상과 환각의 활동기 증상과 함께 조현병의 특징적 증상을 보인다면 조현병 진단이 추가될 수 있다. 선택적 함구증이 있는 아동은 보통 특정 상황에서는 적절한 의사소통 기술을 나타내며 자폐장애와 관련되는 심한 사회적 상호작용의 손상과 제한된 행동 패턴은 보이지 않는다. 표현성 언어장애와 혼합형 수용–표현성 언어장애에서는 언어손상은 있으나 이것이 사회적 상호작용의 질적인 손상과 제한적·반복적·상동적 행동패턴과 관련되어 있지는 않다. 정신지체가 있는 경우, 특히 중도나 최중도 정신지체가 있는 경우, 자폐장애 진단을 추가할 것인가를 결정하는 것이 때로는 어렵다. 자폐장애 진단은 자폐장애에서 특징적으로 나타나는 사회기술 및 의사소통기술의 질적인 결함과 특정 행동이 있을 경우에 추가된다. 운동의 상동성은 자폐장애의 특징인데, 운동의 상동성이 자폐장애의 일부로서 더 잘 설명되는 경우에는 상동적 운동장애 진단이 추가되지 않는다.

〈표 부록 3-1〉 자폐장애의 진단준거

A. (1), (2), (3)에서 총 6개(또는 그 이상) 항목, 적어도 (1)에서 2개 항목, 그리고 (2)와 (3)에서 각각 1개 항목이 충족되어야 한다.
　(1) 사회적 상호작용의 질적인 손상이 다음 중 적어도 2개 항목으로 나타난다.
　　(a) 사회적 상호작용을 조절하기 위한 눈맞춤, 얼굴표정, 몸자세, 몸짓과 같은 다양한 비언어적 행동의 사용에 현저한 손상이 있다.
　　(b) 발달수준에 적합한 또래관계를 형성하지 못한다.
　　(c) 자발적으로 다른 사람들과 기쁨, 관심, 성취를 공유하지 못한다(예: 관심의 대상을 보여주거나 가져오거나 가리키지 못함).
　　(d) 사회적 또는 정서적 상호성이 결여되어 있다.
　(2) 의사소통의 질적인 손상이 다음 중 적어도 1개 항목으로 나타난다.
　　(a) 구어발달이 지체되거나 완전히 결여되어 있다(몸짓이나 흉내와 같은 대안적인 의사소통 방식으로 보상하려는 시도가 수반되지 않음).
　　(b) 적절하게 말을 하는 경우, 다른 사람들과 대화를 시작하거나 지속하는 능력에 현저한 손상이 있다.

〈표 부록 3-1〉 **계속됨**

　　(c) 언어 또는 특이한 언어를 상동적이고 반복적으로 사용한다.

　　(d) 발달수준에 적합한, 다양하고 자발적인 가장놀이나 사회적 모방놀이가 결여되어
　　　있다.

(3) 제한적이고 반복적이며 상동적인 행동, 관심, 및 활동이 다음 중 적어도 1개 항목으로
　나타난다.

　　(a) 강도나 초점에서 비정상적인, 한 가지 이상의 상동적이고 제한적인 관심에 집착
　　　한다.

　　(b) 특정한 비기능적인 일상활동이나 의식에 고집스럽게 매달린다.

　　(c) 상동적이고 반복적인 동작성 매너리즘(예: 손이나 손가락을 퍼덕거리거나 비꼬기,
　　　또는 복잡한 전신동작)을 보인다.

　　(d) 대상의 부분에 지속적으로 집착한다.

B. 3세 이전에 다음 영역 중 적어도 한 가지 영역에서 지체 또는 비정상적인 기능을 보인다.

　(1) 사회적 상호작용

　(2) 사회적 의사소통에서 사용되는 언어

　(3) 상징적이거나 상상적인 놀이

C. 장애가 레트장애 또는 아동기붕괴성장애로 더 잘 설명되지 않는다.

---

2. 레트장애(Rett's Disorder)

(1) 진단적 특징

　레트장애의 근본적인 특징은 출생 후 정상적인 기능을 보이는 일정한 기간이 지난
뒤 다양한 특정 결함이 나타나는 것이다. 이 장애가 있는 사람들은 출산 전 기간과 출
산 전후 기간이 명백하게 정상적이며(진단준거 A1), 생후 첫 5개월간에 걸쳐 정신운
동성 발달이 정상적으로 이루어진다(진단준거 A2). 출생 시 머리둘레도 정상범위 내
에 속한다(진단준거 A3). 생후 5~48개월 사이에 머리성장이 감속한다(진단준거 B1).
생후 5~30개월 사이에 이전에 습득된 의미 있는 손 기술이 상실되고 뒤이어 손을 비
틀거나 또는 손을 씻는 행동과 유사한 특징적인 상동적 손동작이 발달한다(진단준거
B2). 장애가 경과하면서 나중에 사회적 상호작용이 종종 발달할 수는 있으나 장애가
출현한 후 몇 년 동안 사회환경에 대한 관심이 감소한다(진단준거 B3). 걸음걸이나 몸

동작의 협응에 문제가 나타난다(진단준거 B4). 심한 정신운동성 지체와 함께 표현언어와 수용언어의 발달에서도 심한 손상을 보인다(진단준거 B5).

(2) 관련 특징 및 장애

레트장애는 전형적으로 중도 또는 최중도 정신지체를 동반하는데, 만일 정신지체가 존재한다면 이는 축 II에 기재되어야 한다. 이 장애와 관련되는 특정 검사소견은 없다. 레트장애가 있는 사람들에 있어서 비정상적 뇌파와 발작장애의 빈도가 증가할 수 있다. 뇌영상에서 불특정 이상이 보고되어 왔다.

(3) 출현율

자료는 대부분 사례보고에 제한되어 있는데, 레트장애는 자폐장애보다 훨씬 덜 흔하다. 이 장애는 여성에게서만 보고되어 왔다.

(4) 경과

발달적 퇴행 양상이 매우 뚜렷하다. 레트장애는 4세 이전에 출현하는데, 보통 생후 첫 1년 또는 2년 중에 나타난다. 이 장애의 지속기간은 평생이며 기술상실은 일반적으로 지속적이고 점진적이다. 아동기 후기 또는 청소년기에 접어들면서 아주 미미한 발달이 나타나거나 사회적 상호작용에 대한 관심이 관찰될 수도 있으나 대부분의 경우에 회복은 매우 제한적이다. 의사소통 및 행동에서의 어려움은 보통 평생에 걸쳐 비교적 일정하게 남는다.

(5) 감별진단

정상적인 발달과정에서도 발달적으로 퇴행하는 시기가 관찰될 수 있으나 레트장애에서와 같이 심하거나 지속적이지는 않다. 레트장애와 **자폐장애**의 감별진단에 대해서는 69쪽(저자주: 이 책에서는 339쪽)을 참조하라. 레트장애는 특징적 성비, 출현시기, 그리고 결함양상으로 **아동기붕괴성장애** 및 **아스퍼거장애**와 구별된다. 레트장애는 여성에게서만 진단되어 온 반면 아동기붕괴성장애와 아스퍼거장애는 남성에게서 더 흔한 것으로 보인다. 레트장애 증상의 출현은 빠르면 생후 5개월부터 시작될 수 있는데 비해 아동기붕괴성장애에서는 정상발달 기간이 전형적으로 더 연장된다(즉, 적어도 2세까지). 레트장애에서는 특징적 양상으로 머리성장의 감속, 이전에 습득된 의미

있는 손 기술의 상실, 협응이 서툰 걸음걸이나 몸동작이 나타난다. 아스퍼거장애와
는 대조적으로 레트장애는 표현언어와 수용언어의 발달에서 심한 손상을 보이는 것
이 특징이다.

〈표 부록 3-2〉 **레트장애의 진단준거**

A. 다음의 모든 항목이 해당된다.
   (1) 명백하게 정상적인 출산 전 및 출산 전후 발달
   (2) 출생 후 첫 5개월 동안 명백하게 정상적인 정신운동성 발달
   (3) 출생 시 정상적인 머리둘레

B. 정상적인 발달기간이 지난 후 다음의 모든 항목이 나타난다.
   (1) 생후 5~48개월 사이에 머리성장의 감속
   (2) 생후 5~30개월 사이에 이전에 습득된 손 기술의 상실과 뒤따르는 상동적 손동작의 발
      달(예: 손 비틀기나 손 씻기)
   (3) 출현 초기 사회적 참여의 상실(후에 사회적 상호작용이 흔히 발달하지만)
   (4) 협응이 서툰 걸음걸이나 몸동작
   (5) 심한 정신운동성 지체와 함께 표현언어와 수용언어 발달의 심한 손상

3. 아동기붕괴성장애(Childhood Disintegrative Disorder)

(1) 진단적 특징

아동기붕괴성장애의 근본적인 특징은 적어도 2년 동안 명백한 정상발달이 이루어
진 후 다양한 기능영역에서의 현저한 퇴행이 나타나는 것이다(진단준거 A). 명백한 정
상발달은 연령에 적절한 언어적/비언어적 의사소통, 사회적 관계, 놀이, 적응행동으
로 드러난다. 생후 첫 2년 후(그러나 10세 이전)에 아동은 표현언어 또는 수용언어, 사
회적 기술 또는 적응행동, 대변 또는 방광 통제, 놀이, 또는 운동기술 가운데 적어도
두 가지 영역에서 이전에 습득한 기술을 임상적으로 유의미한 수준에서 상실한다(진
단준거 B). 이 장애가 있는 사람은 자폐장애에서 일반적으로 관찰되는 사회적 결함,
의사소통 결함, 및 행동특징을 보인다(66쪽 참조)(저자주: 이 책에서는 335쪽). 사회적
상호작용의 질적 손상(진단준거 C1), 의사소통의 질적 손상(진단준거 C2), 그리고 제한
적이고 반복적이며 상동적인 행동, 관심, 및 활동 패턴(진단준거 C3)이 나타난다. 이

장애는 다른 특정 전반적 발달장애 또는 조현병으로 더 잘 설명되지 않는다(진단준거 D). 이 상태는 또한 헬러증후군(Heller's syndrome), 유아형 치매(dementia infantilis), 또는 붕괴성 정신병(disintegrative psychosis)으로도 명명되어 왔다.

(2) 관련 특징 및 장애

아동기붕괴성장애는 일반적으로 중도 정신지체를 동반하는데, 만일 정신지체가 존재한다면 이는 축 II에 기재되어야 한다. 다양한 불특정 신경학적 증상 또는 징후가 관찰될 수 있다. 비정상적 뇌파와 발달장애의 빈도가 증가하는 것으로 보인다. 이 장애는 중추신경계 발달의 어떤 손상에 기인한 것으로 보이지만 정확한 기제는 확인되지 않고 있다. 이 상태는 발달적 퇴행을 설명할 수 있을지도 모르는 일반적인 의학적 상태(예: 이염성 백질이영양증, 실더병)를 가끔 동반한다. 그러나 대부분의 경우 광범위한 조사에서는 그러한 상태가 나타나지 않는다. 신경학적 또는 다른 일반적인 의학적 상태가 동반된다면 이는 축 III에 기재되어야 한다. 검사소견은 동반된 어떤 일반적인 의학적 상태라도 반영할 것이다.

(3) 출현율

역학조사가 제한되어 있지만 아동기붕괴성장애는 매우 드물고 자폐장애보다 훨씬 덜 흔한 것으로 보인다. 초기연구들은 동등한 성비를 제시하였으나 가장 최근의 자료에서는 남성에게서 더 흔하다.

(4) 경과

정의에 의하면, 아동기붕괴성장애는 출생 후 적어도 2년 동안의 정상발달 후에 증상이 나타나고 10세 이전에 출현하는 경우에 한해서만 진단될 수 있다. 정상발달 기간이 꽤 오래(5년 또는 그 이상) 지속되었을 때, 일반적인 의학적 상태를 평가하기 위한 철저한 신체적 검사와 신경학적 검사를 실시하는 것이 특히 중요하다. 대부분의 경우 3~4세에 출현하는데, 서서히 또는 갑작스럽게 출현할 수 있다. 전구(前驅) 징후로는 증가된 활동수준, 성마름, 불안이 포함될 수 있고 말과 다른 기술의 상실이 뒤따른다. 보통 기술의 상실은 고원상태에 이르게 되는데, 비록 거의 눈에 띄지는 않지만 고원상태에 이른 후에라도 약간의 제한적인 향상이 나타날 수 있다. 다른 경우, 특히 이 장애가 진행성 신경학적 상태를 동반하는 경우에는, 기술의 상실은 점진적으로 이루어진다. 이 장애는 연속적인 경과를 밟으며 대부분의 경우 평생 지속된다. 사회적·의사소통적·행동적 어려움은 평생에 걸쳐 비교적 일정하게 남는다.

(5) 감별진단

정상적인 발달과정에서도 발달적으로 퇴행하는 시기가 관찰될 수 있으나 아동기붕괴성장애에서와 같이 심하거나 지속적이지는 않다. 아동기붕괴성장애는 **다른 전반적 발달장애**와 구별되어야만 한다. **자폐장애**와의 감별진단을 위해서는 69쪽(저자주: 이 책에서는 339쪽)을 참조하라. **레트장애**와의 감별진단을 위해서는 72쪽(저자주: 이 책에서는 342쪽)을 참조하라. **아스퍼거장애**와는 대조적으로, 아동기붕괴성장애는 이전에 습득한 기술이 임상적으로 유의미한 수준에서 상실되는 특징을 보이며 정신지체를 동반할 가능성이 더 높다. 아스퍼거장애에서는 언어발달이 지연되지 않으며 발달기술이 현저하게 상실되지 않는다.

아동기붕괴성장애는 영아기 또는 아동기에 출현하는 **치매**와 구별되어야 한다. 치매는 일반적인 의학적 상태(예: 뇌외상)의 직접적인 생리적 영향으로 나타나는 반면 아동기붕괴성장애는 동반된 일반적인 의학적 상태 없이 전형적으로 나타난다.

〈표 부록 3-3〉 **아동기붕괴성장애의 진단준거**

A. 출생 후 적어도 2년 동안 명백한 정상발달이 이루어지는데, 이는 연령에 적절한 언어적/비언어적 의사소통, 사회적 관계, 놀이, 적응행동으로 나타난다.

B. 다음 영역 중 적어도 두 가지 영역에서 이전에 습득한 기술을 임상적으로 유의미한 수준에서 상실한다(10세 이전에).
  (1) 표현언어 또는 수용언어
  (2) 사회적 기술 또는 적응행동
  (3) 대변 또는 방광 통제
  (4) 놀이
  (5) 운동기술

C. 다음 영역 중 적어도 두 가지 영역에서 기능이상이 나타난다.
  (1) 사회적 상호작용의 질적 손상(예: 비언어적 행동의 손상, 또래관계 형성의 실패, 사회적 또는 정서적 상호성의 결여)
  (2) 의사소통의 질적 손상(예: 구어의 지체 또는 결여, 대화를 시작하거나 지속하지 못함, 상동적이고 반복적인 언어사용, 발달수준에 적합한 여러 가지 가장놀이의 결여)

〈표 부록 3-3〉 **계속됨**

　(3) 동작성 상동증과 매너리즘을 포함하는 제한적이고 반복적이며 상동적인 행동인 행동,
　　관심, 및 활동

D. 장애가 다른 특정 전반적 발달장애 또는 조현병으로 더 잘 설명되지 않는다.

4. 아스퍼거장애(Asperger's Disorder)

(1) 진단적 특징

아스퍼거장애의 근본적인 특징은 사회적 상호작용의 심하고 지속적인 손상(진단준거 A)과 제한적이고 반복적인 행동, 관심, 및 활동 패턴의 발달이다(진단준거 B)(진단준거 A와 B의 논의에 대해서는 66쪽[저자주: 이 책에서는 335쪽]의 자폐장애 참조). 이 장애는 사회적, 직업적, 또는 다른 중요한 기능영역에서 임상적으로 유의미한 손상을 초래해야 한다(진단준거 C). 자폐장애와는 대조적으로, 임상적으로 유의미한 언어지연은 없다(예: 2세까지 단단어가 사용되고 3세까지는 의사소통적인 구가 사용된다)(진단준거 D). 이에 더하여, 인지적 발달 또는 연령에 적절한 자조기술, 적응행동(사회적 상호작용과는 다른), 및 환경에 대한 관심의 발달에도 임상적으로 유의미한 지연이 없다(진단준거 E). 만약 다른 특정 전반적 발달장애나 조현병의 준거에 맞는다면 이 진단은 내리지 않는다(진단준거 F).

(2) 관련 특징 및 장애

아스퍼거장애는 축 III에 기재되어야 하는 일반적인 의학적 상태와 때로 동반되어 나타난다. 다양한 불특정 신경학적 증상 또는 징후가 나타날 수도 있고 운동성 발달과제가 지연될 수 있으며 서투른 동작이 흔히 관찰된다.

(3) 출현율

아스퍼거장애의 출현율에 대한 정보는 제한되어 있으나 남성에게서 더 흔한 것으로 보인다.

(4) 경과

아스퍼거장애는 자폐장애보다 다소 늦게 출현하거나 적어도 다소 늦게 인식되는 것으로 보인다. 운동지연 또는 서투른 동작이 유아원 시기(저자주: 3~5세)에 발견되기도 한다. 사회적 상호작용의 어려움은 학교상황에서 더 명백해질 수 있다. 독특한 개인 특유의 관심이나 한정된 관심(예:기차 시간표에 매료됨)이 나타나거나 그와 같이 인식될 수도 있다. 성인이 되면 감정이입과 사회적 상호작용의 조절에 문제를 보이기도 한다. 이 장애는 명백히 연속적인 경과를 밟으며 대부분의 경우 평생 지속된다.

(5) 가계양상

유용한 자료가 제한되어 있기는 하지만, 아스퍼거장애가 있는 사람의 가족구성원에게서 이 장애의 빈도가 증가하는 것으로 보인다.

(6) 감별진단

다른 전반적 발달장애나 조현병 준거에 맞는다면 아스퍼거장애 진단은 내리지 않는다. 자폐장애와의 감별진단을 위해서는 69쪽(저자주: 이 책에서는 339쪽)을 참조하라. 레트장애와의 감별진단을 위해서는 72쪽(저자주: 이 책에서는 342쪽)을 참조하라. 아동기붕괴성장애와의 감별진단을 위해서는 74쪽(저자주: 이 책에서는 345쪽)을 참조하라. 아스퍼거장애는 강박장애 및 조현성 성격장애와 구별되어야 한다. 아스퍼거장애와 강박장애는 반복적이고 상동적인 행동 패턴을 공유한다. 강박장애와는 대조적으로, 아스퍼거장애는 사회적 상호작용의 질적인 손상과 더 제한된 관심 및 활동 패턴을 보이는 특징이 있다. 조현성 성격장애와는 대조적으로, 아스퍼거장애는 상동적인 행동 및 관심 그리고 더 심하게 손상된 사회적 상호작용을 보이는 특징이 있다.

〈표 부록 3-4〉 **아스퍼거장애의 진단준거**

A. 사회적 상호작용의 질적인 손상이 다음 중 적어도 2개 항목으로 나타난다.
   (1) 사회적 상호작용을 조절하기 위한 눈맞춤, 얼굴표정, 몸자세, 몸짓과 같은 다양한 비언어적 행동의 사용에 현저한 손상이 있다.
   (2) 발달수준에 적합한 또래관계를 형성하지 못한다.
   (3) 자발적으로 다른 사람들과 기쁨, 관심, 성취를 공유하지 못한다(예: 관심의 대상을 보여주거나 가져오거나 가리키지 못함).
   (4) 사회적 또는 정서적 상호성이 결여되어 있다.

〈표 부록 3-4〉 **계속됨**

B. 제한적이고 반복적이며 상동적인 행동, 관심, 및 활동이 다음 중 적어도 1개 항목으로 나타
난다.
(1) 강도나 초점에 있어서 비정상적인, 한 가지 이상의 상동적이고 제한적인 관심에 집착
한다.
(2) 특정한 비기능적인 일상활동이나 의식에 고집스럽게 매달린다.
(3) 상동적이고 반복적인 동작성 매너리즘(예: 손이나 손가락을 퍼덕거리거나 비꼬기, 또
는 복잡한 전신동작)을 보인다.
(4) 대상의 부분에 지속적으로 집착한다.

C. 장애가 사회적, 직업적, 또는 다른 중요한 기능영역에서 임상적으로 유의미한 손상을 초래
한다.

D. 임상적으로 유의미한 일반적 언어지연은 없다(예: 2세까지 단단어가 사용되고 3세까지는
의사소통적인 구가 사용된다).

E. 인지적 발달 또는 연령에 적절한 자조기술, 적응행동(사회적 상호작용과는 다른), 및 환경
에 대한 호기심의 발달에 임상적으로 유의미한 지연이 없다.

F. 다른 특정 발달장애나 조현병의 준거에 맞지 않는다.

5. 불특정 전반적 발달장애-비전형 자폐증 포함
(Pervasive Developmental Disorder Not Otherwise Specified-Including Atypical Autism)

이 범주는 상호적인 사회적 상호작용이나 언어적 또는 비언어적 의사소통기술의 발달에 심하고 전반적인 손상이 있을 때 또는 상동적인 행동, 관심, 및 활동이 있을 때 사용되어야 하지만 특정 전반적 발달장애, 조현병, 조현형 성격장애, 또는 회피성 성격장애의 준거에 맞지 않을 때 사용된다. 예를 들어, 이 범주는 늦은 출현연령, 비전형적인 증상, 또는 역치하(閾値下) 증상, 혹은 이 세 가지 모두 때문에 자폐장애의 준거에 맞지 않는 경우인 '비전형 자폐증'을 포함한다.

Understanding Autism Spectrum Disorders

전반적 발달장애(DSM-IV-TR)

「정신장애의 진단 및 통계 편람-제4판-수정판」(Diagnostic and Statistical Manual of Mental Disorders-Fourth Edition-Text Revision: DSM-IV-TR)(APA, 2000)은 전반적 발달장애(pervasive developmental disorders: PDDs)를 다음과 같이 기술하고 있다.

전반적 발달장애(Pervasive Developmental Disorders)

전반적 발달장애는 여러 발달영역, 즉 상호적인 사회적 상호작용 기술과 의사소통 기술에 심각하고 전반적인 손상이 있거나 상동적인 행동, 관심, 및 활동이 있는 것이 특징이다. 이러한 상태를 정의하는 질적인 손상은 개인의 발달수준과 정신연령에 비해 명백하게 일탈되어 있다. 전반적 발달장애에는 자폐장애, 레트장애, 아동기 붕괴성장애, 아스퍼거장애, 불특정 전반적 발달장애가 포함된다. 이러한 장애들은 보통 생의 초기부터 분명히 나타나며 어느 정도의 정신지체와 흔히 연관되어 있는데, 만일 정신지체가 있다면, 정신지체는 축 II에 기재되어야 한다. 전반적 발달장애는 다른 일반적인 의학적 상태(예: 염색체 이상, 선천적 감염, 중추신경계의 구조적 이상)의 다양한 집단에서도 이따금 관찰된다. 만약 그러한 의학적 상태가 있다면 이는 축 III에 기재되어야 한다. 비록 한때는 '정신병(psychosis)'이나 '아동기 조현병(childhood schizophrenia)'과 같은 용어들이 이러한 상태에 있는 개인들을 지칭하기 위해 사용되기도 했으나 전반적 발달장애가 조현병과는 별개의 것임을 시사하는 상당한 증거가 있다(그러나 가끔 전반적 발달장애가 있는 개인이 나중에 조현병을 보일 수도 있다).

1. 자폐장애(Autistic Disorder)

(1) 진단적 특징

자폐장애의 근본적인 특징은 사회적 상호작용과 의사소통의 발달이 현저하게 비정상적이거나 손상되어 있으며 활동과 관심의 레퍼토리가 현저하게 제한되어 있는 것이다. 장애의 표현은 개인의 발달수준과 생활연령에 따라 매우 다양하다. 자폐장애는 때로 조기 유아자폐증(early infantile autism), 아동기 자폐증(childhood autism), 또는 Kanner 자폐증(Kanner's autism)으로 불리기도 한다.

상호적인 사회적 상호작용의 손상은 광범위하고 지속적이다. 사회적 상호작용과 의사소통을 조절하기 위해 다양한 비언어적 행동(예: 눈맞춤, 얼굴표정, 몸자세와 몸짓)을 사용하는 데 현저한 손상이 있다(진단준거 A1a). 연령에 따라 다른 형태를 취할 수 있는, 발달수준에 적합한 또래관계의 형성에 실패할 가능성이 있다(진단준거 A1b). 연령이 보다 낮은 경우 우정을 형성하는 데 거의 관심이 없거나 전혀 관심이 없을 수 있다. 연령이 보다 높은 경우는 우정에 관심은 있을 수 있으나 사회적 상호작용의 관례에 대한 이해가 결여되어 있다. 자발적으로 다른 사람들과 기쁨, 관심, 또는 성취 등을 공유하지 못할 수도 있다(예: 흥미롭다고 생각되는 사물을 보여주거나 가져오거나 가리키지 않는다)(진단준거 A1c). 사회적 또는 정서적 상호성이 결여되어 있을 수 있다(예: 간단한 사회적 놀이나 게임에 적극적으로 참여하지 않거나, 단독활동을 선호하거나, 또는 단지 도구나 '기계적인' 보조수단으로 다른 사람들을 활동에 참여시킨다)(진단준거 A1d). 흔히 다른 사람들에 대한 인식이 현저하게 손상되어 있다. 이 장애가 있는 개인은 다른 아동들(형제 포함)을 망각하거나 다른 사람들의 욕구에 대한 개념이 없거나 또는 다른 사람의 고통을 알아차리지 못할 수 있다.

또한 의사소통의 손상도 현저하고 지속적이며 이러한 손상은 언어적 기술과 비언어적 기술 모두에 영향을 미친다. 구어발달이 지체되거나 완전히 결여될 수 있다(진단준거 A2a). 말을 하는 경우 다른 사람들과의 대화를 시작 또는 지속하는 능력에 현저한 손상이 있거나(진단준거 A2b), 언어 또는 특이한 언어를 상동적이고 반복적으로 사용하기도 한다(진단준거 A2c). 발달수준에 적합한, 다양하고 자발적인 가장놀이나 사회적 모방놀이가 결여되어 있을 수 있다(진단준거 A2d). 말이 발달할 때 음고, 억양, 속도, 음률, 또는 강세가 비정상적일 수 있다(예: 음조가 단조롭거나 상황에 부적절할 수 있으며 또는 질문하는 것처럼 말의 끝을 올릴 수 있다). 문법구조는 흔히 미숙한데 상동적이고 반복적으로 언어를 사용하거나(예: 의미와 상관없이 단어나 구를 반복하기, 운율적으로 동일한 음이나 광고방송용 문구를 반복하기) 특이한 언어(예: 개인의 의사소통 방식에 친숙한 사람들에게만 의미가 있는 언어)를 사용한다. 언어이해는 흔히 매우 지체되어 있으며 간단한 질문이나 지시를 이해하지 못할 수도 있다. 언어의 화용론(사회적 사용)에서의 장애도 흔히 나타나는데, 이러한 장애는 발과 몸짓을 통합하지 못하거나 농담 또는 말의 비문자적 측면(예: 풍자 또는 함축된 의미)을 이해하지 못하는 것으로 드러난다. 상상놀이는 흔히 부재하거나 현저하게 손상되어 있다. 또한 이들은 영아기 또는 유아기의 단순한 모방게임이나 일상활동에 참여하지 않거나 맥락과 무관하게 또는 기계적인 방식으로만 모방게임이나 일상활동을 하는 경향이 있다.

자폐장애가 있는 사람들은 제한적이고 반복적이며 상동적인 패턴의 행동, 관심, 및 활동을 나타낸다. 강도나 초점에서 비정상적인, 한 가지 이상의 상동적이고 제한적인 관심에 집착하거나(진단준거 A3a), 특정한 비기능적인 일상활동이나 의식에 고집스럽게 매달리거나(진단준거 A3b), 상동적이고 반복적인 동작성 매너리즘을 보이거나(진단준거 A3c), 또는 사물의 부분에 지속적으로 집착한다(진단준거 A3d). 또한 현저하게 제한된 범위의 관심을 보이며 흔히 한 가지 편협된 관심에 몰두한다(예: 날짜, 전화번호, 라디오방송국 호출부호). 일정한 수의 놀이기구를 되풀이하여 똑같은 방식으로 정렬하거나 텔레비전 배우의 행동을 반복적으로 모방하기도 한다. 또한 동일성을 고집하고 사소한 변화에 저항하거나 괴로워할 수 있다(예: 어린 아동은 가구의 재배치나 식탁의 새로운 식기세트와 같은 사소한 환경변화에 파국반응을 보일 수 있다). 흔히 비기능적인 일상활동이나 의식에 관심을 보이거나 틀에 박힌 일상활동을 비합리적으로 고집한다(예: 등교할 때 매일 똑같은 길로 가기). 상동적인 신체 동작이 손(손뼉치기, 손가락 끝으로 가볍게 튀기기)이나 전신(흔들기, 기울이기, 돌리기)에서 나타난다. 비정상적인 자세(예: 첨족보행, 기이한 손동작 및 몸자세)를 취할 수도 있다. 이들은 대상의 부분(예: 단추, 신체부위)에 지속적으로 집착한다. 또한 움직임(예: 장난감 바퀴 돌리기, 문 여닫기, 선풍기나 빠르게 회전하는 다른 사물)에 매료되어 있을 수도 있다. 어떤 생명이 없는 대상(예: 한 조각의 끈이나 고무밴드)에 강한 애착을 보이기도 한다.

이 장애는 3세 이전에 다음 중 적어도 한 가지(흔히는 여러 가지) 영역에서 지연 또는 비정상적인 기능을 보여야 한다: 사회적 상호작용, 사회적 의사소통에서 사용되는 언어, 상징적이거나 상상적인 놀이(진단준거 B). 약 20%의 사례에서 부모들이 1년 또는 2년간의 비교적 정상적인 발달기간을 보고하기도 하지만 대부분의 경우 명백한 정상적인 발달기간이 존재하지 않는다. 이러한 20%의 사례에서 부모들은 아동이 몇몇 단어를 습득한 뒤 이러한 단어들을 상실하거나 또는 발달적으로 정체되는 것처럼 보였다고 보고할 수 있다.

정의에 의하면, 만약 정상적인 발달기간이 있었다면 3세 이상 넘어갈 수 없다. 이 장애는 레트장애 또는 아동기붕괴성장애로 더 잘 설명되지 않아야 한다(진단준거 C).

(2) 관련 특징 및 장애

① 관련 서술적 특징 및 정신장애

대부분의 경우, 정신지체가 동반되는데 그 정도는 경도에서 최중도에 걸쳐 있다. 인지기술의 발달이 비정상적일 수 있다. 전반적 지능수준과 상관없이 인지기술들의 프로파일이 보통 고르지 않다(전형적으로 비언어적 기술보다 언어적 기술이 더 빈약). 때로는 특별한 기술이 나타나기도 한다(예: 자폐장애가 있는 $4\frac{1}{2}$세 여아가 읽은 내용의 의미에 대한 최소한의 이해만으로 문서를 '해독'할 수 있거나[과잉언어증] 또는 10세 남아가 놀랄 만한 날짜계산[일력계산] 능력을 보일 수 있다). 단단어(표현 또는 수용) 어휘 추정치가 항상 언어수준에 대한 좋은 추정치는 아니다(즉, 실제 언어기술은 훨씬 더 낮은 수준일 수 있다).

자폐장애가 있는 사람들은 다양한 행동증상(예: 과잉행동, 짧은 주의집중 시간, 충동성, 공격성, 자해행동)을 보일 수 있으며, 특히 어린 아동들의 경우 분노발작을 일으킬 수 있다. 감각자극에 대한 기이한 반응(예: 통증에 대한 높은 역치, 소리 또는 접촉에 대한 과민감성, 빛 또는 냄새에 대한 과장된 반응, 특정 자극에의 매료)이 나타날 수도 있다. 섭식에 이상이 있거나(예: 일부 음식에 국한된 식사, 이식증) 수면에 이상이 있기도 하다(예: 몸을 흔들면서 밤에 반복하여 깨기). 기분 또는 감정에도 이상을 보일 수 있다(예: 뚜렷한 이유도 없이 킬킬 웃거나 울기, 정서적 반응의 명백한 부재). 실제적인 위험에 대해서는 공포반응이 결여되어 있고 해롭지 않은 대상에 대해서는 과도한 무서움을 보이기도 한다. 다양한 자해행동(예: 머리찧기, 손가락이나 손 또는 손목 물기)을 보일 수 있다.

자폐장애가 있는 사람들 중 지적인 통찰력을 갖춘 경우 청소년기나 이른 성인기에 자신의 심각한 손상을 인식하면서 우울해질 수 있다.

② 관련 검사소견

자폐장애가 일반적인 의학적 상태를 동반하고 있을 경우 그것과 일치하는 검사소견이 관찰될 것이다. 세로토닌 활성도의 측정치에서 집단 간 차이가 있다고 보고되어 왔으나 이러한 보고가 자폐장애의 진단에 도움이 되는 것은 아니다. 영상연구에서는 어떤 경우는 비정상적이지만 명확하게 확인된 특정 패턴은 없다. 발작장애가 없는 경우라 하더라도 뇌파에서의 이상이 흔히 나타난다.

③ 관련 신체검사 결과 및 일반적인 의학적 상태

다양한 일반적인 신경학적 증상 또는 징후(예: 원시반사, 손 우성의 발달 지연)가 자폐장애에서 나타날 수 있다. 이러한 상태는 때로 신경학적 또는 다른 일반적인 의학적 상태(예: X결함 증후군, 결절성 경화증)와 연관되어 관찰된다.

발작은, 특히 청소년기에, 25% 정도 나타나며 소두증과 대두증 모두 관찰된다. 다른 일반적인 의학적 상태가 있을 경우 축 III에 기재되어야 한다.

(3) 특정 연령 및 성별 특징

자폐장애에서 사회적 상호작용 손상의 특징은 시간에 따라 변할 수 있으며 개인의 발달수준에 따라 다양하다. 영아들의 경우에 껴안지 못하기, 애정이나 신체적 접촉에 대한 무관심 또는 혐오, 눈맞춤이나 표정반응 또는 사회적 미소의 결여, 부모의 목소리에 대해 반응하지 못하기 등이 나타날 수 있다. 그 결과, 부모들은 처음에 영아가 농아인지 걱정하기도 한다. 이 장애가 있는 어린 아동들은 성인을 교체할 수 있는 대상으로 취급하거나 특정 사람에게 기계적으로 매달릴 수 있으며, 또한 눈맞춤은 전혀 하지 않으면서 원하는 물건을 얻기 위해 부모의 손을 이용할 수도 있다(관련된 것이 마치 사람이 아닌 손인 것처럼). 발달의 진행과정에서 아동은 사회적 상호작용에 수동적으로 참여하려는 의도를 더 보일 수 있으며 사회적 상호작용에 더 관심을 가질 수도 있다. 그러나 그와 같은 경우에도 아동은 다른 사람들을 이례적인 방식으로 취급하는 경향이 있다(예: 의례적인 질문에 다른 사람들이 특정 방식으로 대답하기를 기대함, 다른 사람들의 영역을 거의 지각하지 못함, 사회적 상호작용에서 부적절한 개입을 함). 연령이 좀 더 높은 아동들은 장기기억이 연루되는 과제(예: 기차 시간표, 역사적 연대, 화학공식, 또는 수년 전에 들은 노래의 정확한 가사 기억하기)에서는 탁월할 수 있으나 사회적 맥락에 따른 적절성과 상관없이 정보를 계속해서 반복하는 경향이 있다. 이 장애의 비율은 남성이 여성보다 4~5배 더 높다. 그러나 여성에게서 더 심한 정신지체가 나타나는 경향이 있다.

(4) 출현율

역학연구에서 보고된 자폐장애 출현율의 중앙값은 10,000명당 5명이며 그 범위는 10,000명당 2~20명이다. 더 높게 보고된 출현율이 연구방법의 차이를 반영하는지 또는 증가된 장애빈도를 반영하는지는 분명하지 않다.

(5) 경과

정의에 의하면, 자폐장애는 3세 이전에 출현한다. 일부 부모들은 사회적 상호작용에 대한 아동의 관심 결여 때문에 출생 시부터 또는 출생한 지 얼마 지나지 않고부터 아동에 대해 걱정했다고 보고할 것이다. 영아기에 나타나는 증상은 2세 이후에 나타나는 증상에 비해 더 미묘하고 특정짓기 어렵다. 소수의 경우에 아동이 생후 첫 1년(심지어는 2년) 동안은 정상적으로 발달했다고 보고될 수도 있다. 자폐장애는 연속적인 경과를 밟는다. 학령기 아동과 성인들의 경우 일부 영역에서 발달이 이루어지는 것이 일반적이다(예: 학령기에 이르면서 사회적 기능에 대한 관심이 증가한다). 청소년기에 행동적으로 퇴행하는 아동이 있는 반면 향상되는 아동도 있다. 언어기술(예: 의사소통적 언어의 존재)과 전반적인 지적 수준은 궁극적인 예후와 관련된 가장 중요한 요인이다. 유용한 추적연구에 따르면 이 장애를 가진 사람들 중 소수만이 성인기에 독립적으로 생활하고 일을 하는데 약 1/3은 어느 정도의 부분적인 독립이 가능하다. 기능수준이 가장 높은 자폐장애가 있는 성인들의 경우에도 현저하게 제한된 관심 및 활동과 더불어 사회적 상호작용과 의사소통에서의 문제가 지속적으로 나타난다.

(6) 가계양상

자폐장애를 가진 사람의 형제들은 이 장애를 가질 위험이 높아지는데 약 5%의 형제가 역시 이 장애를 보인다. 영향을 받은 형제들은 또한 다양한 발달적 어려움의 위험도 있는 것으로 보인다.

(7) 감별진단

정상적인 발달과정에서도 발달적으로 퇴행하는 시기가 관찰될 수 있으나 자폐장애에서와 같이 심하거나 지속적이지는 않다. 자폐장애는 **다른 전반적 발달장애**와 구별되어야만 한다. **레트장애**는 특징적인 성비와 결함양상으로 자폐장애와 구별된다. 레트장애는 여성에게서만 진단되어 온 반면 자폐장애는 남성에게서 훨씬 더 많이 진단된다. 레트장애는 머리성장의 감속, 이전에 습득된 의미 있는 손 기술의 상실, 협응이 서툰 걸음걸이나 몸동작의 출현이 특징적이다. 특히 유아원 시기(저자주: 3~5세)에 레트장애가 있는 유아들은 자폐장애에서 관찰되는 것과 비슷한 사회적 상호작용의 어려움을 보일 수 있으나 이는 일시적인 경향이 있다. 자폐장애는 **아동기붕괴성장애**와 구별되는데, 후자는 적어도 생후 2년간의 정상발달 후에 여러 기능영역에서 명백한 퇴행 양상을 심하게 보인다. 자폐장애에서는 발달적 이상이 일반적으로 생후 첫 1년 이내에 나타난다. 초기 발달에 대한 정보가 없거나 요구되는 정상발달기간을 문서로 입증하는 것이 불가능한 경우에는 자폐장애의 진단을 내려야 한다. **아스퍼거장애**는 초기 언어발달에서 지연 또는 일탈이 없다는 점에서 자폐장애와 구별될 수 있다. 자폐장애의 준거에 맞는다면 아스퍼거장애로 진단되지 않는다.

아동기출현 **조현병**은 일반적으로 수년간의 정상 내지 정상에 가까운 발달이 이루어진 후 나타난다. 만약 자폐장애가 있는 사람이 적어도 1개월 동안 지속되는 현저한 망상과 환각의 활동기 증상과 함께 조현병의 특징적 증상을 보인다면 조현병 진단이 추가될 수 있다. **선택적 함구증**이 있는 아동은 보통 특정 상황에서는 적절한 의사소통 기술을 나타내며 자폐장애와 관련되는 심한 사회적 상호작용의 손상과 제한된 행동패턴은 보이지 않는다. **표현성 언어장애와 혼합형 수용–표현성 언어장애**에서는 언어손상은 있으나 이것이 사회적 상호작용의 질적인 손상과 제한적·반복적·상동적 행동패턴과 관련되어 있지는 않다. **정신지체**가 있는 경우, 특히 중도나 최중도 정신지체가 있는 경우, 자폐장애 진단을 추가할 것인가를 결정하는 것이 때로는 어렵다. 자폐장애 진단은 자폐장애에서 특징적으로 나타나는 사회기술 및 의사소통기술의 질적인 결함과 특정 행동이 있을 경우에 추가된다. 운동의 상동성은 자폐장애의 특징인데, 운동의 상동성이 자폐장애의 일부로서 더 잘 설명되는 경우에는 **상동적 운동장애** 진단이 추가되지 않는다. 과잉행동과 부주의 증상이 자폐장애에서 흔하게 나타나지만 자폐장애로 진단되었다면 **주의력결핍과잉행동장애** 진단은 내리지 않는다.

〈표 부록 4-1〉 **자폐장애의 진단준거**

A. (1), (2), (3)에서 총 6개(또는 그 이상) 항목, 적어도 (1)에서 2개 항목, 그리고 (2)와 (3)에서 각각 1개 항목이 충족되어야 한다.

    (1) 사회적 상호작용의 질적인 손상이 다음 중 적어도 2개 항목으로 나타난다.

        (a) 사회적 상호작용을 조절하기 위한 눈맞춤, 얼굴표정, 몸자세, 몸짓과 같은 다양한 비언어적 행동의 사용에 현저한 손상이 있다.

        (b) 발달수준에 적합한 또래관계를 형성하지 못한다.

        (c) 자발적으로 다른 사람들과 기쁨, 관심, 성취를 공유하지 못한다(예: 관심의 대상을 보여주거나 가져오거나 가리키지 못함).

        (d) 사회적 또는 정서적 상호성이 결여되어 있다.

    (2) 의사소통의 질적인 손상이 다음 중 적어도 1개 항목으로 나타난다.

        (a) 구어발달이 지체되거나 완전히 결여되어 있다(몸짓이나 흉내와 같은 대안적인 의사소통 방식으로 보상하려는 시도가 수반되지 않음).

        (b) 적절하게 말을 하는 경우, 다른 사람들과 대화를 시작하거나 지속하는 능력에 현저한 손상이 있다.

        (c) 언어 또는 특이한 언어를 상동적이고 반복적으로 사용한다.

        (d) 발달수준에 적합한, 다양하고 자발적인 가장놀이나 사회적 모방놀이가 결여되어 있다.

    (3) 제한적이고 반복적이며 상동적인 행동, 관심, 및 활동이 다음 중 적어도 1개 항목으로 나타난다.

        (a) 강도나 초점에서 비정상적인, 한 가지 이상의 상동적이고 제한적인 관심에 집착한다.

        (b) 특정한 비기능적인 일상활동이나 의식에 고집스럽게 매달린다.

        (c) 상동적이고 반복적인 동작성 매너리즘(예: 손이나 손가락을 퍼덕거리거나 비꼬기, 또는 복잡한 전신동작)을 보인다.

        (d) 대상의 부분에 지속적으로 집착한다.

B. 3세 이전에 다음 영영 중 적어도 한 가지 영역에서 지체 또는 비정상적인 기능을 보인다.

    (1) 사회적 상호작용

    (2) 사회적 의사소통에서 사용되는 언어

    (3) 상징적이거나 상상적인 놀이

C. 장애가 레트장애 또는 아동기붕괴성장애로 더 잘 설명되지 않는다.

2. 레트장애(Rett's Disorder)

(1) 진단적 특징

레트장애의 근본적인 특징은 출생 후 정상적인 기능을 보이는 일정한 기간이 지난 뒤 다양한 특정 결함이 나타나는 것이다. 이 장애가 있는 사람들은 출산 전 기간과 출산 전후 기간이 명백하게 정상적이며(진단준거 A1), 생후 첫 5개월간에 걸쳐 정신운동성 발달이 정상적으로 이루어진다(진단준거 A2). 출생 시 머리둘레도 정상범위 내에 속한다(진단준거 A3). 생후 5~48개월 사이에 머리성장이 감속한다(진단준거 B1). 생후 5~30개월 사이에 이전에 습득된 의미 있는 손 기술이 상실되고 뒤이어 손을 비틀거나 또는 손을 씻는 행동과 유사한 특징적인 상동적 손동작이 발달한다(진단준거 B2). 장애가 경과하면서 나중에 사회적 상호작용이 종종 발달할 수는 있으나 장애가 출현한 후 몇 년 동안 사회환경에 대한 관심이 감소한다(진단준거 B3). 걸음걸이나 몸동작의 협응에 문제가 나타난다(진단준거 B4). 심한 정신운동성 지체와 함께 표현언어와 수용언어의 발달에서도 심한 손상을 보인다(진단준거 B5).

(2) 관련 특징 및 장애

레트장애는 전형적으로 중도 또는 최중도 정신지체를 동반하는데, 만일 정신지체가 존재한다면 이는 축 II에 기재되어야 한다. 이 장애와 관련되는 특정 검사소견은 없다. 레트장애가 있는 사람들에 있어서 비정상적 뇌파와 발작장애의 빈도가 증가할 수 있다. 뇌영상에서 불특정 이상이 보고되어 왔다. 예비자료에 의하면 유전적 돌연변이가 레트장애 일부 사례의 원인으로 보인다.

(3) 출현율

자료는 대부분 사례보고에 제한되어 있는데, 레트장애는 자폐장애보다 훨씬 덜 흔하다. 이 장애는 여성에게서만 보고되어 왔다.

(4) 경과

발달적 퇴행 양상이 매우 뚜렷하다. 레트장애는 4세 이전에 출현하는데, 보통 생후 첫 1년 또는 2년 중에 나타난다. 이 장애의 지속기간은 평생이며 기술상실은 일반적으로 지속적이고 점진적이다. 아동기 후기 또는 청소년기에 접어들면서 아주 미미한 발달이 나타나거나 사회적 상호작용에 대한 관심이 관찰될 수도 있으나 대부분의 경우에 회복은 매우 제한적이다. 의사소통 및 행동에서의 어려움은 보통 평생에 걸쳐 비교적 일정하게 남는다.

(5) 감별진단

정상적인 발달과정에서도 발달적으로 퇴행하는 시기가 관찰될 수 있으나 레트장애에서와 같이 심하거나 지속적이지는 않다. 레트장애와 **자폐장애**의 감별진단에 대해서는 74쪽(저자주: 이 책에서는 355쪽)을 참조하라. 레트장애는 특징적 성비, 출현시기, 그리고 결함양상으로 **아동기붕괴성장애** 및 **아스퍼거장애**와 구별된다. 레트장애는 여성에게서만 진단되어 온 반면 아동기붕괴성장애와 아스퍼거장애는 남성에게서 더 흔한 것으로 보인다. 레트장애 증상의 출현은 빠르면 생후 5개월부터 시작될 수 있는 데 비해 아동기붕괴성장애에서는 정상발달 기간이 전형적으로 더 연장된다(즉, 적어도 2세까지). 레트장애에서는 특징적 양상으로 머리성장의 감속, 이전에 습득된 의미있는 손 기술의 상실, 협응이 서툰 걸음걸이나 몸동작이 나타난다. 아스퍼거장애와는 대조적으로 레트장애는 표현언어와 수용언어의 발달에서 심한 손상을 보이는 것이 특징이다.

〈표 부록 4-2〉 레트장애의 진단준거

A. 다음의 모든 항목이 해당된다.
  (1) 명백하게 정상적인 출산 전 및 출산 전후 발달
  (2) 출생 후 첫 5개월 동안 명백하게 정상적인 정신운동성 발달
  (3) 출생 시 정상적인 머리둘레
B. 정상적인 발달기간이 지난 후 다음의 모든 항목이 나타난다.
  (1) 생후 5~48개월 사이에 머리성장의 감속
  (2) 생후 5~30개월 사이에 이전에 습득된 손 기술의 상실과 뒤따르는 상동적 손동작의 발달(예: 손 비틀기나 손 씻기)
  (3) 출현 초기 사회적 참여의 상실(후에 사회적 상호작용이 흔히 발달하지만)
  (4) 협응이 서툰 걸음걸이나 몸동작
  (5) 심한 정신운동성 지체와 함께 표현언어와 수용언어 발달의 심한 손상

3. 아동기붕괴성장애(Childhood Disintegrative Disorder)

(1) 진단적 특징

아동기붕괴성장애의 근본적인 특징은 적어도 2년 동안 명백한 정상발달이 이루어진 후 다양한 기능영역에서의 현저한 퇴행이 나타나는 것이다(진단준거 A). 명백한 정상발달은 연령에 적절한 언어적/비언어적 의사소통, 사회적 관계, 놀이, 적응행동으로 드러난다. 생후 첫 2년 후(그러나 10세 이전)에 아동은 표현언어 또는 수용언어, 사회적 기술 또는 적응행동, 대변 또는 방광 통제, 놀이, 또는 운동기술 가운데 적어도 두 가지 영역에서 이전에 습득한 기술을 임상적으로 유의미한 수준에서 상실한다(진단준거 B). 가장 전형적으로는 거의 모든 영역에서 습득된 기술이 상실된다.

이 장애가 있는 사람은 자폐장애에서 일반적으로 관찰되는 사회적 결함, 의사소통 결함, 및 행동특징을 보인다(70쪽 참조)(저자주: 이 책에서는 350쪽). 사회적 상호작용의 질적 손상(진단준거 C1), 의사소통의 질적 손상(진단준거 C2), 그리고 제한적이고 반복적이며 상동적인 행동, 관심, 및 활동 패턴(진단준거 C3)이 나타난다. 이 장애는 다른 특정 전반적 발달장애 또는 조현병으로 더 잘 설명되지 않는다(진단준거 D). 이 상태는 또한 헬러증후군(Heller's syndrome), 유아형 치매(dementia infantilis), 또는 붕괴성 정신병(disintegrative psychosis)으로도 명명되어 왔다.

(2) 관련 특징 및 장애

아동기붕괴성장애는 일반적으로 중도 정신지체를 동반하는데, 만일 정신지체가 존재한다면 이는 축 II에 기재되어야 한다. 다양한 불특정 신경학적 증상 또는 징후들이 관찰될 수 있다. 비정상적 뇌파와 발달장애의 빈도가 증가하는 것으로 보인다. 이 장애는 중추신경계 발달의 어떤 손상에 기인한 것으로 보이지만 정확한 기제는 확인되지 않고 있다. 이 상태는 발달적 퇴행을 설명할 수 있을지도 모르는 일반적인 의학적 상태(예: 이염성 백질이영양증, 실더병)를 가끔 동반한다. 그러나 대부분의 경우 광범위한 조사에서는 그러한 상태가 나타나지 않는다. 신경학적 또는 다른 일반적인 의학적 상태가 동반된다면 이는 축 III에 기재되어야 한다. 검사소견은 동반된 어떤 일반적인 의학적 상태라도 반영할 것이다.

(3) 출현율

역학조사가 제한되어 있지만 아동기붕괴성장애는 매우 드물고 자폐장애보다 훨씬 덜 흔한 것으로 보인다(비록 아동기붕괴성장애가 과소진단되는 것 같을지라도). 초기연구들은 동등한 성비를 제시하였으나 가장 최근의 자료에서는 남성에게서 더 흔하다.

(4) 경과

정의에 의하면, 아동기붕괴성장애는 출생 후 적어도 2년 동안의 정상발달 후에 증상이 나타나고 10세 이전에 출현하는 경우에 한해서만 진단될 수 있다. 정상발달 기간이 꽤 오래(5년 또는 그 이상) 지속되었을 때, 일반적인 의학적 상태를 평가하기 위한 철저한 신체적 검사와 신경학적 검사를 실시하는 것이 특히 중요하다. 대부분의 경우 3~4세에 출현하는데, 서서히 또는 갑작스럽게 출현할 수 있다. 전구(前驅) 징후로는 증가된 활동수준, 성마름, 불안이 포함될 수 있고 말과 다른 기술의 상실이 뒤따른다. 이 시기에 아동은 환경에 대한 관심도 잃어버릴 수 있다. 보통 기술의 상실은 고원상태에 이르게 되는데, 비록 거의 눈에 띠지는 않지만 고원상태에 이른 후에라도 약간의 제한적인 향상이 나타날 수 있다. 다른 경우, 특히 이 장애가 진행성 신경학적 상태를 동반하는 경우에는, 기술의 상실은 점진적으로 이루어진다. 이 장애는 연속적인 경과를 밟으며 대부분의 경우 평생 지속된다. 사회적 · 의사소통적 · 행동적 어려움은 평생에 걸쳐 비교적 일정하게 남는다.

(5) 감별진단

정상적인 발달과정에서도 발달적으로 퇴행하는 시기가 관찰될 수 있으나 아동기붕괴성장애에서와 같이 심하거나 지속적이지는 않다. 아동기붕괴성장애는 **다른 전반적 발달장애와 구별되어야만 한다. 자폐장애**와의 감별진단을 위해서는 74쪽(저자주: 이 책에서는 355쪽)을 참조하라. **레트장애**와의 감별진단을 위해서는 76쪽(저자주: 이 책에서는 358쪽)을 참조하라. **아스퍼거장애**와는 대조적으로, 아동기붕괴성장애는 이전에 습득한 기술이 임상적으로 유의미한 수준에서 상실되는 특징을 보이며 정신지체를 동반할 가능성이 더 높다. 아스퍼거장애에서는 언어발달이 지연되지 않으며 발달기술이 현저하게 상실되지 않는다.

아동기붕괴성장애는 영아기 또는 아동기에 출현하는 **치매**와 구별되어야 한다. 치매는 일반적인 의학적 상태(예: 뇌외상)의 직접적인 생리적 영향으로 나타나는 반면 아동기붕괴성장애는 동반된 일반적인 의학적 상태 없이 전형적으로 나타난다.

〈표 부록 4-3〉 아동기붕괴성장애의 진단준거

A. 출생 후 적어도 2년 동안 명백한 정상발달이 이루어지는데, 이는 연령에 적절한 언어적/비언어적 의사소통, 사회적 관계, 놀이, 적응행동으로 나타난다.

B. 다음 영역 중 적어도 두 가지 영역에서 이전에 습득한 기술을 임상적으로 유의미한 수준에서 상실한다(10세 이전에).
   (1) 표현언어 또는 수용언어
   (2) 사회적 기술 또는 적응행동
   (3) 대변 또는 방광 통제
   (4) 놀이
   (5) 운동기술

C. 다음 영역 중 적어도 두 가지 영역에서 기능이상이 나타난다.
   (1) 사회적 상호작용의 질적 손상(예: 비언어적 행동의 손상, 또래관계 형성의 실패, 사회적 또는 정서적 상호성의 결여)
   (2) 의사소통의 질적 손상(예: 구어의 지체 또는 결여, 대화를 시작하거나 지속하지 못함, 상동적이고 반복적인 언어사용, 발달수준에 적합한 여러 가지 가장놀이의 결여)
   (3) 동작성 상동증과 매너리즘을 포함하는 제한적이고 반복적이며 상동적인 행동인 행동, 관심, 및 활동

D. 장애가 다른 특정 전반적 발달장애 또는 조현병으로 더 잘 설명되지 않는다.

4. 아스퍼거장애(Asperger's Disorder)

(1) 진단적 특징

아스퍼거장애의 근본적인 특징은 사회적 상호작용의 심하고 지속적인 손상(진단준거 A)과 제한적이고 반복적인 행동, 관심, 및 활동 패턴의 발달이다(진단준거 B). 이 장애는 사회적, 직업적, 또는 다른 중요한 기능영역에서의 임상적으로 유의미한 손상을 초래해야 한다(진단준거 C). 자폐장애와는 대조적으로, 비록 사회적 의사소통의 좀 더 미묘한 측면이 손상될 수 있다 하더라도(예: 대화의 전형적인 주고받기), 언어습득에서 임상적으로 유의미한 지연이나 일탈은 없다(예: 2세까지 비반향적 단단어가 의사소통적

으로 사용되고 3세까지는 자발적인 의사소통적 구가 사용된다)(진단준거 D). 이에 더하여, 생후 첫 3년 동안 인지발달에서 임상적으로 유의미한 지연이 없는데, 이는 환경에 대한 정상적인 관심을 표현하거나 연령에 적절한 학습기술과 적응행동(사회적 상호작용과는 다른)을 습득하는 것으로 나타난다(진단준거 E). 마지막으로, 다른 특정 전반적 발달장애나 조현병의 준거에 맞지 않는다(진단준거 F). 이 상태는 또한 아스퍼거증후군으로도 명명된다.

상호적인 사회적 상호작용의 손상은 광범위하고 지속적이다. 사회적 상호작용과 의사소통을 조절하기 위해 다양한 비언어적 행동(예: 눈맞춤, 얼굴표정, 몸자세와 몸짓)을 사용하는 데 현저한 손상이 있다(진단준거 A1). 연령에 따라 다른 형태를 취할 수 있는, 발달수준에 적합한 또래관계의 형성에 실패할 가능성이 있다(진단준거 A2). 연령이 보다 낮은 경우 우정을 형성하는 데 거의 관심이 없거나 전혀 관심이 없을 수 있다. 연령이 보다 높은 경우는 우정에 관심은 있을 수 있으나 사회적 상호작용의 관례에 대한 이해가 결여되어 있다. 자발적으로 다른 사람들과 기쁨, 관심, 또는 성취 등을 공유하지 못할 수 있다(예: 흥미롭다고 생각되는 사물을 보여주거나 가져오거나 가리키지 않는다)(진단준거 A3). 사회적 또는 정서적 상호성이 결여되어 있을 수 있다(예: 간단한 사회적 놀이나 게임에 적극적으로 참여하지 않거나, 단독활동을 선호하거나, 또는 단지 도구나 '기계적인' 보조수단으로 다른 사람들을 활동에 참여시킨다)(진단준거 A4). 비록 아스퍼거장애의 사회적 결함이 심하고 자폐장애에서와 같은 방식으로 정의되기는 하지만, 사회적 상호성의 결핍은 사회적이고 정서적인 무관심보다는 다른 사람에 대한 기이하고 일방적인 사회적 접근(예: 다른 사람의 반응에 상관없이 대화의 주제를 추구하기)에 의해 더 전형적으로 드러난다.

자폐장애와 마찬가지로, 제한적이고 반복적인 행동, 관심, 및 활동 패턴을 보인다. 흔히 이러한 패턴은 자신이 많은 사실과 정보를 모을 수 있는 한정된 주제나 관심에 대한 집착의 발달에서 주로 드러난다(진단준거 B1). 이와 같은 관심과 활동은 종종 다른 활동을 배제할 만큼 아주 극단적으로 추구된다.

이 장애는 사회적응에서 임상적으로 유의미한 손상을 초래해야 하는데, 이러한 손상은 자급자족 또는 직업적이거나 다른 중요한 기능영역에 유의미한 영향을 미칠 수 있다(진단준거 C). 사회적 결함과 제한된 관심, 활동, 및 행동은 상당한 장애의 근원이다.

자폐장애와는 대조적으로, 초기 언어에서는 임상적으로 유의미한 지연이 없다(2세

까지 단단어가 사용되고 3세까지는 의사소통적인 구가 사용된다)(진단준거 D). 그 이후의
언어는 특정 주제에 대한 집착과 다변의 견지에서 비정상적일 수 있다. 의사소통의
어려움은 사회적 기능장애와 관례적 대화규칙의 이해 및 활용 실패, 비언어적 단서의
감지 실패, 제한된 자기감독 능력 등의 결과일 수 있다.

아스퍼거장애가 있는 사람은 인지적 발달 또는 연령에 적절한 자조기술, 적응행동
(사회적 상호작용과 다른), 및 환경에 대한 호기심의 발달에 임상적으로 유의미한 지연
이 없다(진단준거 E). 생후 첫 3년 동안 초기 언어 및 인지 기술이 정상범위 내에 있기
때문에, 비록 세부에 걸친 면담에서는 이례적인 행동들을 기억해 낼 수 있다 하더라
도, 일반적으로 이 시기에 부모나 양육자는 아동의 발달에 대해 염려하지 않는다. 아
동은 걷기 전에 말하는 것으로 묘사될 수 있으며 부모는 정말로 아동이 조숙한 것(예:
풍부한 또는 '성인의' 어휘력)으로 믿을 수 있다. 미묘한 사회적 문제는 있을 수 있으나
부모나 양육자는 흔히 아동이 유아원(저자주: 3~5세 아동을 위한 교육기관)에 다니기
시작하거나 같은 연령의 아동들에게 노출되고 나서야 비로소 걱정하는데, 이 시기에
또래들과의 사회적 어려움이 명백해질 수 있다.

정의에 의하면, 만약 다른 특정 전반적 발달장애나 조현병의 준거에 맞는다면 이
진단은 내리지 않는다(아스퍼거장애 출현이 조현병 출현보다 분명히 앞섰다면 아스퍼거장
애와 조현병 진단이 공존할 수 있다 하더라도)(진단준거 F).

(2) 관련 특징 및 장애

자폐장애와는 대조적으로, 비록 경도 정신지체가 나타나는 사례가 가끔 있기는 하
지만(예: 생후 첫 몇 년 동안 명백한 인지 및 언어 지연은 없이 학령기에 정신지체가 명백해
지는 경우), 아스퍼거장애에서는 정신지체가 보통 관찰되지 않는다. 인지기능의 가변
성이 관찰될 수 있는데, 흔히 언어 영역(예: 어휘력, 기계적인 청각적 기억)의 강세와 비
언어 영역(예: 시각–운동기술과 시각–공간기술)의 약세로 나타난다. 서투른 동작과 어
색한 동작이 나타날 수 있으나, 비록 동작문제가 또래거부와 사회적 고립을 초래할 수
있다 하더라도(예: 집단경기에 참여하지 못함), 보통 상대적으로 경미하다. 과잉행동과
부주의 증상이 아스퍼거장애에서 흔하게 나타나며, 정말로 이 장애가 있는 많은 사람
이 아스퍼거장애 진단에 앞서 주의력결핍과잉행동장애 진단을 받는다. 아스퍼거장애
는 우울장애를 포함하여 여러 가지 다른 정신장애를 동반하는 것으로 보고되어 왔다.

(3) 특정 연령 및 성별 특징

임상상(臨床像)(저자주: 임상적인 소견의 종합)은 연령에 따라 다르게 나타날 수 있다. 이 장애가 있는 사람의 사회적 장애는 시간이 지날수록 더 두드러진다. 이 장애가 있는 어떤 사람들은 청소년기까지 약세 영역을 보상하기 위하여 강세 영역(예: 기계적인 언어능력)을 활용하는 것을 배울 수도 있다. 아스퍼거장애가 있는 사람들은 다른 사람들로부터 괴롭힘을 경험할 수 있으며, 이러한 괴롭힘과 사회적 고립감 및 증대하는 자기자각능력은 청소년기와 이른 성인기에 우울과 불안을 유발할 수 있다. 이 장애는 여성보다 남성에게서 아주 더 흔하게(적어도 5배) 진단된다.

(4) 출현율

아스퍼거장애의 출현율에 대한 명확한 자료는 없다.

(5) 경과

아스퍼거장애는 지속적이며 평생에 걸친 장애다. 학령기 아동들의 경우, 양호한 언어능력은 사회적 기능장애의 심각도를 어느 정도 가릴 수 있으며 또한 양육자와 교사를 잘못 인도할 수도 있다. 즉, 양육자와 교사는 아동의 양호한 언어능력에 초점을 맞추고 다른 영역(특히 사회적 적응)의 문제는 충분히 감지하지 못할 수 있다. 또한 상대적으로 양호한 언어기술은 교사와 양육자로 하여금 행동적 어려움을 아동의 고의와 고집 탓으로 잘못 돌리게 할 수도 있다. 사회적 관계의 형성에 대한 관심은 자신들의 어려움에 더 적응적으로 반응하는 어떤 방식을 배우면서 청소년기에 증가할 수 있다. 예를 들어, 어떤 스트레스 상황에서 명확한 언어규칙이나 일상활동을 적용하는 것을 배울 수 있다. 연령이 좀 더 높은 개인들은 우정에 관심을 가질 수 있지만 사회적 상호작용의 관례에 대한 이해가 결여되어 있으며 자신보다 나이가 훨씬 많거나 적은 사람들과 관계를 형성할 가능성이 높다. 추적연구에 따르면 성인기에 많은 사람이 유급고용과 자급자족의 능력을 갖추는 것으로 나타나 예후는 자폐장애보다 유의미하게 좋은 것으로 보인다.

(6) 가계양상

유용한 자료가 제한되어 있기는 하지만, 아스퍼거장애가 있는 사람의 가족구성원에게서 이 장애의 빈도가 증가하는 것으로 보인다. 또한 더 일반적인 사회적 어려움

뿐만 아니라 자폐장애의 위험이 증가할 수도 있다.

(7) 감별진단

아스퍼거장애는 **다른 전반적 발달장애**와 구별되어야 하는데, 모든 전반적 발달장애는 사회적 상호작용의 문제가 특징이다. 아스퍼거장애는 여러 가지 면에서 **자폐장애**와 구별된다. 정의에 의하면 자폐장애는 사회적 상호작용, 언어, 및 놀이의 영역에서 유의미한 이상을 보이는 반면 아스퍼거장애에서는 초기 인지 및 언어 기술이 유의미하게 지연되지 않는다. 더욱이 자폐장애는 제한적이고 반복적이며 상동적인 관심과 활동이 흔히 동작성 매너리즘, 대상의 부분과 의식에 대한 집착, 변화에 대한 두드러진 괴로움 등으로 특징지어지는 반면 아스퍼거장애에서는 제한적이고 반복적이며 상동적인 관심과 활동이 정보와 사실을 모으기 위해 자신이 과도한 양의 시간을 들이는 주제와 관련하여 한정된 관심을 추구하는 데서 주로 관찰된다. 어떤 사례에서는 이 두 장애를 구별하기 어려울 수 있다. 자폐장애는 전형적인 사회적 상호작용 양상이 자기고립 또는 현저하게 경직된 사회적 접근으로 특징지어지는 반면 아스퍼거장애에서는 아주 기이하고 일반적이며 장황하고 둔감한 태도이긴 하지만 다른 사람들에게 접근하려는 동기가 있는 것처럼 보일 수 있다.

아스퍼거장애는 또한 자폐장애 외의 다른 전반적 발달장애와도 구별되어야 한다. **레트장애**는 특유한 성비와 결함양상에서 아스퍼거장애와 구별된다. 레트장애는 여성에게서만 진단되어 온 반면 아스퍼거장애는 남성에게서 아주 더 흔하게 출현한다. 레트장애에서는 머리성장의 감속, 이전에 습득된 의미 있는 손 기술의 상실, 협응이 서툰 걸음걸이나 몸동작의 출현 등의 특유한 양상이 나타난다. 또한 레트장애는 현저한 정신지체와 광범위한 언어 및 의사소통 손상을 동반한다.

아스퍼거장애는 적어도 2년간의 정상발달에 뒤따르는 발달적 퇴행의 독특한 양상을 보이는 **아동기붕괴성장애**와 구별된다. 아동기붕괴성장애가 있는 아동들은 또한 현저한 정신지체와 언어손상을 보인다. 대조적으로, 아스퍼거장애에서는 발달적 퇴행 양상이 없으며 정의에 의하면 유의미한 인지 또는 언어 지연이 없다.

아동기출현 조현병은 일반적으로 수년간의 정상 내지 정상에 가까운 발달이 이루어진 후에 나타나며 환각, 망상, 언어 와해 등을 포함하는 조현병의 특징적 증상을 보인다. **선택적 함구증**이 있는 아동은 보통 특정 상황에서는 적절한 의사소통기술을 나타내며 아스퍼거장애와 관련되는 심한 사회적 상호작용의 손상과 제한된 행동패턴은 보이지 않는다. 반대로, 아스퍼거장애가 있는 사람은 전형적으로 말이 많다. **표현성 언어장애와 혼합형 수용–표현성 언어장애**에서는 언어손상은 있으나 이와 관련된 사회적 상호작용의 질적인 손상과 제한적 · 반복적 · 상동적 행동패턴은 없다. 비록 아스퍼거장애의 집착 및 활동과 **강박장애**의 강박 및 충동 간의 구별에 특별한 임상적 주의를 기울여야 하지만, 아스퍼거장애가 있는 어떤 사람들은 강박장애가 의심되는 행동패턴을 보일 수 있다. 아스퍼거장애에서는 이러한 관심이 명백한 즐거움이나 안락의 근원인 반면 강박장애에서는 불안의 근원이다. 더욱이, 강박장애는 아스퍼거장애에서 나타나는 사회적 상호작용 및 사회적 의사소통의 손상과 전형적으로 연관이 없다.

아스퍼거장애와 조현성 성격장애와의 관계는 분명하지 않다. 일반적으로, 아스퍼거장애에서 사회적 어려움이 더 심하고 더 일찍 출현한다. 비록 아스퍼거장애가 있는 어떤 사람들이 **사회공포증**이나 **다른 불안장애**에서처럼 사회적 환경에서 고도의 불안을 경험하기도 하지만, 후자의 상태들은 사회적 발달의 전반적 손상이나 아스퍼거장애에서 전형적으로 나타나는 한정된 관심으로 특징지어지지 않는다. 아스퍼거장애는 **정상적인 사회적 어색함** 그리고 **연령에 적절한 정상적인 관심과 취미**와는 구별되어야 한다. 아스퍼거장애에서는 사회적 결함이 아주 심하며 집착이 기본기술의 습득을 방해한다.

〈표 부록 4–4〉 **아스퍼거장애의 진단준거**

A. 사회적 상호작용의 질적인 손상이 다음 중 적어도 2개 항목으로 나타난다.
  (1) 사회적 상호작용을 조절하기 위한 눈맞춤, 얼굴표정, 몸자세, 몸짓과 같은 다양한 비언어적 행동의 사용에 현저한 손상이 있다.
  (2) 발달수준에 적합한 또래관계를 형성하지 못한다.
  (3) 자발적으로 다른 사람들과 기쁨, 관심, 성취를 공유하지 못한다(예: 관심의 대상을 보여주거나 가져오거나 가리키지 못함).
  (4) 사회적 또는 정서적 상호성이 결여되어 있다.

B. 제한적이고 반복적이며 상동적인 행동, 관심, 및 활동이 다음 중 적어도 1개 항목으로 나타난다.
  (1) 강도나 초점에 있어서 비정상적인, 한 가지 이상의 상동적이고 제한적인 관심에 집착한다.
  (2) 특정한 비기능적인 일상활동이나 의식에 고집스럽게 매달린다.

〈표 부록 4–4〉 **계속됨**

---

　　(3) 상동적이고 반복적인 동작성 매너리즘(예: 손이나 손가락을 퍼덕거리거나 비꼬기, 또
　　　는 복잡한 전신동작)을 보인다.

　　(4) 대상의 부분에 지속적으로 집착한다.

　C. 장애가 사회적, 직업적, 또는 다른 중요한 기능영역에서 임상적으로 유의미한 손상을 초래
　　한다.

　D. 임상적으로 유의미한 일반적 언어지연은 없다(예: 2세까지 단단어가 사용되고 3세까지는
　　의사소통적인 구가 사용된다).

　E. 인지적 발달 또는 연령에 적절한 자조기술, 적응행동(사회적 상호작용과는 다른), 및 환경
　　에 대한 호기심의 발달에 임상적으로 유의미한 지연이 없다.

　F. 다른 특정 발달장애나 조현병의 준거에 맞지 않는다.

---

5. 불특정 전반적 발달장애–비전형 자폐증포함
(Pervasive Developmental Disorder Not Otherwise Specified–Including Atypical Autism)

　이 범주는 언어적 또는 비언어적 의사소통기술의 손상이나 상동적인 행동, 관심, 및 활동에 동반하여 상호적인 사회적 상호작용의 발달에 심하고 전반적인 손상이 있을 때 사용되어야 하지만 특정 전반적 발달장애, 조현병, 조현형 성격장애, 또는 회피성 성격장애의 준거에 맞지 않을 때 사용된다. 예를 들어, 이 범주는 늦은 출현연령, 비전형적인 증상, 또는 역치하(閾値下) 증상, 혹은 이 세 가지 모두 때문에 자폐장애의 준거에 맞지 않는 경우인 '비전형 자폐증'을 포함한다.

Understanding Autism Spectrum Disorders

자폐스펙트럼장애(DSM-5)

「정신장애의 진단 및 통계 편람-제5판」(Diagnostic and Statistical Manual of Mental Disorders-Fifth Edition: DSM-5)(APA, 2013)은 자폐스펙트럼장애(autism spectrum disorder: ASD)를 다음과 같이 기술하고 있다.

자폐스펙트럼장애(Autism Spectrum Disorder)

〈표 부록 5-1〉 자폐스펙트럼장애의 진단준거

A. 다양한 맥락에서의 사회적 의사소통과 사회적 상호작용의 지속적인 결함
다음 세 가지가 현재 나타나고 있거나 나타낸 내력이 있다(예들은 예시적일 뿐 총망라한 것은 아니다; 본문 참조):
1. 사회적-정서적 상호성에서의 결함
(예: 비정상적인 사회적 접근과 정상적인 주고받기식 대화의 실패에서부터 관심, 정서, 또는 감정의 제한된 공유와 사회적 상호작용의 시작 또는 반응에서는 실패에 이르기까지 나타난다.)
2. 사회적 상호작용을 위해 사용되는 비언어적 의사소통 행동에서의 결함
(예: 언어적 의사소통과 비언어적 의사소통의 서툰 통합에서부터 눈맞춤과 신체언어의 비정상성, 몸짓의 이해 및 사용에서의 결함, 얼굴표정과 비언어적 의사소통의 완전한 결여에 이르기까지 나타난다.)

〈표 부록 5–1〉 계속됨

3. 관계의 형성, 유지, 이해에서의 결함
   (예: 다양한 사회적 맥락에 맞는 행동조절의 어려움에서부터 상상놀이 공유하기나 친구 사귀기의 어려움, 또래에 대한 관심의 결여에 이르기까지 나타난다.)

   ▶ 현재의 심각도 명시:
   심각도는 사회적 의사소통의 손상과 제한적이고 반복적인 행동 패턴에 근거한다(〈표 2〉 참조).[1]

B. 제한적이고 반복적인 행동, 관심, 또는 활동 패턴
   다음 중 적어도 두 가지가 현재 나타나고 있거나 나타난 내력이 있다(예들은 예시적일 뿐 총망라한 것은 아니다; 본문 참조):
   1. 상동적이거나 반복적인 동작성 움직임, 물건 사용, 또는 말
      (예: 단순한 동작성 상동증, 장난감 일렬로 세우기 혹은 물건 돌리기, 반향어, 특이한 문구)
   2. 동일성 고집, 판에 박힌 일상에 대한 완고한 집착, 의례적인 언어적 혹은 비언어적 행동 패턴
      (예: 사소한 변화에 대한 극도의 고통, 전환의 어려움, 경직된 사고 패턴, 인사 의례, 매일 동일한 길로 가거나 동일한 음식을 먹으려는 요구)
   3. 강도나 초점이 비정상적인 매우 제한적이고 고착된 관심
      (예: 이례적인 물건에 대한 강한 애착 혹은 집착, 지나치게 한정되거나 집요하게 반복되는 관심)
   4. 감각적 입력에 대한 과대반응 혹은 과소반응, 또는 환경의 감각적 측면에 대한 이례적인 관심
      (예: 통증/온도에 대한 명백한 무관심, 특정 소리나 감촉에 대한 혐오 반응, 물건에 대한 지나친 냄새맡거나 만지기, 빛이나 움직임에 대한 시각적 매료)

   ▶ 현재의 심각도 명시:
   심각도는 사회적 의사소통의 손상과 제한적이고 반복적인 행동 패턴에 근거한다(〈표 2〉 참조).[1]

C. 증상들은 발달기 초기에 나타나야 한다(그러나 증상들은 사회적 요구가 제한된 능력을 초과하고 나서야 비로소 완전히 뚜렷해지거나 또는 나중에 학습된 전략으로 인해 가려질 수도 있다).

D. 증상들은 현재 기능의 사회적, 직업적, 또는 기타 중요한 영역에 임상적으로 유의미한 손상을 야기한다.

〈표 부록 5–1〉 계속됨

E. 이러한 교란은 지적장애(지적발달장애) 또는 전반적 발달지체로 더 잘 설명되지 않는다. 지적장애와 자폐스펙트럼장애는 흔히 동시에 발생한다. 자폐스펙트럼장애와 지적장애의 공존 진단을 내리려면 사회적 의사소통이 일반적 발달수준에서 기대되는 바에 미치지 못해야 한다.

주의사항: DSM–IV에 의해 자폐장애, 아스퍼거장애, 또는 불특정 전반적 발달장애로 확진된 개인들에게는 자폐스펙트럼장애 진단을 내려야 한다. 사회적 의사소통에 현저한 결함은 가지고 있으나 자폐스펙트럼장애의 준거를 만족시키지 못하는 개인은 사회적(실용적) 의사소통장애에 대한 평가를 받아야 한다.

다음 사항들을 명시할 것:
- **–지적 손상을 동반하는 경우 또는 동반하지 않는 경우**
- **–언어 손상을 동반하는 경우 또는 동반하지 않는 경우**
- **–알려진 의학적 또는 유전적 조건이나 환경적 요인과 연관된 경우**
  (**부호화 주의사항**: 연관된 의학적 또는 유전적 조건을 확인하기 위해서는 추가적인 부호를 사용하시오.)
- **–다른 신경발달적, 정신적, 또는 행동적 장애와 연관된 경우**
  (**부호화 주의사항**: 연관된 신경발달적, 정신적, 또는 행동적 장애를 확인하기 위해서는 추가적인 부호를 사용하시오.)
- **–긴장증 동반**(정의에 대해서는 다른 정신장애와 연관된 긴장증의 준거를 참조)
  (**부호화 주의사항**: 공존 긴장증을 확인하기 위해서는 자폐스펙트럼장애와 연관된 긴장증에 대한 추가적인 부호 293.89[F06.1]를 사용하시오.)

---

[1]이 책에서는 〈표 부록 5–2〉임.

〈표 부록 5–2〉 **자폐스펙트럼장애의 심각도 수준**

심각도 수준	사회적 의사소통	제한적이고 반복적인 행동
수준 3 아주 상당한 지원이 필요함	언어적 그리고 비언어적인 사회적 의사소통 기술의 심각한 결함은 심한 기능 손상, 매우 제한적인 사회적 상호작용 시작하기, 그리고 타인의 사회적 제의에 대한 최소한의 반응을 야기한다. 예) 명료한 발화가 거의 없고, 상호작용을 시작하는 경우가 거의 없으며 시작하더라도 요구를 채우기 위해서만 비정상적으로 접근하고, 매우 직접적인 사회적 접근에만 반응하는 사람.	행동의 경직성, 변화에 대처하는 데 있어서의 극단적 어려움, 또는 기타 제한적/반복적 행동들이 모든 활동범위에서 기능에 현저하게 지장을 준다. 초점이나 활동을 변경하는 데 있어서의 큰 고통/어려움.

〈표 부록 5-2〉 계속됨

심각도 수준	사회적 의사소통	제한적이고 반복적인 행동
수준 2 상당한 지원이 필요함	언어적 그리고 비언어적인 사회적 의사소통 기술의 현저한 결함; 지원이 갖춰져 있어도 명백하게 나타나는 사회적 손상; 제한된 사회적 상호작용 시작하기; 타인의 사회적 제의에 대한 축소된 혹은 비정상적인 반응. 예) 단문으로 말하고, 상호작용이 편협한 특정 관심사에 제한되어 있으며, 두드러지게 기이한 비언어적 의사소통을 하는 사람.	행동의 경직성, 변화에 대처하는 데 있어서의 극단적 어려움, 또는 기타 제한적/반복적 행동들이 무관심한 관찰자에게 명백할 만큼 충분히 자주 나타나고 다양한 맥락에서 기능에 지장을 준다. 초점이나 활동을 변경하는 데 있어서의 고통 그리고/또는 어려움.
수준 1 지원이 필요함	지원이 갖춰져 있지 않으면 사회적 의사소통의 결함이 주목할 만한 손상을 야기한다. 사회적 상호작용을 시작하는 데 어려움을 보이고, 타인의 사회적 제의에 대한 비전형적이거나 비성공적인 반응들을 명백히 나타낸다. 사회적 상호작용에 대한 관심이 저하된 것처럼 보일 수 있다. 예) 완전문으로 말하고 의사소통에 참여할 수 있으나 타인과 주고받기식 대화에는 실패하며, 친구를 사귀려는 시도가 기이하고 대체로 성공적이지 못한 사람.	행동의 경직성이 한 가지 또는 그 이상의 맥락에서 기능에 유의미한 지장을 야기한다. 활동을 바꾸는 데 있어서의 어려움. 조직하고 계획하는 데 있어서의 문제들이 독립성을 방해한다.

• 기록절차(recording procedures)

알려진 의학적 또는 유전적 조건이나 환경적 요인과 연관되어 있거나 혹은 다른 신경학적, 정신적, 또는 행동적 장애와 연관된 자폐스펙트럼장애를 위해서는 (조건, 장애, 또는 요인의 명칭)과 연관된 자폐스펙트럼장애로 기록하라(예: 레트증후군과 연관된 자폐스펙트럼장애). 심각도는 〈표 2〉(저자주: 이 책에서는 〈표 부록 5-2〉)에 제시된 2개의 정신병리적 영역 각각에 대해 요구되는 지원 수준으로 기록되어야 한다(예: "사회적 의사소통 결함을 위해서는 아주 상당한 지원이 필요함 그리고 제한적이고 반복적인 행동을 위해서는 상당한 지원이 필요함"). 그다음, "지적 손상을 동반하는 경우" 또는 "지적 손상을 동반하지 않는 경우"라는 명시가 기록되어야 한다. 그다음으로는 언어 손상이 명시되어야 한다. 만약 언어 손상이 동반되었다면 언어적 기능의 현재 수준을 기록해야 한다(예: "언어 손상을 동반하는 경우-명료한 발화의 부재" 또는 "언어 손상을 동반하는 경우-구수준 발화"). 만약 긴장증이 있다면 "자폐스펙트럼장애와 연관된 긴장증"이라고 분리하여 기록한다.

• **명시어(specifiers)**

심각도 명시어(〈표 2〉 참조)(저자주: 이 책에서는 〈표 부록 5-2〉 참조)는 심각도가 맥락에 따라 변하고 시간이 지나면서 오르내릴 수 있다는 것을 염두에 두고 현재의 총체적인 증상(수준 1에 못 미칠 수도 있음)을 간명하게 기술하기 위해 사용될 수 있다. 사회적 의사소통 어려움과 제한적이고 반복적인 행동의 심각도를 분리하여 평정해야 한다. 기술적인 심각도 범주들은 서비스의 적부성과 제공을 결정하기 위해 사용되어서는 안 된다; 서비스의 적부성과 제공은 개인의 수준에서 그리고 개인적인 우선사항과 목표에 대한 논의를 통해서만 결정될 수 있다.

"지적 손상을 동반하는 경우 또는 동반하지 않는 경우"라는 명시어와 관련하여, 자폐스펙트럼장애를 가진 아동이나 성인의 지적 프로파일(흔히 고르지 않음)에 대한 이해가 진단적 특징을 해석하는 데 필요하다. 언어적 기술과 비언어적 기술을 분리하여 평가하는 것도 필요하다(예: 한정된 언어를 가진 개인의 잠재적 강점을 사정하기 위해 시간제한 없는 비언어적 검사 사용하기).

"언어 손상을 동반하는 경우 또는 동반하지 않는 경우"라는 명시어를 사용하기 위해서는 언어적 기능의 현재 수준을 사정하고 기술하여야 한다. "언어 손상을 동반하는 경우"를 위한 구체적 기술의 예로는 명료한 발화의 부재(비언어적), 단단어수준 발화, 또는 구수준 발화 등이 있다. "언어 손상을 동반하지 않는 경우"에서 개인의 언어 수준은 '완전문으로 말한다' 또는 '유창하게 말한다' 등으로 더 심도 있게 기술될 수도 있다. 자폐스펙트럼장애에서는 수용언어 발달이 표현언어 발달보다 뒤떨어질 수 있으므로 수용언어 기술과 표현언어 기술은 분리하여 고려해야 한다.

"알려진 의학적 또는 유전적 조건이나 환경적 요인과 연관된 경우"라는 명시어는 개인이 알려진 유전적 장애(예: 레트증후군, X결함 증후군, 다운증후군), 의학적 장애(예: 뇌전증), 또는 환경적 노출 내력(예: 발프로에이트, 태아알코올증후군, 극소저출생체중)을 가지고 있을 때 사용되어야 한다.

부가적인 신경발달적, 정신적, 혹은 행동적 조건 또한 기록되어야 한다(예: 주의력결핍과잉행동장애; 발달적 협응장애; 파괴적 행동, 충동-조절, 또는 품행 장애; 불안, 우울,

또는 양극성 장애; 틱 또는 뚜렛 장애; 자해; 급식, 배설, 또는 수면 장애).

(1) 진단적 특징

자폐스펙트럼장애의 근본적인 특징은 상호적인 사회적 의사소통과 사회적 상호작용의 지속적인 손상(진단준거 A), 그리고 제한적이고 반복적인 행동, 관심, 또는 활동 패턴이다(진단준거 B). 이러한 증상들은 아동기 초기부터 존재하며 일상적인 기능을 제한하거나 손상시킨다(진단준거 C와 D). 기능적 손상이 명백해지는 단계는 개인의 특성과 환경에 따라 달라질 것이다. 핵심적인 진단적 특징들은 발달기에 분명히 나타나지만 중재, 보상, 및 현재의 지원을 통해 적어도 일부 맥락에서 어려움이 감추어질 수도 있다. 또한 이 장애의 징후는 자폐상태의 심각도, 발달수준, 및 생활연령에 따라 매우 다양하다. 이 때문에 스펙트럼이라는 용어가 붙어 있는 것이다. 자폐스펙트럼장애는 이전에 조기 유아자폐증, 아동기 자폐증, Kanner 자폐증, 고기능자폐증, 비전형 자폐증, 불특정 전반적 발달장애, 아동기붕괴성장애, 및 아스퍼거장애로 불리던 장애들을 망라한다.

진단준거 A에 명시된 의사소통과 사회적 상호작용의 손상들은 전반적이고 지속적이다. 진단은 임상가의 관찰, 양육자 내력, 그리고 자기보고(가능한 경우)를 포함하는 다양한 정보원에 근거할 때 가장 타당하고 신뢰롭다. 사회적 의사소통의 언어적/비언어적 결함은 치료내력 및 현재의 지원과 같은 다른 요인들뿐만 아니라 개인의 연령, 지적 수준, 및 언어능력에 따라 다양한 징후를 보인다. 많은 사람이 말의 완전한 부재로부터 언어지연, 말에 대한 이해력 부족, 반향어, 또는 딱딱하고 지나치게 문자 그대로의 언어에까지 이르는 언어결함을 가진다. 형식적인 언어기술(예: 어휘, 문법)이 손상되지 않은 경우라 하더라도 자폐스펙트럼장애에서는 상호적인 사회적 의사소통을 위한 언어사용이 손상되어 있다.

사회적-정서적 상호성(즉, 다른 사람들과 어울리고 생각과 감정을 공유하는 능력)의 결함은 이 장애를 가진 어린 아동에게 명백히 나타난다. 이러한 아동들은 타인의 행동에 대한 모방을 적게 하거나 하지 않는 것과 더불어 사회적 상호작용을 거의 또는 전혀 시작하지 않고 정서를 공유하지 않는다. 구사하는 언어가 있어도 흔히 일방적이고, 사회적 상호성이 결여되어 있으며, 발언하기, 감정 공유하기, 또는 대화하기보다는 요청하거나 명명하기 위해 사용된다. 지적장애나 언어지연이 없는 성인의 경우에는 사회적-정서적 상호성의 결함이 복잡한 사회적 단서(예: 대화에 참여하는 때와 방법, 이야기하지 말아야 할 것)를 처리하고 그에 반응하는 데 있어서의 어려움에서 가장 명백하게 나타날 수 있다. 일부 사회적 도전에 대한 보상 전략을 갖춘 성인들도 새롭거나 비지원적인 상황에서는 여전히 어려움을 겪으며 대부분의 사람이 직관적으로 인식하는 것을 의식적으로 계산하는 노력과 불안으로 고통을 받는다.

　사회적 상호작용을 위해 사용되는 비언어적 의사소통 행동에 있어서의 결함은 눈맞춤(문화적 규준에 비교하여), 몸짓, 얼굴표정, 신체정위, 말의 억양을 보이지 않거나 적게 또는 비전형적으로 사용하는 것으로 나타난다. 자폐스펙트럼장애의 초기 특징은 타인들과 관심을 공유하기 위해 사물을 가리키거나 보여주거나 가져오지 못하는 것 또는 어떤 사람이 가리키거나 눈으로 응시하는 것을 따라가지 못하는 것으로 나타나는 손상된 주의공유다. 이 장애를 가진 사람들은 약간의 기능적 몸짓을 배울 수 있으나 레퍼토리가 다른 사람들에 비해 적고 의사소통에서 표현적 몸짓을 자발적으로 사용하는 데 종종 실패한다. 언어가 유창한 성인들 중에서도 비언어적 의사소통과 말의 협응에 어려움이 나타나며, 이러한 어려움은 상호작용 중에 "신체언어"가 기이하거나 경직되었거나 또는 과장되었다는 인상을 줄 수 있다. 손상이 개별적인 양식들 내에서는 상대적으로 미묘할 수도 있으나(예: 어떤 이는 이야기할 때 비교적 양호한 눈맞춤을 보일 수 있음) 사회적 의사소통을 위해 눈맞춤, 몸짓, 몸자세, 운율, 얼굴표정을 통합하는 능력은 눈에 띄게 빈약하다.

　관계를 형성하고 유지하고 이해하는 데 있어서의 손상은 연령, 성별, 문화의 규준을 고려하여 판단되어야 한다. 사회적 관심이 없거나 적거나 또는 비전형적일 수 있는데 이는 타인거부, 수동성, 또는 공격적이고 파괴적으로 보일 수도 있는 부적절한 접근으로 나타난다. 이러한 어려움은 특히 어린 아동들에게 뚜렷이 나타나는데, 흔히 공유된 사회적 놀이나 상상력(예: 연령에 적합한 융통성 있는 가장놀이)이 결여되어 있고 나중에는 매우 고정된 규칙에 의한 놀이를 고집한다. 나이가 더 들면, 한 상황에서는 적절하지만 다른 상황에서는 적절하지 않은 것으로 간주되는 행동(예: 취업면접 동안의 격의 없는 행동)을 이해하거나 의사소통을 위해 언어가 사용되는 다양한 방식(예: 반어, 선의의 거짓말)을 이해하는 데 어려움을 겪기도 한다. 단독활동 또는 훨씬 더 어리거나 나이 든 사람들과의 상호작용에 대한 선호가 명백히 나타날 수도 있다. 우정이 필요로 하는 것에 대한 완전한 또는 실제적인 개념도 없이 우정을 형성하길 원하기도 한다(예: 일방적 우정 또는 특정 관심의 공유에만 근거한 우정). 형제자매, 동료, 양육자와의 관계 또한 중요하게 고려되어야 한다(상호성 관점에서).

또한 자폐스펙트럼장애는 제한적이고 반복적인 행동, 관심, 또는 활동 패턴에 의해 정의되는데(진단준거 B에 명시되어 있듯이), 이러한 패턴은 연령과 능력, 중재, 현재의 지원에 따라 일련의 징후를 보인다. 상동적이거나 반복적인 행동에는 단순한 동작성 상동증(예: 손 퍼덕거리기, 손가락 튀기기), 물건의 반복적인 사용(예: 동전 돌리기, 장난감 일렬로 세우기), 그리고 반복적인 말(예: 반향어, 들은 단어들의 지연된 또는 즉각적 되풀이; 자신을 지칭할 때 "너" 사용; 단어, 구, 운율적 패턴의 상동적인 사용)이 포함된다. 판에 박힌 일상에 대한 과도한 집착과 제한된 행동 패턴은 변화에 대한 저항(예: 좋아하는 음식의 포장과 같은 외관상의 사소한 변화에 대한 고통; 규칙에 집착하는 고집; 사고의 경직성) 또는 의례적인 언어적 혹은 비언어적 행동 패턴(예: 반복적인 질문하기, 주변을 서성거리기)으로 나타날 수 있다. 자폐스펙트럼장애에서 보이는 고도로 제한적이고 고착된 관심은 강도나 초점에서 비정상적인 경향이 있다(예: 냄비에 강한 애착을 보이는 유아; 진공청소기에 몰두하는 아동; 일정표를 상세히 쓰는 데 몇 시간을 보내는 성인). 일부 강한 흥미와 판에 박힌 일상은 감각적 입력에 대한 뚜렷한 과대반응 혹은 과소반응과 관련되어 있을 수 있는데, 이러한 반응들은 특정 소리나 감촉에 대한 극도의 반응, 물건에 대한 지나친 냄새맡기나 만지기, 빛 또는 회전물체에 대한 매료, 그리고 때때로 통증, 더위, 또는 추위에 대한 명백한 무관심을 통해 나타난다. 음식의 맛, 냄새, 감촉, 또는 외관에 대한 극단적 반응이나 의례적 행동 혹은 과도한 음식제한이 흔하게 나타나며 이는 자폐스펙트럼장애의 발현특징일 수도 있다.

지적장애나 언어장애가 없는 자폐스펙트럼장애를 가진 다수의 성인은 공공장소에서 반복적인 행동을 억제하는 것을 배운다. 특별한 관심은 즐거움과 동기부여의 원천이 될 수 있으며 교육과 나중의 취업을 위한 방안을 제공할 수도 있다. 비록 증상이 더 이상 존재하지 않더라도 제한적이고 반복적인 행동, 관심, 또는 활동 패턴이 아동기 또는 과거 언젠가 분명히 존재하였다면 진단준거를 충족시킬 수도 있다.

진단준거 D는 특징들이 현재 기능의 사회적, 직업적, 또는 기타 중요한 영역에 임상적으로 유의미한 손상을 야기해야 한다는 것을 요구한다. 진단준거 E는 비록 때때로 지적장애(지적발달장애)를 동반한다고 하더라도 사회적 의사소통 손상이 개인의 발달수준에 미치지 못한다는 것, 즉 손상이 발달수준에 근거하여 기대되는 어려움을 능가한다는 것을 명시한다.

양호한 심리측정적 특성을 갖춘 표준화된 행동진단도구들이 개발되어 있어 이를 통해 시간과 임상가에 따른 진단의 신뢰도를 개선할 수 있는데 이러한 도구들에는 양육자 면접, 질문지와 임상가 관찰척도가 포함된다.

(2) 진단을 지원하는 관련 특징

자폐스펙트럼장애를 가진 다수의 사람은 지적 손상 그리고/또는 언어 손상(예: 말이 늦은, 언어이해가 언어산출보다 뒤떨어지는)도 가지고 있다. 평균 지능이나 높은 지능을 가진 사람들조차 능력 프로파일이 고르지 않다. 지적 기술과 적응적인 기능적 기술 간의 격차가 흔히 크게 나타난다. 기이한 걸음걸이, 서투름, 그리고 다른 비정상적인 운동 징후(예: 첨족보행)를 포함하는 운동결함도 보인다. 자해(예: 머리찧기, 손목물기)가 발생할 수도 있으며, 지적장애를 포함하는 다른 장애보다 자폐스펙트럼장애를 가진 아동과 청소년들에게 파괴적/도전적 행동이 더 흔하다. 자폐스펙트럼장애를 가진 청소년과 성인은 불안과 우울증을 겪기 쉽다. 어떤 사람들은 긴장증과 유사한 운동행동(행동 중에 느려지기, 행동 중에 멈추기)을 발달시키지만 보통 긴장성 삽화의 수준은 아니다. 그러나 자폐스펙트럼장애를 가진 사람들은 운동증상에서 현저한 퇴화를 경험하고 함구증, 자세유지증, 찡그림, 납굴증과 같은 증상을 가진 완전한 긴장성 삽화를 나타낼 가능성이 있다. 긴장증 동반의 최대 위험시기는 청소년기로 보인다.

(3) 출현율

최근 미국과 그 외 국가들에 걸쳐 보고된 자폐스펙트럼장애의 빈도는 모집단의 1%에 근접하고 있으며 아동표본과 성인표본에서도 유사한 것으로 나타났다. 더 높아진 비율이 역치하(閾値下) 사례들을 포함하기 위한 DSM-IV 진단준거의 확장, 높아진 인식, 연구방법의 차이, 또는 자폐스펙트럼장애 빈도의 사실적 증가를 반영하는 것인가의 여부는 불분명하다.

(4) 발달 및 경과

자폐스펙트럼장애를 위해서는 출현연령과 출현패턴 또한 주목해야 한다. 증상들은 전형적으로 생후 2년 차(12~24개월)에 인지되지만, 발달적 지연이 심할 경우에는 12개월 이전에 나타날 수 있고 또한 증상이 더 미묘한 경우에는 24개월 이후에 알아채기도 한다. 출현패턴에 대한 내용에는 조기 발달적 지연이나 어떤 사회기술 혹은 언어기술의 상실에 대한 정보가 포함될 수 있다. 기술들이 상실된 사례에서는 부모나 양육자가 사회적 행동 혹은 언어기술이 점진적으로 아니면 상대적으로 빠르게 퇴화한 내력을 제공할 수도 있다. 이러한 사항들은 전형적으로 생후 12개월에서 24개월 사이에 발생하며 적어도 2년간의 정상발달 후에 발생하는 발달적 퇴행이라는 드문 사례(이전에 아동기붕괴성장애로 기술됨)와는 구분된다.

자폐스펙트럼장애의 행동적 특징은 아동기 초기에 처음 명백해지는데 일부의 경우에는 생후 첫해에 사회적 상호작용에 대한 관심의 결여가 나타나기도 한다. 자폐스펙트럼장애를 가진 어떤 아동들은 흔히 생후 첫 2년 동안 사회적 행동이나 언어사용에서 점진적으로 아니면 비교적 빠르게 퇴화하는 발달적 고원상태나 퇴행을 경험한다. 이러한 상실은 다른 장애에서는 거의 나타나지 않으며 자폐스펙트럼장애를 위한 유용한 "위험신호(red flag)"가 될 수도 있다. 사회적 의사소통을 넘어서는 기술의 상실(예: 자기돌봄기술, 배변기술, 운동기술의 상실) 또는 두 번째 생일 이후에 발생하는 기술의 상실(이 장애의 "감별진단" 부분에 있는 레트중후군도 참조할 것)은 매우 이례적이며 광범위한 의학적 조사가 요구된다.

자폐스펙트럼장애의 첫 증상은 사회적 관심의 결여나 이례적인 사회적 상호작용(예: 쳐다보는 어떤 시도도 없이 사람들의 손을 잡아당김)을 흔히 수반하는 지연된 언어발달, 기이한 놀이 패턴(예: 장난감을 가지고 다니지만 가지고 놀지는 않음), 그리고 이례적인 의사소통 패턴(예: 알파벳은 알지만 자기 이름에는 반응하지 않음)을 포함하는 경우가 많다. 청각장애가 의심될 수도 있지만 보통 배제된다. 생후 2년 차에 기이하고 반복적인 행동과 전형적 놀이의 부재가 더욱 뚜렷해진다. 전형적으로 발달하는 많은 유아가 강한 선호도를 보이고 반복을 즐기기 때문에(예: 동일한 음식 먹기, 동일한 비디오를 여러 번 보기), 자폐스펙트럼장애로 진단되는 제한적이고 반복적인 행동을 유아기에 식별하는 것은 어려울 수 있다. 임상적 식별은 행동의 유형, 빈도, 및 강도에 근거를 둔다(예: 매일 몇 시간씩 물건을 일렬로 세우고 어떤 품목의 위치가 바뀌면 매우 고통스러워하는 아동).

자폐스펙트럼장애는 퇴행성 장애가 아니며 학습과 보상이 평생 지속되는 것이 일반적이다. 증상은 흔히 아동기 초기와 학령기 초기에 가장 현저하며 대체로 아동기 후반부에 최소한 몇몇 영역에서 발달적 진전이 나타난다(예: 사회적 상호작용에 대한 관심의 증가). 자폐스펙트럼장애를 가진 대부분의 사람은 청소년기에 행동적으로 개선되는 데 반해, 적은 비율의 사람들은 퇴화한다. 자폐스펙트럼장애를 가진 사람들 중 소수만이 성인기에 독립적으로 생활하고 일을 한다; 이러한 사람들은 우수한 언어 및 지적 능력을 가지고 있는 경향이 있으며 자신들의 특별한 관심과 기술에 맞는 적소를 찾아낼 수 있다. 대개 좀 더 낮은 수준의 손상을 가진 사람들이 독립적으로 기능을 더 잘할 수도 있다. 그러나 이러한 사람들조차도 사회적으로 숫되고 취약한 상태에 머물러 있을 수 있고, 도움 없이 현실적 요구를 조직화하는 데 어려움이 있으며, 불안과 우울증을 보이기 쉽다. 많은 성인이 공공장소에서 자신의 어려움을 감추기 위하여 보상전략과 대처기제를 사용한다고 보고하고 있으나 사회적으로 수용가능한 겉모습을 유지하려는 스트레스와 노력으로 고통을 받는다. 자폐스펙트럼장애의 노년에 대해서는 알려진 바가 거의 없다.

어떤 사람들은 성인기에 첫 진단을 받으러 오는데 아마도 가족 내 한 아동의 자폐증 진단 또는 직장이나 가정에서의 관계 와해로 촉발되었을 수도 있다. 이와 같은 사례들에서는 상세한 발달력을 얻는 것이 힘들 수 있으며 자가보고의 어려움도 고려하는 것이 중요하다. 임상적 관찰을 통해 진단준거가 현재 충족되는 것으로 제안되는 경우에는, 아동기에 사회적 기술과 의사소통 기술이 양호했다는 증거가 없다면, 자폐스펙트럼장애 진단을 내릴 수도 있다. 예를 들어, 아동기 내내 평범하고 지속적인 상호적 우정과 양호한 비언어적 의사소통 기술을 보였다는 보고(부모 또는 다른 친척에 의한)는 자폐스펙트럼장애 진단을 배제할 것이다; 그러나 발달적 정보의 부재 그 자체로 그렇게 해서는 안 된다.

자폐스펙트럼장애를 정의하는 사회적 및 의사소통 손상과 제한적/반복적 행동의 징후는 발달기에 뚜렷하다. 나중에는 현재의 지원뿐만 아니라 중재나 보상이 적어도 몇몇 맥락에서 이러한 어려움을 감출 수도 있다. 그러나 증상들은 사회적, 직업적, 또는 기타 중요한 기능 영역에서 현재의 손상을 야기하기에 충분할 만큼 남아 있다.

(5) 위험요인 및 예후요인

자폐스펙트럼장애 내 개별적 결과에 대한 가장 확고한 예후요인은 동반된 지적장애 및 언어손상(예: 5세까지의 기능적 언어는 좋은 예후적 징후임) 그리고 부가적인 정신건강 문제의 존재 여부다. 공존진단으로서의 뇌전증은 더 심한 지적장애와 더 낮은 언어능력과 관련이 있다.

① 환경적 요인

부모의 고령, 저출생체중, 또는 태아의 발프로에이트 노출과 같은 다양한 비특이성 위험요인이 자폐스펙트럼장애의 위험에 기여할 수 있다.

② 유전적 · 생리학적 요인

자폐스펙트럼장애의 유전가능성 추정치는 쌍생아 일치율을 근거로 했을 때 37% 부터 90% 이상까지 이른다. 현재 자폐스펙트럼장애 사례의 무려 15%가 알려진 유전적 돌연변이와 관련된 것으로 보이는데, 이러한 유전적 돌연변이에는 다양한 신규 복제수변이(de novo copy number variant) 또는 여러 가족에 걸친 그 장애와 관련된 특정 유전자의 신규 돌연변이(de novo mutation)가 있다. 하지만 자폐스펙트럼장애가 알려진 유전적 돌연변이와 관련된 경우에도 그 유전적 돌연변이가 완전히 침투한(fully penetrant) 것으로는 보이지 않는다. 나머지 사례들과 관련된 위험은 다인자적(polygenic)인 것으로 보이는데, 아마도 상대적으로 작은 기여를 하는 수백 개의 유전자 좌위(genetic loci)가 관여하는 경향이 있다.

(6) 문화와 관련된 진단적 쟁점

사회적 상호작용, 비언어적 의사소통, 및 관계의 규준에는 문화적 차이가 존재할 것이지만, 자폐스펙트럼장애를 가진 사람들은 자신들의 문화적 맥락을 고려한 규준에 의해서도 현저하게 손상되어 있다. 문화적 · 사회경제적 요인들은 자폐스펙트럼장애가 인지되거나 진단되는 연령에 영향을 줄 수도 있다. 예를 들어, 미국의 경우 아프리카계 미국인 아동들에게서 늦은 진단이나 과소진단이 발생할 수 있다.

(7) 성별과 관련된 진단적 쟁점

자폐스펙트럼장애는 여성보다 남성에게서 4배 정도 더 흔히 진단된다. 임상적 표본에서는 여성이 지적장애를 동반하는 경향이 더 있는데, 이는 지적 손상이나 언어지연을 동반하지 않는 여아들의 경우 아마도 사회적 어려움 및 의사소통 어려움의 징후가 더 미묘하기 때문에 인지되지 않을 수도 있다는 것을 시사한다.

(8) 자폐스펙트럼장애의 기능적 결과

자폐스펙트럼장애를 가진 어린 아동들에게 있어서 사회적 능력 및 의사소통 능력의 결여는 학습, 특히 사회적 상호작용을 통한 학습이나 또래들과 함께 있는 환경에서의 학습을 저해할 수 있다. 가정에서는 감각적 민감성뿐만 아니라 일상활동에 대한 고집과 변화에 대한 혐오감이 섭식과 수면을 방해하고 일상적 관리(예: 이발, 치과치료)를 극도로 어렵게 만들 수 있다. 적응기술들은 측정된 IQ에 일반적으로 미치지 못한다. 계획하기, 조직화하기, 변화에 대처하기에 있어서의 극심한 어려움은 학업 성취에 부정적 영향을 미치는데, 이는 평균 이상의 지능을 가진 학생들에게도 해당된다. 성인기에는 계속되는 경직성과 새로운 것에 대한 어려움 때문에 독립적인 생활이 힘들 수 있다.

자페스펙트럼장애를 가진 많은 사람은, 지적장애가 없어도, 독립생활과 유급취업과 같은 측정에 의해 나타나듯이 성인에게 알맞은 심리사회적 기능이 빈약하다. 노년의 기능적 결과는 알려져 있지 않지만 사회적 고립과 의사소통 문제(예: 감소된 도움 요청)가 노년기의 건강에 영향을 미칠 가능성이 있다.

(9) 감별진단

① 레트증후군

사회적 상호작용의 파괴가 레트증후군(Rett syndrome)의 퇴행단계(일반적으로 1~4세 사이)에서 관찰될 수 있다; 따라서 레트증후군을 가진 어린 여아들의 상당수가 자페스펙트럼장애의 진단준거를 충족시키는 모습을 보일 수도 있다. 그러나 이 기간이 지나면 레트증후군을 가진 대부분의 사람은 사회적 의사소통 기술이 개선되고 자폐적 특징은 더 이상 주된 관심 영역이 아니다. 그러므로 자페스펙트럼장애는 모든 진단준거가 충족될 경우에만 고려되어야 한다.

② 선택적 함구증

선택적 함구증(selective mutism)에서는 조기 발달이 일반적으로 교란되지 않는다. 선택적 함구증을 가진 아동들은 어떤 상황이나 환경에서는 적절한 의사소통 기술을 보통 보인다. 함구하는 환경에서조차도 사회적 상호성은 손상되지 않으며 제한되거나 반복적인 행동 패턴도 나타나지 않는다.

③ 언어장애와 사회적(실용적) 의사소통장애

언어장애의 어떤 형태에서는 의사소통문제와 다소의 이차적인 사회적 어려움이 있을 수 있다. 그러나 특정언어장애(specific language disorder)에서는 보통 비정상적인 비언어적 의사소통이 나타나지 않을 뿐 아니라 제한적이고 반복적인 행동, 관심, 또는 활동 패턴도 나타나지 않는다.

사회적 의사소통과 사회적 상호작용의 손상은 보이지만 제한적이고 반복적인 행동이나 관심은 보이지 않을 경우, 자폐스펙트럼장애 대신에 사회적(실용적) 의사소통장애(social[pragmatic] communication disorder)의 준거가 충족될 수 있다. 자폐스펙트럼장애 준거가 충족될 때는 자폐스펙트럼장애 진단이 사회적(실용적) 의사소통장애 진단을 우선하며, 과거 또는 현재의 제한적/반복적 행동에 대해 세심한 주의를 기울여 알아보아야 한다.

④ 자폐스펙트럼장애를 동반하지 않는 지적장애(지적발달장애)

매우 어린 아동들의 경우, 자폐스펙트럼장애를 동반하지 않는 지적장애(intellectual disability)와 자폐스펙트럼장애를 구별하는 것이 어려울 수 있다. 언어 혹은 상징적 기술이 발달되지 않은 지적장애인 또한 감별진단의 어려움을 제공하는데 왜냐하면 그런 장애인들에게도 반복적 행동이 흔히 발생하기 때문이다. 지적장애인에게 있어서 자폐스펙트럼장애 진단은 본인의 비언어적 기술(예: 소근육 기술, 비언어적 문제해결)의 발달수준에 비해 사회적 의사소통과 상호작용이 유의미하게 손상되어 있을 때 적절하다. 반면, 사회적-의사소통적 기술 수준과 다른 지적 기술 수준 사이에 명백한 차이가 없을 때는 지적장애가 적절한 진단이다.

⑤ 상동적 운동장애

동작성 상동증은 자폐스펙트럼장애의 진단적 특성에 포함되어 있으므로 그런 반복적 행동이 자폐스펙트럼장애의 존재에 의해 더 잘 설명된다면 상동적 운동장애(stereotypic movement disorder)라는 추가진단은 내려지지 않는다. 그러나 상동증이 자해를 야기하고 치료의 초점이 될 때는 두 가지 진단 모두가 적절할 수도 있다.

⑥ 주의력결핍과잉행동장애

주의력 이상(예: 과도하게 집중하는, 쉽게 산만해지는)은 과잉행동처럼 자폐스펙트럼장애를 가진 사람들에게 흔하다. 주의력결핍과잉행동장애(attention deficit hyperactivity disorder) 진단은 주의력 문제와 과잉행동이 동일한 정신연령대에서 전형적으로 보이는 정도를 초월할 때 고려되어야만 한다.

⑦ 조현병

아동기출현 조현병(schizophrenia)은 정상적으로 또는 거의 정상적으로 발달하는 기간 후에 보통 생긴다. 전구기에서 사회적 손상과 비전형적 관심 및 믿음이 발생하는 것으로 알려져 있는데 이는 자폐스펙트럼장애에서 보이는 사회적 결함과 혼동될 수도 있다. 조현병의 결정적 특징인 환각과 망상은 자폐스펙트럼장애의 특징이 아니다. 그러나 임상가는 자폐스펙트럼장애를 가진 사람이 조현병의 주요 특징에 대한 질문의 해석에서 사실에 의거할 가능성을 반드시 고려해야 한다(예: "아무도 없을 때 목소리가 들립니까?" "예[라디오에서].").

(10) 공존장애

자폐스펙트럼장애는 지적 손상과 구조적 언어장애(즉, 적절한 문법을 갖춘 문장을 이해하고 구성하는 능력의 부재)를 흔히 동반하는데, 해당될 경우에는 적절한 명시어에 입각하여 기록되어야 한다. 자폐스펙트럼장애를 가진 많은 사람이 자폐스펙트럼장애 진단준거의 일부분이 아닌 정신의학적 증상을 가지고 있다(자폐스펙트럼장애를 가진 사람들 중 약 70%가 한 가지 공존 정신장애를 그리고 40% 정도는 두 가지 이상의 공존 정신장애를 가지고 있을 수 있다). ADHD 진단준거와 자폐스펙트럼장애 진단준거 둘 다가 충족될 경우, 둘 다 진단을 내려야 한다. 동일한 원리가 발달적 협응장애, 불안장애, 우울장애, 및 기타 공존진단과 자폐스펙트럼장애의 동시진단에 적용된다. 구어를 사용하지 못하거나 언어결함을 가진 사람들 가운데 수면이나 섭식의 변화 그리고 도전적 행동의 증가와 같은 관찰가능한 징후가 나타나면 불안이나 우울증을 위한 평가에 착수해야 한다. 발달적 협응장애가 흔하듯이 특정 학습문제(문식성과 수리력)도 흔히 나타난다. 자폐스펙트럼장애와 흔히 동반되는 의학적 조건들은 "연관된 알려진 의학적/유전적 또는 환경적/후천적 조건"이라는 명시어에 입각하여 기록되어야 한다. 이와 같은 의학적 조건에는 뇌전증, 수면문제, 및 변비가 포함된다. 회피/제한성 음식섭취장애는 자폐스펙트럼장애에서 꽤 흔히 나타나는 특징이며 극단적이고 편협한 음식 선호가 지속될 수 있다.

부록 6

자폐스펙트럼장애(DSM-5-TR)

「정신장애의 진단 및 통계 편람-제5판-수정판」(Diagnostic and Statistical Manual of Mental Disorders-Fifth Edition-Text Revision: DSM-5-TR)(APA, 2022)은 자폐스펙트럼장애(autism spectrum disorder: ASD)를 다음과 같이 기술하고 있다.

자폐스펙트럼장애(Autism Spectrum Disorder)

〈표 부록 6-1〉 자폐스펙트럼장애의 진단준거

A. 다양한 맥락에서의 사회적 의사소통과 사회적 상호작용의 지속적인 결함

다음 세 가지 모두가 현재 나타나고 있거나 나타낸 내력이 있다(예들은 예시적일 뿐 총망라한 것은 아니다; 본문 참조):

1. 사회적-정서적 상호성에서의 결함

(예: 비정상적인 사회적 접근과 정상적인 주고받기식 대화의 실패에서부터 관심, 정서, 또는 감정의 제한된 공유와 사회적 상호작용의 시작 또는 반응에서는 실패에 이르기까지 나타난다.)

2. 사회적 상호작용을 위해 사용되는 비언어적 의사소통 행동에서의 결함

(예: 언어적 의사소통과 비언어적 의사소통의 서툰 통합에서부터 눈맞춤과 신체언어의 비정상성, 몸짓의 이해 및 사용에서의 결함, 얼굴표정과 비언어적 의사소통의 완전한 결여에 이르기까지 나타난다.)

〈표 부록 6-1〉 계속됨

3. 관계의 형성, 유지, 이해에서의 결함
(예: 다양한 사회적 맥락에 맞는 행동조절의 어려움에서부터 상상놀이 공유하기나 친구 사귀기의 어려움, 또래에 대한 관심의 결여에 이르기까지 나타난다.)

B. 제한적이고 반복적인 행동, 관심, 또는 활동 패턴
다음 중 적어도 두 가지가 현재 나타나고 있거나 나타난 내력이 있다(예들은 예시적일 뿐 총망라한 것은 아니다; 본문 참조):
1. 상동적이거나 반복적인 동작성 움직임, 물건 사용, 또는 말
(예: 단순한 동작성 상동증, 장난감 일렬로 세우기 혹은 물건 돌리기, 반향어, 특이한 문구)
2. 동일성 고집, 판에 박힌 일상에 대한 완고한 집착, 의례적인 언어적 혹은 비언어적 행동 패턴
(예: 사소한 변화에 대한 극도의 고통, 전환의 어려움, 경직된 사고 패턴, 인사 의례, 매일 동일한 길로 가거나 동일한 음식을 먹으려는 요구)
3. 강도나 초점이 비정상적인 매우 제한적이고 고착된 관심
(예: 이례적인 물건에 대한 강한 애착 혹은 집착, 지나치게 한정되거나 집요하게 반복되는 관심)
4. 감각적 입력에 대한 과대반응 혹은 과소반응, 또는 환경의 감각적 측면에 대한 이례적인 관심
(예: 통증/온도에 대한 명백한 무관심, 특정 소리나 감촉에 대한 혐오 반응, 물건에 대한 지나친 냄새맡기나 만지기, 빛이나 움직임에 대한 시각적 매료)

C. 증상들은 발달기 초기에 나타나야 한다(그러나 증상들은 사회적 요구가 제한된 능력을 초과하고 나서야 비로소 완전히 뚜렷해지거나 또는 나중에 학습된 전략으로 인해 가려질 수도 있다).

D. 증상들은 현재 기능의 사회적, 직업적, 또는 기타 중요한 영역에 임상적으로 유의미한 손상을 야기한다.

E. 이러한 교란은 지적발달장애(지적장애) 또는 전반적 발달지체로 더 잘 설명되지 않는다. 지적발달장애와 자폐스펙트럼장애는 흔히 동시에 발생한다. 자폐스펙트럼장애와 지적발달장애의 공존 진단을 내리려면 사회적 의사소통이 일반적 발달수준에서 기대되는 바에 미치지 못해야 한다.

주의사항: DSM-IV에 의해 자폐장애, 아스퍼거장애, 또는 불특정 전반적 발달장애로 확진된 개인들에게는 자폐스펙트럼장애 진단을 내려야 한다. 사회적 의사소통에 현저한 결함은 가지고 있으나 자폐스펙트럼장애의 준거를 만족시키지 못하는 개인은 사회적(실용적) 의사소통장애에 대한 평가를 받아야 한다.

〈표 부록 6-1〉 계속됨

▶ 사회적 의사소통의 손상과 제한적이고 반복적인 행동 패턴에 근거하여 현재의 심각도를
명시할 것(〈표 2〉 참조)[1]:

 -**아주 상당한 지원이 필요함**

 -**상당한 지원이 필요함**

 -**지원이 필요함**

▶ 다음을 명시할 것:

 -**지적 손상을 동반하는 경우 또는 동반하지 않는 경우**

 -**언어 손상을 동반하는 경우 또는 동반하지 않는 경우**

▶ 다음을 명시할 것:

 -**알려진 유전적 또는 다른 의학적 조건이나 환경적 요인과 연관된 경우**

 (**부호화 주의사항**: 연관된 유전적 또는 다른 의학적 조건을 확인하기 위해서는 추가적인
 부호를 사용하시오.)

 -**신경발달적, 정신적, 또는 행동적 문제와 연관된 경우**

▶ 다음을 명시할 것:

 -**긴장증 동반**(정의에 대해서는 다른 정신장애와 연관된 긴장증의 준거를 참조)

 (**부호화 주의사항**: 공존 긴장증을 확인하기 위해서는 자폐스펙트럼장애와 연관된 긴장
 증에 대한 추가적인 부호 F06.1을 사용하시오.)

---

[1] 이 책에서는 〈표 부록 6-2〉임.

〈표 부록 6-2〉 자폐스펙트럼장애의 심각도 수준(지원요구 수준의 예)

심각도 수준	사회적 의사소통	제한적이고 반복적인 행동
수준 3 아주 상당한 지원이 필요함	언어적 그리고 비언어적인 사회적 의사소통 기술의 심각한 결함은 심한 기능 손상, 매우 제한적인 사회적 상호작용 시작하기, 그리고 타인의 사회적 제의에 대한 최소한의 반응을 야기한다. 예) 명료한 발화가 거의 없고, 상호작용을 시작하는 경우가 거의 없으며 시작하더라도 요구를 채우기 위해서만 비정상적으로 접근하고, 매우 직접적인 사회적 접근에만 반응하는 사람.	행동의 경직성, 변화에 대처하는 데 있어서의 극단적 어려움, 또는 기타 제한적/반복적 행동들이 모든 활동범위에서 기능에 현저하게 지장을 준다. 초점이나 활동을 변경하는 데 있어서의 큰 고통/어려움.

〈표 부록 6-2〉 **계속됨**

심각도 수준	사회적 의사소통	제한적이고 반복적인 행동
수준 2 상당한 지원이 필요함	언어적 그리고 비언어적인 사회적 의사소통 기술의 현저한 결함; 지원이 갖춰져 있어도 명백하게 나타나는 사회적 손상; 제한된 사회적 상호작용 시작하기; 타인의 사회적 제의에 대한 축소된 혹은 비정상적인 반응. 예) 단문으로 말하고, 상호작용이 편협한 특정 관심사에 제한되어 있으며, 두드러지게 기이한 비언어적 의사소통을 하는 사람.	행동의 경직성, 변화에 대처하는 데 있어서의 극단적 어려움, 또는 기타 제한적/반복적 행동들이 무관심한 관찰자에게 명백할 만큼 충분히 자주 나타나고 다양한 맥락에서 기능에 지장을 준다. 초점이나 활동을 변경하는 데 있어서의 고통 그리고/또는 어려움.
수준 1 지원이 필요함	지원이 갖춰져 있지 않으면 사회적 의사소통의 결함이 주목할 만한 손상을 야기한다. 사회적 상호작용을 시작하는 데 어려움을 보이고, 타인의 사회적 제의에 대한 비전형적이거나 비성공적인 반응들을 명백히 나타낸다. 사회적 상호작용에 대한 관심이 저하된 것처럼 보일 수 있다. 예) 완전문으로 말하고 의사소통에 참여할 수 있으나 타인과 주고받기식 대화에는 실패하며, 친구를 사귀려는 시도가 기이하고 대체로 성공적이지 못한 사람.	행동의 경직성이 한 가지 또는 그 이상의 맥락에서 기능에 유의미한 지장을 야기한다. 활동을 바꾸는 데 있어서의 어려움. 조직하고 계획하는 데 있어서의 문제들이 독립성을 방해한다.

* **기록절차**(recording procedures)

〈표 2〉(저자주: 이 책에서는 〈표 부록 6-2〉)에 제시된 2개의 핵심적인 정신병리적 영역 각각에 대해 요구되는 지원의 수준을 언급하는 것이 도움이 될 수 있다(예: "사회적 의사소통 결함을 위해서는 아주 상당한 지원이 필요함 그리고 제한적이고 반복적인 행동을 위해서는 상당한 지원이 필요함"). 그다음, "지적 손상을 동반하는 경우" 또는 "지적 손상을 동반하지 않는 경우"라는 명시가 기록되어야 한다. 그다음으로는 언어 손상이 명시되어야 한다. 만약 언어 손상이 동반되었다면 언어적 기능의 현재 수준을 기록해야 한다(예: "언어 손상을 동반하는 경우-명료한 발화의 부재" 또는 "언어 손상을 동반하는 경우-구수준 발화").

"알려진 유전적 또는 다른 의학적 조건이나 환경적 요인과 연관된 경우" 혹은 "신경발달적, 정신적, 또는 행동적 문제와 연관된 경우"라는 명시어가 적절한 자폐스펙트럼장애를 위해서는 (조건, 장애, 또는 요인의 명칭)과 연관된 자폐스펙트럼장애로 기록하라(예: 복합 결절성 경화증과 연관된 자폐스펙트럼장애). 이러한 명시어들은 열거된 조건이나 문제가 그 사람의 임상진료와 관련될 가능성이 있어 보일 때 적용되며 그 조건이나 문제가 자폐스펙트럼장애와 인과적으로 관련된다고 꼭 나타내는 것은 아니다. 만약 연관된 신경발달적, 정신적, 또는 행동적 문제가 신경발달적 혹은 다른 정신장애의 준거를 충족시키면 자폐스펙트럼장애와 다른 장애 둘 다 진단을 내려야 한다.

만약 긴장증이 있다면 "자폐스펙트럼장애와 연관된 긴장증"이라고 분리하여 기록한다. 더 많은 정보를 위해서는 "조현병 스펙트럼 및 기타 정신증적 장애"에 제시된 자폐스펙트럼장애와 연관된 긴장증의 준거를 참조하시오.

• 명시어(specifiers)

심각도 명시어(〈표 2〉 참조)(저자주: 이 책에서는 〈표 부록 6-2〉 참조)는 심각도가 맥락에 따라 변하고 시간이 지나면서 오르내릴 수 있다는 것을 염두에 두고 현재의 총체적인 증상(수준 1에 못 미칠 수도 있음)을 간명하게 기술하기 위해 사용될 수 있다. 사회적 의사소통 어려움과 제한적이고 반복적인 행동의 심각도를 분리하여 평정해야 한다. 기술적인 심각도 범주들은 서비스의 적부성과 제공을 결정하기 위해 사용되어서는 안 된다. 사실, 상대적으로 더 나은 전반적인 기술을 가진 사람들이 다양한 또는 더 큰 심리사회적 도전을 경험할 수 있다. 따라서 서비스 요구는 개인의 수준에서 그리고 개인적인 우선사항과 목표에 대한 논의를 통해서만 결정될 수 있다.

"지적 손상을 동반하는 경우 또는 동반하지 않는 경우"라는 명시어와 관련하여, 자폐스펙트럼장애를 가진 아동이나 성인의 지적 프로파일(흔히 고르지 않음)에 대한 이해가 진단적 특징을 해석하는 데 필요하다. 언어적 기술과 비언어적 기술을 분리하여 평가하는 것도 필요하다(예: 한정된 언어를 가진 개인의 잠재적 강점을 사정하기 위해 시간제한 없는 비언어적 검사 사용하기).

"언어 손상을 동반하는 경우 또는 동반하지 않는 경우"라는 명시어를 사용하기 위해서는 언어적 기능의 현재 수준을 사정하고 기술하여야 한다. "언어 손상을 동반하는 경우"를 위한 구체적 기술의 예로는 명료한 발화의 부재(비언어적), 단단어수준 발화, 또는 구수준 발화 등이 있다. "언어 손상을 동반하지 않는 경우"에서 개인의 언어수준은 '완전문으로 말한다' 또는 '유창하게 말한다' 등으로 더 심도 있게 기술될 수도 있다. 자폐스펙트럼장애에서는 수용언어 발달이 표현언어 발달보다 뒤떨어질 수 있으므로 수용언어 기술과 표현언어 기술은 분리하여 고려해야 한다.

"알려진 유전적 또는 다른 의학적 조건이나 환경적 요인과 연관된 경우"라는 명시어는 개인이 알려진 유전적 조건(예: 레트증후군, X결함 증후군, 다운증후군), 알려진 의학적 조건(예: 뇌전증), 또는 자궁 내 기형유발물질이나 감염(예: 태아발프로에이트증후군, 태아알코올증후군, 태아풍진)에의 환경적 노출 내력을 가지고 있을 때 적용될 수 있다. 이 명시어는 자폐스펙트럼장애의 인과관계와 동의어로 간주되어서는 안 된다. 어떤 조건은 임상가가 원인으로 주장하기 때문이 아니라 임상적으로 적절할 가능성이 있다거나 치료에 영향을 미친다고 생각될 때 자폐스펙트럼장애와 연관된 것으로 언급될 수 있다. 고유 게놈 복제수변이(unique genomic copy number variant)(비록 이 특정 이상이 자폐스펙트럼장애를 직접적으로 유발한 적이 없고 자폐스펙트럼장애와 이전에 연관된 적이 없다고 할지라도) 또는 크론병(Crohn's disease)(행동적 증상을 악화시킬 수 있는)과 연관된 자폐스펙트럼장애가 그 예다.

"신경발달적, 정신적, 또는 행동적 문제와 연관된 경우"라는 명시어는 기능적 입안에 기여하거나 치료의 초점이 되는 문제(예: 성마름, 수면문제, 자해행동, 또는 발달적 퇴행)를 나타내기 위해 적용될 수 있다. 부가적인 신경발달적, 정신적, 혹은 행동적 장애 또한 별개의 진단으로 기록되어야 한다(예: 주의력결핍과잉행동장애; 발달적 협응장애; 파괴적 행동, 충동-조절, 그리고 품행장애; 불안, 우울, 또는 양극성 장애; 틱 또는 뚜렛 장애; 급식, 배설, 또는 수면 장애).

긴장증은 자폐스펙트럼장애와 공존상태로 발생할 수 있다. 전형적 증상인 자세유지증, 거부증(수업 또는 외부자극에 적대 또는 무반응), 함구증, 그리고 혼미에 더하여 상동증과 자해행동의 증가 또는 악화가 자폐스펙트럼장애 상황에서 긴장증 증후군의 일부를 형성할 수 있다.

(1) 진단적 특징

자폐스펙트럼장애의 근본적인 특징은 상호적인 사회적 의사소통과 사회적 상호작용의 지속적인 손상(진단준거 A), 그리고 제한적이고 반복적인 행동, 관심, 또는 활동 패턴이다(진단준거 B). 이러한 증상들은 아동기 초기부터 존재하며 일상적인 기능을 제한하거나 손상시킨다(진단준거 C와 D). 기능적 손상이 명백해지는 단계는 개인의 특성과 환경에 따라 달라질 것이다. 핵심적인 진단적 특징들은 발달기에 분명히 나타나지만 중재, 보상, 및 현재의 지원을 통해 적어도 일부 맥락에서 어려움이 감추어질 수도 있다. 또한 이 장애의 징후는 자폐상태의 심각도, 발달수준, 생활연령, 및 아마도 성별(gender)에 따라 매우 다양하다. 이 때문에 스펙트럼이라는 용어가 붙어 있는 것이다. 인지적 또는 언어 손상이 없는 사람들은 지적 또는 언어 손상을 동반한 사람들보다 좀 더 미묘한 결함징후를 가질 수 있으며(예: 진단준거 A, 진단준거 B) 이러한 결함을 감추기 위해 굉장한 노력을 하고 있을 수 있다. 만약 개인이 좀 더 양호한 전반적인 의사소통기술(예: 말하기가 유창함, 지적 손상이 없음)을 가지고 있다면 사회적 의사소통의 진단준거 A 결함들은 더 미묘해질 것이다. 유사하게, 만약 관심이 연령상 전형적인 규준(예: 끈 꼼지락거리기에 비해서 고대 이집트 또는 기차)에 더 근접하면 진단준거 B 결함들(즉, 제한적인 행동 및 관심 패턴)은 덜 명백할 수 있다. 자폐스펙트럼장애는 이전에 조기 유아자폐증, 아동기 자폐증, Kanner 자폐증, 고기능자폐증, 비전형자폐증, 불특정 전반적 발달장애, 아동기붕괴성장애, 및 아스퍼거장애로 불리던 장애들을 망라한다.

진단준거 A에 명시된 의사소통과 사회적 상호작용의 손상들은 전반적이고 지속적이다. 진단은 임상가의 관찰, 양육자 내력, 그리고 자기보고(가능한 경우)를 포함하는 다양한 정보원에 근거할 때 가장 타당하고 신뢰롭다. 사회적 의사소통의 언어적/비언어적 결함은 치료내력 및 현재의 지원과 같은 다른 요인들뿐만 아니라 개인의 연령, 지적 수준, 및 언어능력에 따라 다양한 징후를 보인다. 많은 사람이 말의 완전한 부재로부터 언어지연, 말에 대한 이해력 부족, 반향어, 또는 딱딱하고 지나치게 문자 그대로의 언어에까지 이르는 언어결함을 가진다. 형식적인 언어기술(예: 어휘, 문법)이 손상되지 않은 경우라 하더라도 자폐스펙트럼장애에서는 상호적인 사회적 의사소통을 위한 언어사용이 손상되어 있다.

사회적-정서적 상호성(즉, 다른 사람들과 어울리고 생각과 감정을 공유하는 능력)의 결함은, 예를 들어 어린 아동에게 나타날 수 있다. 이러한 아동들은 타인의 행동에 대한 모방을 적게 하거나 하지 않는 것과 더불어 사회적 상호작용을 거의 또는 전혀 시작하지 않고 정서를 공유하지 않는다. 구사하는 언어가 있어도 흔히 일방적이고, 사회적 상호성이 결여되어 있으며, 발언하기, 감정 공유하기, 또는 대화하기보다는 요청하거나 명명하기 위해 사용된다. 지적 손상이나 언어지연이 없는 나이 든 아동과 성인의 경우에는 사회적-정서적 상호성의 결함이 복잡한 사회적 단서(예: 대화에 참여하는 때와 방법, 이야기하지 말아야 할 것)를 처리하고 그에 반응하는 데 있어서의 어려움에서 가장 명백하게 나타날 수 있다. 일부 사회적 도전에 대한 보상 전략을 갖춘 사람들도 새롭거나 비지원적인 상황에서는 여전히 어려움을 겪으며 대부분의 사람이 직관적으로 인식하는 것을 의식적으로 계산하는 노력과 불안으로 고통을 받는다. 이 행동은 이러한 사람들에 있어서, 아마도 특히 성인 여성들에 있어서, 자폐스펙트럼장애의 탐지를 낮추는 데 기여할 수 있다. 따라서 더 장기적인 사정, 자연적 상황에서의 관찰, 사회적 상호작용의 어떤 손상에 대한 조사가 필요할 수 있다. 예를 들어, 사회적 상호작용의 대가에 대한 질문을 받으면 이러한 사람들은 사회적 상호작용이 자신들에게는 소모적이고, 사회적 관례를 감시하는 데 들이는 정신적 노력 때문에 집중할 수가 없고, 자기자신답게 있을 수 없어서 자존감이 악영향을 받는다 등으로 응답할지도 모른다.

사회적 상호작용을 위해 사용되는 비언어적 의사소통 행동에 있어서의 결함은 눈맞춤(문화적 규준에 비교하여), 몸짓, 얼굴표정, 신체정위, 말의 억양을 보이지 않거나 적게 또는 비전형적으로 사용하는 것으로 나타난다. 자폐스펙트럼장애의 초기 특징은 타인들과 관심을 공유하기 위해 사물을 가리키거나 보여주거나 가져오지 못하는 것 또는 어떤 사람이 가리키거나 눈으로 응시하는 것을 따라가지 못하는 것으로 나타나는 손상된 주의공유다. 이 장애를 가진 사람들은 약간의 기능적 몸짓을 배울 수 있으나 레퍼토리가 다른 사람들에 비해 적고 의사소통에서 표현적 몸짓을 자발적으로 사용하는 데 종종 실패한다. 언어가 유창한 젊은이들과 성인들 중에서도 비언어적 의사소통과 말의 협응에 어려움이 나타나며, 이러한 어려움은 상호작용 중에 "신체언어"가 기이하거나 경직되었거나 또는 과장되었다는 인상을 줄 수 있다. 손상이 개별적인 양식들 내에서는 상대적으로 미묘할 수도 있으나(예: 어떤 이는 이야기할 때 비교적 양호한 눈맞춤을 보일 수 있음) 사회적 의사소통을 위한 눈맞춤, 몸짓, 몸자세, 운율, 얼굴표정의 통합이 빈약하고 유지(기간이 지속되거나 스트레스를 받을 때)가 어렵다는 것은 주목할 만하다.

관계를 형성하고 유지하고 이해하는 데 있어서의 손상은 연령, 성별(gender), 문화의 규준을 고려하여 판단되어야 한다. 사회적 관심이 없거나 적거나 또는 비전형적일 수 있는데 이는 타인거부, 수동성, 또는 공격적이고 파괴적으로 보일 수도 있는 부적절한 접근으로 나타난다. 이러한 어려움은 특히 어린 아동들에게 뚜렷이 나타나는데, 흔히 공유된 사회적 놀이나 상상력(예: 연령에 적합한 융통성 있는 가장놀이)이 결여되어 있고 나중에는 매우 고정된 규칙에 의한 놀이를 고집한다. 나이가 더 들면, 한 상황에서는 적절하지만 다른 상황에서는 적절하지 않은 것으로 간주되는 행동(예: 취업면접 동안의 격의 없는 행동)을 이해하거나 의사소통을 위해 언어가 사용되는 다양한 방식(예: 반어, 선의의 거짓말)을 이해하는 데 어려움을 겪기도 한다. 단독활동 또는 훨씬 더 어리거나 나이 든 사람들과의 상호작용에 대한 선호가 명백히 나타날 수도 있다. 우정이 필요로 하는 것에 대한 완전한 또는 실제적인 개념도 없이 우정을 형성하길 원하기도 한다(예: 일방적 우정 또는 특정 관심의 공유에만 근거한 우정). 형제자매, 동료, 양육자와의 관계 또한 중요하게 고려되어야 한다(상호성 관점에서).

또한 자폐스펙트럼장애는 제한적이고 반복적인 행동, 관심, 또는 활동 패턴에 의해 정의되는데(진단준거 B에 명시되어 있듯이), 이러한 패턴은 연령과 능력, 중재, 현재의 지원에 따라 일련의 징후를 보인다. 상동적이거나 반복적인 행동에는 단순한 동작성 상동증(예: 손 퍼덕거리기, 손가락 튀기기), 물건의 반복적인 사용(예: 동전 돌리기, 장난감 일렬로 세우기), 그리고 반복적인 말(예: 반향어, 들은 단어들의 지연된 또는 즉각적 되풀이; 자신을 지칭할 때 "너" 사용; 단어, 구, 운율적 패턴의 상동적인 사용)이 포함된다. 판에 박힌 일상에 대한 과도한 집착과 제한된 행동 패턴은 변화에 대한 저항(예: 학교나 직장으로 가는 우회로 이용하기와 같은 외관상의 사소한 변화에 대한 고통; 규칙에 집착하는 고집; 사고의 경직성) 또는 의례적인 언어적 혹은 비언어적 행동 패턴(예: 반복적인 질문하기, 주변을 서성거리기)으로 나타날 수 있다. 자폐스펙트럼장애에서 보이는 고도로 제한적이고 고착된 관심은 강도나 초점에서 비정상적인 경향이 있다(예: 냄비 또는 끈조각에 강한 애착을 보이는 유아; 진공청소기에 몰두하는 아동; 일정표를 상세히 쓰는 데 몇 시간을 보내는 성인). 일부 강한 흥미와 판에 박힌 일상은 감각적 입력에 대한 뚜렷한 과대반응 혹은 과소반응과 관련되어 있을 수 있는데, 이러한 반응들은 특정 소리나 감촉에 대한 극도의 반응, 물건에 대한 지나친 냄새맡기나 만지기, 빛 또는 회전물체에 대한 매료, 그리고 때때로 통증, 더위, 또는 추위에 대한 명백한 무관심을 통해 나타난다. 음식의 맛, 냄새, 감촉, 또는 외관에 대한 극단적 반응이나 의례적 행동 혹은 과도한 음식제한이 흔하게 나타나며 이는 자폐스펙트럼장애의 발현특징일 수도 있다.

지적 또는 언어 손상이 없는 자폐스펙트럼장애를 가진 다수의 성인은 공공장소에서 반복적인 행동을 억제하는 것을 배운다. 이들에게 전신 흔들기나 손가락 튀기기와 같은 반복적인 행동들은 불안을 완화하거나 스스로 달래는 기능을 할 수도 있다.

특별한 관심은 즐거움과 동기부여의 원천이 될 수 있으며 교육과 나중의 취업을 위한 방안을 제공할 수도 있다. 비록 증상이 더 이상 존재하지 않더라도 제한적이고 반복적인 행동, 관심, 또는 활동 패턴이 아동기 또는 과거 언젠가 분명히 존재하였다면 진단준거를 충족시킬 수도 있다.

진단준거 D는 특징들이 현재 기능의 사회적, 직업적, 또는 기타 중요한 영역에 임상적으로 유의미한 손상을 야기해야 한다는 것을 요구한다. 진단준거 E는 비록 때때로 지적발달장애(지적장애)를 동반한다고 하더라도 사회적 의사소통 손상이 개인의 발달수준에 미치지 못한다는 것, 즉 손상이 발달수준에 근거하여 기대되는 어려움을 능가한다는 것을 명시한다.

양호한 심리측정적 특성을 갖춘 표준화된 행동진단도구들이 개발되어 있어 이를 통해 시간과 임상가에 따른 진단의 신뢰도를 개선할 수 있는데 이러한 도구들에는 양육자 면접, 질문지와 임상가 관찰척도가 포함된다. 그러나 자폐스펙트럼장애의 증상은 차원들로 발생하며 이 차원들에는 무엇이 장애가 될 것인가에 대한 보편적으로 용인된 분할점수가 없다. 따라서 진단은 이용가능한 모든 정보를 고려하는 임상적인 것이며 특정 질문지나 관찰척도의 점수로만 내려지지 않는다.

(2) 관련 특징

자폐스펙트럼장애를 가진 다수의 사람은 지적 손상 그리고/또는 언어 손상(예: 말이 늦은, 언어이해가 언어산출보다 뒤떨어지는)도 가지고 있다. 평균 지능이나 높은 지능을 가진 사람들조차 능력 프로파일이 고르지 않다. 지적 기술과 적응적인 기능적 기술 간의 격차가 흔히 크게 나타난다. 마음이론결함(theory-of-mind deficits)(즉, 다른 사람의 관점에서 세상을 보는 데 어려움이 있음)이 자폐스펙트럼장애를 가진 사람들에게 흔히 보이지만 모든 사례에서 반드시 나타나는 것은 아니다. 실행기능결함(executive function deficits) 또한 흔하지만 중앙응집의 어려움(difficulties with central coherence)(즉, 맥락을 이해하거나 "큰 그림을 보는" 능력이 없고 따라서 세부사항에 과도하게 초점을 맞추는 경향이 있음)에서처럼 구체적이지는 않다.

기이한 걸음걸이, 서투름, 그리고 다른 비정상적인 운동 징후(예: 첨족보행)를 포함하는 운동결함도 보인다. 자해(예: 머리찧기, 손목물기)가 발생할 수도 있으며, 지적발달장애를 포함하는 다른 장애보다 자폐스펙트럼장애를 가진 아동과 청소년들에게 파괴적/도전적 행동이 더 흔하다. 어떤 사람들은 긴장증과 유사한 운동행동(행동 중에 느려지기, 행동 중에 멈추기)을 발달시키지만 보통 긴장성 삽화의 수준은 아니다. 그러나 자폐스펙트럼장애를 가진 사람들은 운동증상에서 현저한 퇴화를 경험하고 함구증, 자세유지증, 찡그림, 납굴증과 같은 증상을 가진 완전한 긴장성 삽화를 나타낼 가능성이 있다. 긴장증 동반의 최대 위험시기는 청소년기로 보인다.

(3) 출현율

미국에서 자폐스펙트럼장애의 빈도는 모집단의 1%와 2% 사이로 보고되고 있으며 이는 아동표본과 성인표본에서 유사하게 추정된다. 그러나 사회경제적 자원의 효과가 고려된 이후에도 백인 아동들(1.3%)에 비해 미국의 아프리카계 미국인(1.1%)과 라틴계 아동들(0.8%)에서 출현율이 더 낮은 것으로 나타나고 있다. 보고된 자폐스펙트럼장애의 출현율은 일부 민족/인종적 배경을 가진 사람들에 대한 오진, 지연된 진단, 또는 과소진단에 의해 영향을 받을 수 있다. 미국 외 국가들의 출현율은 모집단의 1%(세계 출현율 중앙값: 0.62%)에 근접하고 있으며 여기에 지리학적 지역 또는 민족성에 따른 그리고 아동 및 성인 표본에 걸친 실질적 차이는 없다. 전세계적으로, 잘 확인된 역학적 표본들에서 남성:여성 비율(male:female ratio)은 3:1로 나타나고 있는데 여기에는 여자(women)와 여아(girls)에 있어서 자폐스펙트럼장애의 과소인식에 대한 우려가 있다.

(4) 발달 및 경과

자폐스펙트럼장애를 위해서는 출현연령과 출현패턴 또한 주목해야 한다. 자폐스펙트럼장애의 행동적 특징은 아동기 초기에 처음 명백해지는데 일부 사례에서는 생후 첫해에 사회적 상호작용에 대한 관심의 결여가 나타나기도 한다. 증상들은 전형적으로 생후 2년 차(12~24개월)에 인지되지만, 발달적 지연이 심할 경우에는 12개월 이전에 나타날 수 있고 또한 증상이 더 미묘한 경우에는 24개월 이후에 알아채기도 한다. 출현패턴에 대한 내용에는 조기 발달적 지연이나 어떤 사회기술 혹은 언어기술의 상실에 대한 정보가 포함될 수 있다. 기술들이 상실된 사례에서는 부모나 양육자가 사회적 행동 혹은 언어기술이 점진적으로 아니면 상대적으로 빠르게 퇴화한 내력을 제공할 수도 있다. 이러한 사항들은 전형적으로 생후 12개월에서 24개월 사이에 발생한다.

전향적 연구들에 따르면, 대부분의 사례에서 자폐스펙트럼장애의 출현은 생후 첫 2년 동안에 나타나는 중요한 사회적/의사소통 행동의 감소와 연관되어 있다. 그와 같

은 기능의 감소는 다른 신경발달적 장애에서는 거의 나타나지 않으며 자폐스펙트럼
장애의 존재를 나타내는 특히 유용한 지표일 수 있다. 드문 경우이지만 적어도 2년간
의 정상발달 후에 발생하는 발달적 퇴행(이전에 아동기붕괴성장애로 기술됨)이 있는데
이러한 퇴행은 매우 드물며 더 광범위한 의학적 조사(즉, 서파수면 증후군과 란다우-클
레프너증후군 중의 지속적인 스파이크 및 파동)가 요구된다. 이러한 뇌병증 상태에 사회
적 의사소통을 넘어서는 기술의 상실들(예: 자기돌봄기술, 배변기술, 운동기술의 상실)이
종종 포함된다(이 장애의 "감별진단" 부분에 있는 레트증후군도 참조할 것).

　자폐스펙트럼장애의 첫 증상은 사회적 관심의 결여나 이례적인 사회적 상호작용
(예: 쳐다보는 어떤 시도도 없이 사람들의 손을 잡아당김)을 흔히 수반하는 지연된 언어발
달, 기이한 놀이 패턴(예: 장난감을 가지고 다니지만 가지고 놀지는 않음), 그리고 이례적
인 의사소통 패턴(예: 알파벳은 알지만 자기 이름에는 반응하지 않음)을 포함하는 경우가
많다. 청각장애가 의심될 수도 있지만 보통 배제된다. 생후 2년 차에 기이하고 반복
적인 행동과 전형적 놀이의 부재가 더욱 뚜렷해진다. 전형적으로 발달하는 많은 유
아가 강한 선호도를 보이고 반복을 즐기기 때문에(예: 동일한 음식 먹기, 동일한 비디오
를 여러 번 보기), 자폐스펙트럼장애로 진단되는 제한적이고 반복적인 행동을 유아기
에 식별하는 것은 어려울 수 있다. 임상적 식별은 행동의 유형, 빈도, 및 강도에 근거
를 둔다(예: 매일 몇 시간씩 물건을 일렬로 세우고 어떤 품목의 위치가 바뀌면 매우 고통스러
워하는 아동).

　자폐스펙트럼장애는 퇴행성 장애가 아니며 학습과 보상이 평생 지속되는 것이 일
반적이다. 증상은 흔히 아동기 초기와 학령기 초기에 가장 현저하며 대체로 아동기
후반부에 최소한 몇몇 영역에서 발달적 진전이 나타난다(예: 사회적 상호작용에 대한
관심의 증가). 자폐스펙트럼장애를 가진 대부분의 사람은 청소년기에 행동적으로 개
선되는 데 반해, 적은 비율의 사람들은 퇴화한다. 한때는 자폐스펙트럼장애를 가진
사람들 중 소수만이 성인기에 독립적으로 생활하고 일을 했지만, 자폐스펙트럼장애
진단이 우수한 언어 및 지적 능력을 가지고 있는 사람들에게 더 빈번하게 내려짐에
따라 더 많은 사람이 자신들의 특별한 관심과 기술에 맞는 적소를 찾아낼 수 있고 따
라서 생산적으로 고용된다. 직업재활서비스에의 접근은 자폐스펙트럼장애를 가진
전환기 젊은이를 위한 경쟁적 고용성과를 유의미하게 향상시킨다.

　대개 좀 더 낮은 수준의 손상을 가진 사람들이 독립적으로 기능을 더 잘할 수도 있
다. 그러나 이러한 사람들조차도 사회적으로 숫되고 취약한 상태에 머물러 있을 수

있고, 도움 없이 현실적 요구를 조직화하는 데 어려움이 있으며, 불안과 우울증을 보이기 쉽다. 많은 성인이 공공장소에서 자신의 어려움을 감추기 위하여 보상전략과 대처기제를 사용한다고 보고하고 있으나 사회적으로 수용가능한 겉모습을 유지하려는 스트레스와 노력으로 고통을 받는다. 자폐스펙트럼장애의 노년에 대해서는 상대적으로 알려진 바가 거의 없으나 동시에 발생하는 의학적 조건들의 비율이 더 높아졌다는 것이 문헌에 기록되어 왔다.

어떤 사람들은 성인기에 첫 진단을 받으러 오는데 아마도 가족 내 한 아동의 자폐증 진단 또는 직장이나 가정에서의 관계 와해로 촉발되었을 수도 있다. 이와 같은 사례들에서는 상세한 발달력을 얻는 것이 힘들 수 있으며 자가보고의 어려움도 고려하는 것이 중요하다. 임상적 관찰을 통해 진단준거가 현재 충족되는 것으로 제안되는 경우에는, 특히 아동기에 빈약한 사회적 기술 및 의사소통 기술을 보인 내력으로 지지받는다면, 자폐스펙트럼장애 진단을 내릴 수도 있다. 아동기 내내 평범하고 지속적인 상호적 우정과 양호한 비언어적 의사소통 기술을 보였다는 설득력 있는 보고(부모 또는 다른 친척에 의한)는 자폐스펙트럼장애 진단 가능성을 유의미하게 낮출 것이다. 그러나 애매모호하거나 부재한 발달적 정보 그것 자체로는 자폐스펙트럼장애 진단을 배제하기에 충분하지 않다.

자폐스펙트럼장애를 정의하는 사회적 및 의사소통 손상과 제한적/반복적 행동의 징후는 발달기에 뚜렷하다. 나중에는 현재의 지원뿐만 아니라 중재나 보상이 적어도 몇몇 맥락에서 이러한 어려움을 감출 수도 있다. 대체로 증상들은 사회적, 직업적, 또는 기타 중요한 기능 영역에서 현재의 손상을 야기하기에 충분할 만큼 남아 있다.

(5) 위험요인 및 예후요인

자폐스펙트럼장애 내 개별적 결과에 대한 가장 확고한 예후요인은 동반된 지적발달장애 및 언어손상(예: 5세까지의 기능적 언어는 좋은 예후적 징후임) 그리고 부가적인 정신건강 문제의 존재 여부다. 공존진단으로서의 뇌전증은 더 심한 지적장애와 더 낮은 언어능력과 관련이 있다.

① 환경적 요인

신경발달장애를 위한 다양한 위험요인이 자폐스펙트럼장애의 위험에 광범위하게 기여할 수 있는데 이러한 위험요인으로는 부모의 고령, 극심한 조산(저자주: 재태연령

28주 미만), 또는 어떤 약물이나 기형유발물질(예: 발프로산)에 대한 자궁 내 노출 등이 있다.

② 유전적 · 생리학적 요인

자폐스펙트럼장애의 유전가능성 추정치는 쌍생아 일치율을 근거로 했을 때 37%부터 90% 이상까지 이르는데, 더 최근에 5개국 동류집단(cohort)은 유전가능성을 80%로 추정하였다. 현재 자폐스펙트럼장애 사례의 무려 15%가 알려진 유전적 돌연변이와 관련된 것으로 보이는데, 이러한 유전적 돌연변이에는 다양한 신규 복제 수변이(de novo copy number variant) 또는 여러 가족에 걸친 그 장애와 관련된 특정 유전자의 신규 돌연변이(de novo mutation)가 있다. 하지만 알려진 유전적 돌연변이가 자폐스펙트럼장애와 관련된 경우에도 그 유전적 돌연변이가 완전히 침투한(fully penetrant) 것으로는 보이지 않는다(즉, 동일한 유전적 이상을 가진 모든 사람이 자폐스펙트럼장애를 발달시키는 것은 아님). 대부분의 사례와 관련된 위험은 다인자적(polygenic)인 것으로 보이는데, 아마도 상대적으로 작은 기여를 하는 수백 개의 유전자 좌위(genetic loci)가 관여하는 경향이 있다. 이러한 연구결과들이, 유전학 연구에서 유색인종집단의 포함이 제한적이라는 것을 고려하면, 모든 인종/민족적 모집단에 똑같이 적용되는지는 분명하지 않다.

(6) 문화와 관련된 진단적 쟁점

사회적 상호작용, 비언어적 의사소통, 및 관계의 규준에는 문화적 차이가 존재할 것이지만, 자폐스펙트럼장애를 가진 사람들은 자신들의 문화적 맥락을 고려한 규준에 의해서도 현저하게 손상되어 있다. 문화는 자폐적 행동의 인식, 다른 행동과 대조하여 일부 행동에 대해 지각된 현저성, 아동행동과 육아관행에 대한 기대에 영향을 미친다. 다양한 민족/인종적 배경을 가진 아동들에게 자폐스펙트럼장애가 진단되는 연령에는 상당한 차이가 발견된다; 대부분의 연구는 사회적으로 탄압받는 민족의 아동들 그리고 인종차별된 아동들 중에서 지연된 진단을 발견한다. 늦게 진단되는 것에 더하여, 아프리카계 미국 아동들은 백인 아동들보다 적응장애나 품행장애로 더 흔히 진단된다.

(7) 성(sex) 및 성별(gender)과 관련된 진단적 쟁점

자폐스펙트럼장애는 여성(females)보다 남성(males)에게서 3~4배 정도 더 흔히 진단되며, 평균적으로 진단연령은 여성에서 더 늦다. 임상적 표본에서는 여성이 뇌전증뿐만 아니라 지적발달장애도 동반하는 경향이 더 있는데, 이는 지적 손상이나 언어지연이 없는 여아들의 경우 아마도 사회적 어려움 및 의사소통 어려움의 징후가 더 미묘하기 때문에 인지되지 않을 수도 있다는 것을 시사한다. 자폐스펙트럼장애를 가진 남성에 비해 여성은 대화가 더 양호할 수 있고, 남성과 유사한 사회적 이해의 어려움을 갖고 있음에도 불구하고 여성은 관심을 공유하고 언어적 행동과 비언어적 행동을 통합하고 상황에 따라 행동을 수정할 가능성이 더 많다. 자폐적 행동을 숨기고 감추려는 시도(예: 사회적으로 성공한 여자의 옷, 목소리, 태도를 모방함) 또한 일부 여성들의 진단을 더 어렵게 만들 수 있다. 반복적인 행동은 평균적으로 남성보다 여성에서 다소 덜 눈에 띄고, 특별한 관심은 좀 더 사회적이거나(예: 가수, 배우) "정상적인"(예: 말[horse]) 초점을 가지지만 그 강도는 여전히 이례적이다. 일반 인구에 비해서, 성별변이(gender variance)(저자주: 성별 표현이 남성과 여성 어느 한쪽, 혹은 둘 다 맞지 않는 경우)의 비율은 자폐스펙트럼장애에서 증가한 것으로 보고되고 있으며 남성보다 여성에서 더 높다.

(8) 자살생각 또는 자살행동과의 연관

자폐스펙트럼장애를 가진 사람들은 갖지 않은 사람들에 비해 자살사망 위험이 더 크다. 사회적 상호작용이 손상된 자폐스펙트럼장애 아동들은 사회적 상호작용이 손상되지 않은 아동들에 비해 16세까지 자살의도, 자살생각, 그리고 자살계획을 가지고 자해할 위험이 더 높다. 자폐스펙트럼장애를 가진 청소년들과 젊은 성인들은 인구통계학적 요인과 정신의학적 공존장애에 대한 조정을 한 후에도 연령과 성(sex)을 대응시킨 통제 대상자들에 비해 자살시도를 할 위험이 증가한다.

(9) 자폐스펙트럼장애의 기능적 결과

자폐스펙트럼장애를 가진 어린 아동들에게 있어서 사회적 능력 및 의사소통 능력의 결여는 학습, 특히 사회적 상호작용을 통한 학습이나 또래들과 함께 있는 환경에서의 학습을 저해할 수 있다. 가정에서는 감각적 민감성뿐만 아니라 일상활동에 대한 고집과 변화에 대한 혐오감이 섭식과 수면을 방해하고 일상적 관리(예: 이발, 치과

치료)를 극도로 어렵게 만들 수 있다. 적응기술들은 측정된 IQ에 일반적으로 미치지 못한다. 계획하기, 조직화하기, 변화에 대처하기에 있어서의 극심한 어려움은 학업 성취에 부정적 영향을 미치는데, 이는 평균 이상의 지능을 가진 학생들에게도 해당된다. 성인기에는 계속되는 경직성과 새로운 것에 대한 어려움 때문에 독립적인 생활이 힘들 수 있다.

자폐스펙트럼장애를 가진 많은 사람은, 지적발달장애가 없어도, 독립생활과 유급 취업과 같은 측정에 의해 나타나듯이 성인에게 알맞은 심리사회적 기능이 빈약하다. 노년의 기능적 결과는 알려져 있지 않지만 사회적 고립과 의사소통 문제(예: 감소된 도움 요청)가 노년기의 건강에 영향을 미칠 가능성이 있다.

동시에 발생하는 지적발달장애, 뇌전증, 정신장애, 및 만성적인 의학적 조건들은 자폐스펙트럼장애를 가진 사람들의 더 높은 조기사망 위험과 연관되어 있을 수 있다. 부상과 중독으로 인한 사망은 자살로 인한 사망처럼 일반 인구보다 더 많다. 익사는 자폐스펙트럼장애를 가진 아동들에서 사고사의 주요 원인이다.

(10) 감별진단

① 주의력결핍과잉행동장애

주의력 이상(예: 과도하게 집중하는, 쉽게 산만해지는)은 과잉행동처럼 자폐스펙트럼장애를 가진 사람들에게 흔하다. 더욱이 주의력결핍과잉행동장애(attention deficit hyperactivity disorder)를 가진 일부 사람들은 타인을 방해하고, 너무 크게 말하고, 사적인 공간을 존중하지 않는 것과 같은 사회적 의사소통 결함을 보일 수 있다. ADHD를 자폐스펙트럼장애와 구별하는 것이 어려울 가능성이 있다 하더라도, 발달경과와 ADHD에 있어서 제한적이고 반복적인 행동 및 이례적인 관심의 부재는 두 조건을 구별하는 데 도움이 된다. ADHD의 동시진단은 주의력 문제와 과잉행동이 동일한 정신연령대에서 전형적으로 보이는 정도를 초월할 때 고려되어야만 하며, ADHD는 자폐스펙트럼장애에서 가장 흔한 공존장애의 하나다.

② 자폐스펙트럼장애를 동반하지 않는 지적발달장애(지적장애)

매우 어린 아동들의 경우, 자폐스펙트럼장애를 동반하지 않는 지적발달장애(intellectual developmental disorder)와 자폐스펙트럼장애를 구별하는 것이 어려울 수 있다. 언어 혹은 상징적 기술이 발달되지 않은 지적발달장애인 또한 감별진단의 어려움을 제공하는데 왜냐하면 그런 장애인들에게도 반복적 행동이 흔히 발생하기 때문이다. 지적발달장애인에게 있어서 자폐스펙트럼장애 진단은 본인의 비언어적 기술(예: 소근육 기술, 비언어적 문제해결)의 발달수준에 비해 사회적 의사소통과 상호작용이 유의미하게 손상되어 있을 때 적절하다. 반면, 사회적—의사소통적 기술 수준과 다른 지적 기술 수준 사이에 명백한 차이가 없을 때는 지적발달장애가 적절한 진단이다.

③ 언어장애 및 사회적(실용적) 의사소통장애

언어장애의 어떤 형태에서는 의사소통문제와 다소의 이차적인 사회적 어려움이 있을 수 있다. 그러나 특정언어장애(specific language disorder)에서는 보통 비정상적인 비언어적 의사소통이 나타나지 않을 뿐 아니라 제한적이고 반복적인 행동, 관심, 또는 활동 패턴도 나타나지 않는다.

사회적 의사소통과 사회적 상호작용의 손상은 보이지만 제한적이고 반복적인 행동이나 관심은 보이지 않을 경우, 자폐스펙트럼장애 대신에 사회적(실용적) 의사소통장애(social[pragmatic] communication disorder)의 준거가 충족될 수 있다. 자폐스펙트럼장애 준거가 충족될 때는 자폐스펙트럼장애 진단이 사회적(실용적) 의사소통장애 진단을 우선하며, 과거 또는 현재의 제한적/반복적 행동에 대해 세심한 주의를 기울여 알아보아야 한다.

④ 선택적 함구증

선택적 함구증(selective mutism)에서는 조기 발달이 일반적으로 교란되지 않는다. 선택적 함구증을 가진 아동들은 어떤 상황이나 환경에서는 적절한 의사소통 기술을 보통 보인다. 함구하는 환경에서조차도 사회적 상호성은 손상되지 않으며 제한되거나 반복적인 행동 패턴도 나타나지 않는다.

⑤ 상동적 운동장애

동작성 상동증은 자폐스펙트럼장애의 진단적 특성에 포함되어 있으므로 그런 반복적 행동이 자폐스펙트럼장애의 존재에 의해 더 잘 설명된다면 상동적 운동장애(stereotypic movement disorder)라는 추가진단은 내려지지 않는다. 그러나 상동증이 자해를 야기하고 치료의 초점이 될 때는 두 가지 진단 모두가 적절할 수도 있다.

⑥ 레트증후군

사회적 상호작용의 파괴가 레트증후군(Rett syndrome)의 퇴행단계(일반적으로 1세에서 4세 사이)에서 관찰될 수 있다; 따라서 레트증후군을 가진 어린 여아들의 상당수가 자폐스펙트럼장애의 진단준거를 충족시키는 모습을 보일 수도 있다. 그러나 이 기간이 지나면 레트증후군을 가진 대부분의 사람은 사회적 의사소통 기술이 개선되고 자폐적 특징은 더 이상 주된 관심 영역이 아니다. 그러므로 자폐스펙트럼장애는 모든 진단준거가 충족될 경우에만 고려되어야 한다.

⑦ 불안장애와 연관된 증상들

불안 증상들은 자폐스펙트럼장애의 핵심 증상들과 겹치는데 이는 자폐스펙트럼장애에서 보이는 불안 증상들의 분류를 힘들게 한다. 예를 들어, 사회적 위축과 반복적인 행동은 자폐스펙트럼장애의 핵심적 특징이지만 또한 불안의 표현일 수도 있다. 자폐스펙트럼장애에서 가장 흔한 불안장애는 특정공포증(30%에 이르는 사례에서), 그리고 사회적 불안과 광장공포증이다(무려 17%나 되는 사례에서).

⑧ 강박장애

반복적인 행동은 강박장애와 자폐스펙트럼장애 둘 다의 정의적 특징이다. 둘 다에서 반복적인 행동은 부적절하거나 기이한 것으로 간주된다. 강박장애에서 침투적 사고는 흔히 오염, 정리, 또는 성적 혹은 종교적 주제와 관련되어 있다. 강박행동은 이러한 침투적 사고에 반응하여 불안을 없애려는 시도로 수행된다. 자폐스펙트럼장애에서 반복적인 행동은 더 정형화된 동작 행동(예: 손 퍼덕거리기, 손가락 흔들기) 또는 더 복잡한 행동(예: 판에 박힌 일상에 대한 고집 또는 물건 일렬로 세우기)을 전형적으로 포함한다. 강박장애에 반해, 자폐스펙트럼장애에서 반복적인 행동은 즐겁고 강화하는 것으로 인식될 수 있다.

⑨ 조현병

아동기출현 조현병(schizophrenia)은 정상적으로 또는 거의 정상적으로 발달하는 기간 후에 보통 생긴다. 전구기에서 사회적 손상과 비전형적 관심 및 믿음이 발생하는 것으로 알려져 있는데 이는 자폐스펙트럼장애에서 보이는 사회적 결함 및 제한적이고 고정된 관심과 혼동될 수도 있다. 조현병의 결정적 특징인 환각과 망상은 자폐스펙트럼장애의 특징이 아니다. 그러나 임상가는 자폐스펙트럼장애를 가진 사람이 조현병의 주요 특징에 대한 질문의 해석에서 사실에 의거할 가능성을 반드시 고려해야 한다(예: "아무도 없을 때 목소리가 들립니까?" "예[라디오에서].") 자폐스펙트럼장애와 조현병은 동시에 발생할 수 있으며, 준거가 충족될 때는 둘 다 진단을 내려야 한다.

⑩ 성격장애

지적발달장애나 유의미한 언어손상이 없는 성인들의 경우, 자폐스펙트럼장애와 연관된 일부 행동들이 타인에 의해 자기애성 성격장애, 조현형 성격장애, 조현성 성격장애의 증상으로 인식될 수 있다. 특히 조현형 성격장애는 이례적인 집착과 지각적 경험, 기이한 사고와 말하기, 메마른 정동과 사회적 불안, 가까운 친구의 부족, 그리고 기이하거나 괴상한 행동에서 자폐스펙트럼장애와 교차할 수 있다. 자폐스펙트럼장애의 조기 발달경과(상상놀이의 결여, 제한적/반복적 행동, 감각적 민감성)는 성격장애로부터 자폐스펙트럼장애를 구별하는 데 가장 큰 도움이 된다.

(11) 공존장애

자폐스펙트럼장애는 지적발달장애와 언어손상(즉, 적절한 문법을 갖춘 문장을 이해하고 구성하는 능력의 부재)을 흔히 동반한다. 발달적 협응장애가 흔하듯이 특정 학습문제(문식성과 수리력)도 흔히 나타난다.

정신의학적 공존장애 또한 자폐스펙트럼장애에서 동시에 발생한다. 자폐스펙트럼장애를 가진 사람들 중 약 70%가 한 가지 공존 정신장애를 그리고 40% 정도는 두 가지 이상의 공존 정신장애를 가지고 있을 수 있다. 불안장애, 우울증, 그리고 ADHD가 특히 흔하다. 회피/제한성 음식섭취장애는 자폐스펙트럼장애에서 꽤 흔히 나타나는 특징이며 극단적이고 편협한 음식 선호가 지속될 수 있다.

구어를 사용하지 못하거나 언어결함을 가진 사람들 가운데 수면이나 섭식의 변화 그리고 도전적 행동의 증가와 같은 관찰가능한 징후가 나타나면 진단되지 않은 의학적 또는 치과 문제로 인한 잠재적 고통이나 불편을 위한 평가뿐만 아니라 불안이나 우울증을 위한 평가에 착수해야 한다. 자폐스펙트럼장애와 흔히 연관된 의학적 조건에는 뇌전증과 변비가 포함된다.

참고문헌

강옥려(2004). 학습장애학생을 위한 그래픽 조직자(graphic organizer)의 이론적 근거와 적용. 특수교육, 3(1), 5-29.

강위영, 윤치연(2004). 한국 자폐증 진단검사(K-ADS). 부산: 테스피아.

고동희, 이소현(2003). 교사의 긍정적 행동지원이 장애학생의 수업시간 문제행동에 미치는 영향. 정서 · 행동장애연구, 19(2), 1-21.

곽금주, 장승민(2019). 한국 웩슬러 아동지능검사-5판(K-WISC-V). 서울: 인싸이트.

곽호완, 박창호, 이태연, 김문수, 진영선(2008). 실험심리학 용어사전. 서울: 시그마프레스.

교육부(2022). 장애인 등에 대한 특수교육법. 법률 제18992호, 일부개정 2022. 10. 18.

교육부(2023). 장애인 등에 대한 특수교육법 시행령. 대통령령 제33406호, 일부개정 2023. 04. 18.

교육부(2023). 2023 특수교육통계. 충남: 교육부 국립특수교육원.

김남경, 박은혜(2008). 초등학교 자폐아동을 위한 또래-주도 중심축 반응훈련이 사회성 향상에 미치는 효과. 특수교육, 7(1), 215-235.

김동일, 박희찬, 김정일(2017). 지역사회적응검사-2판(CISA-2). 서울: 인싸이트.

김미선, 박지연(2005). 학급차원의 긍정적인 행동지원이 문제행동을 보이는 초등학교 장애학생과 그 또래의 문제행동에 미치는 영향. 특수교육학연구, 40(2), 355-376.

김미선, 송준만(2006). 학교차원의 긍정적 행동지원이 초등학교 학생들의 문제행동과 학교 분위기에 미치는 영향. 특수교육학연구, 41(3), 207-227.

김애리사, 김영태(1999). 중심축 반응 훈련(Pivotal Response Training)을 이용한 사회극놀이 훈련이 자폐아동의 놀이행동에 미치는 영향. 자폐성장애연구, 1(1), 119-138.

김영종(2007). 사회복지조사론: 이해와 활용. 서울: 학지사.

김영태, 김경희, 윤혜련, 김화수(2003). 영 · 유아 언어발달 검사(SELSI): 전문가용. 서울: 도서출판 특수교육.

김영태, 성태제, 이윤경(2003). 취학전 아동의 수용언어 및 표현언어 발달척도(PRES). 서울: 서울장애인종합복지관.

김영태, 홍경훈, 김경희, 장혜성, 이주연(2009). 수용 · 표현 어휘력 검사(REVT). 서울: 서울장애인종합복지관.

김은실, 이승희(2011). 아스퍼거장애관련 국내연구 분석: 1998년~2000년 등재(후보)학술지 논문을 중심으로. 자폐성장애연구, 11(1), 23-41.

김은영, 김슬기, 김미선, 정윤화, 지석연, 배대석(2021). 한국판 감각프로파일2(K-SP2). 대구: 한국심리주식회사.

김은혜(2005). 인지행동치료. 홍강의(편저), 소아정신의학(pp. 627-640). 서울: 중앙문화사.

김주혜, 박지연(2004). 긍정적인 행동지원(PBS) 과정에서의 핵심관련자 간 협력에 관한 고찰. 특수교육연구, 11(2), 27-45.

김창호, 백은희(2009). 긍정적 행동지원(PBS)이 특수학교 전공과 정신지체 학생의 자위행동에 미치는 효과. 특수교육학연구, 44(3), 149-167.

김태련, 박랑규(2005). 심리교육 프로파일(PEP-R). 서울: 도서출판 특수교육.

김현희, 이승희(2003). 레트장애아동의 교육 실태 및 교육적 요구: 부모를 대상으로 한 조사연구. 정서 · 행동장애연구, 19(2), 109-137.

노명완, 이차숙(2002). 문식성 연구. 서울: 박이정.

문소영, 이상훈 (2016). 자폐아동과 함께하는 사회상황 이야기. 서울: 학지사.

문수백(2014). 한국판 KABC-II. 서울: 인싸이트.

문현미, 권명옥, 김정일, 이근용, 손영미(2007). 보완적 의사소통 체계의 사용이 자폐성 유아의 자발적 구어 촉진에 미치는 효과 비교: 그림교환의사소통체계와 수화체계를 중심으로. 정서 · 행동장애연구, 23(3), 509-533.

박경숙, 정동영, 정인숙(2002). KISE 한국형 개인지능검사(KISE-KIT). 서울: 교육과학사.

박규리, 유희정, 조인희, 조숙환, 이미선, 곽영숙, . . . 김붕년(2014). 자폐증 진단 면담지-개정판(ADI-R). 서울: 인싸이트.

박명희, 이승희(2008). 고기능자폐증과 아스퍼거장애 비교연구. 정서 · 행동장애연구, 24(4), 57-92.

박혜원(2014). 한국 비언어 지능검사-2판(K-CTONI-2). 서울: 마인드프레스.

박혜원, 이경옥, 안동현(2016). 한국 웩슬러 유아지능검사-4판(K-WPPSI-IV). 서울: 인싸이트.

박혜진, 이승희(2008). 자폐장애학생의 통합교육에 대한 일반교사와 특수교사의 인식비교. 특수교육저널: 이론과 실천, 9(4), 123-144.

배소영, 곽금주(2011). 한국판 맥아더-베이츠 의사소통발달 평가(K M-B CDI). 서울: 마인드프레스.

배소영, 윤효진, 설아영(2017). 한국판 영유아 언어 및 의사소통 발달검사(K-SNAP). 서울: 인싸이트.

배소영, 임선숙, 이지희(2000). 언어문제 해결력 검사. 서울: 서울장애인종합복지관.

배소영, 임선숙, 이지희, 장혜성(2004). **구문의미 이해력 검사**. 서울: 서울장애인종합복지관.

백은희, 이병인, 조수제(2007). **한국판 적응행동검사(K-SIB-R)**. 서울: 인싸이트.

보건복지부(2021a). **발달장애인 권리보장 및 지원에 관한 법률**. 법률 제18613호, 일부개정 2021. 12. 21.

보건복지부(2021b). **장애인복지법**. 법률 제18625호, 일부개정 2021. 12. 21.

보건복지부(2022). **장애인복지법 시행규칙**. 보건복지부령 제932호, 타법개정 2022. 12. 30.

보건복지부(2023). **장애인복지법 시행령**. 대통령령 제33382호, 타법개정 2023. 04. 11.

송민애, 이승희(2015). 자폐성장애학생 통합교육에 대한 통합학급 일반학생의 인식. 정서 · 행동장애연구, 31(1), 155-172.

송유하, 박지연(2008). 행동도표를 활용한 긍정적 행동지원이 자폐유아의 문제행동과 활동참여행동에 미치는 영향. 정서 · 행동장애연구, 24(2), 1-25.

신문자, 김영태, 정부자, 김재옥(2011). **한국 아동 토큰검사-2판(K-TTFC-2)**. 서울: 인싸이트.

양명희(2012). **행동수정이론에 기초한 행동지원**. 서울: 학지사.

양문봉(2000). **자폐스펙트럼장애**. 서울: 도서출판 자폐연구.

연규월(2012). 인지행동치료. 대한소아청소년정신의학회(편저), 청소년정신의학(pp. 591-606). 서울: 시그마프레스.

원종례(2002). 기능적 의사소통 훈련이 자폐학생의 자해 및 공격적 행동에 미치는 효과. 언어청각장애연구, 7(3), 252-272.

원호택, 권석만(2000). **이상심리학 총론(이상심리학 시리즈 1)**. 서울: 학지사.

원호택, 박현순, 이민규, 김은정, 조용래, 권석만, . . . 신민섭(2000). **심리장애의 인지행동적 접근**. 경기: 교육과학사.

원호택, 이훈진(2000). **정신분열증(이상심리학 시리즈 10)**. 서울: 학지사.

유희정(2008). **사회적 의사소통 설문지(SCQ)**. 서울: 인싸이트.

유희정, 봉귀영, 곽영숙, 이미선, 조숙환, 김붕년, . . . 김소윤(2017). **자폐증 진단 관찰 스케줄-2(ADOS-2)**. 서울: 인싸이트.

유희정, 봉귀영, 이경숙, 정석진, 선우현정, 장정윤, . . . 홍유화(2022). **걸음마기 아동 행동 발달 선별 척도(BeDevel): 전문가 지침서**. 서울: 인싸이트.

윤진영, 이소현(2000). 기능적 의사소통 훈련이 회피기능의 자해행동 교정에 미치는 영향. 언어청각장애연구, 5(2), 211-226.

이미아(2011). 정서행동장애아동을 위한 대학과 지역사회 협력을 통한 긍정적 행동지원 수행: Kansas 사례를 중심으로. 정서 · 행동장애연구, 27(1), 197-221.

이소현, 박은혜(2011). **특수아동교육(3판)**. 서울: 학지사.

이소현, 윤선아, 신민섭(2019). **한국판 아동기 자폐 평정 척도-2(K-CARS-2)**. 서울: 인싸이트.

이승희(2007). 고기능자폐증과 아스퍼거증후군의 비교 고찰. 정서 · 행동장애연구, 23(3),

1-24.

이승희(2008). 전반적 발달장애와 자폐스펙트럼장애의 개념적 비교. 정서·행동장애연구, 24(3), 25-43.

이승희(2011). 응용행동분석, 특수교육, 정서·행동장애에 대한 긍정적 행동지원의 관계 고찰. 특수교육학연구, 46(2), 107-132.

이승희(2013). 정서행동장애의 인지적 모델에 관한 10문 10답. 정서·행동장애연구, 29(4), 195-226.

이승희(2014). DSM-5의 자폐스펙트럼장애에 관한 10문 10답. 정서·행동장애연구, 30(3), 1-33.

이승희(2017a). 정서행동장애개론. 서울: 학지사.

이승희(2017b). DSM-5 ASD 진단준거의 B4(비정상적 감각반응)에 대한 쟁점과 과제. 정서·행동장애연구, 33(2), 147-165.

이승희(2018a). 부적강화와 도피-회피조건형성의 비교 고찰. 정서·행동장애연구, 34(1), 51-72.

이승희(2018b). 자폐스펙트럼장애의 단일중재전략과 종합중재모델에 대한 고찰. 학습장애연구, 15(3), 275-313.

이승희(2019a). 응용행동분석에서의 촉구와 용암법의 유형에 대한 고찰. 학습장애연구, 16(3), 157-177.

이승희(2019b). 특수교육평가(3판). 서울: 학지사.

이승희(2020). 응용행동분석에서의 배경사건과 동기조작 개념에 대한 비교 고찰. 정서·행동장애연구, 36(2), 23-41.

이승희(2021a). 응용행동분석에서의 일반화의 유형과 일반화의 유형별 정의에 대한 고찰. 정서·행동장애연구, 37(4), 293-307.

이승희(2021b). 장애아동관찰. 서울: 학지사.

이승희(2022). 응용행동분석에서의 유지와 일반화의 관계 모델. 정서·행동장애연구, 38(2), 45-62.

이용승, 이정희(2000). 자폐증(이상심리학 시리즈 27). 서울: 학지사.

이윤경, 허현숙, 장승민(2015). 학령기 아동 언어 검사(LSSC). 서울: 인싸이트.

이주현(2007). Asperger's syndrome 들여다보기 ③: 아스퍼거 증후군의 원인과 강점. 월간실천특수교육, 21, 59-64.

이효신, 이정남(2004). PECS를 이용한 자폐장애 유아의 자발적 의사표현 행동 향상. 정서·행동장애연구, 20(4), 335-351.

이효신, 최효분(2007). 자폐성 유아의 자발적 발화능력을 위한 DTT의 효과. 정서·행동장애연구, 23(3), 49-69.

임규혁, 임웅(2007). **교육심리학(2판)**. 서울: 학지사.

임민경, 이지혜, 이한나, 김태동, 최기홍(2013). 근거기반실천과 심리치료. **한국심리학회지: 일반**, 32(1), 251-270.

임현주, 이승희(2011). 레트장애아동의 실태와 부/모의 스트레스 및 역할만족도. **자폐성장애연구**, 11(3), 35-65.

장미순, 김은경(2008). 자기관리를 통한 중심축반응훈련이 자폐아동의 사회적 행동 개선과 반응 일반화에 미치는 효과. **정서 · 행동장애연구**, 24(2), 105-134.

장혜성, 임선숙, 백현정(1994). **문장이해력검사**. 서울: 장애인종합복지관.

정경미(2017). **덴버모델 발달 체크리스트**. 서울: 인싸이트.

정옥분(2007). **전생애 인간발달의 이론(개정판)**. 서울: 학지사.

정인숙, 강영택, 김계옥, 박경숙, 정동영(2003). **KISE 적응행동검사(KISE−SAB)**. 경기: 국립특수교육원.

정혜승(2008). 문식성(literacy) 교육의 쟁점 탐구. **교육과정평가연구**, 11(1), 161-185.

조수철, 김다정, 김붕년, 김수진, 김은영, 김재원, . . . 홍순범(2011). **자폐장애**. 서울: 학지사.

차재경, 김진호(2007). 긍정적 행동지원에 관한 국내 실험연구 문헌고찰. **정서 · 행동장애연구**, 23(3), 51-74.

채유선, 이소현(2008). 가정에서 실행한 중심축 반응 훈련이 자폐 범주성 장애 영유아의 공동관심 행동에 미치는 영향. **유아특수교육연구**, 8(3), 41-66.

하지현(2014). 정서에 대한 과학적 접근, 인지치료. http://navercast.naver.com/print.nhn?contents_id=68128에서 인출.

한국어문교육연구소, 국어과교수학습연구소(2006). **독서 교육 사전**. 서울: 교학사.

홍준표(2009). **응용행동분석**. 서울: 학지사.

황순택, 김지혜, 홍상황(2018). **한국판 바인랜드 적응행동척도−2판(K−Vineland−II)**. 대구: 한국심리주식회사.

Adrien, J. L., Lenoir, P., Martineau, J., Perrot, A., Hameury, L., Larmande, C., & Sauvage, D. (1993). Blind ratings of early symptoms of autism based upon home movies. *Journal of the American Academy of Child and Adolescent Psychiatry, 32*(3), 617-626.

American Psychiatric Association. (1952). *Diagnostic and statistical manual of mental disorders*. Washington, DC: Author.

American Psychiatric Association. (1968). *Diagnostic and statistical manual of mental disorders* (2nd ed.). Washington, DC: Author.

American Psychiatric Association. (1980). *Diagnostic and statistical manual of mental disorders* (3rd ed.). Washington, DC: Author.

American Psychiatric Association. (1987). *Diagnostic and statistical manual of mental disorders* (3rd ed., rev.). Washington, DC: Author.

American Psychiatric Association. (1994). *Diagnostic and statistical manual of mental disorders* (4th ed.). Washington, DC: Author.

American Psychiatric Association. (2000). *Diagnostic and statistical manual of mental disorders* (4th ed., text rev.). Washington, DC: Author.

American Psychiatric Association. (2013). *Diagnostic and statistical manual of mental disorders* (5th ed.). Arlington, VA: Author.

American Psychiatric Association. (2022). *Diagnostic and statistical manual of mental disorders* (5th ed., text rev.). Washington, DC: Author.

Amir, R. E., Van den Veyver, I. B., Wan, M., Tran, C. Q., Francke, U., & Zoghbi, H. Y. (1999). Rett syndrome is caused by mutation in X-linked MECP2, encoding methyl-CpG-binding protein 2. *Nature Genetics, 23*(2), 185-188.

Anderson, A. S., Avery, D. L., DiPietro, E., Edwards, G. L., & Christian, W. P. (1987). Intensive home-based early intervention with autistic children. *Education and Treatment of Children, 10*(4), 352-366.

Andrews, J. E., Carnine, D. W., Coutinho, M. J., Edgar, E. B., Forness, S. R., Fuchs, L. S., . . . Wong, J. (2000). Bridging the special education divide. *Remedial and Special Education, 21*(5), 258-260, 267.

APA Presidential Task Force on Evidence-Based Practice. (2006). Evidence-based practice in psychology. *American Psychologist, 61*(4), 271-285.

Arick, J. R., Krug, D. A., Fullerton, A., Loos, L., & Falco, R. (2005). School-based programs. In F. R. Volkmar, R. Paul, A. Klin, & D. Cohen (Eds.), *Handbook of autism and pervasive developmental disorders* (3rd ed., pp. 1003-1028). Hoboken, NJ: John Wiley & Sons, Inc.

Asarnow, J. R., & Asarnow, R. F. (2003). Childhood-onset schizophrenia. In E. J. Mash & R. A. Barkley (Eds.), *Child psychopathology* (pp. 455-485). New York, NY: Guilford Press.

Asperger, H. (1944). Die "Autistischen Psychopathen" im Kindesalter. *Archiv für Psychiatrie und Nervenkrankheiten, 117,* 76-136.

Attwood, T. (1998). *Asperger's syndrome: A guide for parents and professionals.* Philadelphia, PA: Jessica Kingsley Publishers.

Ayres, A. L. (1979). *Sensory integration and the child.* Los Angeles, CA: Western Psychological Services.

Baer, D. M. (2005). Letters to a lawyer. In W. L. Heward, T. E. Heron, N. A. Neef, S. M. Peterson, D. M. Sainato, G. Cartledge, R. Gardner III, L. D. Peterson, S. B. Hersh, & J. C. Dardig (Eds.), *Focus on behavior analysis in education: Achievements, challenges, and opportunities* (pp. 3-30). Upper Saddle River, NJ: Prentice-Hall, Inc.

Baer, D. M., Wolf, M. M., & Risley, T. R. (1968). Some current dimensions of applied behavior analysis. *Journal of Applied Behavior Analysis, 1*(1), 91-97.

Baer, D. M., Wolf, M. M., & Risley, T. R. (1987). Some still-current dimensions of applied behavior analysis. *Journal of Applied Behavior Analysis, 20*(4), 313-328.

Bailey, A., Le Couteur, A., Gottesman, I., Bolton, P., Simonoff, E., Yuzda, E., & Rutter, M. (1995). Autism as a strongly genetic disorder: Evidence from a British twin study. *Psychological Medicine, 25*(1), 63-77.

Bailey, A., Phillips, W., & Rutter, M. (1996). Autism: Towards an integration of clinical, genetic, neuropsychological, and neurobiological perspectives. *Journal of Child Psychology and Psychiatry, 37*(1), 89-126.

Bailey, D. B., Hatton, D. D., Mesibov, G., Ament, N., & Skinner, M. (2000). Early development, temperament, and functional impairment in autism and fragile X syndrome. *Journal of Autism and Developmental Disorders, 30*(1), 49-59.

Baird, G., Baron-Cohen, S., Bohman, M., Coleman, M., Frith, U., Gillberg, C., . . . Zapella, M. (1991). Autism is not necessarily a Pervasive Developmental Disorder [Letter to the editor]. *Developmental Medicine and Child Neurology, 33*(4), 363-364.

Bambara, L. M. (2005). Evolution of positive behavior support. In L. M. Bambara & L. Kern (Eds.), *Individualized supports for students with problem behaviors: Designing positive behavior plans* (pp. 1-24). New York, NY: Guilford Press.

Bambara, L. M., & Kern, L. (Eds.). (2005). *Individualized supports for students with problem behaviors: Designing positive behavior plans.* New York, NY: Guilford Press.

Baranek, G. T. (1999). Autism during infancy: A retrospective video analysis of sensory-motor and social behaviors at 9-12 months of age. *Journal of Autism and Developmental Disorders, 29*(3), 213-224.

Baranek, G. T., Parham, D., & Bodfish, J. W. (2005). Sensory and motor features in autism: Assessment and intervention. In F. R. Volkmar, R. Paul, A. Klin, & D. Cohen (Eds.), *Handbook of autism and developmental disorders* (3rd ed., pp. 831-857). Hoboken, NJ: John Wiley & Sons, Inc.

Barnhill, G. P., Hagiwara, T., Myles, B. S., & Simpson, R. L. (2000). Asperger Syndrome: A study of the cognitive profiles of 37 children and adolescents. *Focus on Autism and*

Other Developmental Disabilities, 15(3), 146-153.

Baron-Cohen, S. (1988). An assessment of violence in a young man with Asperger's syndrome. *Journal of Child Psychology and Psychiatry, 29*(3), 351-360.

Baron-Cohen, S. (1993). From attention-goal psychology to belief-desire psychology: The development of a theory of mind, and its dysfunction. In S. Baron-Cohen, H. Tager-Flüsberg, & D. Cohen (Eds.), *Understanding other minds: Perspectives from autism* (pp. 59-82). Oxford, England: Oxford University Press.

Baron-Cohen, S. (1995). *Mindblindness: An essay on autism and theory of mind.* Cambridge, MA: MIT Press.

Baron-Cohen, S. (2005). 마음맹: 자폐증과 마음이론에 관한 에세이 (김혜리, 이현진 역). 서울: 시그마프레스. (원저 1997 출판)

Baron-Cohen, S., Cox, A., Baird, G., Swettenham, J., Nightingale, N., Morgan, K., . . . Charman, T. (1996). Psychological markers in the detection of autism in infancy in a large population. *British Journal of Psychiatry, 168*(2), 158-163.

Baron-Cohen, S., Leslie, A. M., & Frith, U. (1985). Does the autistic child have a "theory of mind"? *Cognition, 21*(1), 37-46.

Berger, M. (2006). A model of preverbal social development and its application to social dysfunctions in autism. *Journal of Child Psychology and Psychiatry, 47*(3/4), 338-371.

Bernard, S., Enayati, A., Redwood, L., Roger, H., & Binstock, T. (2001). Autism: A novel form of mercury poisoning. *Medical Hypotheses, 56*(4), 462-471.

Berry, D. (2004). *The effectiveness of the Touchmath*^{TM} *curriculum to teach addition and subtraction to elementary aged students identified with autism.* Retrieved January 3, 2005, from the Innovative Learning Concepts website, *www.touchmath.com*/research.

Berthier, M. L., Bayes, A., & Tolosa, E. S. (1993). Magnetic resonance imaging in patients with concurrent Tourette's disorder and Asperger's syndrome. *Journal of the American Academy of Child and Adolescent Psychiatry, 32*(3), 633-639.

Bettelheim, B. (1967). *The empty fortress.* New York, NY: Free Press.

Bishop, D. V. M. (1985). Age on onset and outcome in "acquired aphasia with convulsive disorder"(Landau-Kleffner syndrome). *Developmental Medicine and Child Neurology, 27*(6), 705-712.

Boatman, M., & Szurek, S. (1960). A clinical study of childhood schizophrenia. In D. Jackson (Ed.), *The etiology of schizophrenia* (pp. 389-440). New York, NY: Basic Books.

Bolton, P. E., Bolton, P. F., Murphy, M., & Macdonald, H. (1997). Obstetric complications in autism: Consequences or causes of the condition? *Journal of the American Academy of Child and Adolescent Psychiatry, 36*(2), 272-281.

Boniface, D., & Graham, P. (1979). The three-year-old and his attachment to a special soft object. *Journal of Child Psychology and Psychiatry and Allied Disciplines, 20*(3), 217-224.

Boutot, E. A., & Myles, B. S. (2011). *Autism spectrum disorders: Foundations, characteristics, and effective strategies.* Upper Saddle River, NJ: Pearson Education, Inc.

Bowler, D. (1992). "Theory of mind" in Asperger's syndrome. *Journal of Child Psychology and Psychiatry, 33*(5), 877-893.

Bregman, J. D. (1991). Current developments in the understanding of mental retardation. Part II: Psychopathology. *Journal of the American Academy of Child and Adolescent Psychiatry, 30*(6), 861-872.

Bromley, K., Irwin-DeVitis, L., & Modlo, M. (1999). *50 graphic organizers for reading, writing & more.* New York, NY: Scholastic Inc.

Brown, L. T. (2004). Teaching students with autistic spectrum disorders to read: A visual approach. *Teaching Exceptional Children, 36*(4), 36-40.

Brown, W. H., McEvoy, M. A., & Bishop, J. N. (1991). Incidental teaching of social behavior: A naturalistic approach to promoting young children's peer interactions. *Teaching Exceptional Children, 24*(1), 35-38.

Bruininks, R. H., Woodcock, R. W., Weatherman, R. E., & Hill, B. K. (1996). *Scales of Independent Behavior-Revised.* Itasca, IL: Riverside Publishing.

Bryson, S. E., & Smith, I. M. (1998). Epidemiology of autism: Prevalence, associated characteristics, and implications for research and service delivery. *Mental Retardation and Developmental Disabilities Research Reviews, 4*(2), 97-103.

Buffington, D. M., Krantz, P. J., McClannahan, L. E., & Poulson, C. L. (1998). Procedures for teaching appropriate gestural communication skills to children with autism. *Journal of Autism and Developmental Disorders, 28*(6), 535-545.

Buitelaar, J. K., & van der Gaag, R. J. (1998). Diagnostic rules for children with PDD-NOS and multiple complex developmental disorder. *Journal of Child Psychology and Psychiatry, 39*(6), 911-919.

Bulgren, J. A., Schumaker, J. B., & Deshler, D. D. (1993). *The concept mastery routine.* Lawrence, KS: Edge Enterprises.

Cafiero, J. M. (1998). Communication power for individuals with autism. *Focus on Autism and Other Developmental disabilities, 13*(2), 113-121.

Cantwell, D. P., Baker, L., & Rutter, M. (1979). Families of autistic and dysphasic children I: Family life and interaction patterns. *Archives of General Psychiatry, 36*(6), 682-687.

Capps, L., Yirmiya, N., & Sigman, M. (1992). Understanding of simple and complex emotions in non-retarded children with autism. *Journal of Child Psychology and Psychiatry, 33*(7), 1169-1182.

Carr, E. G., Dunlap, G., & Horner, R. H. (2002). Positive behavior support: Evolution of an applied science. *Journal of Positive Behavior Interventions, 4*(1), 4-16.

Carr, E. G., & Durand, V. M. (1985). Reducing behavior problems through functional communication training. *Journal of Applied Behavior Analysis, 18*(2), 111-126.

Carter, A. S., Volkmar, F. R., Sparrow, S. S., Wang, J. J., Lord, C., Dawson, G., . . . Schopler, E. (1998). The Vineland Adaptive Behavior Scales: Supplementary norms for individuals with autism. *Journal of Autism and Developmental Disorders, 28*(4), 287-302.

Castelbaum, L., Sylvester, C. M., Zhang, Y., Yu, Q., & Constantino, J. N. (2020). On the nature of monozygotic twin concordance and discordance for autistic trait severity: A quantitative analysis. *Behavior Genetics, 50*(4), 263-272.

Center on Positive Behavioral Interventions and Supports (2004). *School-wide positive behavior support: Implementers' blueprint and self-assessment.* Washington DC: Office of Special Education Programs, U.S. Department of Education.

Centers for Disease Control and Prevention. (2014). Prevalence of autism spectrum disorder among children aged 8 years – Autism and Developmental Disabilities Monitoring Network, 11 sites, United States, 2010. *MMWR Surveillance Summaries, 63*(2), 1-21.

Centers for Disease Control and Prevention. (2018a). Prevalence and characteristics of autism spectrum disorder among children aged 8 years – Autism and Developmental Disabilities Monitoring Network, 11 sites, United States, 2012. *MMWR Surveillance Summaries, 65*(13), 1-23.

Centers for Disease Control and Prevention. (2018b). Prevalence of autism spectrum disorder among children aged 8 years – Autism and Developmental Disabilities Monitoring Network, 11 sites, United States, 2014. *MMWR Surveillance Summaries, 67*(6), 1-23.

Centers for Disease Control and Prevention. (2020). Prevalence of autism spectrum disorder among children aged 8 years – Autism and Developmental Disabilities Monitoring Network, 11 sites, United States, 2016. *MMWR Surveillance Summaries,*

69(4), 1-12.

Centers for Disease Control and Prevention. (2021). Prevalence and characteristics of autism spectrum disorder among children aged 8 years - Autism and Developmental Disabilities Monitoring Network, 11 sites, United States, 2018. *MMWR Surveillance Summaries, 70*(11), 1-16.

Centers for Disease Control and Prevention. (2023). Prevalence and characteristics of autism spectrum disorder among children aged 8 years - Autism and Developmental Disabilities Monitoring Network, 11 sites, United States, 2020. *MMWR Surveillance Summaries, 72*(2), 1-14.

Chambless, D. L., & Hollon, S. D. (1998). Defining empirically supported therapies. *Journal of Consulting and Clinical Psychology, 66*(1), 7-18.

Chan, J. M., & O'Reilly, M. F. (2008). A Social Stories™ Intervention package for students with autism in inclusive classroom settings. *Journal of Applied Behavior Analysis, 41*(3), 405-409.

Chan, J. M., O'Reilly, M. F., Lang, R. B., Boutot, E. A., White, P. J., Pierce, N., & Baker, S. (2011). Evaluation of a Social Stories™ intervention implemented by pre-service teachers for students with autism in general education settings. *Research in Autism Spectrum Disorders, 5*(2), 715-721.

Chance, P. (2003). *Learning and behavior* (5th ed.). Belmont, CA: Wadsworth.

Charlop-Christy, M. H., Carpenter, M., Le, L., LeBlanc, L. A., & Kellet, K. (2002). Using the Picture Exchange Communication System (PECS) with children with autism: Assessment of PECS acquisition, speech, social-communicative behavior, and problem behavior. *Journal of Applied Behavior Analysis, 35*(3), 213-231.

Charman, T., & Baird, G. (2002). Practitioner review: Diagnosis of autism spectrum disorder in 2- and 3-year-old children. *Journal of Child Psychology and Psychiatry and Allied Disciplines, 43*(3), 289-305.

Chawarska, K., Klin, A., & Volkmar, F. R. (2008). *Autism spectrum disorders in infants and toddlers: Diagnosis, assessment, and treatment.* New York, NY: Guilford Press.

Chawarska, K., & Volkmar, F. R. (2005). Autism in infancy and early childhood. In F. R. Volkmar, R. Paul, A. Klin, & D. Cohen (Eds.), *Handbook of autism and pervasive developmental disorders* (3rd ed., pp. 223-246). Hoboken, NJ: John Wiley & Sons, Inc.

Church, C., Alisanski, S., & Amanullah, S. (2000). The social, behavioral, and academic experiences of children with Asperger syndrome. *Focus on Autism and Other Developmental Disabilities, 15*(1), 12-20.

Clarke, C., Hill, V., & Charman, T. (2017). School based cognitive behavioural therapy targeting anxiety in children with autistic spectrum disorder: A quasi-experimental randomized controlled trial incorporating a mixed methods approach. *Journal of Autism and Developmental Disorders, 47*(12), 3883-3895.

Clayton-Smith, J., Watson, P., Ramsden, S., & Black, G. C. (2000). Somatic mutation in MECP2 as a non-fatal neurodevelopmental disorder in males. *Lancet, 356*, 830-832.

Coffield, F., Moseley, D., Hall, E., & Ecclestone, K. (2004). *Should we be using learning styles?* London, England: Learning and Skills Research Center.

Cohen, I. L., Schmidt-Lackner, S., Romanczyk, R., & Sudhalter, V. (2003). The PDD Behavior Inventory: A rating scale for assessing response to intervention in children with pervasive developmental disorder. *Journal of Autism and Developmental Disorders, 33*(1), 31-45.

Coleman, M. (1990). Is classical Rett syndrome ever present in males? *Brain and Development, 12*(1), 31-32.

Cook, B. G., & Cook, S. C. (2013). Unraveling evidence-based practices in special education. *The Journal of Special Education, 47*(2), 71-82.

Cook, B. G., & Odom, S. L. (2013). Evidence-based practices and implementation science in special education. *Exceptional Children, 79*(2), 135-144.

Cook, B. G., Tankersley, M., Cook, L., & Landrum, T. J. (2008). Evidence-based practices in special education: Some practical considerations. *Intervention in School and Clinic, 44*(2), 69-75.

Cooper, J. O., Heron, T. E., & Heward, W. L. (2007). *Applied behavior analysis* (2nd ed.). Upper Saddle River, NJ: Pearson Education, Inc.

Corbett, J. (1987). Development, disintegration, and dementia. *Journal of Mental Deficiency Research, 31*(4), 349-356.

Council for Exceptional Children. (1993). CEC policy on inclusive schools and community settings. *Teaching Exceptional Children, 25*(4), supplement.

Crutchfield, S. A., Mason, R. A., Chambers, A., Wills, H. P., & Mason, B. A. (2015). Use of a self-monitoring application to reduce stereotypic behavior in adolescents with autism: A preliminary investigation of I-Connect. *Journal pf Autism and Developmental Disorders, 45*(5), 1146-1155.

Cullinan, D. (2007). *Students with emotional and behavioral disorders: An introduction for teachers and other helping professionals* (2nd ed.). Upper Saddle River, NJ: Pearson Education, Inc.

Dahl, E. K., Cohen, D. J., & Provence, S. (1986). Clinical and multivariate approaches to the nosology of pervasive developmental disorders. *Journal of the American Academy of Child Psychiatry, 25*(2), 170–180.

Davidovitch, M., Glick, L., Holtzman, G., Tirosh, E., & Safir, M. P. (2000). Developmental regression in autism: Maternal perception. *Journal of Autism and Developmental Disorders, 30*(2), 113–119.

Delano, M., & Snell, M. E. (2006). The effects of social stories on the social engagement of children with autism. *Journal of Positive Behavior Interventions, 8*(1), 29–42.

Deno, E. (1970). Special education as developmental capital. *Exceptional Children, 37*(3), 229–237.

Donnellan, A. M., LaVigna, G. W., Zambito, J., & Thvedt, J. (1985). A time-limited intensive intervention program model to support community placement for persons with severe behavior problems. *Journal of the Association for Persons with Severe Handicaps, 10*(3), 123–131.

Drahota, A., Wood, J. J., Sze, K. M., & Van Dyke, M. (2011). Effects of cognitive behavioral therapy on daily living skills in children with high-functioning autism and concurrent anxiety disorders. *Journal of Autism and Developmental Disorders, 41*(3), 257–265.

Duker, P. C., & Rasing, E. (1989). Effects of redesigning the physical environment and on-task behavior in three autistic-type developmentally disabled individuals. *Journal of Autism and Other Developmental Disorders, 19*(3), 449–460.

Dunlap, G., Kern, L., & Worcester, J. (2001). ABA and academic instruction. *Focus on Autism and Other Developmental Disabilities, 16*(2), 129–136.

Dunlap, G., Sailor, W., Horner, R. H., & Sugai, G. (2009). Overview and history of positive behavior support. In W. Sailor, G. Dunlap, G. Sugai, & R. H. Horner (Eds.), *Handbook of positive behavior support* (pp. 3–16). New York, NY: Springer.

Dunn, W. (2014). *Sensory Profile-Second Edition*. Bloomington, MN: NCS Pearson, Inc.

Dunn, W. (1997). The impact of sensory processing abilities on the daily lives of young children and their families: A conceptual model. *Infants and Young Children, 9*(4), 23–25.

Dunn, W., Myles, B. S., & Orr, S. (2002). Sensory processing issues associated with Asperger Syndrome: A preliminary investigation. *The American Journal of Occupational Therapy, 56*(1), 97–102.

Dunn, W., Saiter, J., & Rinner, L. (2002). Asperger syndrome and sensory processing: A conceptual model and guidance for intervention planning. *Focus on Autism and Other Developmental Disabilities, 17*(3), 172-185.

Earles, T. L., Carlson, J. K., & Bock, S. J. (1998). Instructional strategies to facilitate successful learning outcomes for students with autism. In R. L. Simpson & B. S. Myles (Eds.), *Educating children and youth with autism: Strategies for effective practice* (pp. 55-105). Austin, TX: Pro-Ed.

Eaves, L. C., Eaves, D. M., & Ho, H. H. (1994). Subtypes of autism by cluster analysis. *Journal of Autism and Developmental Disorders, 24*(1), 3-22.

Eeg-Olofsson, O., Al-Zuhair, A. G. H., Teebi, A. S., Zaki, M., & Daoud, A. S. (1990). A boy with Rett syndrome. *Brain and Development, 12*(5), 529-532.

Eggers, C., Bunk, D., & Krause, D. (2000). Schizophrenia with onset before the age of eleven: Clinical characteristics of onset and course. *Journal of Autism and Developmental Disorders, 30*(1), 29-38.

Ehlers, S., & Gillberg, C. (1993). The epidemiology of Asperger syndrome: A total population study. *Journal of Child Psychology and Psychiatry, 34*(8), 1327-1350.

Eisenmajer, R., Prior, M., Leekham, S., Wing, L., Gould, J., Welham, M., & Ong, B. (1996). Comparison of clinical symptoms in autism and Asperger's disorder. *Journal of the American Academy of Child and Adolescent Psychiatry, 35*(11), 1523-1531.

Elliott, R. O., Hall, K., & Soper, H. V. (1991). Analog language teaching versus natural language teaching: Generalization and retention of language learning for adults with autism and mental retardation. *Journal of Autism and Developmental Disorders, 21*(4), 433-446.

Evans, I. M., & Meyer, L. H. (1985). *An educative approach to behavior problems: A practical decision model for interventions with severely handicapped learners.* Baltimore, MD: Paul H. Brookes Publishing Co.

Factor, D. C., Freeman, N. L., & Kardash, A. (1989). A comparison of DSM-III and DSM-III-R criteria for autism. *Journal of Autism and Developmental Disorders, 19*(4), 637-640.

Farmer-Dougan, V. (1994). Increasing requests by adults with developmental disabilities using incidental teaching by peers. *Journal of Applied Behavior Analysis, 27*(3), 533-544.

Fenson, L., Marchman, V. A., Thal, D. J., Dale, P. S., Bates, E., & Reznick J. S. (2007). *MacArthur-Bates Communicative Development Inventories-Second Edition.* Baltimoare, MD: Paul H. Brookes.

Ferster, C. B., & DeMeyer, M. K. (1961). The development of performances in autistic children in an automatically controlled environment. *Journal of Chronic Diseases*, *13*(4), 312-345.

Filipek, P. A., Accardo, P. J., Baranek, G. T., Cook, E. H., Dawson, G., Gordon, B., . . . Volkmar, F. R. (1999). The screening and diagnosis of autistic spectrum disorders. *Journal of Autism and Developmental Disorders*, *29*(6), 439-484.

Fombonne, E. (2003). Epidemiological surveys of autism and pervasive developmental disorders: An update. *Journal of Autism and Developmental Disorders*, *33*(4), 365-382.

Fombonne, E. (2005). Epidemiological studies of pervasive developmental disorders. In F. R. Volkmar, R. Paul, A. Klin, & D. Cohen (Eds), *Handbook of autism and pervasive developmental disorders* (3rd ed., pp. 42-69). Hoboken, NJ: John Wiley & Sons, Inc.

Fouse, B., & Wheeler, M. (1997). *A treasure chest of behavioral strategies for individuals with autism*. Arlington, TX: Future Horizons, Inc.

Fraenkel, J. R., & Wallen, N. E. (1996). *How to design and evaluate research in education* (3rd ed.). New York, NY: McGraw-Hill, Inc.

Frances, A. (2013). *Saving normal*. New York, NY: HarperCollins Publishers.

Frances, A. (2014). 정신병을 만드는 사람들 (김명남 역). 서울: 사이언스북스. (원저 2013 출판)

Fraser, W. I., & Rao, J. M. (1991). Recent studies of mentally handicapped young people's behavior. *Journal of Child Psychology and Psychiatry*, *32*(1), 79-108.

Frazier, T. W., Youngstrom, E. A., Speer, L., Embacher, R., Law, P., Constantino, J., . . . Eng, C. (2012). Validation of proposed DSM-5 criteria for autism spectrum disorder. *Journal of the American Academy of Child and Adolescent Psychiatry*, *51*(1), 28-40.

Frea, W. D. (2000). Behavioral interventions for children with autism. In J. Austin & J. E. Carr (Eds.), *Handbook of applied behavior analysis* (pp. 247-273). Reno, NV: Context Press.

Frith, U. (2004). Emanuel Miller lecture: Confusions and controversies about Asperger syndrome. *Journal of Child Psychology and Psychiatry*, *45*(4), 672-686.

Frost, L. A., & Bondy, A. S. (1994). *The Picture Exchange Communication System training manual*. Cherry Hill, NJ: Pyramid Educational Consultants, Inc.

Gamm, S. (1995, April/May). Inclusion and the least restrictive environment (LRE): Questions and answers. *Special Report*, *156*, 15-16.

Ganz, J. B., & Simpson, R. L. (2004). Effects on communicative requesting and speech development of the picture exchange communication system in children with characteristics of autism. *Journal of Autism and Developmental Disorders, 34*(4), 395–409.

Gardner, J. (1976). *Three aspects of childhood autism.* Unpublished doctoral dissertation, University of Leicester.

Ghaziuddin, M. (2005). A family history study of Asperger syndrome. *Journal of Autism and Developmental Disorders, 35*(2), 177–182.

Ghaziuddin, M., Butler, E., Tsai, L., & Ghaziuddin, N. (1994). Is clumsiness a marker for Asperger Syndrome? *Journal of Intellectual Disabilities Research, 38*(5), 519–527.

Ghaziuddin, M., & Gerstein, L. (1996). Pedantic speaking style differentiates Asperger syndrome from high-functioning autism. *Journal of Autism and Developmental Disorders, 26*(6), 585–595.

Ghaziuddin, M., Leininger, L., & Tsai, L. (1995). Brief report: Thought disorder in Asperger syndrome: Comparison with high-functioning autism. *Journal of Autism and Developmental Disorders, 25*(3), 311–317.

Gilchrist, A., Green, J., Cox, A., Burton, D., Rutter, M., & Le Couteur, A. (2001). Development and current functioning in adolescents with Asperger syndrome: A comparative study. *Journal of Child Psychology and Psychiatry, 42*(2), 227–240.

Gilkerson, J., & Richards, J. A. (2008). The LENA developmental snapshot. *LENA Technical Report.* 1–7.

Gillberg, C. (1989). Asperger syndrome in 23 Swedish children. *Developmental Medicine and Child Neurology, 31*(4), 520–531.

Gillberg, C. (1991). Clinical and neurobiological aspects of Asperger syndrome. In U. Frith (Ed.), *Autism and Asperger syndrome* (pp. 122–146). Cambridge, England: Cambridge University.

Gillberg, C., & Ehlers, S. (1998). High-functioning people with autism and Asperger syndrome: A literature review. In E. Schopler, G. B. Mesibov, & L. J. Kunce (Eds.), *Asperger syndrome or high-functioning autism?* (pp. 79–106). New York, NY: Plenum Press.

Gillberg, C., & de Souza, L. (2002). Head circumference in autism, Asperger's syndrome and ADHD: A comparative study. *Developmental Medicine and Child Neurology, 44*(5), 296–300.

Gillberg, C., & Steffenburg, S. (1987). Outcome and prognostic factors in infantile autism and similar conditions: A population-based study of 46 cases followed through puberty. *Journal of Autism and Developmental Disorders, 17*(2), 273–287.

Gillberg, I. C., & Gillberg, C. (1989). Asperger syndrome: Some epidemiological considerations. *Journal of Child Psychology and Psychiatry*, *30*(4), 631-638.

Gillam, J. E. (1995). *Gilliam Autism Rating Scale (GARS)*. Austin, TX: Pro-Ed.

Gilliam, J. E. (2001). *Gilliam Asperger's Disorder Scale*. Austin, TX: Pro-Ed.

Gilliam, J. E. (2006). *Gilliam Autism Rating Scale-Second Edition (GARS-2)*. Austin, TX: Pro-Ed.

Goldfarb, W. (1961). *Growth and change of schizophrenic children*. New York, NY: Wiley.

Grandin, T. (1992). An inside view of autism. In E. Schopler & G. B. Mesibov (Eds.), *High functioning individuals with autism* (pp. 105-125). New York, NY: Plenum Press.

Grandin, T. (1997). 어느 자폐인 이야기 (박경희 역). 서울: 김영사. (원저 1986 출판)

Gray, C. A. (2010). *The new social storyTM book* (rev. ed.). Arlington, TX: Future Horizons.

Gray, C. A., & Garand, J. D. (1993). Social stories: Improving responses of students with autism with accurate social information. *Focus on Autistic Behavior*, *8*(1), 1-10.

Green, G. (2001). Behavior analytic instruction for learners with autism: Advances in stimulus control technology. *Focus on Autism and Other Developmental Disabilities*, *16*(2), 72-85.

Greenspan, S., & Wieder, S. (1997). Developmental patterns and outcomes in infants and children with disorders in relating and communicating: A chart review of 200 cases of children with autistic spectrum diagnoses. *Journal of Developmental and Learning Disorders*, *1*(1), 87-141.

Griswold, D. E., Barnhill, G. P., Myles, B. S., Hagiwara, T., & Simpson, R. (2002). Asperger syndrome and academic achievement. *Focus on Autism and Other Developmental Disabilities*, *17*(2), 94-109.

Gunter, H. L., Ghaziuddin, M., & Ellis, H. D. (2002). Asperger syndrome: Tests of right hemisphere functioning and interhemispheric communication. *Journal of Autism and Developmental disorders*, *32*(4), 263-281.

Gupta, V. B. (2004). History, definition, and classification of autistic spectrum disorders. In V. B. Gupta (Ed.), *Autistic spectrum disorders in children* (pp. 1-16). New York, NY: Marcel Dekker Inc.

Haas, R. H. (1988). The history and challenge of Rett syndrome. *Journal of Child Neurology*, *3*(Suppl.), S3-S5.

Hagberg, B. (1980, June). *Infantile autistic dementia and loss of hand use: A report of*

16 Swedish girl patients. Paper presented at the Research Session of the European Federation of Child Neurology Societies, Manchester, England.

Hagberg, B., Aicardi, J., Dias, K., & Ramos, O. (1983). A progressive syndrome of autism, dementia, ataxia, and loss of purposeful hand use in girls: Rett syndrome: Report of 35 cases. *Annals of Neurology, 14*(4), 471-479.

Hagberg, B., Goutieres, F., Hanefeld, F., Rett, A., & Wilson, J. (1985). Rett syndrome: Criteria for inclusion and exclusion. *Brain and Development, 7*(3), 372-373.

Hagberg, B., Hanefeld, F., Percy, A., & Skjeldal, O. (2002). An update on clinically applicable diagnostic criteria in Rett syndrome. *European Journal of Pediatric Neurology, 6*(5), 292-297.

Hagberg, B., & Witt-Engerstrom, I. (1986). Rett syndrome: A suggested staging system for describing impairment profile with increasing age towards adolescence. *American Journal of Medical Genetics, 24*(Suppl. 1), 47-59.

Hagiwara, T. (2001). Academic assessment of children and youth with Asperger syndrome, pervasive developmental disorders-not otherwise specified, and high-functioning autism. *Assessment for Effective Intervention, 27*(1/2), 89-100.

Hall, L. J. (2009). *Autism spectrum disorders: From theory to practice.* Upper Saddle River, NJ: Pearson Education, Inc.

Halle, J., Bambara, L. M., & Reichle, J. (2005). Teaching alternative skills. In L. M. Bambara & L. Kern (Eds.), *Individualized supports for students with problem behaviors: Designing positive behavior plans* (pp. 237-274). New York, NY: Guilford Press.

Handleman, J. S., Harris, S. L., & Martins, M. P. (2005). Helping children with autism enter the mainstream. In F. R. Volkmar, R. Paul, A. Klin, & D. Cohen (Eds.), *Handbook of autism and pervasive developmental disorders* (3rd ed., pp. 1029-1042). Hoboken, NJ: John Wiley & Sons, Inc.

Hanks, S. B. (1986). The role of therapy in Rett syndrome. *American Journal of Medical Genetics, 24*(Suppl. 1), 247-252.

Hammill, D. D., Pearson, N. A., & Wiederholt, J. L. (2009). *Comprehensive Test of Nonverbal Intelligence-Second Edition.* Austin, TX: Pro-Ed.

Happé, F. (1999). Theory of mind and self consciousness: What is it like to be autistic? *Mind and Language, 14*(1), 1-22.

Happé, F., & Frith, U. (1991). Is autism a Pervasive Developmental Disorder? Debate and argument: How useful is the "PDD" label. *Journal of Child Psychology and Psychiatry, 32*(7), 1167-1168.

Happé, F., & Frith, U. (1996). The neuropsychology of autism. *Brain, 119*(4), 1377-1400.

Happé, F. G. E. (1994). Wechsler IQ profile and theory of mind in autism: A research note. *Journal of Child Psychology and Psychiatry, 35*(8), 1461-1471.

Harrison, D. J., & Webb, P. J. (1990). Scoliosis in the Rett syndrome: Natural history and treatment. *Brain and Development, 12*(1), 154-156.

Hart, B. M., & Risley, T. R. (1978). Promoting productive language through incidental teaching. *Education and Urban Society, 10*(4), 407-429.

Heaton, P., & Wallace, G. L. (2004). Annotation: The savant syndrome. *Journal of Child Psychology and Psychiatry, 45*(5), 899-911.

Heflin, L. J., & Alaimo, D. F. (2007). *Students with autism spectrum disorders: Effective instructional practices.* Upper Saddle River, NJ: Pearson Education, Inc.

Heller, T. (1908). Dementia infantilis. *Zeitschrift fur die Erforschung und Behandlung des Jugenlichen Schwachsinns, 2*, 141-165.

Hertzig, M. E., Snow, M. E., New, E., & Shapiro, T. (1990). DSM-III and DSM-III-R diagnosis of autism and pervasive developmental disorders in nursery school children. *Journal of the American Academy of Child and Adolescent Psychiatry, 29*(1), 123-126.

Hetzroni, O. E., & Schanin, M. (2002). Emergent literacy in children with severe disabilities using interactive multimedia stories. *Journal of Developmental and Physical Disabilities, 14*(2), 173-190.

Heward, W. L. (2009). *Exceptional children* (9th ed.). Upper Saddle River, NJ: Pearson Education, Inc.

Hill, A. E., & Rosenbloom, L. (1986). Disintegrative psychosis of childhood: Teenage followup. *Developmental Medicine and Child Neurology, 28*(1), 34-40.

Horner, R. H., Dunlap, G., Koegel, R. L., Carr, E. G., Sailor, W., Anderson, J., . . . O'Nell, R. E. (1990). Toward a technology of "nonaversive" behavioral support. *Journal of the Association for Persons with Severe Handicaps, 15*(3), 125-132.

Howlin, P. (1998). *Children with autism and Asperger syndrome: A guide for practitioners and carers.* Hoboken, NJ: John Wiley & Sons.

Howlin, P. (2000). Outcome in adult life for more able individuals with autism or Asperger syndrome. *Autism: The International Journal of Research and Practice, 4*(1), 63-84.

Howlin, P. (2003). Outcome in high-functioning adults with autism with and without early language delays: Implications for the differentiation between autism and Asperger syndrome. *Journal of Autism and Developmental Disorders, 33*(1), 3-13.

Howlin, P. (2004). *Autism and Asperger syndrome: Preparing for adulthood* (2nd ed.).

New York, NY: Routledge.

Howlin, P., Goode, S., Hutton, J., & Rutter, M. (2004). Adult outcome for children with autism. *Journal of Child Psychology and Psychiatry, 45*(2), 212-229.

Howlin, P., & Moore, A. (1997). Diagnosis in autism: A survey of over 1200 patients. *Autism: The International Journal of Research and Practice, 1*(2), 135-162.

Howlin, P., & Rutter, M. (1987). *Treatment of autistic children.* Chichester, England: Wiley.

Hunter, K. (1987). Rett syndrome: Parents' views about specific symptoms. *Brain and Development, 9*(5), 535-538.

Hunter, K. (1999). *The Rett syndrome handbook.* Clinton, MD: International Rett Syndrome Association.

Hupp, S. D. A., & Reitman, D. (2000). Parent-assisted modification of pivotal social skills for a child diagnosed with PDD: A clinical replication. *Journal of Positive Behavior Interventions, 2*(3), 183-187.

Institute of Medicine. (2001). *Crossing the quality chasm: A new health system for the 21st century.* Washington, DC: National Academic Press.

Institute of Medicine. (2004). *Immunization safety review: Vaccines and autism.* Washington, DC: National Academies Press.

Iwata, B. A., Dorsey, M. F., Slifer, K. J., Bauman, K. E., & Richman, G. S. (1982). Toward a functional analysis of self-injury. *Analysis and Intervention in Developmental Disabilities, 2*(1), 3-20.

Iwata, B. A., Dorsey, M. F., Slifer, K. J., Bauman, K. E., & Richman, G. S. (1994). Toward a functional analysis of self-injury. *Journal of Applied Behavior Analysis, 27*(2), 197-209.

Jan, M. M. S., Dooley, J. M., & Gordon, K. E. (1999). Male Rett syndrome variant: Application of diagnostic criteria. *Pediatric Neurology, 20*(3), 238-240.

Jensen, V. K., Larrieu, J. A., & Mack, K. K. (1997). Differential diagnosis between attention-deficit/hyperactivity disorder and pervasive developmental disorder-not otherwise specified. *Clinical Pediatrics, 36*(10), 555-561.

Johnston, S., & O'Neill, R. E. (2001). Searching for effectiveness and efficiency in conducting functional assessments: A review and proposed process for teachers and other practitioners. *Focus on Autism and Other Developmental Disabilities, 16*(4), 205-214.

Joseph, R. M., Tager-Flüsberg, H., & Lord, C. (2002). Cognitive profiles and social-communicative functioning in children with autism spectrum disorder. *Journal of Child*

Psychology and Psychiatry, 43(6), 807-821.

Kamps, D. M., Royer, J., Dugan, E., Kravitz, T., Gonzalez-Lopez, A., Garcia, J., . . . Kane, L. G. (2002). Peer training to facilitate social interaction for elementary students with autism and their peers. *Exceptional Children, 68*(2), 173-187.

Kanner, L. (1943). Autistic disturbances of affective contact. *Nervous Child, 2*, 217-250.

Kanner, L., & Eisenberg, L. (1956). Early infantile autism, 1943-1955. *American Journal of Orthopsychiatry, 26*(3), 556-566.

Karapurkar, T., Lee, N. L., Curran L. K., Newschaffer, C. J., & Yeargin-Allsopp, M. (2004). The epidemiology of autism and autism spectrum disorders. In V. B. Gupta (Ed.), *Autistic spectrum disorders in children* (pp. 17-42). New York, NY: Marcel Dekker Inc.

Kashefimehr, B., Kayihan, H., & Huri, M. (2018). The effect of sensory integration therapy on occupational performance in children with autism. *OTJR: Occupation, Participation, and Health, 38*(2), 75-83.

Kaufman, A. S., & Kaufman, N. L. (2004). *Kaufman Assessment Battery for Children-Second Edition.* Bloomington, MN: NSC Pearson, Inc.

Kazdin, A. E. (2001). *Behavior modification in applied settings* (6th ed.). Belmont, CA: Wadsworth.

Kendall, P. C. (Ed.). (2006). *Child and adolescent therapy: Cognitive-behavioral procedures.* New York, NY: Guilford Press.

Kerr, A. (2002). Annotation: Rett's syndrome: Recent progress and implications for research and clinical practice. *Journal of Child Psychology and Psychiatry, 43*(3), 277-287.

Klin, A., Jones, W., Schultz, R., Volkmar, F. R., & Cohen, D. (2002). Defining and quantifying the social phenotype in autism. *American Journal of Psychiatry, 159*(6), 895-908.

Klin, A., McPartland, J., & Volkmar, F. R. (2005). Asperger syndrome. In F. R. Volkmar, R. Paul, A. Klin, & D. Cohen (Eds.), *Handbook of autism and pervasive developmental disorders* (3rd ed., pp. 88-125). Hoboken, NJ: John Wiley & Sons, Inc.

Klin, A., & Shepard, B. A. (1994). Psychological assessment of autistic children. *Child and Adolescent Psychiatry Clinics of North America, 3*(1), 53-70.

Klin, A., & Volkmar, F. R. (1997). Asperger's syndrome. In D. J. Cohen & F. R. Volkmar (Eds.), *Handbook of autism and pervasive developmental disorders* (2nd ed., pp. 94-122). New York, NY: John Wiley & Sons.

Klin, A., & Volkmar, F. R. (2000). Treatment and intervention guidelines for individuals with Asperger syndrome. In A. Klin, F. Volkmar, & S. S. Sparrow (Eds.), *Asperger syndrome* (pp. 340-366). New York, NY: Guilford Press.

Klin, A., Volkmar, F. R., & Sparrow, S. S. (Eds.). (2000). *Asperger syndrome*. New York, NY: Guilford Press.

Klin, A., Volkmar, F. R., Sparrow, S. S., Cicchetti, D. V., & Rourke, B. P. (1995). Validity and neuropsychological characterization of Asperger syndrome: Convergence with nonverbal learning disabilities syndrome. *Journal of Child Psychology and Psychiatry*, *36*(7), 1127-1140.

Klinger, J. K., Vaughn, S., Schumm, J. S., Cohen, P., & Forgan, J. W. (1998). Inclusion or pullout: Which do students prefer? *Journal of Learning Disabilities*, *31*(2), 148-158.

Klinger, L. G., Dawson, G., & Renner, P. (2003). Autistic disorder. In E. J. Mash & R. A. Barkley (Eds.), *Child psychopathology* (pp. 409-454). New York, NY: Guilford Press.

Kobayashi, R., & Murata, T. (1998). Setback phenomenon in autism and long-term prognosis. *Acta Psychiatrica Scandinavica*, *98*(4), 296-303.

Kobayashi, R., Murata, T., & Yoshinaga, K. (1992). A follow-up study of 201 children with autism in Kyushu and Yamaguchi areas, Japan. *Journal of Autism and Developmental Disorders*, *22*(3), 395-411.

Koegel, L. K., Koegel, R. L., & Dunlap, G. (Eds.). (1996). *Positive behavioral support: Including people with difficult behavior in the community*. Baltimore, MD: Paul H. Brookes Publishing Co.

Koegel, L. K., Koegel, R. L., Harrower, J. K., & Carter, C. M. (1999). Pivotal response intervention I: Overview of approach. *Journal of the Association for Persons with Severe Handicaps*, *24*(3), 174-185.

Koegel, L. K., Koegel, R. L., Shoshan, Y., & McNerney, E. K. (1999). Pivotal response intervention II: Preliminary long-term outcome data. *Journal of the Association for Persons with Severe Handicaps*, *24*(3), 186-198.

Koegel, L. K., Park, M. N., & Koegel, R. L. (2014). Using self-management to improve the reciprocal social conversation of children with autism spectrum disorder. *Journal of Autism and Developmental Disorders*, *44*(5), 1055-1063.

Koegel, R. L., Camarata, S., Koegel, L. K., Ben-Tall, A., & Smith, A. (1998). Increasing speech intelligibility in children with autism. *Journal of Autism and Developmental Disorders*, *28*(3), 241-251.

Koegel, R. L., Koegel, L. K., & Carter, C. M. (1999). Pivotal teaching interactions for children with autism. *School Psychology Review*, *28*(4), 576-594.

Koegel, R. L., Koegel, L. K., & McNerney, E. K. (2001). Pivotal areas in intervention for autism. *Journal of Clinical Child Psychology, 30*(1), 19–32.

Koegel, R. L., O'Dell, M. C., & Koegel, L. K. (1987). A natural language teaching paradigm for nonverbal autistic children. *Journal of Autism and Developmental Disorders, 17*(2), 187–200.

Koppenhaver, D. A., & Erickson, K. A. (2003). Natural emergent literacy supports for preschoolers with autism and severe communication impairments. *Topics in Language Disorders, 23*(4), 283–292.

Kraijer, D. (2000). Review of adaptive behavior studies in mentally retarded persons with autism/pervasive developmental disorder. *Journal of Autism and Developmental Disorders, 30*(1), 39–47.

Krantz, P. J., Zalewski, S., Hall, L., Fenski, E., & McClannahan, L. (1981). Teaching complex language to autistic children. *Analysis and Intervention in Developmental Disabilities, 1*(3/4), 259–297.

Krug, D., & Arick, J. (2003). *Krug Asperger's Disorder Index.* Austin, TX: Pro-Ed.

Kunce, L., & Mesibov, G. B. (1998). Educational approaches to high-functioning autism and Asperger syndrome. In E. Schopler, G. B. Mesibov, & L. J. Kunce (Eds.), *Asperger syndrome or high-functioning autism?* (pp. 227–261). New York, NY: Plenum Press.

Kurita, H., Osada, H., & Miyake, Y. (2004). External validity of childhood disintegrative disorder in comparison with autistic disorder. *Journal of Autism and Developmental Disorders, 34*(3), 355–362.

Lalli, J. S., & Casey, S. D. (1996). Treatment of multiple controlled problem behavior. *Journal of Applied Behavior Analysis, 29*(3), 391–395.

LaVigna, G. W., & Donnellan, A. M. (1986). *Alternatives to punishment: Solving behavior problems with non-aversive strategies.* New York, NY: Irvington.

Lerman, D. C., Iwata, B. A., Smith, R. G., Zarcone, J. R., & Vollmer, T. R. (1994). Transfer of behavioral function as a contributing factor in treatment relapse. *Journal of Applied Behavior Analysis, 27*(2), 357–370.

Lewis, M. H., & Baumeister, A. A. (1982). Stereotyped mannerisms in mentally retarded persons: Animal models and theoretical analyses. In N. R. Ellis (Ed.), *International review of research in mental retardation* (Vol. 11, pp. 123–161). New York, NY: Academic Press.

Lewis, R. B., & Doorlag, D. H. (1995). *Teaching special students in the mainstream* (4th ed.). Englewood Cliffs, NJ: Prentice-Hall, Inc.

Lincoln, A., Courchesne, E., Allen, M., Hanson, E., & Ene, M. (1998). Neurobiological of

Asperger syndrome: Seven case studies and quantitative magnetic resonance imaging findings. In E. Schopler, G. Mesibov, & L. J. Kunce (Eds.), *Asperger syndrome or highfunctioning autism?* (pp. 145-166). New York, NY: Plenum Press.

Liu, Y., Moore, D. W., & Anderson, A. (2015). Improving social skills in a child with autism spectrum disorder through self-management training. *Behaviour Change, 32*(4), 273-284.

Loder, R. T., Lee, C. L., & Richards, B. S. (1989). Orthopedic aspects of Rett syndrome: A multicenter review. *Journal of Pediatric Orthopedics, 9*(5), 557-562.

Lord, C., & Bailey, A. (2002). Autism spectrum disorders. In M. Rutter & E. Taylor (Eds.), *Child and adolescent psychiatry* (pp. 636-663). Oxford, England: Blackwell Publishing.

Lord, C., & Jones, R. M. (2012). Annual research review: Re-thinking the classification of autism spectrum disorders. *Journal of Child Psychology ad Psychiatry, 53*(5), 490-509.

Lord, C., & Paul, R. (1997). Language and communication in autism. In D. J. Cohen & F. R. Volkmar (Eds.), *Handbook of autism and pervasive developmental disorders* (2nd ed., pp. 195-225). New York, NY: John Wiley & Sons, Inc.

Lord, C., Petkova, E., Hus, V., Gan, W., Lu, F., Martin, D. M., . . . Risi, S. (2012). A multisite study of the clinical diagnosis of different autism spectrum disorders. *Archives of General Psychiatry, 69*(3), 306-313.

Lord, C., & Rutter, M. (1994). Autism and pervasive developmental disorders. In M. Rutter, E. Taylor, & B. Hersov (Eds.), *Child and adolescent psychiatry: Modern approaches* (3rd ed., pp. 569-591). Oxford, England: Blackwell.

Lord, C., Rutter, M., DiLavore, P. C., Risi, S., Gotham, K., Bishop, S. L., . . . Guthrie, W. (2012). *Autism Diagnostic Observation Schedule-Second Edition.* Torrance, CA: Western Psychological Services.

Lovaas, O. I. (1981). *Teaching developmentally disabled children: The me book.* Baltimore, MD: University Park Press.

Lovaas, O. I. (1987). Behavioral treatment and normal educational and intellectual functioning in young autistic children. *Journal of Consulting and Clinical Psychology, 55*(1), 3-9.

Lovaas, O. I., Freitag, G., Gold, V. J., & Kassorla, I. C. (1965). Recording apparatus and procedure for observation of behaviors of children in free play settings. *Journal of Experimental Child Psychology, 2*(2), 108-120.

Lovaas, O. I., Koegel, R., Simmons, J. Q., & Long, J. S. (1973). Some generalization & follow-up measures on autistic children in behavior therapy. *Journal of Applied*

Behavior Analysis, 6(1), 131-165.

Luxford, S., Hadwin, J. A., & Kovshoff, H. (2017). Evaluating the effectiveness of a school-based cognitive behavioural therapy intervention for anxiety in adolescents diagnosed with autism spectrum disorder. *Journal of Autism and Developmental Disorders, 47*(12), 3896-3908.

MacMillan, D. L., Gresham, F. M., & Forness, S. R. (1996). Full inclusion: An empirical perspective. *Behavioral Disorders, 21*(2), 145-159.

Mahalski, P. (1983). The incidence of attachment objects and oral habits at bedtime in two longitudinal samples of children age 1.5 to 7 years. *Journal of Child Psychology and Psychiatry, 24*(2), 283-296.

Malhotra, S., & Singh, S. (1993). Disintegrative psychosis of childhood: An appraisal and case study. *Acta Paedopsychiatrica, 56*(1), 37-40.

Mancil, G. R. (2006). Functional communication training: A review of the literature related to children with autism. *Education and Training and Developmental Disabilities, 41*(3), 213-224.

Mandy, W., Wang, A., Lee, I., & Skuse, D. (2017). Evaluating social (pragmatic) communication disorder. *Journal of Child Psychology and Psychiatry, 58*(10), 1166-1175.

Manjiviona, J., & Prior, M. (1995). Comparison of Asperger syndrome and high-functioning autistic children on a test of motor impairment. *Journal of Autism and Developmental Disorders, 25*(1), 23-39.

Marks, S. U., Shaw-Hegwer, J., Schrader, C., Longaker, T., Peters, I., Powers, F., & Levine, M. (2003). Instructional management tips for teachers of students with autism spectrum disorder (ASD). *Teaching Exceptional Children, 35*(4), 50-55.

Martin, G., & Pear, J. (2003). *Behavior modification: What it is and how to do it* (7th ed.). Upper Saddle River, NJ: Prentice-Hall, Inc.

Martin, G., & Pear, J. (2011). *Behavior modification: What it is and how to do it* (9th ed.). Upper Saddle River, NJ: Pearson Education, Inc.

McEachin, J. J., Smith, T., & Lovaas, O. I. (1993). Long-term outcome for children with autism who received early intensive behavioral treatment. *American Journal on Mental Retardation, 97*(4), 359-372.

McGee, G. G., Almeida, C., Sulzer-Azaroff, B., & Feldman, R. S. (1992). Promoting reciprocal interactions via peer incidental teaching. *Journal of Applied Behavior Analysis, 25*(1), 117-126.

McGee, G. G., Daly, T., & Jacobs, H. A. (1994). The Walden Preschool. In S. L. Harris & J. S. Handleman (Eds.), *Preschool education programs for children with autism* (pp. 127–162). Austin, TX: Pro-Ed.

McGee, G. G., Krantz, P. J., Mason, D., & McClannahan, L. E. (1983). A modified incidental teaching procedure for autistic youth: Acquisition and generalization of receptive object labels. *Journal of Applied Behavior Analysis, 16*(3), 329–338.

McGee, G. G., Morrier, M. J., & Daly, T. (1999). An incidental teaching approach to early intervention for toddlers with autism. *Journal of the Association for Persons with Severe Handicaps, 24*(3), 133–146.

McGee, G. G., Morrier, M. J., & Daly, T. (2001). The Walden early childhood programs. In J. Handlemans & S. Harris (Eds.), *Preschool education programs for children with autism* (pp. 157–190). Austin, TX: Pro-Ed.

McGhee, R. L., Ehrler, D. J., & DiSimoni, F. (2007). *Token Test for Children-Second Edition*. Austin, TX: Pro-Ed.

McKean, T. A. (1998). A personal account of autism. In E. Schopler, G. B. Mesibov, & L. J. Kunce (Eds.), *Asperger syndrome or high-functioning autism?* (pp. 345–356). New York, NY: Plenum Press.

McKelvey, J. R., Lambert, R., Mottron, L., & Shevell, M. I. (1995). Right-hemisphere dysfunction in Asperger's syndrome. *Journal of Child Neurology, 10*(4), 310–314.

McLean, M., & Hanline, M. F. (1990). Providing early intervention services in integrated environments: Challenges and opportunities for the future. *Topics in Early Childhood Special Education, 10*(2), 62–77.

Meichenbaum, D. H. (1986). Cognitive behavior modification. In F. H. Kanfer & A. P. Goldstein (Eds.), *Helping people change: A textbook of methods* (3rd ed., pp. 346–380). New York, NY: Pergamon Press.

Mesibov, G. B., Adams, L. W., & Klinger, L. G. (1997). *Autism: Understanding the disorder*. New York, NY: Plenum Press.

Mesibov, G. B., & Shea, V. (1996). Full inclusion and students with autism. *Journal of Autism and Developmental Disorders, 26*(3), 337–346.

Mesibov, G. B., & Van Bourgondien, M. E. (1992). Autism. In S. R. Hooper, G. W. Hynd, & R. E. Mattison (Eds.), *Developmental disorders: Diagnostic criteria and clinical assessment* (pp. 69–95). Hillsdale, NJ: Erlbaum.

Meyer, L. H., & Evans, I. M. (1989). *Nonaversive intervention for behavior problems: A manual for home and community*. Baltimore, MD: Paul H. Brookes Publishing Co.

Miller, J., & Ozonoff, S. (2000). The external validity of Asperger disorder: Lack of evidence from the domain of neuropsychology. *Journal of Abnormal Psychology*, *109*(2), 227–238.

Miller, L. J., Anzalone, M. E., Lane, S. J., Cermak, S. A., & Osten, E. T. (2007). Concept evolution in sensory integration: A proposed nosology for diagnosis. *American Journal of Occupational Therapy*, *61*(2), 135–140

Miltenberger, R. G. (2001). *Behavior modification: Principles and procedures* (2nd ed.). Belmont, CA: Wadsworth.

Miltenberger, R. G. (2016). *Behavior modification: Principles and procedures* (6th ed.). Boston, MA: Cengage Learning.

Miranda-Linné, F., & Melin, L. (1992). Acquisition, generalization, and spontaneous use of color adjectives: A comparison of incidental teaching and traditional discrete-trial procedures for children with autism. *Research in Developmental Disabilities*, *13*(3), 191–210.

Moore, S. T. (2002). *Asperger syndrome and the elementary school experience: Practical solutions for academic and social difficulties*. Shawnee Mission, KS: Autism Asperger Publishing Company.

Mount, R. H., Charman, T., Hastings, R. P., Reilly, S., & Cass, H. (2002). The Rett Syndrome Behaviour Questionnaire (RSBQ): refining the behavioral phenotype of Rett syndrome. *Journal of Child Psychology and Psychiatry*, *43*(8), 1099–1110.

Mouridsen, S. E., Rich, B., & Isager, T. (1998). Validity of childhood disintegrative psychosis: General findings of a long-term follow-up study. *British Journal of Psychiatry*, *172*(3), 263–267.

Mudford, O. C., Arnold-Saritepe, A. M., Phillips, K. J., Locke, J. M., Ho, I. S., & Taylor, S. A. (2008). Challenging behaviors. In J. L. Matson (Ed.), *Clinical assessment and intervention for autism spectrum disorders* (pp. 267–297). Burlington, MA: Academic Press.

Mundy, P., & Crowson, M. (1997). Joint attention and early social communication: Implications for research on intervention with autism. *Journal of Autism and Developmental Disorders*, *27*(6), 654–676.

Myles, B. S. (2005). *Children and youth with Asperger syndrome*. Thousand Oaks, CA: Corwin Press.

Myles, B. S., & Adreon, D. (2001). *Asperger syndrome and adolescence: Practical solutions for school success*. Shawnee Mission, KS: Autism Asperger Publishing Company.

Myles, B. S., Jones-Bock, S., & Simpson, R. L. (2000). *Asperger Syndrome Diagnostic Scale*. Austin, TX: Pro-Ed.

Myles, B. S., Cook, K. T., Miller, N. E., Rinner, L., & Robbins, L. (2000). *Asperger Syndrome and sensory issues: Practical solutions for making sense of the world*. Shawnee Mission, KS: Autism Asperger Publishing Company.

Myles, B. S., Hagiwara, R., Dunn, W., Rinner, L., Reese, M., Huggins, A., & Becker, S. (2004). Sensory issues in children with Asperger Syndrome and autism. *Education and Training in Developmental Disabilities, 39*(4), 283-290.

National Autism Center. (2009). *Findings and conclusions: National Standards Project*. Randolph, MA: Author.

National Autism Center. (2015). *Findings and conclusions: National Standards Project, phase 2*. Randolph, MA: Author.

National Research Council. (2001). *Educating children with autism*. Committee on Educational Interventions for Children with Autism. Division of Behavioral and Social Sciences and Education. Washington, DC: National Academies Press.

Nebel-Schwalm, M. S., & Matson, J. L. (2008). Differential diagnosis. In J. L. Matson (Ed.), *Clinical assessment and intervention for autism spectrum disorders* (pp. 91-129). Burlington, MA: Academic Press.

Neisworth, J. T., & Wolfe, P. S. (Eds.). (2005). *The autism encyclopedia*. Baltimore, MD: Paul H. Brookes Publishing Co.

Newsom, C. (1998). Autistic disorder. In E. J. Mash & R. A. Barkley (Eds.), *Treatment of childhood disorders* (pp. 416-467). New York, NY: Guilford Press.

Niedermeyer, E., Rett, A., Renner, H., Murphy, M., & Naidu, S. (1986). Rett syndrome and the electroencephalogram. *American Journal of Medical Genetics, 24*(Suppl. 1), 195-200.

Ninio, A., & Bruner, J. (1978). The achievement and antecedents of labelling. *Journal of Child Language, 5*(1), 1-15.

Nirje, B. (1969). The normalization principle and its human management implications. In R. B. Kugel & W. Wolfensberger (Eds.), *Changing patterns in residential services of the mentally retarded* (pp. 179-195). Washington, DC: President Commission in Mental Retardation.

Nirje, B. (1985). The basis and logic of the normalization principle. *Australia and New Zealand Journal of Developmental Disabilities, 11*(2), 65-68.

Noonan, M. J., & McCormick, L. (2006). *Young children with disabilities in natural environments: Methods and procedures.* Baltimore, MD: Paul H. Brookes Publishing Co.

Nordin, V., & Gillberg, C. (1998). The long-term course of autistic disorders: Update on follow-up studies. *Acta Psychiatrica Scandinavica, 97*(2), 99-108.

Odom, S. L., Boyd, B. A., Hall, L. J., & Hume, K. (2010). Evaluation of comprehensive treatment models for individuals with autism spectrum disorders. *Journal of Autism and Developmental Disorders, 40*(4), 425-436.

Odom, S. L., Collet-Klingenberg, L., Rogers, S. J., & Hatton, D. D. (2010). Evidence-based practices in intervention for children and youth with autism spectrum disorders. *Preventing School Failure, 54*(4), 275-282.

O'Gorman, G. (1970). *The nature of childhood autism* (2nd ed.). London, England: Butterworth.

Olcay-Gul, S., & Tekin-Iftar, E. (2016). Family generated and delivered social story intervention: Acquisition, maintenance, and generalization of social skills in youths with ASD. *Education and Training in Autism and Developmental Disabilities, 51*(1), 67-78.

Olley, J. G. (2005). Curriculum and classroom structure. In F. R. Volkmar, R. Paul, A. Klin, & D. Cohen (Eds.), *Handbook of autism and pervasive developmental disorders* (3rd ed., pp. 863-881). Hoboken, NJ: John Wiley & Sons, Inc.

Opitz, J. M. (1986). Rett syndrome: Some comments on terminology and diagnosis. *American Journal of Medical Genetics, 24*(1), 27-37.

Ornitz, E. M., & Ritvo, E. R. (1968). Perceptual inconstancy in early infantile autism: The syndrome of early infant autism and its variants including certain cases of childhood schizophrenia. *Archives of General Psychiatry, 18*(1), 76-98.

Osterling, J., & Dawson, G. (1994). Early recognition of children with autism: A study of first birthday home videotapes. *Journal of Autism and Developmental Disorders, 24*(3), 247-257.

Oswald, L. K., & Lignugaris, B. (1990). The effects of incidental teaching on the generalized use of social amenities at school by a mildly handicapped adolescent. *Education and Treatment of Children, 13*(2), 142-153.

Ozonoff, S. (1997). Components of executive function deficits in autism and other disorders. In J. Russel (Ed.), *Autism as an executive disorder* (pp. 179-211). Oxford: Oxford University Press.

Ozonoff, S., Dawson, G., & McPartland, J. (2002). *A parent's guide to Asperger syndrome and high-functioning autism.* New York, NY: Guilford Press.

Ozonoff, S., Dawson, G., & McPartland, J. (2015). *A parent's guide to high-functioning autism spectrum disorder.* New York, NY: Guilford Press.

Ozonoff, S., & McMahon Griffith, E. (2000). Neuropsychological function and the external validity of Asperger syndrome. In A. Klin, F. R. Volkmar, & S. S. Sparrow (Eds.), *Asperger syndrome* (pp. 72-96). New York, NY: Guilford Press.

Perner, J., Frith, U., Leslie, A. M., & Leekam, S. R. (1989). Exploration of the autistic child's theory of mind: Knowledge, belief, and communication. *Child Development, 60*(3), 689-700.

Perry, A. (1991). Rett syndrome: A comprehensive review of the literature. *American Journal on Mental Retardation, 96*(3), 275-290.

Perry, A. K., Sarlo-McGarvey, N., & Haddad, C. (1991). Brief report: Cognitive and adaptive functioning in 28 girls with Rett Syndrome. *Journal of Autism and Developmental Disorders, 21*(4), 551-556.

Peterson, C. C. (2004). Theory-of-mind development in oral deaf children with cochlear implants or conventional hearing aids. *Journal of Child Psychology and Psychiatry, 45*(6), 1096-1106.

Pfeiffer, B. A., Koenig, K., Kinnealey, M., Sheppard, M., & Henderson, L. (2011). Effectiveness of sensory integration interventions in children with autism spectrum disorders: A pilot study. *The American Journal of Occupational Therapy, 65*(1), 76-85.

Philippart, M. (1990). The Rett syndrome in males. *Brain and Development, 12*(1), 33-36.

Pierangelo, R., & Giuliani, G. A. (2006). *Assessment in special education: A practical approach* (2nd ed.). Boston, MA: Allyn and Bacon.

Pierangelo, R., & Giuliani, G. A. (2008). *Teaching students with autism spectrum disorders.* Thousand Oaks, CA: Corwin Press.

Pierce, K., & Schreibman, L. (1997). Using peer trainers to promote social behavior in autism: Are they effective at enhancing multiple social modalities? *Focus on Autism and Other Developmental Disabilities, 12*(4), 207-218.

Piven, J., Harper, J., Palmer, P., & Arndt, S. (1996). Course of behavioral change in autism: A retrospective study of high-IQ adolescents and adults. *Journal of the American Academy of Child and Adolescent Psychiatry, 35*(4), 523-529.

Piven, J., Simon, J., Chase, G., Wzorek, M., Landa, R., Gayle, J., & Folstein, S. (1993). The etiology of autism: Pre-, peri-, and neonatal factors. *Journal of the American Academy of Child and Adolescent Psychiatry, 32*(6), 1256-1263.

Plaisted, K., Swettenham, J., & Rees, L. (1999). Children with autism show local precedence in a divided attention task and global precedence in a selective attention task. *Journal of Child Psychology and Psychiatry*, *40*(5), 733-742.

Plimley, L., & Bowen, M. (2006). *Supporting pupils with autistic spectrum disorders*. Thousand Oaks, CA: SAGE Publication Inc.

Premack, D., & Woodruff, G. (1978). Does the chimpanzee have a theory of mind? *Behavioral and Brain Sciences*, *1*(4), 515-526.

Prior, M., Boulton, D., Gajzago, C., & Perry, D. (1975). The classification of childhood psychoses by numerical taxonomy. *Journal of Child Psychology and Psychiatry*, *16*(4), 321-330.

Prior, M., Eisenmajer, R., Leekam, S., Wing, L., Gould, J., Ong, B., & Dowe, D. (1998). Are there subgroups within the autistic spectrum? A cluster analysis of a group of children with autistic spectrum disorders. *Journal of Child Psychology and Psychiatry*, *39*(6), 893-902.

Reaven, J., Blakeley-Smith, A., Culhane-Shelburne, K., & Hepburn, S. (2012). Group cognitive behavior therapy for children with high-functioning autism spectrum disorders and anxiety: A randomized trial. *Journal of Child Psychology and Psychiatry*, *53*(4), 410-419.

Reid, R., & Johnson, J. (2012). *Teacher's guide to ADHD*. New York, NY: Guilford Press.

Repp, A. C., & Horner, R. H. (Eds.). (1999). *Functional analysis of problem behavior: From effective assessment to effective support*. Pacific Grove, CA: Brooks/Cole.

Rett, A. (1966). Uber ein eigenartiges hirnatrophisches syndrome bei hyperammonamie im kindesalter (On an unusual brain atrophy syndrome with hyperammonemia in childhood). *Wien Med Wochenschr*, *116*, 723-738.

Rett, A. (1977). A cerebral atrophy associated with hyperammonaemia. In P. J. Vinken & G. W. Bruyn (Eds.), *Handbook of clinical neurology* (no. 29, pp. 305-329). Amsterdam, North Holland: Elsevier Science Publishing Company.

Rett, A. (1986). History and general overview. *American Journal of Medical Genetics*, *24*(Suppl. 1), 21-25.

Rimland, B. (2000). The autism epidemic, vaccinations and mercury. *Journal of Nutritional and Environmental Medicine*, *10*(4), 261-266.

Rinehart, N. J., Bradshaw, J. L., Brereton, A. V., & Tonge, B. J. (2002). Lateralization in individuals with high-functioning autism and Asperger's disorder: A frontostriatal model. *Journal of Autism and Developmental Disorders*, *32*(4), 321-332.

Robinson, E. B., Samocha, K. E., Kosmicki, J. A., McGrath, L., Neale, B. M., Perlis, R. H., & Daly, M. J. (2014). Autism spectrum disorder severity reflects the average contribution of de novo and familial influences. *Proceeding of the National Academy of Sciences, 111*(42), 15161-15165.

Rogers, S. J., & Dawson, G. (2010a). *Early Start Denver Model Curriculum Checklist for Young Children with Autism.* New York, NY: Guilford Press.

Rogers, S. J., & Dawson, G. (2010b). *Early Start Denver Model for young children with autism: Promoting language, learning, and engagement.* New York, NY: Guilford Press.

Rogers, S. J., Hepburn, S., & Wehner, E. (2003). Parent reports of sensory symptoms in toddlers with autism and those with other developmental disorders. *Journal of Autism and Developmental Disorders, 33*(6), 631-642.

Rosenbloom, R., Mason, R. A., Wills, H. P., & Mason, B. A. (2016). Technology delivered self-monitoring application to promote successful inclusion of an elementary student with autism. *Assistive Technology, 28*(1), 9-16.

Rumsey, J. M., Andreasen, N., & Rapoport, J. L. (1986). Thought, language, communication, and affective flattening in autistic adults. *Archives of General Psychiatry, 43*(8), 771-777.

Runco, M. A., Charlop, M. H., & Schreibman, L. (1986). The occurrence of autistic children's self-stimulation as a function of familiar versus unfamiliar stimulus conditions. *Journal of Autism and Developmental Disorders, 16*(1), 31-44.

Rutter, M., Bailey, A., Berument, S. K., Lord, C., & Pickles, A. (2003). *Social Communication Questionnaire: SCQ.* Los Angeles, CA: Western Psychological Services.

Rutter, M., Le Couteur, A., & Lord, C. (2003). *Autism Diagnostic Interview-Revised (ADI-R).* Los Angeles, CA: Western Psychological Services.

Rutter, M., & Schopler, E. (1992). Classification of pervasive developmental disorders: Some concepts and practical considerations. *Journal of Autism and Developmental Disorders, 22*(4), 459-482.

Rutter, M., Silberg, J., O'Connor, T., & Simonoff, E. (1999). Genetics and child psychiatry: II Empirical research findings. *Journal of Child Psychology and Psychiatry, 40*(1), 19-55.

Sackett, D. L., Rosenberg, W. M., Gray, J. A., Haynes, R. B., & Richardson, W. S. (1996). Evidence based medicine: What it is and what it isn't. *British Medical Journal, 312*, 71-72.

Sailor, W., Dunlap, G., Sugai, G., & Horner, R. H. (Eds.). (2009). *Handbook of positive behavior support*. New York, NY: Springer.

Salisbury, C. L., & Vincent, L. J. (1990). Criterion of the next environment and best practices: Mainstreaming and integration 10 years later. *Topics in Early Childhood Special Education*, *10*(2), 78-89.

Saulnier, C. A., & Klin, A. (2007). Brief report: Social and communication abilities and disabilities in higher functioning individuals with autism and Asperger syndrome. *Journal of Autism and Developmental Disorders*, *37*(4), 788-793.

Schaaf, R. C., Benevides, T., Mailloux, Z., Faller, P., Hunt, J., van Hooydonk, E., . . . Kelly, D. (2014). An intervention for sensory difficulties in children with autism: A randomized trial. *Journal of Autism and Developmental Disorders*, *44*(7), 1493-1506.

Scheuermann, B. K., & Hall, J. A. (2012). *Positive behavioral supports for the classroom* (2nd ed.). Upper Saddle River, NJ: Pearson Education, Inc.

Schlosser, R. W., & Sigafoos, J. (2008). Communication intervention for children with autism spectrum disorders. In J. L. Matson (Ed.), *Clinical assessment and intervention for autism spectrum disorders* (pp. 299-325). Burlington, MA: Academic Press.

Schneider, N., & Goldstein, H. (2010). Using social stories and visual schedules to improve socially appropriate behaviors in children with autism. *Journal of Positive Behavior Interventions*, *12*(3), 149-160.

Schopler, E., Lansing, M. D., Reichler, R. J., & Marcus, L. M. (2005). *Individualized assessment and treatment for autistic and developmentally disabled children: Vol. 1. Psychoeducational Profile-Third Edition (PEP-3)*. Austin, TX: Pro-Ed.

Schopler, E., Mesibov, G. B., & Kunce, L. J. (Eds.). (1998). *Asperger syndrome or high-functioning autism?* New York, NY: Plenum Press.

Schopler, E., Reichler, R. J., Bashford, A., Lansing, M. D., & Marcus, L. M. (1990). *Individualized assessment and treatment for autistic and developmentally disabled children: Vol. 1. Psychoeducational Profile-Revised (PEP-R)*. Austin, TX: Pro-Ed.

Schopler, E., Van Bourgondien, M. E., Wellman, G. J., & Love, S. R. (2010). *Childhood Autism Rating Scale-Second Edition*. Torrance, CA: Western Psychological Services.

Schreibman, L., Loos, L. M., & Stahmer, A. C. (1993). Autistic disorder. In R. T. Ammerman, C. G. Last, & M. Hersen (Eds.), *Handbook of prescriptive treatments for children and adolescents* (pp. 9-27). Boston, MA: Allyn and Bacon.

Schultz, R. T., & Klin, A. (2002). Genetics of childhood disorders: XLIII. Autism, Part 2: Neural foundations. *Journal of the American Academy of Child and Adolescent Psychiatry*, *41*(10), 1259-1262.

Scoto, B. G., Koppenhaver, D. A., & Erickson, K. A. (2004). Parent reading behaviors and communication outcomes in girls with Rett syndrome. *Exceptional Children*, *70*(2), 145-166.

Scott, F. J., Baron-Cohen, S., Bolton, P., & Brayne, C. E. G. (2002). The CAST (Childhood Asperger Syndrome Test): Preliminary development of a UK Screen for mainstream primary-school-age children. *Autism: The International Journal of Research and Practice*, *6*(1), 9-31.

Shavelle, R. M., Strauss, D. J., & Pickett, J. (2001). Causes of death in autism. *Journal of Autism and Developmental Disorders*, *31*(6), 569-576.

Shaw, W. (Ed.). (2002). *The biological treatments for autism and PDD*. Lenexa, KS: Great Plains Laboratory, Inc.

Shea, V., & Mesibov, G. B. (2005). Adolescents and adults with autism. In F. R. Volkmar, R. Paul, A. Klin, & D. Cohen (Eds.), *Handbook of autism and pervasive developmental disorders* (3rd ed., pp. 288-311). Hoboken, NJ: John Wiley & Sons, Inc.

Shepherd, T. L. (2010). *Working with students with emotional and behavior disorders: Characteristics and teaching strategies*. Upper Saddle River, NJ: Pearson Education, Inc.

Siegel, B. (1996). *The world of the autistic child: Understanding and treating autistic spectrum disorders*. New York, NY: Oxford University Press.

Siegel, B., Anders, T. F., Ciaranello, R. D., Bienenstock, B., & Kraemer, H. C. (1986). Empirically derived subclassification of the autistic syndrome. *Journal of Autism and Developmental Disorders*, *16*(3), 275-293.

Sigafoos, J., & Meikle, B. (1996). Functional communication training for the treatment of multiply determined challenging behavior in two boys with autism. *Behavior Modification*, *20*(1), 60-84.

Sigman, M. (1998). Change and continuity in the development of children with autism. *Journal of Child Psychology and Psychiatry*, *39*(6), 817-828.

Sigman, M., & Mundy, P. (1989). Social attachment in autistic children. *Journal of Child Psychiatry*, *28*(1), 74-81.

Simonsen, B. & Myers, D. (2015). *Classwide positive behavior interventions and supports: A guide to proactive classroom management*. New York, NY: Guilford Press.

Simpson, R. L., de Boer-Ott, S. R., Griswold, D. E., Myles, B. S., Byrd, S. E., Ganz, J. B., . . . Adams, L. G. (2005). *Autism spectrum disorders: Interventions and treatments for children and youth*. Thousand Oaks, CA: Corwin Press.

Simpson, R. L., & Myles, B. S. (Eds.). (2008). *Educating children and youth with autism:*

Strategies for effective practice (2nd ed.). Austin, TX: Pro-Ed.

Sitlington, P. L., Clark, G. M., & Kolstoe, O. P. (2006). 장애청소년 전환교육(3판) (박승희, 박현숙, 박희찬 역). 서울: 시그마프레스. (원저 1999 출판)

Smith, B. J., & Strain, P. S. (1988). Early childhood special education in the next decade: Implementing and expanding P.L. 99-457. *Topics in Early Childhood Special Education*, 8(1), 37-47.

Smith, I. M. (2000). Motor functioning in Asperger syndrome. In A. Klin, F. R. Volkmar, & S. S. Sparrow (Eds.), *Asperger syndrome* (pp. 97-124). New York, NY: Guilford Press.

Snyder-McLean, L. K., Solomonson, B., McLean, J. E., & Sack, S. (1984). Structuring joint action routines: A strategy for facilitating communication and language development in the classroom. *Seminars in Speech and Language*, 5(3), 213-228.

Soares, D. A., Vannest, K. J., & Harrison, J. (2009). Computer-aided self-monitoring to increase academic production and reduce self-injurious behavior in a child with autism. *Behavioral Interventions*, 24(3), 171-183.

Society of Clinical Psychology. (2022). Website on Psychological Treatments. https://www.div12.org/psychological-treatments/

Sousa, D. A. (2007). *How the special needs brain learns* (2nd ed.). Thousand Oaks, CA: Corwin Press.

South, M., Ozonoff, S., & McMahon, W. M. (2005). Repetitive behavior profiles in Asperger syndrome and high-functioning autism. *Journal of Autism and Developmental Disorders*, 35(2), 145-158.

Sparrow, S. S., Cicchetti, D. V., & Balla, D. A. (2005). *Vineland Adaptive Behavior Scales-Second Edition*. Bloomington, MN: NCS Pearson, Inc.

Spitzer, R. L., & Siegel, B. (1990). The DSM-III-R field trial of pervasive developmental disorders. *Journal of the American Academy of Child and Adolescent Psychiatry*, 29(6), 855-862.

Spring, B. (2007). Evidence-based practice in clinical psychology: What it is, why it matters; what you need to know. *Journal of Clinical Psychology*, 63(7), 611-631.

Stahmer, A. C. (1995). Teaching symbolic play to children with autism using pivotal response training. *Journal of Autism and Developmental Disorders*, 25(2), 123-141.

Stainback, W., & Stainback, S. (1992). Schools as inclusive communities. In W. Stainback & S. Stainback (Eds.), *Controversial issues confronting special education: Divergent perspectives* (pp. 29-43). Boston, MA: Allyn and Bacon.

Steffenburg, S., Gillberg, C., Hellgren, L., Andersson, L., Gillberg, I. C., Jakobsson, G., &

Bohman, M. (1989). A twin study of autism in Denmark, Finland, Iceland, Norway and Sweden. *Journal of Child Psychology and Psychiatry, 30*(3), 405-416.

Steinbrenner, J. R., Hume, K., Odom, S. L., Morin, K. L. Nowell, S. W., Tomaszewski, B., . . . Savage, M. N. (2020). *Evidence-based practices for children, youth, and young adults with Autism.* The University of North Carolina at Chapel Hill, Frank Porter Graham Child Development Institute, National Clearinghouse on Autism Evidence and Practice Review Team.

Steingard, R. J., Zimnitzky, B., DeMaso, D. R., Bauman, M. L., & Bucci, J. P. (1997). Sertraline treatment of transition-associated anxiety and agitation in children with autistic disorder. *Journal of Child and Adolescent Psychopharmacology, 7*(1), 9-15.

Stevens, M. C., Fein, D. A., Dunn, M., Allen, D., Waterhouse, L. H., Feinstein, C., & Rapin, I. (2000). Subgroups of children with autism by cluster analysis: A longitudinal examination. *Journal of the American Academy of Child and Adolescent Psychiatry, 39*(3), 346-352.

Stratton, J. (1996). Adapting instructional materials and strategies. In A. Fullerton, J. Stratton, P. Coyne, & C. Gray (Eds.), *Higher functioning adolescents and young adults with autism: A teachers guide* (pp. 51-77). Austin, TX: Pro-Ed.

Stremel, K., Bixler, B., Morgan, S., & Layton, K. (2002). *Communication fact sheet for parents.* Eric Document Reproduction Service No. ED 475 791.

Sugai, G., & Horner, R. H. (2002). The evolution of discipline practices: Schoolwide positive behavior supports. *Child and Family Behavior Therapy, 24*(1/2), 23-50.

Sugai, G., Sprague, J. R., Horner, R. H., & Walker, H. M. (2001). Preventing school violence: The use of office disciplinary referrals to assess and monitor school-wide discipline interventions. In H. M. Walker & M. H. Epstein (Eds.), *Making schools safer and violence free: Critical issues, solutions, and recommended practices* (pp. 50-58). Austin, TX: Pro-Ed.

Szatmari, P. (1992a). A review of the DSM-III-R criteria for autistic disorder. *Journal of Autism and Developmental Disorders, 22*(4), 507-523.

Szatmari, P. (1992b). The validity of autistic spectrum disorders: A literature review. *Journal of Autism and Developmental Disorders, 22*(4), 583-600.

Szatmari, P., Archer, L., Fisman, S., Streiner, D., & Wilson, F. (1995). Asperger's syndrome and autism: Differences in behavior, cognition, and adaptive functioning. *Journal of the American Academy of Child and Adolescent Psychiatry, 34*(12), 1662-1671.

Szatmari, P., Bremner, R., & Nagy, J. N. (1989). Asperger's syndrome: A review of clinical features. *Canadian Journal of Psychiatry, 34*(6), 554-560.

Szatmari, P., MacLean, J. E., Jones, M. B., Bryson, S. E., Zwaigenbaum, L., Bartolucci, G., . . . Tuff, L. (2000). The familial aggression of the lesser variant in biological and nonbiological relatives of PDD probands: A family history study. *Journal of Child Psychology and Psychiatry, 41*(5), 579-586.

Szatmari, P., Tuff, L., Finlayson, M. A. J., & Bartolucci, G. (1990). Asperger's syndrome and autism: Neurocognitive aspects. *Journal of the American Academy of Child and Adolescent Psychiatry, 29*(1), 130-136.

Szurek, S., & Berlin, I. (1956). Elements of psychotherapeutics with the schizophrenic child and his parents. *Psychiatry, 19*(1), 1-9.

Tanguay, P. E. (2000). Pervasive developmental disorders: A 10-year review. *Journal of the American Academy of Child and Adolescent Psychiatry, 39*(9), 1079-1095.

Tantam, D. (1991). Asperger's syndrome in adulthood. In U. Frith (Ed.), *Autism and Asperger syndrome* (pp. 147-183). Cambridge, England: Cambridge University Press.

Taylor, B., Miller, E., Farrington, C. P., Petropoulos, M. C., Favot-Mayaud, I., Li, J., & Waight, P. A. (1999). Autism and measles, mumps and rubella vaccine: No epidemiological evidence for a causal association. *Lancet, 353*, 2026-2029.

Technical Assistance Center on Positive Behavioral Interventions and Supports. (2010). *Implementation blueprint and self-assessment: Positive behavioral interventions and supports.* Washington, DC: Office of Special Education Programs, U.S. Department of Education.

The CFY Diaries. (2014, March 27). Distinguishing sensory processing disorder from autism. Retrieved from http://thecfydiaries.wordpress.com/2014/03/27/distinguishing-sensory-processing-disorder-from-autism/

The Rett Syndrome Diagnostic Criteria Work Group. (1988). Diagnostic criteria for Rett syndrome. *Annals of Neurology, 23*(4), 425-428.

Thurman, S. K., & Fiorelli, J. S. (1979). Perspectives on normalization. *Journal of Special Education, 13*(3), 339-346.

Tolin, D. F., McKay, D., Forman, E. M., Klonsky, D., & Thombs, B. D. (2015). Empirically supported treatment: Recommendations for a new model. *Clinical Psychology, 22*(4), 317-338.

Topcu, M., Akyerli, C., Sayi, A., Törüner, G. A., Kocoğlu, S. R., Cimbis, M., & Ozcelik, T. (2002). Somatic mosaicism for a MECP2 mutation associated with classic Rett syndrome in a boy. *European Journal of Human Genetics, 10*(1), 77-81.

Topcu, M., Topaloglu, H., Renda, Y., Berker, M., & Turanli, G. (1991). The Rett syndrome in males. *Brain and Development*, *13*(1), 62.

Towbin, K. E. (2005). Pervasive developmental disorder not otherwise specified. In F. R. Volkmar, R. Paul, A. Klin, & D. Cohen (Eds.), *Handbook of autism and pervasive developmental disorders* (3rd ed., pp. 165-200). Hoboken, NJ: John Wiley & Sons, Inc.

Treffert, D. A. (2014). Savant syndrome: Realities, myths and misconceptions. *Journal of Autism and Developmental Disorders*, *44*(3), 564-571.

Trevathan, E., & Naidu, S. (1988). The clinical recognition and differential diagnosis of Rett syndrome. *Journal of Child Neurology*, *3*(1), 6-16.

Tsai, L. (1998). Medical interventions for students with autism. In R. L. Simpson & B. S. Myles (Eds.), *Educating children and youth with autism* (pp. 277-314). Austin, TX: Pro-Ed.

Tuchman, R. (2000). Treatment of seizure disorders and EEG abnormalities in children with autism spectrum disorders. *Journal of Autism and Developmental Disorders*, *30*(5), 485-489.

Turnbull, A. P. (1982). Preschool mainstreaming: A policy and implementation analysis. *Educational Evaluation and Policy Analysis*, *4*(3), 281-291.

U.S. Department of Education. (1997). *Nineteenth annual report to Congress on the implementation of the Individuals with Disabilities Education Act*. Washington, DC: Author.

U.S. Department of Education. (2004). *Twenty-sixth annual report to Congress on the implementation of the Individuals with Disabilities Education Act*. Washington, DC: Author.

U.S. Department of Health and Human Services. (2003). *Rett syndrome*. Bethesda, MD: Author.

U.S. Office of Special Education Programs. (2007). *Individuals with Disabilities Education Act* (IDEA) data (Table 2-2c). Washington, DC: Author.

Van Acker, R., Loncola, J. A., & Van Acker, E. Y. (2005). Rett syndrome: A pervasive developmental disorder. In F. R. Volkmar, R. Paul, A. Klin, & D. Cohen (Eds.), *Handbook of autism and pervasive developmental disorders* (3rd ed., pp. 126-164). Hoboken, NJ: John Wiley & Sons, Inc.

Vause, T., Neil, N., Jaksic, H., Jackiewicz, G., & Feldman, M. (2017). Preliminary randomized trial of function-based cognitive-behavioral therapy to treat obsessive compulsive behavior in children with autism spectrum disorder. *Focus on Autism and*

Other Developmental disabilities, *32*(3), 217-228.

Verté, S., Geurts, H. M., Roeyers, H., Oosterlaan, J., & Sergeant, J. A. (2006). Executive functioning in children with an autism spectrum disorder: Can we differentiate within the spectrum? *Journal of Autism and Developmental Disorders*, *36*(3), 351-372.

Volkmar, F. R. (1996). Autism and the pervasive developmental disorders. In M. Lewis (Ed.), *Child and adolescent psychiatry: A comprehensive textbook* (pp. 489-497). Baltimore, MD: Williams & Wilkins.

Volkmar, F. R., Cicchetti, D. V., Bregman, J., & Cohen, D. J. (1992). Three diagnostic systems for autism: DSM-III, DSM-III-R, and ICD-10. *Journal of Autism and Developmental Disorders*, *22*(4), 483-492.

Volkmar, F. R., & Cohen, D. J. (1989). Disintegrative disorder or "later onset" autism. *Journal of Child Psychology and Psychiatry and Allied Disciplines*, *30*(5), 717-724.

Volkmar, F. R., & Cohen, D. J. (1991). Debate and argument: The utility of the term pervasive developmental disorder. *Journal of Child Psychology and Psychiatry and Allied Disciplines*, *32*(7), 1171-1172.

Volkmar, F. R., & Klin, A. (2000a). Diagnostic issues in Asperger syndrome. In A. Klin, F. R. Volkmar, & S. S. Sparrow (Eds.), *Asperger syndrome* (pp. 25-71). New York, NY: Guilford Press.

Volkmar, F. R., & Klin, A. (2000b). Pervasive developmental disorders. In B. J. Sadock & V. A. Sadock (Eds.), *Comprehensive textbook of psychiatry* (Vol. II, pp. 2659-2678). Philadelphia, PA: Lippincott Williams & Wilkins.

Volkmar, F. R., & Klin, A. (2005). Issues in the classification of a autism and related conditions. In F. R. Volkmar, R. Paul, A. Klin, & D. Cohen (Eds.), *Handbook of autism and pervasive developmental disorders* (3rd ed., pp. 5-41). Hoboken, NJ: John Wiley & Sons, Inc.

Volkmar, F. R., Klin, A., Schultz, R. T., Rubin, E., & Bronen, R. (2000). Asperger's disorder. *American Journal of Psychiatry*, *157*(2), 262-267.

Volkmar, F. R., Klin, A., Siegel, B., Szatmari, P., Lord, C., Campbell, M., . . . Towbin, K. (1994). Field trial for autistic disorder in DSM-IV. *American Journal of Psychiatry*, *151*(9), 1361-1367.

Volkmar, F. R., Koenig, K., & State, M. (2005). Childhood disintegrative disorder. In F. R. Volkmar, R. Paul, A. Klin, & D. Cohen (Eds.), *Handbook of autism and pervasive developmental disorders* (3rd ed., pp. 70-87). Hoboken, NJ: John Wiley & Sons, Inc.

Volkmar, F. R., Lord, C., Bailey, A., Schultz, R. T., & Klin, A. (2004). Autism and pervasive developmental disorders. *Journal of Child Psychology and Psychiatry, 45*(1), 135–170.

Volkmar, F. R., & Nelson, D. S. (1990). Seizure disorders in autism. *Journal of the American Academy of Child and Adolescent Psychiatry, 29*(1), 127–129.

Volkmar, F. R., & Rutter, M. (1995). Childhood disintegrative disorder: Results of the DSM-IV autism field trial. *Journal of the American Academy of Child and Adolescent Psychiatry, 34*(8), 1092–1095.

Waddington, H., van der Meer, L., & Sigafoos, J. (2016). Effectiveness of the Early Start Denver Model: A systematic review. *Review Journal of Autism and Developmental Disorders, 3*(2), 93–106.

Wakefield, A. J., Murch, S. H., Anthony, A., Linnell, J., Casson, D. M., Malik, M., . . . Walker-Smith, J. A. (1998). Ileal-lymphoid-nodular hypoplasia, non-specific colitis, and pervasive developmental disorder in children. *Lancet, 351*, 637–641.

Walker, D. R., Thompson, A., Zwaigenbaum, L., Goldberg, J., Bryson, S. E., & Mahoney, W. J. (2004). Specifying PDD-NOS: A comparison of PDD-NOS, Asperger syndrome, and autism. *Journal of the American Academy of Child and Adolescent Psychiatry, 43*(2), 172–180.

Walker Tileston, D. (2004). *What every teacher should know about learning memory and the brain*. Thousand Oaks, CA: Corwin Press.

Wang, Z., Loh, S. C., Tian, J., & Chen, Q. J. (2021). A meta-analysis of the effect of the Early Start Denver Model in children with autism spectrum disorder. *International Journal of Developmental Disabilities, 68*(5), 587–597.

Webber, J., & Plotts, C. A. (2008). *Emotional and behavioral disorders: Theory and practice* (5th ed.). Boston, MA: Allyn and Bacon.

Wechsler, D. (1989). *Wechsler Preschool and Primary Scale of Intelligence–Revised*. New York, NY: Psychological Corporation.

Wechsler, D. (1991). *Wechsler Intelligence Scale for Children-Third Edition*. New York, NY: Psychological Corporation.

Wechsler, D. (2012). *Wechsler Preschool and Primary Scale of Intelligence-Fourth Edition*. Bloomington, MN: NCS Pearson, Inc.

Wechsler, D. (2015). *Wechsler Intelligence Scale for Children-Fifth Edition*. Bloomington, MN: NCS Pearson, Inc.

Weiss, M. J., Fiske, K., & Ferraioli, S. (2008). Evidence-based practice for autism spectrum disorders. In J. L. Matson (Ed.), *Clinical assessment and intervention for autism spectrum disorders* (pp. 33–63). Burlington, MA: Academic Press.

Wells, G. (1981). Some antecedents of early educational attainment. *British Journal of Sociology of Education*, *2*(2), 181–200.

Wells, G. (1982). Story reading and the development of symbolic skills. *Australian Journal of Reading*, *5*(3), 142–152.

Werner, E., Dawson, G., Osterling, J., & Dinno, N. (2000). Brief report: Recognition of autism spectrum disorder before one year of age: A retrospective study based on home videotapes. *Journal of Autism and Developmental Disorders*, *30*(2), 157–162.

Werry, J. S. (1992). Child and adolescent (early onset) schizophrenia: A review in light of DSM-III-R. *Journal of Autism and Developmental Disorders*, *22*(4), 601–624.

Wetherby, A. M., & Prizant, B. M. (2000). Introduction to autism spectrum disorders. In A. M. Wetherby & B. M. Prizant (Eds.), *Autism spectrum disorders: A transactional developmental perspective* (pp. 1–7). Baltimore, MD: Paul H. Brookes Publishing Co.

Wicks-Nelson, R., & Israel, A. C. (2003). *Behavior disorders of childhood* (5th ed.). Upper Saddle River, NJ: Pearson Education, Inc.

Wicks-Nelson, R., & Israel, A. C. (2006). *Behavior disorders of childhood* (6th ed.). Upper Saddle River, NJ: Pearson Education, Inc.

Wikipedia. (2020, September 26). Evidence-based practice. Retrieved from https://en.wikipedia.org/Evidence-based_practice

Wilczynski, S. M., Rue, H. C., Hunter, M., & Christian, L. (2012). Elementary behavioral intervention strategies: Discrete trial instruction, differential reinforcement, and shaping. In P. A. Prelock & R. J. McCauley (Eds.), *Treatment of autism spectrum disorders: Evidence-based intervention strategies for communication and social interactions* (pp. 49–77). Baltimore, MD: Paul H. Brookes Publishing Co.

Wing, L. (1981). Asperger's syndrome: A clinical account. *Psychological Medicine*, *11*(1), 115–129.

Wing, L. (1988). The continuum of autistic characteristics. In E. Schopler & G. Mesibov (Eds.), *Diagnostic and assessment in autism* (pp. 91–110). New York, NY: Plenum Press.

Wing, L. (1996). *The autistic spectrum: A guide for parents and professionals*. London, England: Constable.

Wing, L. (1998). The history of Asperger syndrome. In E. Schopler, G. B. Mesibov, & L. J. Kunce (Eds.), *Asperger syndrome or high-functioning autism?* (pp. 11–28). New York, NY: Plenum Press.

Wing, L. (2005). Problems of categorical classification systems. In F. R. Volkmar, R.

Paul, A. Klin, & D. Cohen (Eds.), *Handbook of autism and pervasive developmental disorders* (3rd ed., pp. 583-605). Hoboken, NJ: John Wiley & Sons, Inc.

Wing, L., & Gould, J. (1979). Severe impairments of social interaction and associated abnormalities in children: Epidemiology and classification. *Journal of Autism and Developmental Disorders, 9*(1), 11-29.

Winter, M. (2003). *Asperger syndrome: What teachers need to know.* Philadelphia, PA: Jessica Kingsley Publishers.

Wolf, L., & Goldberg, B. (1986). Autistic children grow up: An eight to twenty-four year follow-up study. *Canadian Journal of Psychiatry, 31*(6), 550-556.

Wolf, M. M. (1978). Social validity: The case for subjective measurement or how applied behavior analysis is finding its heart. *Journal of Applied Behavior Analysis, 11*(2), 203-214.

Wolf, M. M., Risley, T. R., & Mees, H. (1963). Application of operant conditioning procedures to the behaviour problems of an autistic child. *Behavior Research and Therapy, 1*, 305-312.

Wong, C., Odom, S. L., Hume, K. A., Cox, A. W., Fettig, A., Kucharczyk, S., . . . Schultz, T. R. (2014). *Evidence-based practices for children, youth, and young adults with Autism Spectrum Disorder.* Chapel Hill: The University of North Carolina, Frank Porter Graham Child Development Institute, Autism Evidence-Based Practice Review Group.

Wong, C., Odom, S. L., Hume, K. A., Cox, A. W., Fettig, A., Kucharczyk, S., . . . Schultz, T. R. (2015). Evidence-based practices for children, youth, and young adults with autism spectrum disorder: A comprehensive review. *Journal of Autism and Developmental Disorders, 45*(7), 1951-1966.

World Health Organization. (1992). *International classification of diseases: Diagnostic criteria for research* (10th ed.). Geneva, Switzerland: Author.

World Health Organization. (1993). *International classification of diseases* [Chapter V. Mental and behavioral disorders (including disorders of psychological development): Diagnostic criteria for research] (10th ed.). Geneva, Switzerland: Author.

World Health Organization. (2018). *International classification of diseases: Diagnostic criteria for research* (11th ed.). Geneva, Switzerland: Author.

Yapko, D. (2003). *Understanding autism spectrum disorders: Frequently asked questions.* New York, NY: Jessica Kingsley Publishers.

Yell, M. L. (1995). Least restrictive environments, inclusion, and students with disabilities: A legal analysis. *Journal of Special Education, 28*(4), 389-404.

Yell, M. L., Meadows, N. B., Drasgow, E., & Shriner, J. G. (2009). *Evidence-based practices for educating students with emotional and behavioral disorders.* Upper Saddle River, NJ: Pearson Education, Inc.

Yoo, S. M., Kim, K. N., Kang, S., Kim, H. J., Yun, J., & Lee, J. Y. (2022). Prevalence and premature mortality statistics of autism spectrum disorder among children in Korea: A nationwide population-based birth cohort study. *Journal of Korean Medical Science, 37*(1), 1-11.

Ziatas, K., Durkin, K., & Pratt, C. (1998). Belief term development in children with autism, Asperger syndrome, specific language impairment, and normal development: Links to theory of mind development. *Journal of Child Psychology and Psychiatry, 39*(5), 755-763.

Zirkel, P. A. (2009). What does the law say? New section 504 student eligibility standards. *Teaching Exceptional Children, 41*(4), 68-71.

찾아보기

인명

기관명

일반 용어

약물관련 용어

저자 소개

이승희(李承禧; Lee, Seunghee)

• 약력
고려대학교 학사(교육학)
미국 California State University, Sacramento 석사(유아교육학)
미국 University of Illinois at Chicago 박사(특수교육학)
미국 Early Childhood Research and Intervention Program 선임연구원
미국 University of Illinois at Chicago 객원조교수
고려대학교 교육문제연구소 연구조교수
미국 University of Illinois at Chicago 방문교수
조선대학교 특수교육과 교수
현재: 조선대학교 특수교육과 명예교수
　　　시카고특수교육연구소 소장

• 저서
특수교육평가(제1판)(학지사, 2006)
자폐스펙트럼장애의 이해(제1판)(학지사, 2009)
특수교육평가(제2판)(학지사, 2010)
자폐스펙트럼장애의 이해(제2판)(학지사, 2015)
정서행동장애개론(학지사, 2017)
특수교육평가(제3판)(학지사, 2019)
장애아동관찰(학지사, 2021)
특수교육평가(제4판)(학지사, 2024)

• 역서
정서 · 행동장애의 이해: 사례중심적 접근(제2판)(박학사, 2003)
정서 · 행동장애의 이해: 사례중심적 접근(제3판)(박학사, 2007)

• 대표논문
응용행동분석, 특수교육, 정서 · 행동장애에 대한 긍정적 행동지원의 관계 고찰(2011)
DSM-5의 자폐스펙트럼장애에 관한 10문 10답(2014)
DSM-5 ASD 진단준거의 B4(비정상적 감각반응)에 대한 쟁점과 과제(2017)
자폐스펙트럼장애의 단일중재전략과 종합중재모델에 대한 고찰(2018)
응용행동분석에서의 촉구와 용암법의 유형에 대한 고찰(2019)
응용행동분석에서의 배경사건과 동기조작 개념에 대한 비교 고찰(2020)
응용행동분석에서의 유지와 일반화의 관계 모델(2022) 外 다수

자폐스펙트럼장애의 이해(3판)
Understanding Autism Spectrum Disorders (3rd ed.)

2009년 9월 7일 1판 1쇄 발행
2014년 2월 20일 1판 4쇄 발행
2015년 8월 20일 2판 1쇄 발행
2020년 7월 7일 2판 4쇄 발행
2024년 7월 30일 3판 1쇄 발행

지은이 • 이승희
펴낸이 • 김진환
펴낸곳 • ㈜ **학지사**

04031 서울특별시 마포구 양화로 15길 20 마인드월드빌딩
대표전화 • 02-330-5114   팩스 • 02-324-2345
등록번호 • 제313-2006-000265호

홈페이지 • http://www.hakjisa.co.kr
인스타그램 • https://www.instagram.com/hakjisabook

ISBN 978-89-997-3151-8 93370

정가 27,000원

파본은 구입처에서 교환해 드립니다.

이 책을 무단으로 전재하거나 복제할 경우 저작권법에 따라 처벌을 받게 됩니다.

출판미디어기업 **학지사**

간호보건의학출판 **학지사메디컬** www.hakjisamd.co.kr
심리검사연구소 **인싸이트** www.inpsyt.co.kr
학술논문서비스 **뉴논문** www.newnonmun.com
교육연수원 **카운피아** www.counpia.com
대학교재전자책플랫폼 **캠퍼스북** www.campusbook.co.kr